유아를 위한 교육방법 및 교육공학

INSTRUCTIONAL METHOD AND TECHNOLOGY FOR YOUNG CHILDREN

유아를 위한 교육방법 및 교육공학

INSTRUCTIONAL METHOD AND TECHNOLOGY FOR YOUNG CHILDREN

교문사

PREFACE
머리말

이 책은 유아교육 전공자의 교직이론 과목인 교육방법 및 교육공학, 유아를 위한 교수매체, 교과교재 연구 및 교수·학습방법 관련 강좌의 수업용 교재로 집필되었다.

교육공학은 교육의 과학적·기술적 접근을 의미하며 일종의 교육이론 또는 교육방법이라 할 수 있다. 교육공학은 교육의 문제 해결을 위하여 활용되며, 교육의 문제 해결에 공헌하기 위해서는 교수·학습 이론에 근거하여야 하며 기술 적용은 반드시 가치지향적이어야 한다. 흔히 교육공학(educational technology)을 교육용 기기의 사용과 동일한 의미로 생각하나, 교육공학이란 교육용 기기의 사용 여부를 넘어 문제 해결을 위한 방법을 의미한다. 문제 해결과 연결하여 갈브레이스(Galbraith)는 "공학이란 우리의 실제적 과제를 해결하기 위하여 과학적인 또는 조직적인 지식을 체계적으로 적용하는 것을 의미한다"고 정의하였다. 한편 학습에서의 교육공학을 "공학적 도구의 효과적인 활용"이라고 정의하는 경우 매체, 기계, 네트워킹 하드웨어 등과 같은 일련의 도구의 효과적 적용을 고려하는 것을 의미하게 된다.

이 책에서 교육공학은 유아를 위한 교육방법의 의미를 지닌다. 저자들은 책을 집필하면서 예비 유아교사가 교육현장에서 효율적으로 교육하는 데 필요한 교육방법 및 교육공학 관련 기초 이론을 이해하고 유아를 위한 교수·학습방법과 교수매체를 선정하여 활용할 수 있도록 돕는 데 초점을 맞추었다. 특히 다양한 교수매체가 요구되는 유아교육의 특수성을 반영하여 영유아를 위한 여러 유형의 교수매체를 제작하고 교육과정에 통합하도록 안내하는 데 많은 분량을 할애하였다. 이를 위해 1부 교육방법 및 교육공학의 이해, 2부 유아를 위한 교수·학습과 교육공학, 3부 유아를 위한 교수매체의 효율적 활용으로 조직하여 총 3부로 내용을 구성하였다.

- 1부에서는 교육방법 및 교육공학에 대한 이해를 돕기 위한 내용으로 교육방법 및 교육공학의 정의, 교수·학습방법과 교육공학 접근 이론, 지각, 의사소통 및 학습의 원리를 기술하였다. 1장은 교과목에 대한 이해를 돕기 위하여 교육방법 및 교육공학의 정의와 역사적 배경, 그리고 교수공학과 교수매체의 개념을 제시하였다. 2장은 교수·학습방법과 교육공학 접근 이론을 제시하였다. 행동주의 모델, 인지주의 모델, 구성주의 모델, 연결주의 등의 모델에 따른 교육공학 접근을 구분하여 설명하였으며, 지시적 수업(직접교수법), 비지시적 수업(간접교수법), 상호작용 중심 수업, 자율학습, 체험학습 등 다양한 교육방법(교수 전략)의 유형을 살펴보았다. 아울러 대표적인 수업 설계 모델

및 각 모델의 전개과정을 알아보았다. 3장은 교수매체를 교수·학습 과정에서 효율적으로 적용하기 위하여 필요한 지각, 의사소통, 학습 영역에서의 일반화된 학습 원리를 다루었다.

- 2부에서는 유아를 위한 교수·학습과 교육공학에 대해 이해하고 유아교육과정에 통합하기 위한 이론적 기초로 유아를 위한 교수·학습, 교육공학과 유아교육, 영유아 교육에서의 교수매체에 대해 설명하였다. 4장에서는 유아를 위한 교수·학습의 기초 이론을 살펴보고, 유아를 위한 다양한 교수·학습방법을 구체적으로 고찰하였으며 교수·학습 패러다임의 변화 방향을 살펴보았다. 5장은 교육공학과 유아교육으로, 급속도로 발전하여 생활과 교육 전반에 영향을 미치고 있는 공학과 유아교육의 통합을 위해 공학 관련 용어와 개념을 알아보고, 영유아교육 프로그램에 따른 교육공학적 차이를 알아보고, 주제 중심의 교육과정 운영에서의 교육공학적 접근을 알아보고자 주제의 전개, 교수매체의 활용과정과 교수매체에 대해 살펴보았다. 6장에서는 프뢰벨의 은물과 몬테소리 교구 등 영유아교육 교수매체의 역사를 고찰하고, 7장에서는 영유아를 위한 교수매체를 몇 가지 기준에 따라 분류하여 살펴보았다.
- 3부는 유아를 위한 교수매체의 효율적 활용을 돕기 위해 그림 자료, 융판과 자석자료, 입체 교수매체(실물, 표본, 모형, 디오라마, 인형), 컴퓨터와 스마트매체, 청각자료와 투시자료, 전시와 게시로 나누어 특성, 활용, 제작에 대해 기술하였다.

학령기 아동에 비해 유아는 구체물을 이용한 놀이를 통해 더 잘 학습하는 특성이 있으므로 교수매체의 선정과 활용은 유아교사의 교육방법 및 교육공학에서 매우 중요한 부분이다.

저자들은 교수매체나 교육공학, 교수·학습 관련 집필과 강의, 현장에서의 교육과 교사 교육을 통해 교육방법과 교육공학, 교수매체의 개발과 활용의 중요성을 깊이 이해하고 있다. 저자 중 일인인 이영자 교수의 《유아를 위한 교수매체》(1981)는 유아교수매체 분야의 고전적 교재이며, 이를 토대로 저술한 《유아교육 교수매체》(이영자, 박미라, 최경애, 1999)와 《영유아교육 교수매체》(이영자, 박미라, 최경애, 2009) 또한 오랜 기간 동안 예비 유아교사의 교재로 유용하게 활용되었다. 이 책들은 이번 집필의 중요한 토대가 되었다. 아울러 본 서의 교수매체 관련 내용은 저자들이 공동 저술한 《영유아교육 교수매체》(2009)에서 많은 부분을 수정하여 수록한 것임을 밝혀 둔다.

책이 나오기까지 다양한 활동 사진과 자료를 제공해 주고 도움말을 주신 분들께 감사드린다. 한림성심대학교 부속 한림유치원, 덕성여대 부속유치원, 파랑새유치원(일산), 동은유치원(서울), 신길하나푸르니어린이집(서울) 등 여러 영유아교육기관 선생님과 원장님께 감사드리며 교문사 사장님과 편집부 여러 분께도 감사드린다.

2019년 1월

저자 일동

CONTENTS
차례

PART 02
유아를 위한 교수·학습과 교육공학

CHAPTER 11
컴퓨터와 스마트매체

CHAPTER 12
청각 자료와 투시 자료

CHAPTER 13
전시와 게시

PART 01

교육방법 및 교육공학의 이해

CHAPTER 01 교육방법 및 교육공학의 정의

1. 교육공학의 정의

흔히 교육공학(educational technology)을 교육용 기기의 사용과 동일한 의미로 생각하나, 교육공학이란 교육용 기기의 사용 여부를 넘어 문제해결을 위한 방법을 의미한다. 문제해결과 연결하여 갈브레이스(Galbraith)는 "공학이란 우리의 실제적 과제를 해결하기 위하여 과학적인 또는 조직적인 지식을 체계적으로 적용하는 것을 의미한다"고 정의하였다(Galbraith, 1967: 이영자, 1974, p. 121 재인용).

플라톤(Plato)은 교육공학을 '체계적 또는 과학적(techne) 지식(episteme)'으로 보았다. 한편 아리스토텔레스(Aristotle)는 공학을 인간의 지적 행동을 위한 '지식의 체계적 활용'뿐만 아니라 '사고방식과 기술'로 보았다(Saettler, 1990). 오랫동안 공학적 정의에서는 공학을 플라톤이 제시한 실제적 지식의 체계로 고려하였으며 사물이나 기기, 기구나 기계에서의 변화는 이에 포함되지 않았다. 현대 용어로서의 공학은 기구나 기계 변화 등을 배제한 좁은 공학의 개념에서 벗어나 상품과 서비스를 산출하는 사회의 능력을 높이기 위해 실험과 과학적 이론에 기초한 체계적·실제적 지식의 체계를 의미한다.

교육공학은 교육의 과학적·기술적 접근을 의미하며, 일종의 교육이론 또는 교육방법이라 할 수 있다(Bright, 1968). 교육공학은 교육의 문제해결을 위하여 활용되며, 교육의 문제해결에 공헌하기 위해서는 교수·학습 이론에 근거하여야 하며 기술 적용은 반드시 가치 지향적이어야 한다(최지운, 1974). 따라서 교육공학적 접근은 단편적인 기재나 자료의 적용이 아니라 모든 학습문제해결에 관련되는 제반 요소들의 통합적 배려와 조직적 활용이 이루어지도록 문제해결의 종합적 접근을 꾀하는 것을 의미한다. 종합적 접근 또는 체계적 접근이란 넓은 의미의 교수매체의 체계적 개발·연구, 즉 교육공학으로의 통합적 접근이라 할 수 있다.

언윈(Unwin,1968)은 "교육공학은 교육 또는 훈련을 위한 현대기술과 기능의 활용을 다루며, 이것은 학습효과에 영향을 주는 교수 자료, 교수방법, 교수환경의 활용 및 조성을 통한 학습효과의 증대를 내포한다(p. 12)"고 정의하였다. 교육공학자는 여러 가지 교수매체에 대한 깊은 이해와 지식은 물론 기타 교육심리, 교육철학, 교육과정, 교육행정 등의 여러 분야에 대한 상당한 지식을 가지고 있어야 한다.

교육 전반에 대하여 말할 때 교육공학이란 용어를 쓰는 데 반하여 실제 수업에서 교육공학을 말할 때는 '교수공학(instructional technology)'이라는 용어를 사용한다. 앞서 설명한 공학, 교육공학에 대한 개념은 교수공학에도 적용된다. 교수공학에서는 교수매체의 변화보다는 교수과정(instructional procedure)의 변화가 그 수업에 더 큰 교육적 개선을 가져오기 쉽다. 새로운 매체들이 수업에 큰 변화 또는 개선을 가져오는 것도 사실이지만 그러한 변화나 개선은 그 교수매체가 어떻게 다루어지고 활용되었는가에 달려 있기도 하다(Gagne, 1968). 구체적으로 교수공학은 "교수 설계의 이론과 실제, 개발, 활용, 교수·학습 과정과 자원의 운영과 평가를 함축한 의미"라고 정의 내릴 수 있다(Seels & Richley, 1994, p. 9). 즉, 교수공학은 보다 효과적인 교수·학습 상황을 만들기 위하여 인간의 학습과 의사소통에 대한 연구에 기초하여 인간과 비인간 자원을 융합하여 특별목표로 정의된 교수·학습 과정을 설계·실행하고 평가하는 체계적인 방법의 적용과정이다.

미국의 AECT(Association for Educational Communications and Technology; 교육통신과 공학협회)에서는 교육공학의 영역을 교수관리 기능, 교수개발 기능, 교수체계 구성, 학습자 등으로 구분하였다. 교수관리 기능은 조직 관리와 인사 관리를 포함하고, 교수개발 기능은 연구·이론, 디자인, 생산, 평가·선정, 물류 활용/보급을 포함하며, 교수 체계 구성은 메시지, 사람, 자료, 기기, 기술, 환경의 구성을 포함한다. 이러한 교수공

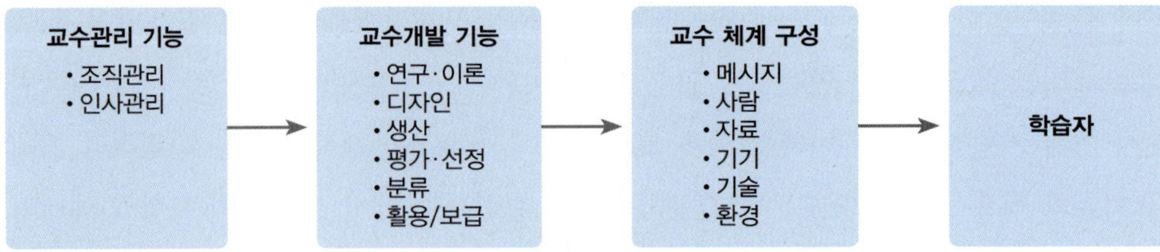

그림 1-1 교육공학의 영역
자료: AECT, 1977.

학의 영역을 그림으로 제시하면 〈그림 1-1〉과 같다.

AECT는 교수공학을 다음과 같이 정의하였다(Welliver, 2001).

> "교수공학이란 교수·학습 설계, 개발, 활용, 학습과정과 자원의 운영과 평가에 대한 이론과 실제이다."

이 정의에 의하면 교수공학 분야에는 디자인(설계), 개발, 활용, 관리(운영), 평가 등 다섯 영역이 포함되어 있다. 이들 다섯 영역은 상호 밀접하게 연결되어 순환작용을 한다(Dick & Carey, 2001). 다섯 영역의 영역별 내용과 영역 간의 순환적 관계를 그림으로 제시하면 〈그림 1-2〉와 같다. 디자인은 학습방안에 대해 구체화하는 과정이며, 개발은 구체화된 디자인을 물리적 형태로 변형하는 과정을 의미한다. 개발과정에서는 인쇄자료, 시청각 자료, 컴퓨터 기저공학, 통합적 기술의 원리, 이론, 연구 등을 적용하여 교수 자료와 경험을 제시한다. 활용은 학습과정과 자원으로의 적용을 의미한다. 관리는 교수공학의 계획, 조직, 순서적 배열, 감독 등의 조정과정이며, 평가는 교수·학습의 적절성을 결정하는 과정이다.

AECT의 교육공학용어정의위원회(Definition and Terminology Committee)는 2008년에 교육공학에 대한 정의를 다음과 같이 수정하였다.

> "교육공학은 적절한 공학적 과정과 자원의 창안, 활용, 관리를 통해 학습을 돕고, 수행을 증진시키는 노력이며, 윤리적 실천이다."

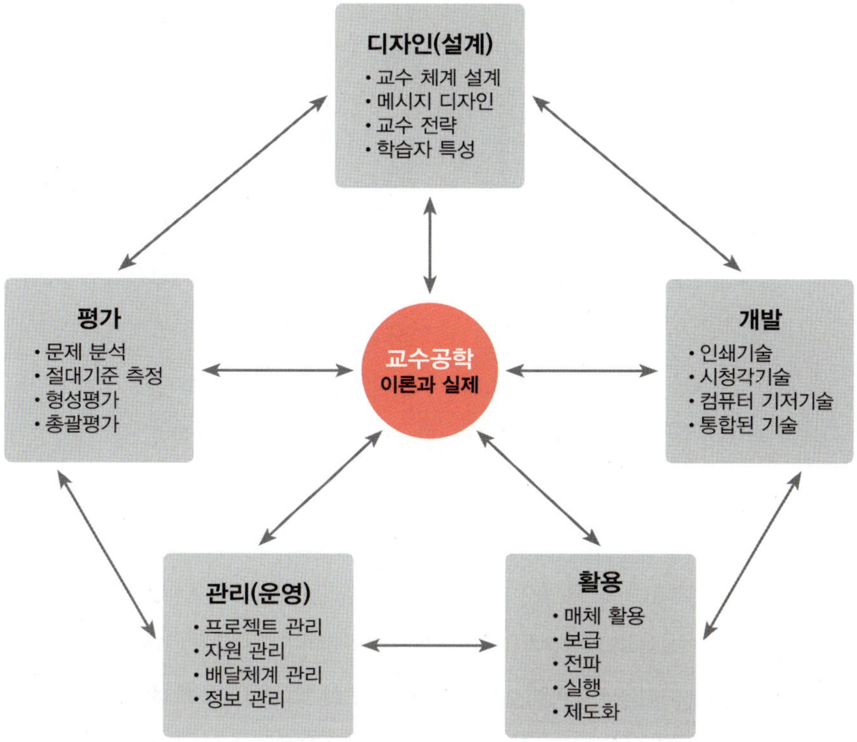

그림 1-2 교수공학 분야의 다섯 영역

자료: AECT, 2001: Welliver, 2001; Dick & Carey, 2001.

이와 같이 교육공학의 정의에 '윤리적 실천'을 제시한 것은 높은 수준의 전문적 행위 유지에 초점을 둔 것이라 볼 수 있다. 학습을 돕는다는 것은 환경의 디자인, 자원의 조직, 도구 제공 등을 포함한다. 또한 경우에 따라 사전에 정해진 틀에서 직접적 교수방법을 사용하거나 다른 상황에서 학습을 안내하기 위한 개방적 탐구방법의 사용을 수반한다. 수행은 습득한 새로운 능력, 즉 새로운 기술이나 지식을 사용하거나 적용할 수 있는 학습자 능력을 의미한다. 공학적 과정에는 실천 과제를 수행하기 위하여 과학적·조직적 지식의 체계적 적용이 포함된다. 공학적 자원이란 그림, 비디오, 컴퓨터 프로그램, DVD 플레이어 등과 같이 현장에서 실제 적용한 하드웨어와 소프트웨어(프로그램)를 뜻한다(AECT, 2008).

2. 교육공학의 역사적 배경

역사적으로 교육공학은 지식이 교수·학습에 체계적으로 적용되기 시작할 때의 초기 공학적 전통에서 출현하였다. 모든 책이 실험실에서 손으로 제작되었다가, 17세기에 인쇄기가 발명되면서 주제를 최적의 순서로 조직하여 인쇄된 책으로 만들 기회가 생겼다. 아울러 삽화와 함께 그림 자료가 사용되었다. 그 후 18세기에 칠판 사용, 20세기에 이르러 랜턴환등기(lantern slide projector)가 나타나고 후에 라디오, 그다음의 1950~1960년대에는 영화 등이 사용되었다. 또한 이 시기에 진정한 교육공학의 시작인 프로그램 학습이 출현하였다(Jonassen, Peck, & Wilson, 1999).

컴퓨터를 포함하여 여러 다른 공학의 출현으로 교육자들은 교육목적을 위해 각각의 신생 상업적 공학을 적용하는 방법의 중요성을 인식하고 논의하기에 이르렀다. 공학을 활용하는 가장 명확한 방법으로, 교사 대신에 교사가 가르치는 것과 같은 방법으로 가르치는 방법이 적용되었다. 이는 공학 속에 지식이 내장되었음을 의미한다(예: 내용이 필름과 TV 프로그램에 제시되고 프로그램이 학습 순서대로 제시되어 있다). 즉, 공학이 학생들에게 지식을 제시한다고 보았다. 학생의 역할은 교사가 제시하는 지식을 학습하듯이 공학으로 제시된 지식을 학습하는 것이고, 공학의 역할은 트럭이 슈퍼마켓에 식품을 배달하는 것과 마찬가지로 학생들에게 가르칠 내용을 전달하는 것이라고 보았다(Clark, 1983).

1890년대에 초소형 컴퓨터(microcomputer)가 출현하기 전에는 초기 형태의 컴퓨터가 반복연습용으로 사용되었다. 초소형 컴퓨터가 처음 교실에서 사용되었을 때 이것은 대부분 반복연습에 사용되었다(Becker, 1985).

1990년대까지는 멀티미디어나 컴퓨터를 통한 의사소통이 공학의 역할을 장악하였다. 그러나 멀티미디어나 컴퓨터를 통한 의사소통은 교육에서의 공학의 역할이 학습도구가 아닌 대체 교사 또는 지식의 소스로 인식되었다. 최근의 교육공학의 정의에서 제시된 바와 같이 공학의 역할 및 사용방법은 함께 배우는 학습도구로서 학습과정에서의 파트너 역할로 전환되어 학생들의 의미 형성을 지원해 주는 것으로 명시되었다. 즉, 공학은 학습자의 사고와 지식 구성의 참여자나 조성자 역할을 한다고 인식되고 있다.

공학의 몇 가지 역할을 구체적으로 제시하면 다음과 같다.

- 지식 구성도구로서의 공학
  - 학습자의 아이디어, 이해, 신념을 표상하기 위한 도구
  - 학습자에 의해 조직된 멀티미디어 지식을 산출하는 도구
- 구성에 의한 학습을 지지하는 지식을 탐색하는 정보도구로서의 공학
  - 필요한 정보에 접근하기 위한 도구
  - 전망, 신념, 세계적 견해를 비교하기 위한 도구
- 실행에 의한 학습을 지지하는 상황으로서의 공학
  - 의미 있는 실제 세계 문제, 상황 등을 표상하고 모의 실험하는 도구
  - 신념, 조망, 논쟁, 다른 사람의 이야기를 표상하는 도구
  - 학생의 사고를 돕기 위해 안전하고 통제 가능한 문제공간을 정의하기 위한 도구
- 대화에 의한 학습을 지지하는 사회적 매체로서의 공학
  - 다른 사람과 협동하기 위한 도구
  - 지역사회 구성원 간에 토의, 논쟁, 합의를 형성하기 위한 도구
- 반영(reflection)에 의한 학습을 지지하기 위한 지적 파트너로서의 공학(Jonassen & Reeves, 1996)
  - 아는 것을 말로 표현하고 표상하도록 학습자를 돕는 공학
  - 알고 있는 것에 대해서, 그것을 알게 된 방법을 반영하기 위한 도구
  - 학습자의 내적 처리와 의미 조성을 지원하는 도구
  - 의미의 개인적 표상을 구성하는 도구
  - 마음에 둔 사고를 지원하는 도구

최근의 컴퓨터 기저공학(computer-based technology)은 정보접근도구로도 사용된다. 컴퓨터로 정보에 접근하고 조작하려면 이 섬세한 탐색도구의 사용방법을 알아야 한다. 학생이 TV를 보거나 컴퓨터 보조 학습을 하기 위해 상호작용하며 공학을 통해 학습할 때, 공학이나 학습자는 담당 역할을 제대로 할 수 있어야 한다. 공학은 정보를 제시하고 질문하며 답에 대해 판단하고, 학생은 정보를 받고 저장하거나 정보를 꺼내게 된다.

3. 교수공학과 교수매체

1) 교육공학 적용 학습 유형

학습에서의 교육공학을 '공학적 도구의 효과적인 활용'이라고 정의하는 경우 매체, 기계, 네트워킹 하드웨어 등과 같은 일련의 도구의 효과적 적용을 고려하게 된다. 교육공학에는 책, 오디오, 이미지, 애니메이션, 비디오 등의 다양한 유형의 매체와 오디오테이프, 비디오테이프, 위성 TV, CD-Rom, 컴퓨터 이용 학습, 지역 내부 전산망(intranet)/기업 간의 네트워크(extranet), 웹 기반 학습 정보, 그리고 통신 체계 등이 포함된다.

(1) 동시적 · 비동시적 학습

학습은 교실 내 또는 교실 밖에서 일어날 수 있으며, 자기진도에 따라 이루어지는 비동시적 학습이거나 교사가 이끄는 동시적 학습일 수 있다. 원거리 학습과 대면교수·학습을 연결한 혼합학습이 적절할 수도 있다. 가정이나 학교에서 학습자와 교육자에 의해 가상적 교실이 활용될 수도 있다.

교육적 도구 적용학습은 동시적일 수도 비동시적일 수도 있다. 동시적 학습은 실제 시간에 이루어지며 모든 참여자들이 동시에 상호작용하나, 비동시적 학습은 자기 속도에 의해 이루어지며 참여자들이 동시에 참여하지 않고 자신의 시간에 맞추어 아이디어 교환에 참여하는 것을 허락한다. 동시적 학습은 한 사람이나 그 이상의 참여자들이 동시에 아이디어나 정보를 교환하는 경우를 말한다. 얼굴을 맞대고 토의하거나 실시간으로 온라인에서 교사의 설명과 피드백을 듣거나 스카이프(Skype) 대화를 나눌 수도 있고, 모든 사람이 온라인으로 협력하여 학습하는 온라인 네트워크 교실에서 이야기를 할 수도 있다. 동일한 시간에 이루어지는 학습은 온라인 인식을 조성하고 학습자의 쓰기 기술을 증진시킨다. 동시적 학습은 다른 학습자들의 소리에 귀를 기울이게 하고 또래에게서 배우게 하기 때문에 학습자들이 창조하고 열린 마음을 가지도록 돕는다. 비동시적 학습에서는 웹 지원 책자, 하이퍼텍스트(hypertext) 기록, 오디오 코스, 비디오 코스, 웹을 사용한 소셜 네트워킹(social networking)뿐만 아니라 이메일, 블로그, 위키(wikis), 토론 게시판과 같은 공학을 사용한다. 비동시적 학습은 학습자가 자신의 속도에 맞추어 진행한다. 만일 강의를 한 번 더 들어 보려고 하거나 질문에 대해 조금 더 생각해 보아야 겠다고 생각했을 때도 두려움 없이 자신의 생각대로 진행할 수가 있다. 온라인 코스를 택하여 좀 더 빨리 졸업장을 받을 수 있고 실패한 과목을 주저 없이 다시 들을 수도 있다.

(2) 선형학습

대부분의 온라인학습(e-learning) 자료는 선형으로 이루어져 학습자들이 수업 설계자가 결정한 학습통로를 따르도록 되어 있다. 선형은 교수·학습의 주된 구성으로 학습이 한 단계에서 그다음 단계로, 또 다음 단계로 진행되며 학습의 어떤 영역이든 처음부터 시작해야 한다.

컴퓨터 기반 훈련(CBT: Computer-Based Training)은 컴퓨터나 태블릿 또는 스마트폰과 같은 휴대용 기구에 전달되는 자기진도조절 학습 활동을 말한다. 이 활동은 초기에 CD-Rom을 통해 온라인 책을 읽듯 순서대로 정렬하여 제시했다. 컴퓨터 기반 훈련은 개념적으로 웹 브라우저를 사용하여 인터넷으로 전달하는 웹 기반 훈련과 유사하다. 웹 기반 훈련에서 진행한 학습에 대한 평가는 컴퓨터로 쉽게 점수를 제시할 수 있는 선다형 질문, 끌어 놓기, 라디오 버튼, 모의실험 또는 다른 상호작용적 방법으로 이루어진다. 평가 결과는 쉽게 점수화되고 온라인 소프트웨어에 기록되어 사용자에게 즉시 피드백을 제공할 수 있다. 아울러 사용자는 자격증 형식의 기록을 인쇄할 수 있다.

컴퓨터 기반 훈련은 전통적 학습방법 이상으로 학습자극을 제공한다. 이 훈련에는 비디오 또는 애니메이션을 포함한 풍부한 매체를 삽입하여 학습을 증진시킬 수 있다.

(3) 협력학습

컴퓨터-지원 협력학습(CSCL: Computer-Supported Collaborative Learning)은 학습자들이 함께 학습과제를 수행하도록 장려하는 교수방법을 사용한다. 컴퓨터-지원 협력학습은 네트워크로 연결된 학습과 개념상 비슷하다.

2) 교실에서 사용되는 공학의 유형

교실에 준비되어야 하는 핵심 공학도구는 컴퓨터, 인터넷 접근도구, 마우스, 디지털 프로젝터와 디지털 화이트보드(예: 스마트보드), 프린터, 평판 스캐너(flatbed scanner),

표 1-1 교수·학습과정을 지원하기 위해 사용되는 공학

공학의 분류	예
교수공학	• 컴퓨터, 디지털 프로젝터, 스마트보드, iPad / iPod, 디지털 오디오, 비디오 녹화기기 등과 같은 미디어 테크놀로지 • 직접교수, 탐색놀이, 발견학습, 모델 보이기, 비계 설정, 격려(일러 주기) 등과 같은 교수과정 기술
정보통신기술 (정보공학)	이메일, 컴퓨터, 복사기, 워드 프로세서(word processor), 그래픽 소프트웨어, 마이크로소프트 파워포인트, 모바일폰(휴대전화, 이동통신), 휴대전화로 문자 주고받기, 블로그, 위키(Wikis), 인터넷
보조공학	연필잡이 폼, 전자소통체계, 휠체어, 소프트웨어, 보청기 등

디지털카메라, iPad/iPod, 그리고 키보드이다(Parette, Blum, & Quesenberry, 2013). 최소한 인터넷에 연결된 컴퓨터와 투사도구가 있어야 한다. 유아나 초등학교 학생들을 위한 모델로는 터치스크린(touchscreen, 촉감디스플레이 스크린)이 장착된 컴퓨터가 있다. 학습자가 스크린에 접촉하여 직접 선택할 수 있기 때문이다.

파렛트와 피터슨-카란(Parette & Peterson-Karlan, 2010)은 교수·학습과정을 지원하기 위해 사용되는 공학을 교수공학, 정보공학, 보조공학으로 구분하여 〈표 1-1〉과 같이 분류·제시하였다.

3) 교수매체

교수공학을 적용하는 사람에게는 교수매체에 대한 깊은 이해와 지식이 필요하다. 흔히 교육공학적 교수매체로 컴퓨터, 라디오, TV, 영사기, 환등기, 녹음기, 전자계산기를 연상하지만 매체의 형태에 따라 다양한 교수매체가 출현하였다. 어떠한 형태이든 교수매체의 사용목적은 의사소통과 학습을 조성하기 위한 것이다.

학습에 사용되는 매체의 기본 형태는 텍스트(글), 오디오(청각 자료), 시각 자료, 비디오, 실물과 모델, 사람들이 있다.

- 텍스트(글): 가장 일반적으로 사용되는 매체의 형태로 책, 포스터, 화이트보드, 컴퓨터 스크린 등에 문자와 숫자로 구성되어 나타난다.
- 오디오(청각 자료): 학습에서 일반적으로 사용되는 매체로 어떤 것이든 들을 수 있는 것을 포함한다. 사람의 목소리, 음악, 기계적 소리(예: 달리는 차의 엔진 소리), 소음 등의 생소리 또는 녹음된 소리이다.
- 시각 자료: 학습을 증진시키기 위해 정규적으로 사용되는 매체이다. 컴퓨터 스크

린의 그림, 화이트보드 위의 그림, 사진, 책에 있는 그림, 만화 등을 포함한다.

- 비디오: 청각매체와 시각매체를 통합한 매체로 동작을 보여 주고 DVD(Digital Versatile Disk, 디지털 다기능 디스크)에 저장될 수 있으며, 인터넷을 통해 제시되거나 컴퓨터 애니메이션 형태를 띨 수도 있다.
- 실물과 모델: 입체형 조작물로 학생들이 직접 만지고 다룰 수 있는 입체적인 자료이다.
- 사람들: 학습에 중요한 매체이다. 교사, 다른 학습자(학생), 성인 등으로부터 배운다.

위에 제시된 매체(미디어) 형태는 메시지가 포함되고 제시되는 물리적 형태이다. 예를 들면 화이트보드와 웹페이지, 파워포인트는 텍스트(글)와 시각 자료가 합쳐진 형태이고 CD(Compact Disk, 콤팩트 디스크)는 소리와 음악, DVD는 비디오와 오디오, 컴퓨터 멀티미디어의 경우 오디오와 글 및 비디오의 형태가 합해진 매체이다.

매체 형태를 선정할 경우 사용 가능한 매체, 교수·학습 상황(대집단, 소집단, 또는 자기학습 등), 학습자 변인, 목표(인지적, 정의적, 운동기술, 또는 인간 상호관계 등) 등과 함께 교사의 매체 제시능력 등을 고려해야 한다.

CHAPTER

02 교수·학습방법과 교육공학 접근 이론

교육적 환경에서 교수공학의 사용에는 의식적·무의식적으로 교수·학습 모델이 반영된다. 교수·학습 모델들은 교수·학습 설계에서 학습 조성을 위하여 그 모델에 적절한 교수·학습 전략과 기술을 제공한다(Reigeluth, 1983; Ertmer & Newby, 1993). 교수·학습 이론은 교수·학습 전략의 근원이 된다. 다양한 전략에 대한 지식은 교수·학습 문제해결을 위한 효과적인 방법을 선택하는 데 중요하게 작용한다. 교수·학습 이론은 전략 선정의 기초를 제공한다. 교수·학습 설계자는 교수·학습 문제해결을 위한 적절하며 활용 가능한 전략을 알아야 하고, 각 전략을 적용하는 시기와 적용 이유를 알고 있어야 한다.

본 장에서는 널리 알려진 교수·학습 모델인 행동주의 모델, 인지주의 모델, 구성주의 모델 등을 중심으로 교수·학습목표 및 원리, 교육적 시사점을 살펴보고 각 모델에서 적용 또는 추구하는 공학적 접근에 대해 살펴보려고 한다. 아울러 최근의 디지털 세계에서 제시된 연결주의 학습이론을 살펴보고, 교수·학습 모델에 따라 적용되는 다양한 교육방법(교수 전략)을 생각해 본다.

1. 교수 · 학습 모델과 교육공학 접근

1) 행동주의 모델(객관주의 모델)과 교육공학 접근

1920년대부터 1950년대 후반까지 실험심리학자들은 관찰 가능한 행동에만 초점을 두었으며, 실험동물이나 인간의 행동 강화효과를 주장하고, 정신적 추이의 탐색을 거부하였다. 행동주의자들은 교육공학에 대한 개념도 조건화를 통해 동기를 통제하는 낮은 인지과정에 초점을 맞추었다. 따라서 행동주의자들의 오리엔테이션은 소단위 단계별로 프로그램되어 즉각적으로 관찰 가능하고 경과 측정이 가능한 학습에 초점을 두고 있었다. 즉, 학습이 이루어질 때 학습자 내부에서 진행되는 것을 분석하지 않고 단지 관찰 가능한 행동만을 강조하였다.

1950년대의 심리학자이자 행동주의 지지자인 스키너(Skinner, B. F.)는 관찰 가능한 행동의 과학적 연구를 하였다. 그가 새로운 기술 학습 시 나타나는 학생의 자발적 행동에 관심을 가지고 관찰한 결과, 바람직한 반응에 대한 강화 또는 보상이 유기체의 행동패턴을 형성하고 있었다(Smaldino et al., 2015). 스키너(1954)에 의하면 학생이 특정 상황에서 특정한 행동을 특정 형태로 행하도록 지도받고, 교사가 행동 강화(reinforcement)의 상황을 준비하여 적절한 행동을 반복적으로 강화해 주면(조작적 조건화), 상황에 적절한 행동이 나타나도록 하는 교육이 이루어질 수 있다.

1950년대 말부터는 학습에 대한 스키너의 자극·반응(S-R) 이론에 기초한 강화와 티칭머신이나 프로그램 학습 적용이 교수·학습에서의 과학 기저공학 발달에 영향을 미치기 시작하였다. 학생이 자신의 속도에 따라 진행하는 개별학습, 프로그램 학습에 대한 아이디어나 컴퓨터 보조 교수도 이러한 행동주의 원리가 적용된 것이다. 학교 교육과정도 결과물 체계와 연결시켜 특정 행동목표, 행동 수정, 시스템 분석, 책임 등에 대한 행동주의 견해에 기초하여 구체화되었다. 알아야 하는 객관적 현실이 있고, 교육목표는 학생이 객관적 현실을 이해하고 행동을 이에 따라 조절하는 것이 되었다(Jonassen, 1991a). 다시 말해, 교육목표는 목표로 한 자극을 제시받은 학습자로부터 바람직한 반응을 유도해 내는 것이 되었다. 이 목표를 달성하려면 학습자는 적절한 반응의 수행방법을 알아야 하고 어떤 상황에서 그 반응을 나타내게 하는지를 알아야 한다. 그러므로 교사는 목표 자극의 제시와 학습자가 적절한 반응을 나타내게 하기 위한 기회 제공을 체계화해야 한다. 자극-반응의 연결을 조성하기 위하여 교사는 즉각적 반응을 이끌어내기 위한 큐(신호)를 제공하고 목표자극에 대한 정확한 반응을 격려하는 강화를 활용할 수 있다.

행동이 단지 보상과 강화에 의해 통제된다는 전통적 행동주의 이론에서 관찰과 모방을 통해 새로운 행동이 습득되고 학습은 사회적 상황에서 이루어진다고 보는 사회학습이론도 파생되었다. 즉, 사회적 관찰을 통해 새로운 행동 습득이 이루어진다는 것이었다(Bandura, 1977). 사회학습 이론에서는 인성요인과 사람들 간의 상호작용에 관심을 갖는다(Bandura, 1986). 어떤 특정 학습은 다른 사람의 행동 모델을 관찰하여 스스로 적용해 봄으로써 이루어진다고 보았고 대중매체, 특히 영화나 TV를 통해 제시되는 행동이나 태도가 개인의 행동과 학습에 미치는 영향이 크다고 보았다.

행동주의 이론에서 교사와 교수·학습 설계자의 역할은 "① 바람직한 반응을 이끌어낼 수 있는 큐의 결정, ② 자연적 상황에서 나타나도록 기대하는 목표자극 제시와 학생의 적절한 반응이 나타날 수 있는 실제 상황 준비, ③ 학생이 목표자극 제시에 정확한 반응을 하고 이러한 반응에 대한 재강화를 받는 환경조건 구비"이다(Gropper, 1987).

행동주의 모델에서 공학은 학생에게 메시지를 전달하기 위하여 사용되었고, 학생이 메시지를 이해하고 메시지를 통해 학습하기를 기대한다. 기본 가정은 '사람은 공학으로 학습한다'는 것이다. 즉, 학생이 교사의 강의를 듣고 배우듯이 프로그램 학습이나 컴퓨터 보조교육 체제에 대응하여 교육용 영화 관람이나 TV 시청을 통해 학습한다는 것이다. 행동주의 모델에서는 지식이 교사로부터 학생에게 전달되는 것이며, 이와 동시에 공학 기저 수업에 내재하여 학습자에게 전달될 수 있다고 본다. 그러므로 학생이 교사가 알고 있는 것을 교사로부터 배우듯 공학이 알고 가르치는 것을 통해 배운다고 본다. 교육방법으로는 지식이나 추상적 규칙을 단순화하여 전달하고, 일반적 원리를 먼저 제시하고 세부적 내용으로 들어가는 연역적 방법을 적용한다.

2) 인지주의 모델과 교육공학 접근

스위스의 심리학자 피아제(Piaget, J., 1977)의 연구에 기초한 인지주의자들은 환경에 반응하여 개인이 적응하는 정신적 과정, 즉 사람이 사고하고 문제를 해결하고 결정을 내리는 방법을 탐색하였다. 그 결과 그들은 단기 기억과 장기 기억에 대한 정신적 모델을 창안하였다. 새로운 정보는 단기 기억에 저장되고 연습을 통해 장기적으로 저장된다. 만일 정보가 연습되지 않으면 단기 기억에서 사라진다. 학습자는 장기 기억 속의 정보화기술을 합하여 과제를 다룰 복잡한 인지적 전략 또는 기술을 개발한다. 학습자원 활용에서 학습자는 교사의 안내보다는 학습자 자신의 인지적 전략에 더 많이 의존한다(Smaldino et al., 2015). 이 정보의 주된 가정은 학습자마다 선호하는 학습방식이 다르므로 개별 학습방식에 적절한 개별화 교수방법이 가장 효과적이라는 것이다(Bovy, 1981). 인지주의 모델에서는 개인의 사전 지식이 기억 속의 정신적 모델로 표상되며 정신적 모델 또는 인지 도식(schemata)은 학습자의 새로운 정보의 효과적인 처리에 중요한 결정 요인이라고 본다. 이때 학습자의 관심은 선택적이고 선택적 관심은 제시 형태, 학습자의 인지적 구조, 그리고 사전 경험과 관련이 있다(Bovy, 1981).

1980년대 초기에 교수·학습에 대한 인지적 모델이 교육공학에서, 특히 교수 설계과정에서 행동주의 모델을 대체하기 시작하였다(Bednar et al., 1991). 교수 설계의 인지적 모델에서는 학습자에 의한 조직, 진행, 그리고 정보의 저장이 중요한 요소이다. 인지적 접근은 행동주의와 달리 행동의 내적 이해 과정을 시도하고, 반응보다는 학습자 스스로 알기를 강조한다.

인지적 접근에서의 초점은 자극-반응 이어 가기가 아니라 정신적 상태이다. 학습자는 수동적인 존재가 아니라 능동적, 건설적, 놀이지향적 존재이다. 아울러 학습자는 책임감이 있고 학습에서의 자기 역할에 책임이 있는 사람으로 본다. 교수기술은 학습자의 인지적·정의적 과정과 적성 이해와 진단에서 시작된다. 그 후 다른 상황에서 다른 학습자를 자극하기 위해서는 사전 학습과 스키마와 관련된 정신적 전개를 능동적으로 끌어내기 위해 그에 적절한 다른 방법으로 설계해야 한다. 학습자가 간과하거나 관심을 갖지 않는 교육 내용은 정신적 모델에 영향을 주지 못하기 때문이다(Bruning, 1983).

교육공학의 인지적 견해는 학습 전략, 즉 학습자가 자신의 참여, 지각, 부호화, 그리고 검색의 내적 과정을 통제하는 데 사용하는 지적 기술의 개념을 발전시켰다. 인지적 견해에서 교육공학은 단순히 행동적 반응을 모방하기보다는 적절한 학습 전략을 활성화 하는 데 초점을 두고 있다.

3) 구성주의 모델과 교육공학 접근

1990년대에는 교수·학습 이론으로 구성주의가 관심을 받았다. 구성주의는 경험에서 의미를 창조하는 것이 학습이라고 보는 이론이다(Bednar et al, 1991). 학습을 정신적 활동으로 보는 면에서 인지주의와 같으나, 인지주의 심리학자는 정신을 실제 세계에 대한 참조도구로 생각하는 데 비해 구성주의자들은 정신이 실제 세계에서 투입된 것을 걸러 자신의 독특한 실제를 구성한다고 믿는다(Jonassen, 1991b). 구성주의 이론에서는 교수·학습 과정에서 학습자가 수동적으로 받아들이는 사람이 아니라 주도권을 갖고 복잡하고 실제적 문제해결에 임하고, 다양한 관점에서 문제를 검토할 뿐만 아니라, 지식 구성과정에서 자신의 역할을 인식하며 능동적으로 임할 것을 강조한다(Driscoll, 2000). 또한 학습자 자신의 경험에서 학습 경험이 이루어지며, 교육의 목표는 정보를 가르치는 것이 아니라 자신의 이해를 위해 정보를 해석할 수 있는 상태를 창조하는 것이라고 본다. 구성주의자가 생각하는 교육의 역할은 학생들에게 지식을 조합하는 방법을 제공하는 것이다. 구성주의자들이 생각하는 가장 효과적인 학습은, 학생이 의미 있는 상황에서 중요한 과제에 참여하여 스스로 실행하면서 이루어 가는 학습이다. 학습의 최종 단계 측정은 실제 생활에서 사고를 조정하는 지식을 활용할 수 있는 능력으로 본다. 스말디노 등(Smaldino et al., 2015)은 "21세기 학습자는 기존 지식 이용뿐만 아니라 효과적인 해결을 위한 추가적 정보 또는 기술을 모색하는 것이 요구되며 구성주의가 이에 적합한 모델"이라고 하였다. 구성주의자들은 지식이 전달되는 것이 아니라 구성되는 것이라고 믿는다. 구성주의 모델은 학습자 중심 교육을 요구하며 스스로 사실을 발견하도록 과업이 주어질 때 학습이 보다 잘 이루어진다고 본다.

피아제에 의하면, 지식을 구성하기 위해서는 학습자 스스로 교육의 속도를 조절할 수 있어야 한다. 학습자가 스스로 가설을 세우고 예상하며, 물체를 실제로 다루어 보고, 질문하고, 질문에 대한 답을 연구하고, 상상하고, 조사하고 발명하는 경험을 해야 한다(O'Loughlin, 1992). 교사가 학습과정의 창의적 조성자 역할을 하는 것이다. 수업은 프로젝트 중심으로 진행되고, 교사는 학습자가 자신의 견해를 구성하도록 돕는 도구를 제공하며, 학습의 초점을 개념적 관계를 발견하는 데 맞추어야 한다.

구성주의에서 학생은 물체, 사건, 활동과정과 같은 현상을 경험하면서 이미 알고 있는 것을 기초로 추론해 보고 경험과 추론을 반영해서 이러한 경험을 해석하면서 학습한다. 브루너(Bruner, J., 1990)는 이 과정을 '의미 만들기(meaning making)'라고 불렀다. 이 '의미 만들기'가 바로 구성주의의 핵심이다.

구성주의에서 학생은 교사나 공학으로부터 배우는 것이 아니고 사고를 통해 학습한다. 하고 있는 것 또는 하는 것을 생각해 보는 것, 믿고 있는 것을 생각해 보는 것 등과 같은 사고를 통해, 그리고 사용한 사고과정에 대해 생각해 보는 것을 통해 학습한다고 본다. 사고가 학습을 중재한다는 것이다(Jonassen et al., 1999). 사고는 활동의 영향을 받으며, 다른 활동은 다른 종류의 사고를 가능하게 한다. 즉 목록 기억하기, 책 읽기, 강연 듣고 이해하기, 문제해결하기, 새로운 상품 설계, 믿음에 대한 논쟁 등은 각각 다른 종류의 사고를 요구한다. 이러한 활동을 통한 사고는 교사나 공학으로 제시되고 지지될 수 있다. 그러나 공학이 반드시 사고를 유발하지는 않으며 학생에게 배울 의지가 없어 다른 생각을 하고 있다면 학습으로 이끌지는 못한다고 본다. 학습과정에서 교사나 공학의 역할은 간접적이다. 이들이 학습자가 사고에 참여하는 활동을 하도록 자극하고 지지할 수는 있으나 학습으로 이끌지는 못한다. 학생은 공학으로부터 직접적으로 배우는 것이 아니라 하고 있는 것에 대해 생각(사고)하는 것으로부터 배운다는 것이다. 공학은 학습자가 사고하도록 돕는 도구나 지적 파트너로 활용될 경우 학습을 조성하고 지원할 수 있다. 학습은 표상적 실체에 대한 추상적 개념의 형성으로 과학적 추론, 추상적 사고, 형식적 조작 등으로 이끄는 지적 성장으로 반영된다(O'Loughlin, 1992).

구성주의에서는 학습하면서 학습자들이 기술을 사용하는 환경의 복잡성을 반영한다(Dick, 1996). 구성주의자의 입장에서 평가는 과정에 기초한다. 학습과 동시에 평가가 이루어진다. 이때 지식뿐만 아니라 학습하는 방법에 대한 평가도 동시에 이루어진다. 따라서 학생들이 학습할 때 사용하는 전략이나 방책을 측정하여 새로운 상황에서 얼마나 잘 학습하고 문제해결을 잘할 수 있는지 알게 된다.

구성주의 모델에서 파생된 모델 중 하나로 협력학습 모델이 있다. 구성주의 모델에서 학습이 물체와의 개별적 상호작용으로 일어난다고 가정하는 데 비해, 협력학습 모델에서는 학습은 다른 개체들과의 상호작용으로 나타난다고 본다(Slavin, 1990a, 1990b). 또한 자신의 정신적 모델을 토의와 정보 교환으로 확인하고, 연습하고, 단단히 하고, 발전시킬 때 학습이 이루어진다고 본다. 이때 나타나는 자신의 것과 다른 해석들이 새로운 공유된 지식으로 이끈다는 것이다(Whipple, 1987). 교사 중심 의사소통은 본질적으로 선형인 데 비해 협력학습의 경우 견해 차이와 동심도(concentricity)를 허락한다(Flynn, 1992). 협력학습의 주된 목표는 다른 개체와의 상호작용으로 공유된 이해의 구성이며, 잠재적 목표는 의사소통과 듣기 기술을 증진시키고 참여를 이끌어 내는 것이다. 지식은 공유하는 것이고 공유가 많이 이루어질수록 더 많은 학습이 이루어진다고 본다. 협력학습 모델의 경우 참여가 중요시되며 소집단으로 작업하는 것과 같은 상황이 주어지면 학습자가 참여할 것이기 때문에, 교사가 학습자 간의 정보와 지식을 공유할 수 있는 협력학습의 기회를 제공하도록 수업을 계획하여야 한다고 본다. 아울러 교실에서 적절한 피드백을 제공하면서 다른 또래 학습자들의 피드백 기회를 제공하여 학습자의 이해 또는 숙달 수준을 높이도록 유의해야 한다고 본다(Stephenson, 1992). 연구에 의하면, 학습자는 개별적 또는 경쟁적으로 학습할 때보다 협력적 집단에서 능동적으로 학습할 때 높은 수준의 추론 전략, 비판적 사고, 창의적 반응을 나타내었다. 그뿐만 아니라 집단 프로젝트를 실시할 경우 자연스럽게 협력학습이 이루어졌고 학습이 장기적으로 유지되었다(Schlechter, 1990).

4) 연결주의

루멜하트와 맥클러랜드(Rumelhart & McClelland, 1986)는 신경과학연구의 지원으로 입력-처리-출력의 순차적 방식으로 제시되었던 정보 처리이론을 연결주의(Connectivism) 모델로 발전시켰다. 이들은 지각, 주의 집중, 라벨 표시, 의미 정보가 뇌의 다른 영역에 동시 저장되며 단일 정보의 연결망 수가 검색의 용이성에 영향을 준다고 보았다.

이후 연결주의는 지멘스와 다운즈(Siemens & Downes, 2009)에 의해 디지털 세계를 위한 학습이론으로 제기되었다(Duke et al., 2013). 연결주의 학습이론이란 인터넷 공학이 사람들이 학습을 위한 새로운 기회를 창안하고 웹을 통해 정보를 나누는 방법을 설명하는 것이다. 연결주의 학습이론은 급속히 변화하는 사회적 디지털 세계에서의 복합적 학습 설명을 추구한다. 이 이론에 의하면 학습은 네트워크 내 연결을 통해 이루어진다. 이 모델은 학습을 정의하기 위해 노드(node)를 가진 네트워크와 연결의 개념을 사용한다.

최근 20년간 공학은 인간이 사는 방법, 의사소통방법, 학습방법을 바꾸어 놓았다. 학습 요구, 학습 원리와 과정을 설명하는 학습이론은 기저학습환경을 반영하여야 한다(Siemens, 2005). 연결주의는 카오스(chaos), 네트워크, 그리고 복잡성 이론과 자주

적 조직결성이론에 의해 탐색된 원리들의 통합이다. 학습은 완전히 개인의 통제하에 이루어지는 것이 아니라 핵심적 요소 이동의 막연한 환경 내에서 이루어지는 과정으로 본다. 학습은 실행할 수 있는 지식으로 정의되며 우리 외부에 존재할 수 있다. 학습은 특정 정보 세트 연결에 초점을 두며, 좀 더 학습할 수 있게 하는 연결이 현재 이해 상태보다 더욱 중요하다. 계속 습득되는 새로운 정보 가운데 중요한 정보와 중요하지 않은 정보를 구별하는 능력이 중요하다. 새로운 정보가 어제의 결정 근거를 변경하였다고 인식하는 능력도 중요하다. 연결주의는 디지털 시대에서 활약하는 학습자를 위해 필요한 학습기술과 과제에 대한 통찰력을 제공한다. 연결주의 학습이론의 원리는 다음과 같다(Siemens, 2005).

- 학습과 지식은 다양한 견해 속에 존재한다.
- 학습은 특별한 노드 또는 정보자원의 연결과정이다.
- 학습은 비인간 기기 내에 존재할 수 있다.
- 더 알 수 있는 능력이 현재 알고 있는 것보다 더욱 중요하다.
- 연결을 조성하고 유지하는 것은 계속적 학습 조성에 필요하다.
- 여러 지식 분야, 아이디어, 개념 간의 연결을 파악할 수 있는 능력은 핵심기술이다.
- 정확한 최신 지식을 갖추는 것이 모든 연결주의자 학습 활동의 의도이다.
- 의사 결정 그 자체가 학습과정이다.

연결주의의 시작점은 개인이다. 개인적 지식은 조직과 기관을 반영하는 네트워크를 구성하고, 다시 네트워크에서의 피드백으로 돌아와 개인에게 계속해서 학습을 제공한다. 연결주의는 교육자에게 우리가 직접 관찰하거나 경험할 수 없는 것을 나타내는 모델 또는 정신적 표상을 제공한다(Dorin et al., 1990).

2. 교육방법

교수·학습 상황에서 적용하는 교육방법(교수 전략)으로는 지시적 수업(직접교수법), 비지시적 수업(간접교수법), 상호작용 중심 수업, 자율학습, 체험학습 등이 있다.

1) 지시적 수업(직접교수법)

지시적 수업 전략(직접교수 전략)은 일반적으로 사용된다. 이 전략은 강의, 교훈적 질문, 명시적 수업, 반복연습, 그리고 시범 등의 방법을 포함한다. 직접교수 전략은 정보 제공 또는 단계적 기술 발달에 효과적이다. 이 전략에서는 보통 연역적 교육방법(Deductive Method)을 적용한다. 즉, 규칙과 일반화가 제시되고 그다음 예를 제시하여 설명한다. 이는 계획과 적용이 쉬운 전략으로 생각하기 쉬우나 효과적인 직접교수 전략을 적용하기 위해서는 충분한 계획을 거쳐야 한다.

그러나 비판적 사고력 향상, 대인관계 학습에 요구되는 능력·과정·태도 등의 발달을 위해서는 직접교수 전략을 주로 사용하는 것의 제한점을 인식해야 한다. 정의적 목표와 높은 수준의 인지적 목표 이해를 위해서는 다른 전략과 결합한 교육방법의 적용이 요구된다.

직접교수법의 하나인 강의는, 자주 사용하지 않고 다른 효과적인 방법이 없는 특별한 상황에서만 사용한다면 가치 있는 수업방법이다. 특히 강의 제공자에게 지식이 있고, 지각력이 있고, 매력이 있고, 의욕적일 경우에는 생각을 자극하고, 상상력에 도전하게 하며, 호기심과 탐구심을 발달시킨다. 강의의 경우 교사 중심으로 진행되기 때문에 학습자의 활동은 주로 수동적이며, 학습자와 교사 간 상호작용이 없거나 매우 적게 이루어진다.

2) 비지시적 수업(간접교수법)

탐구, 귀납적 결론, 문제해결, 의사 결정, 발견학습 등은 비지시적 수업과 상호 교환적으로 사용된다. 비지시적 수업은 주로 학습자 중심으로 이루어진다. 비지시적 수업의 예로는 반성적 토의, 개념 형성, 개념 습득, 종결과정, 문제해결, 탐구 등이 있다. 비지시적 수업의 경우 관찰, 조사, 데이터에서 추론 끌어내기, 가설 형성하기 등 높은 수준의 학습자 참여를 추구하며 학습자의 흥미와 호기심을 이용하여 이들이 대안을 생성하거나 문제를 해결하도록 장려한다. 학습자가 다양한 가능성을 탐색하도록 허락하여 틀린 대답이 나올 가능성에 대한 두려움을 갖지 않도록 한다. 또한 창의성과 대인관계기술과 능력의 발달을 촉진한다.

교사는 촉진자, 지지자, 그리고 자원인력의 역할을 한다. 교사는 학습환경을 정리하여 학생들에게 참여기회를 제공하고, 탐구 진행 중 적절한 시점에 피드백을 제공한다(Martin, 1983).

비지시적 수업 전략은 거의 대부분의 수업에 사용될 수 있으며 다음과 같은 경우 효과적이다.

- 사고력 향상
- 태도, 가치관, 대인관계 형성
- 과정이 결과만큼 중요한 때
- 나중의 수업을 위해 학습자가 조사하거나 발견할 필요가 있을 때
- 한 가지 이상의 해답이 있을 때
- 개념 또는 일반화에 대한 개별화된 이해와 장기적 기억에 초점을 둘 때
- 자아 관여와 내적 동기 유발이 바람직할 때
- 결정을 내리거나 문제해결이 요구될 때
- 평생 학습능력이 요구될 때

학습자가 비지시적 수업에서 최적의 이득을 얻으려면, 교사는 사전에 의도한 학습결과를 성취하는 데 요구되는 기술과 과정을 가르쳐야 한다. 기술과 과정에는 관찰, 회상, 분류, 비교/대조, 추론 데이터 해석, 예상하기, 구체화하기, 요약하기, 재구성하기, 검증하기 등이 포함된다.

비지시적 수업은 지시적 수업보다 시간이 좀 더 요구되고, 교사의 통제가 제한적이다. 또한 내용 암기나 즉각적 회상이 요구되는 과제의 경우 부적절하다.

3) 상호작용 중심 수업

상호작용 중심 수업은 토의나 참여자 간의 공유에 의존한다. 시만과 펠렌즈(Seaman & Fellenz, 1989)는 토의와 공유가 학습자에게 "경험, 통찰력, 교사나 또래 학습자의 지식에 반응할 기회를 제공하고 사고를 조직하고 느낌에 대안적 방법을 생성할 기회를 제공한다고 하였다(p. 119)." 학습자는 또래와 교사로부터 사회적 기술과 능력 개발 및 사고 조직, 합리적 논쟁을 전개하는 것에 관하여 배울 수 있다. 상호작용 중심 수업 전략은 다양한 집단 구성과 상호작용 방법을 허락한다. 학급 전체 토의, 소집단 토의나 프로젝트, 친구와 함께 과제 착수하기 등도 이에 포함된다. 이때 교사는 토픽이나 토의 시간, 집단 구성, 보고방식 등에 대한 아웃라인을 세워야 한다. 상호작용 중심 수업에서는 교사와 학생 모두 관찰, 듣기, 대인관계와 중재 기술 및 능력의 개선이 요구된다. 상호작용 중심 수업 전략과 여러 방법의 성공은 교사의 집단 역동성 구조화와 전개에 대한 전문 지식에 의존한다.

4) 자율학습

특별한 목적으로 제공되며 학습자의 주도성, 자립, 자기 발전 등을 조장하기 위한 교수 방법이다. 자율학습은 교사나 학생에 의해 제안된다. 학생에 의해 계획된 자율학습은 학급 교사의 지도하에 이루어진다. 여기에는 다른 개체나 소집단과의 학습이 포함된다.

자율학습 시에는 의사 결정에 대한 책임이 따르며, 문제를 분석하고 반영하여 결정을 내리고 목적 있는 행동을 취해야 한다. 자율학습과 연결된 지식, 태도, 과정을 습득하려면 가르침과 연습을 위한 충분한 시간이 제공되어야 한다. 자율학습은 유치원부터 시작되어 모든 연령대에서 활용될 수 있다. 이는 학습자가 자신의 학습에 대한 계획과 속도 조절에 대한 책임을 갖도록 장려한다. 자율학습은 다른 방법들과 연대하여 사용할 수 있다. 따라서 학습자의 성숙도와 독립성 같은 요인이 교사의 계획에 중요하다. 자율학습을 위해서는 적절한 학습자원이 중요하고, 학습자가 보다 자율적이 되기 위해서는 정보를 접하고 다룰 수 있는 능력 발달이 중요하다. 그러므로 우선 학습자가 이미 가지고 있는 능력을 측정하여야 한다. 그 후 학습자의 능력에 맞추어 학생들에게 과제를 제시한다.

사서의 협력과 자원센터와 지역사회의 자료 이용 등도 지원 요인이 된다. 자율학습은 전체 학급에 주된 수업 전략 또는 다른 전략과 연계하여 사용하거나, 개인 또는 몇몇 학습자에게만 자율학습을 실시하고 다른 학생들에게는 다른 수업전략을 사용할 수도 있다.

5) 체험학습

체험학습은 학습자 중심이면서 활동 중심으로 이루어져 단순한 듣기, 읽기보다 이해도를 높이고 기억력을 증진시킨다(McNeil & Wiles, 1990). 학생들은 학습에 능동적으로 참여하며 다른 사람과 각자 하고 있는 것을 설명하고 가르치면서 자신이 하는 작업에 대한 동기를 좀 더 유발시킬 수 있다.

체험학습으로는 견학, 실험, 시뮬레이션, 게임, 현장 관찰, 역할극, 문제해결, 모델 구성, 조사 등을 할 수 있다. 체험학습 시에는 학습 결과보다 개인이 경험하는 학습과정이 강조된다. 교사는 학생의 경험이나 알고 있는 것을 토대로 교육을 시작하며, 학습자는 흥미를 갖고 체험하고 체험을 하면서 분석적 사고기술을 발달시키며, 학습자 자신이 일반화 또는 규칙을 발견할 수 있도록 돕는 귀납적 방법을 주로 사용하게 된다.

학습자의 질문과 문제 제기에서 시작하여 능동적인 참여를 통한 탐색과 탐구를 거쳐 일반화에 이르는 과정인 프로젝트 학습은, 귀납적 방법(Inductive Method)의 예가 될 수 있다. 이와 비교하여 연역적 방법(Deductive Method)은 교사가 직접 제시한 이론이나 이미 학습한 이론을 전제로 연역적 추리과정을 거쳐 새로운 내용을 학습하는 학습방법으로, 대표적인 예로는 앞서 제시한 지시적 수업(직접교수법)이 있다. 교사는 교수·학습 상황에 따라 두 가지 접근방법을 적절하고 조화롭게 사용해야 한다.

3. 수업 설계 모델

1960년대 이후 많은 수업 설계 모델이 제시되었다. 수업 설계 모델의 역할은 효과적이고 질 높은 교수·학습 자료를 생성하는 것이다. 수업 설계 모델은 교수·학습 자료의 시각화와 수업 지도 및 운영과정에 대한 개념적 모델을 제공한다. 그러므로 학습 상황과 과정이 적절히 조화되는 수업 설계 모델을 선정해야 한다(Branch & Kopcha, 2014).

수업 설계는 목표 설정, 교수·학습을 위한 효율적 전략 선정, 관련 공학 선정, 교육적 미디어 선별하기, 성취 결과 평가하기 등의 과정을 계획하는 것이다. 수업 설계과정은 수업 설계가 대응하는 상황과 맞을 때 가장 바람직하나 대개 교육적 상황이 복잡하고 교수·학습에 관련된 복합적 문제들이 등장한다. 그러므로 효율적인 수업 설계 모델은 다른 교육적 상황에 민감해야 하며 복합적 교수·학습 상황에 대처해야 한다(Branch & Kopcha, 2014). 수업 설계 모델의 역할은 세 가지 가정에 기초한다. 수업은 교수·학습 양자를 포함하고, 교육은 거시적 학습 활동에, 수업은 초미니 학습 활동에 초점을 둔다. 여기서는 몇몇 대표적인 수업 설계 모델을 살펴보도록 한다.

1) 딕과 케리의 체계접근 모델

수업을 작은 단위로 구분하여 설계하는 모델이다. 수업의 초점을 가르칠 기술과 지식에 두고 이를 위한 적절한 학습 상황을 제공한다. 〈그림 2-1〉은 체계접근 모델(Systems Approach Model) 수업 설계과정을 그림으로 제시한 것이다.

딕과 케리(Dick and Carey)의 체계접근 모델의 수업 설계과정은 10단계로 연결되어 있으며, 각 단계들은 다른 단계에 직접적 또는 간접적으로 영향을 미친다. 각 단계에서 고려할 사항을 구체적으로 설명하면 다음과 같다.

(1) 1단계: 수업목표 설정

1단계에서 고려할 사항은 학생들이 학습해야 하는 것이 무엇인지 밝히는 것이다. 다루는 주제나 학생들의 배경에 따라 학습해야 할 중요한 요소가 결정된다.

(2) 2단계: 수업 분석 실시

수업 분석은 수업목표를 달성하기 위하여 학생들이 학습할 지식과 기술을 결정하는 것이다. 즉, 교사가 학생들에게 어떤 지식과 기술을 가르칠 것인가를 계획하는 것이다. 이때 학생들이 이미 알고 있는 것이 무엇인지 파악해야 한다.

(3) 3단계: 초기행동과 학습자 특성 파악

학생들이 주제와 연결하여 지니고 있는 지식과 기술을 판단한다. 아울러 교육 활동을 설계하면서 고려해야 할 학습자의 특성을 파악한다. 학습자가 학습을 성공적으로 완

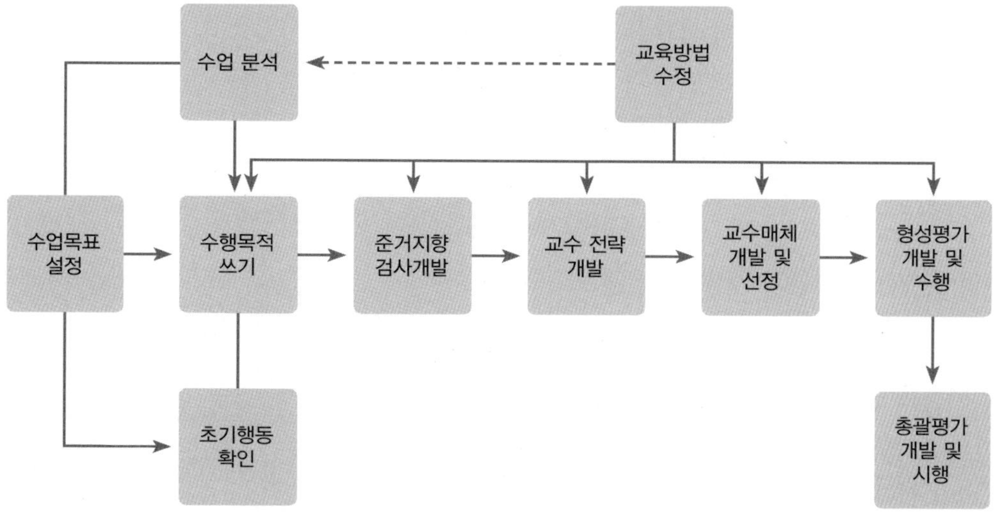

그림 2-1 딕과 케리의 체계접근 모델의 수업 설계과정

성하기 위해 필요한 기술을 충분히 갖추었는지도 파악한다.

(4) 4단계: 수행목표 제시

수업의 구체적 목표를 파악한다. 구체적 목표 제시는 수업을 통해 학생들에게 어떤 내용을 가르칠 것인지를 보다 명확히 해 준다. 목표 제시는 학습자가 학습할 기술을 열거하고, 기술이 수행되는 조건, 성공적 수행 기준을 명시한다. 수행목표는 모호한 용어로 기술하기보다는 관찰 가능하고 이해할 수 있는 행동으로 진술해야 한다.

(5) 5단계: 준거지향 검사 개발

5단계는 학생들에게 가르치기를 바라는 것, 즉 수행목적을 반영하는 검사를 개발하는 것이다. 검사 결과 학생들은 자신이 터득한 것과 터득하지 못한 것을 알 수 있다. 비디오 시청과 쓰기 활동을 했다면 이 활동을 통해 학생들이 파악하기를 기대했던 정보도 검사에 포함할 수 있다.

(6) 6단계: 교수 전략 개발

수업계획에 대한 아웃라인 작성을 시작한다. 학생들이 학습하기를 원하는 것을 명시하고 활동들을 보완한다. 그다음 각 학습 영역을 다루는 방법을 결정한다. 활동 유형과 활동에서 사용될 매체를 결정한다.

(7) 7단계: 교수매체 개발 및 선정

수업을 위한 자료를 준비한다.

(8) 8단계: 형성평가 개발 및 수행

수업이 어떻게 진행되었는지 평가한다. 견학을 하거나 소집단 활동이 이루어질 수 있으며, 집단 크기가 작을 경우 필요하면 일대일 활동도 가능하다.

(9) 9단계: 총괄평가 개발 및 시행

활동 중 학생들이 좋아하지 않는 활동이 있으면 그것을 다른 활동으로 대체한다. 이러한 과정을 통해 다음 수업과정을 잘 해결해 나갈 수 있다.

(10) 10단계: 교육방법 수정

모델에 사용된 전 과정을 되돌아 본다. 한 영역에 너무 치우치지는 않았는지, 활동들 간에 직접적 또는 간접적으로 잘 연결되었는지 파악한다.

2) ADDIE 모델

ADDIE 모델은 교육 및 연수 프로그램 설계나 개발에 활용된다. ADDIE 모델의 경우 〈표 2-1〉과 같이 A(Analysis, 분석), D(Design, 설계), D(Develop, 개발), I(Implement, 실행), E(Evaluation, 평가)가 포함된 수업 설계 모델이다. ADDIE 모델의 요소별 개념과 일반적 절차는 〈표 2-1〉과 〈표 2-2〉에 제시하였다.

ADDIE 모델은 1975년 미국 플로리다 대학교의 교육공학 센터에서 개발한 모델로

표 2-1 ADDIE 모델의 개념

개념				
분석(Analysis)	설계(Design)	개발(Develop)	실행(Implement)	평가(Evaluation)
수행 격차의 원인 찾기	바람직한 수행과 적절한 시험방법 확인하기	학습자료를 만들고 검증하기	학습환경을 준비하고 학생들을 학습에 참여시키기	보급 전후 교육 성과의 질 평가하기

표 2-2 ADDIE 모델의 단계별 절차

일반적 절차				
분석(Analysis)	설계(Design)	개발(Develop)	실행(Implement)	평가(Evaluation)
1. 수행 차이 확인 2. 교육목표 설정 3. 교육 대상 확인 4. 필요한 자원 확인 5. 가능한 전달 체계 결정하기 6. 프로젝트 관리 계획 구성	7. 과제 일람표 구성 8. 수행목적 구성 9. 시험방법 결정 10. 투자 수익 계산	11. 내용 생성 12. 지원 매체 선정 또는 개발 13. 학생을 위한 지침 개발 14. 교사 지도서 개발 15. 형성평가 실시 16. 사전 검사 실시	17. 교사 훈련 18. 학생 지도	19. 평가기준 결정 20. 평가도구 선정 21. 평가 실시
분석 요약	디자인 개요	학습 자료	보급 전략	평가 계획

자료: Branch, 2009.

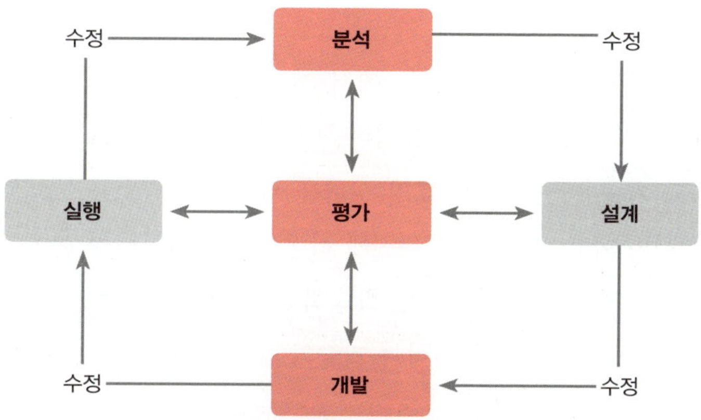

그림 2-2 ADDIE 모델의 구성요소

처음에는 선형 모델이었으나 1980년대 중반에 여러 번의 수정을 걸쳐 상호작용적이면서 역동적인 모델로 전환되었다(Forest, 2014).

3) ASSURE 모델

ASSURE 모델은 교사가 공학과 미디어가 효과적으로 통합된 수업 계획을 하도록 돕기 위해 고안된 모델이다. 이 모델은 효과적인 수업을 도와 준다. 잘 설계된 모델은 학생의 흥미를 이끄는 것에서 시작되어, 새로운 자료를 제시하여 학생이 피드백을 받으며 연습에 참여하고, 이해 정도를 평가하고 관련 후속 활동을 제공한다. ASSURE 모델은 학생에 대한 분석으로 시작되는 이러한 수업 상황을 모두 병합하였다(Smaldino et al.,

2015).

ASSURE 모델은 6단계로 구성되어 있다. 각 단계를 구체적으로 제시하면 다음과 같다.

(1) A: Analyze Learners(학습자 분석)

학습 계획의 첫 번째 단계로 학습 결과와 연결하여 학습자의 특성을 분석한다. 이러한 정보는 수업 설계 시 의사 결정을 안내한다. 학습자 분석 시 고려할 주된 영역으로는 ① 연령, 학습능력, 성별, 흥미 등과 같은 학습자의 일반적 특징, ② 출발점 능력(토픽 관련 지식, 기술, 태도), ③ 청각적·시각적·촉각적 측면의 학습 스타일 영역이 있다.

(2) S: State Standards and Objectives(기준과 목표 진술)

학습 계획의 두 번째 단계로 기준과 학습목표를 구체적으로 진술하는 것이다. 교육청에서 채택한 교육과정과 공학 기준 진술에서 시작하여 학습자를 위한 목표를 세운다. 행동과 행동이 관찰될 조건, 그리고 지식이나 기술의 완성 정도를 제시한다. 조건에는 학습을 지원하고 기준 또는 학습목표의 성취를 평가하는 공학과 매체의 사용도 포함한다. 목표는 학생의 학습 성공 여부 측정에 사용될 수 있다. 또한 학생들이 학습을 통해 무엇을 성취할 것인지 알게 해 준다. 학습목표를 잘 진술하려면 목표로 한 학습자, 나타낼 행동, 행동이 관찰될 상황, 지식과 기술의 습득 정도 등이 포함되어야 한다.

(3) S: Select Strategies, Technology, Media and Materials(전략, 공학, 미디어, 자료 선정)

목표를 달성하기 위하여 출발점과 도착점 사이를 연결할 적절한 수업 전략, 공학, 미디어, 그리고 자료를 선정한다. 수업 내용을 전달하기 위해 가장 적절한 것이 무엇인지 파악한다. 교사 중심 수업과 학생 중심 수업의 비율이 어느 정도인지도 파악한다. 교사 중심 수업 전략에는 강의, 시범 보이기 또는 비디오 시청 등이 있고 학생 중심 수업 전략으로는 그룹 토의, 협력 작업 등이 있다.

일반적으로는 학습자 중심 전략에 비중을 둔다. 궁극적으로 자료를 완전히 습득해야 할 사람은 학습자이기 때문이다. 그러나 중요한 정보와 테크닉은 교사가 제시하고 시범을 보여야 한다. 실제 교사는 학생이 단지 정확한 답을 스스로 발견하도록 안내하는 역할을 하는 것이 가장 좋다. 유능한 교사는 학습과정에서 조성자의 역할을 한다. 학습 전략을 선택한 다음에는 어떤 테크놀로지, 미디어, 자료가 수업을 가장 잘 지원할지 고려한다.

(4) U: Utilize Technology, Media, and Materials(테크놀로지, 미디어, 자료 활용)

여기서는 학생이 학습목표를 달성하도록 돕기 위한 테크놀로지, 미디어, 그리고 자료와 같은 자원을 활용하는 교사 역할의 계획을 한다. 이 과정에는 테크놀로지, 미디어, 자료 등의 자원 사전 검토, 자원 준비, 환경 준비, 학습자 사전 준비, 학습 경험 제공 등의 절차가 따른다. 학습자 사전 준비 사항으로는 학습목표 제시로 학생들에게 필요한 심적 형성 돕기, 학습 결과 측정방법 제시, 숙제나 평가방법 및 학습의 이점 등을 설명해 주기 등이 있다. 그다음 학습 경험을 제공한다.

(5) R: Require Learner Participation(학습자 참여 유도)

학습이 효과적이려면 학습자의 능동적 정신적 참여가 필요하다. 따라서 새로운 지식 또는 기술을 연습하고 연습과정에서 자연스럽게 피드백을 받을 수 있는 활동을 제공한다. 연습에는 학생의 자율 점검, 컴퓨터 보조 학습, 인터넷 활동 또는 집단 연습 등이 포함된다.

(6) E: Evaluate and Revise(평가와 수정)

수업이 학습에 미치는 영향을 평가한다. 이러한 평가로 학생의 학습목표 성취 정도를 파악하고, 전 수업과정을 검토하며, 공학과 미디어 사용의 영향을 확인한다. 학습목표와 학습 성과 간의 차이가 있을 때마다 관련 학습 계획을 수정한다.

4) 켐프 수업 설계 모델

켐프 수업 설계 모델(Morrison, Ross and Kemp Model)은 기초적인 9단계로 운영된다. 프로젝트가 계획·전개되는 동안 발달과정의 각 단계에서 수정과 형성평가가 이루어지며, 학습자료 만들기를 지원한다. 전반적인 설계과정에 계획 활동, 프로젝트 운영, 프로젝트와 수업 지원을 위해 필요한 서비스 재정비, 총괄평가 등이 포함된다(Morrison et al., 2010).

켐프 수업 설계 모델은 다른 모델과 달리 직선 구조 대신 〈그림 2-3〉과 같이 원형 구

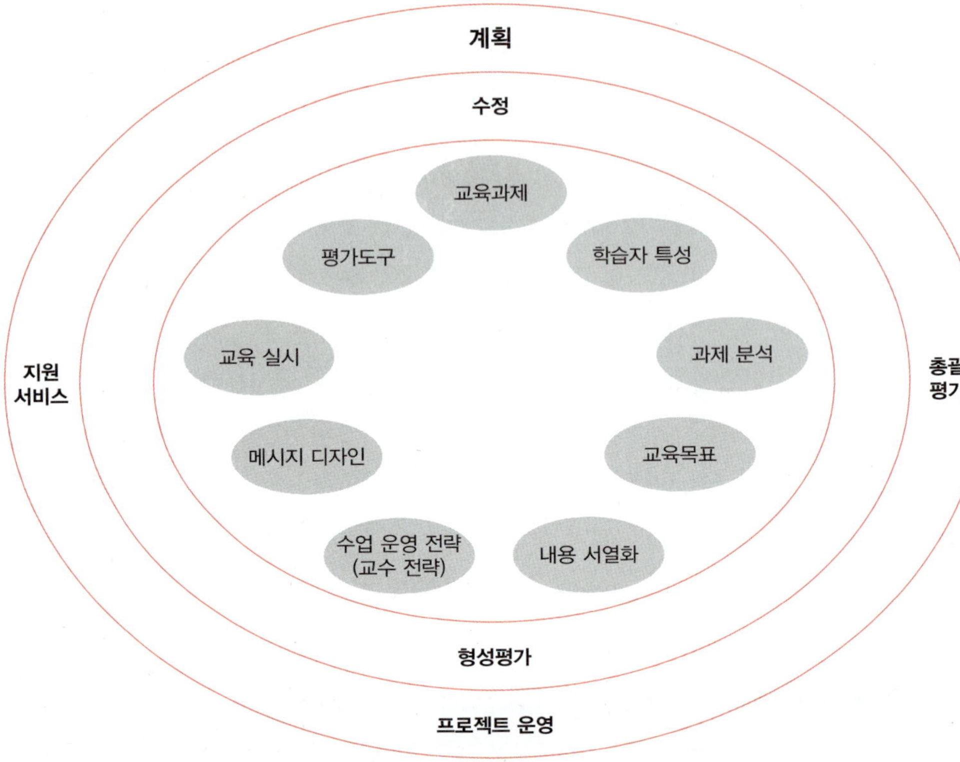

그림 2-3 켐프 수업 설계 모델

조를 채택하였다. 아울러 9단계 핵심 요소는 각각 독립적인 단일 구조가 아니라 상호 의존적으로 작용된다. 따라서 수업 설계자들이 9개의 구성요소 중 어떤 것으로든 설계과정을 시작할 수 있어 상당한 유연성이 허락된다. 과정에 따라 여러 단계가 동시에 고려되거나 어떤 단계는 사용되지 않을 수도 있다. 구성요소 간의 상호 관련성 때문에 설계과정은 바람직한 학습 결과를 이루기 위해 순환적이고, 요소 간에 계속 수정과 조정이 이루어진다.

일반적으로 이러한 결과를 나타내기 위해 수업 설계자는 학습목표뿐만 아니라 학습자의 요구와 특성, 수업 내용과 활동, 수업자원과 지원 서비스, 학습자 평가, 그리고 평가도구와 평가방법 등을 포함하는 다른 요인들도 고려해야 한다. 켐프 모델에서 채택한 원형의 순환적 접근은 설계자들이 학습자의 견해를 받아들여 학습자의 전반적 목적, 요구, 우선적 요인, 제한점 등을 교육적 결정에서 고려하도록 안내한다.

켐프 수업 설계 모델의 9가지 기본 구성요소는 다음과 같다(Gustafson & Branch,

1997).

- 교육과제를 제시하고 수업 설계를 위한 목적을 구체화한다. 즉, 학습자가 이해해야 할 개념, 새로운 지식, 시범을 보일 수 있는 기술 등이 무엇인지 제시한다.
- 계획에서 관심을 기울일 학습자의 특성을 검토한다. 즉 주제, 과제, 과정과 연결된 학습자의 인지적 역량뿐만 아니라 학습자의 학습방식과 요구를 파악한다.
- 교과내용을 제시하고 진술된 목적과 연결된 과제 구성요소를 분석한다.
- 학습자를 위한 수업목표를 진술한다.
- 논리적 학습을 위한 각 수업 단위의 내용을 순서대로 배열한다.
- 각 학습자가 목표를 달성할 수 있도록 수업 운영전략을 세운다.
- 수업 메시지와 전달방법을 계획한다.
- 계획한 학습 설계에 따라 교육을 실시한다.
- 목표 달성 여부를 측정할 평가도구를 개발한다.

CHAPTER 03 지각, 의사소통 및 학습의 원리

교수매체가 교수·학습 과정에 효과적으로 적용되려면 교수매체의 교수·학습 원리를 고려하여야 한다. 본 장에서는 교수매체를 효율적으로 적용하기 위하여 필요한 지각, 의사소통, 학습 영역에서의 일반화된 학습 원리를 다루었다.

1. 지각 원리

교수매체를 고안·제작하여 활용하려면 무엇보다 학습자가 해당 교수매체가 의도한 메시지(message)를 잘 지각할 수 있느냐를 파악하는 것이 중요하다. 교수매체를 고안하는 사람과 실제 교육을 담당할 교사가 지각 원리를 잘 알아야 하는 이유는 ① 사물, 사건, 사람 등의 관계가 잘 지각될수록 학습자가 그 관계를 보다 잘 파악할 수 있기 때문이다. ② 교수·학습 상황에서 학습자가 잘못 지각하는 사태를 피하는 것이 중요하기 때문이다. 교사가 제시한 그림이나 영화 등의 내용에 포함된 의도를 학습자가 잘못 지각하면 그릇된 방향으로 이해하고, 한 번 잘못 이해된 내용을 바르게 이해시키는 것은 새로운 내용을 이해시키는 것보다 힘들다. 그러므로 학습자가 내용과 의도를 바르게 지각하도록 학습자의 지각 원리에 입각하여 교수매체를 제작·활용해야 한다. ③ 실물 대신 사진이나 그림을 제시하여 어떤 개념을 가르치려고 할 때 지각적으로 이상적인 제시방법을 아는 것이 중요하다.

1) 지각의 정의 및 과정

지각(知覺, perception)이란 우리 주변에서 일어나는 것에 대한 즉각적 인식과정(Bower, 1980)으로 사전적 정의는 "감각기관을 통하여 외계의 대상 등을 의식하는 작용 및 이에서 얻어지는 표상"이다. 우리가 지각하는 세계는 감각기관을 통해 보고, 듣고, 맛보고, 만지는 세계이다. 지각의 도구는 눈, 귀, 피부 속 신경(nerve ending) 등의 감각적 기제(sensory apparatus)로, 이들을 통해 주변 물체에 대한 시각적·청각적·미각적 정보를 갖게 되고, 이러한 정보가 저장되었다가 우리의 지각 체계의 활용을 지시하는 지식 체계로 전환된다. 그러므로 지각은 의사소통에 선행하며, 지각한 것에 대한 의사소통의 결과로 학습이 이루어진다고 할 수 있다.

지각과정을 좀 더 구체적으로 설명하기 위해 시각적 지각을 예로 들어 설명하면 다음과 같다. 물체의 시각적 상(image)은 광선으로 이루어져 있어 어떤 상이 망막에 들어오면 광선에 민감한 수용기(receptor)는 그 상을 생리학적 표상으로 전환시켜 그에 대한 처리를 한다. 먼저 수용기는 광선으로 이루어진 상을 광선의 강도와 스펙트럼의 특성에 의해 불연속적인 점으로 된 지형으로 축소시킨다. 그다음 여러 망막층의 측면 금지 망막(lateral inhibitory networks)에서 단순한 색채와 강도의 정보를 전달하고 상의 윤곽을 뚜렷이 하며 밝기 정도와 대비를 분명하게 하려는 상호작용이 일어난다. 이 단계를 '변환 및 상의 형성과정'이라고 부르는데, 이러한 '변환 및 상의 형성과정'이 이루어지면 신경 조직은 선, 모서리, 각, 변, 운동 등의 시각적 요인을 추출하기 시작한다. 이러한 조작은 시각 피질(visual cortex) 속에 있는 고도로 복잡한 세포 조직에 의해 수행되며 이에 의해 형태가 인식된다. 지각·명명·기억 체계의 작용을 도식화하면 〈그림 3-1〉과 같다.

물리적 상은 감각적 정보 저장소에 짧은 기간 동안 물질의 감각적 표상 상태로 저장된다. 그러면 이 상에서 중요한 요인이 추출된다. 이렇게 항목에 따라 수집된 양상의 총체를 지각적 백터(perceptual vector)라고 부른다. 이 지각적 벡터는 할머니 얼굴 또는 우리 집 강아지 등과 같이 그들이 표상하는 것으로 인식되어야만 한다. 그러기 위해서는 과거와 현재의 기억 체계 속에 저장되어 있는 이미 학습된 상과 이 지각적 벡터가

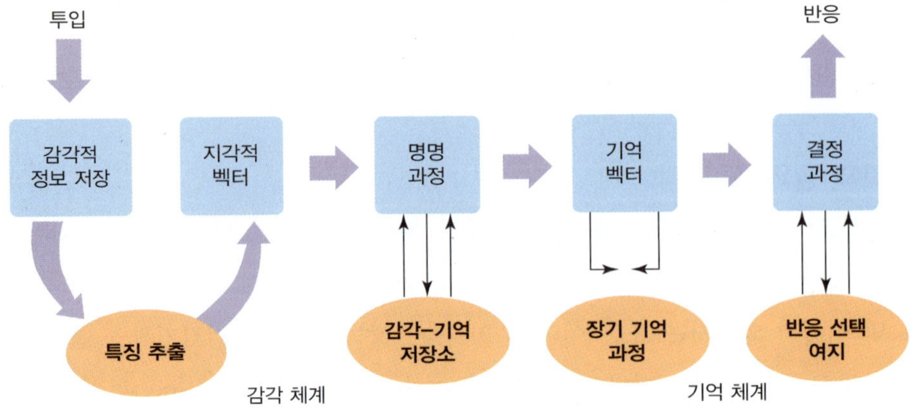

그림 3-1 지각·명명·기억 체계
자료: Norman & Rumehart, 1970.

일치되어야 한다. 왜냐하면 지금까지 저장된 감각과 기억을 더듬어 지각적 벡터를 대조·확인함으로써 인식하기 때문이다. 이때의 확인·명명 과정은 실제 언어적 묘사라기보다는 시각적 상을 공통된 형태에 의해 축소한 추상적 과정이라고 볼 수 있다.

2) 기본 지각 원리

지각과 관련하여 교사가 고려해야 할 두 가지 사항은 ① 어떤 지각적 사건이든 여러 감각적 메시지를 지니고 있다는 점이다. 즉, 하나의 특정 감각으로 고립되어 이루어진 것이 아니라 여러 감각이 복합적 패턴으로 연결되어 있다. 그러므로 지각적 사건에 대한 감각적 메시지 인식은 그 지각적 사건이 포함된 세계에 대한 개인의 지식에 기초한다. ② 우리는 한 상황에서 이루어지는 것의 아주 작은 일부에만 반응하고 있다는 점이다. 우리 주위에는 많은 사물이 산재해 있고 이러한 것들은 어떤 노력 없이 우리의 망막에 그대로 투사되나, 이것이 곧 지각이라고 할 수는 없다. 진정한 의미의 시각적 지각은 우리가 세상의 사물을 둘러보다가 주의를 끄는 것이 있을 때 일어난다. 예를 들어 멀리서 갈매기가 나는 것을 눈으로 따라가며 관찰하거나 나무의 형태를 관찰하기 위해 주의를 돌리는 것과 같은 활동적 수행이 바로 그것이다. 이러한 시각적 지각은 경우에 따라 빠르거나 느리게 일어난다.

일반적으로 지각적 반응(perceptual responses)은 매체의 요소가 얼마나 분명한가에 달려 있다. 자료가 풍부하고 다양하며 조직적일 때 지각적 반응도 더욱 크게 야기된다. 특히 시각과 청각이라는 두 감각은 지각적 반응 및 훈련에 탁월한 매체이다. 그러므로 교사나 매체 고안자는 시청각적으로 주의를 끌어 흥미를 지속시킬 수 있도록 자료를 설계해야 한다.

지각은 인지의 기초가 되며 인지는 지각된 사건의 이해를 불러온다. 인지가 이루어지면 학습자는 개념을 형성하고 이렇게 형성된 개념은 또 다른 개념 형성이나 문제해결에 유용해진다. 일반적으로 알려진 몇 가지 주된 지각 원리는 다음과 같다(Fleming & Levie, 1978).

- 지각 경험은 개별적이며 독특하다. 모든 사람의 어떤 지각적 사건에 대한 지각이 똑같을 수는 없다. 학습자는 과거의 개인적 경험, 현재의 동기 및 상황 등에 의해 사건을 지각한다.
- 어떤 한 지각적 경험은 개인적으로 독특한 것이지만 서로 다른 사람들에 의한 일련의 지각이 거의 동일할 수도 있다. 예를 들어 동상은 주변을 걸을 때 어느 쪽에서 보느냐에 따라 모양이 다르게 보인다. 서로 다른 두 사람이 같은 동상 주변을 걸으면서 그 동상을 볼 때, 각각의 개별적 경험이 이루어지지만 이 두 사람의 경험은 궁극적으로 비슷하다. 두 사람은 서로 다른 개인적 경험을 하지만 서로 경험한 것에 대한 동의가 가능하다.
- 사람의 지각은 절대적이기보다는 상대적이다. 즉 물체의 크기, 소리의 강약, 빛의 밝기 등을 측정할 때 사람은 과학적인 기구가 되지 못한다. 예를 들어 흰 종이는 햇빛이나 달빛에서도 모두 흰 종이로 지각된다(엄밀히 말하면 달빛에서는 흰 종이가 햇빛에서 보는 것처럼 희지는 않다). 물체의 크기도 보는 사람의 위치에 따라 다르게 지각된다.
- 사람은 선택적인 지각자여서 주어진 여러 가지 자극 중 단지 몇 가지에만 주의를 기울인다. 즉, 각 개인의 경험과 그 당시의 욕구나 흥미에 따라 선택적으로 지각하기 때문에 교수매체로 제시되는 정보는 학습자의 지각능력(perceptual capacities)을 넘어서지 않으며, 동시에 현재의 욕구나 흥미에 적절해야 한다.
- 사람의 지각은 조직적이다. 자극이 잘 조직되고 체계화되어 있으면 지각의 속도가 빠르고 정확해진다. 완전하지 않은 자극은 지각자가 완전하게 만들어 지각하는데 예로는 불완전한 선의 그림이나 스케치를 완성하여 지각하는 경우를 들 수 있다. 그러나 지각은 개별적 경험, 현재의 흥미나 욕구에 따라 다르게 조직된다.

- 학습자의 지각은 발달 단계에 따라 다르므로 교수매체는 그에 맞게 디자인되어야 한다. 학습자가 감각운동 단계, 전 조작적 단계, 구체적 조작 단계, 추상적 사고 단계 등 어느 단계에 있느냐에 따라 주어지는 경험 내용의 구체성 또는 추상성은 달라져야 한다. 지각은 구체적 성격인 물체의 지각에서 좀 더 추상적 성격인 관계의 이해로 발달된다. 그리고 좋아하지 않거나 무서운 사물 또는 사건에 대해서는 지각도피(perceptual defense)현상이 나타난다. 따라서 학습자를 위한 교수매체의 고안·제작에 있어 유의해야 할 기본사항은 유아의 주의를 어떻게 끌고 지속시킬 것인가를 고려하는 것이다. 보통 교사나 지각 연구자(perception researcher)들은 학습자의 눈 움직임으로 그들의 주의나 관심을 판단한다. 우선 어린 학습자의 주의를 끌고 지속시키기 위해서는 제시하는 상이 학습자의 눈의 이상적 시야(vision)에 있게 해야 한다. 여기서 시각작용을 자세히 검토해 볼 필요가 있다. 일반적 시야는 망막 주변(peripheral) 사물들을 소위 광각(wide angle)이라 불리는 전체적인 전경을 감지하고, 특별 시야는 망막의 중심(foveal)에 초점을 이루는 사물을 협각(narrow angle)으로 감지한다. 즉, 전체 윤곽을 파악하고 점차 세부적 형태나 특성 등을 감지하게 된다. 시지각은 사진기의 구조를 생각하면 이해하기

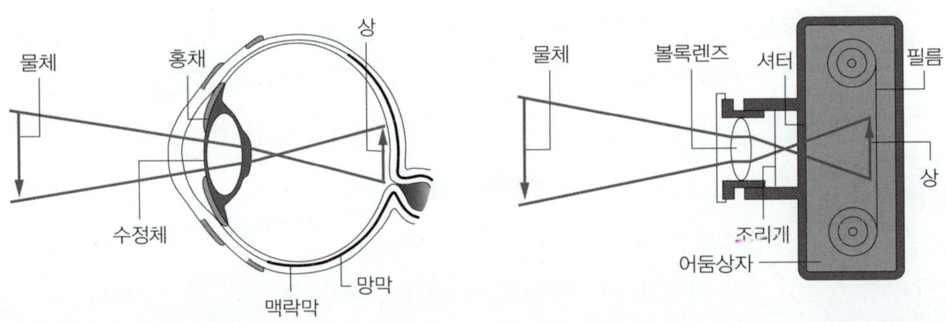

구분	눈	사진기
빛의 굴절	각막, 수정체	렌즈
초점 굴절	모양체	거리 조절기
빛의 양 조절	홍채	조리개
상의 맺힘	망막	필름
빛 반사 방지	맥락막	어둠상자

그림 3-2 눈과 사진기의 구조 비교

쉽다(그림 3-2). 교수매체 고안자는 처음에 메시지의 전체적인 인상이 전달되고 그다음에 세부적으로 보게 된다는 사실을 염두에 두어야 한다.

- 사람들의 주의는 보다 새롭고 신기한 것에 쏠린다. 예를 들어 우리는 일상에서 경험하는 것과 다른 상황에 주의가 쏠린다. 따라서 TV의 내용이 원래 예상한 것과 달리 새롭게 진행될 때 시청자의 주의가 더 쏠리게 된다. 그러므로 시각적 제시 시 주의를 끌기 위해 색, 형태를 변화시키는 것이 필요하다.
- 사람들은 그가 원하는 것, 또는 흥미 있거나 자신의 욕구를 만족시키는 것에 주의를 집중하게 된다. 또한 새로운 것과 익숙한 것, 복잡한 것과 단순한 것, 불확실한 것과 확실한 것 사이에 균형을 찾는다. 메시지의 친숙도는 지각능력을 증가시켜 주지만 지나치게 익숙해지면 권태를 느끼고, 새로운 것이 너무 지나치면 불안감이 생겨 회피하게 된다. 그러므로 교수매체 고안자는 잘 알고 있는 것과 새로운 것들을 적절히 섞고 복잡한 것과 단순한 것, 확실한 것과 확실치 않은 것을 메시지에 적당히 혼합하여 학습자에게 안정감을 줌과 동시에 흥미를 끌 수 있어야 한다. 영유아가 잘 아는 개념부터 시작하여 새로운 것으로 유도해 나가는 것도 이러한 원리에 입각한 것이라고 볼 수 있다.
- 색의 명확도나 명암은 대조되는 색의 특성에 따라 다르게 감지된다. 회색 종이는 흰색 안에서는 보다 어둡게, 검은색에서는 보다 밝게 보인다. 그리고 파랑과 노랑, 빨강과 보라, 빨강과 청록은 각각 서로 가까이 있으면 보다 선명하고 대조적으로 보인다. 그러나 아주 익숙한 물체들의 색깔은 대조되는 색과 관계없이 항상 똑같은 색이나 밝기로 지각되는 경향이 있다.
- 수평선이나 수직선은 다른 선보다 빠르고, 안정성 있게 지각된다. 직선의 경우 곡선이나 다른 선보다 지각이 더 간단하기 때문이다.
- 청각적으로 제시되는 이해가 어려운 자료는 짧은 문장을 사용하여 반복적으로 제시하거나, 기술적으로 탁월하게 제시될 때 더 잘 지각된다.
- 수준 높은 복합적 정보는 시각과 청각이 동시에 제시되는 매체를 사용할 때 좀 더 지각하기가 용이하다.

3) 그림에 대한 지각

동물이나 어린 학습자는 물체를 볼 때 그 물체의 어느 한쪽 측면에만 유의하지 않고 그 물체의 전체적 형상에 유의한다. 입체적인 물체가 평면적인 그림으로 표상된 것을 이해하려면 물체를 한쪽 측면에서 투시하여 보는 것을 배워야 한다. 많은 부모들은 자녀가 아직 낙서 단계에 있는 데도 가능한 한 빨리 어떤 물체를 표상하여 그리라고 재촉한다. 그러나 학습자에게 이것은 쉬운 일이 아니다. 학습자는 입체적 형상의 경험만 하고 평면적 형상의 경험은 많이 하지 않았기 때문이다. 학습자가 자신이 본 것을 그림으로 표현하려면 물체의 특정한 측면에서 본 형상에 주의를 기울이는 것을 학습해야 한다.

우리는 항상 어떤 그림을 배경(ground)과 형상(figure)으로 나누어 본다. 아무렇게나 그린 곡선도 어떤 배경에 어떤 형상을 나타낸 것으로 본다. 그래서 간략하게 그린 그림으로도 어떤 내용의 전달이 가능하다. 예를 들어 우리는 〈그림 3-3〉을 두 사람이 마주 보는 형상 또는 술잔으로 보지 절대 막연히 두 개의 곡선으로 보지는 않는다. 〈그림 3-4〉와 같이 암시를 약간 더 주면 술잔 혹은 얼굴로 보이는 애매함은 사라진다. 〈그림 3-4〉의 왼쪽 그림은 두 얼굴, 오른쪽 그림은 술잔으로 보인다.

경계(boundary)가 분명해야 좋은 형상이지만 경계가 약간 불완전한 것이 완전한 것으로 지각되기도 한다. 〈그림 3-4〉와 같이 한 그림에 두 형상이 대립되면 형상이 더 간단하고 쉽게 판별 가능해지면서 대칭적인 것이 우세하게 된다. 이것을 '최소 원리(minimum principle)'라고 하는데 이것만을 준수하는 것이 반드시 이상적인 메시지 고안은 아니다. 그러한 디자인은 쉽게 지각되어도 흥미나 관심을 끌지는 못하기 때문이다. 학습자가 "저것이 무엇일까?" 하고 잠시 궁리한 끝에 알아맞히게 되는 형상이 교육적으로 더 바람직할 때도 있다. 하지만 형상의 이해가 너무 어려워도 학습자가 맞추

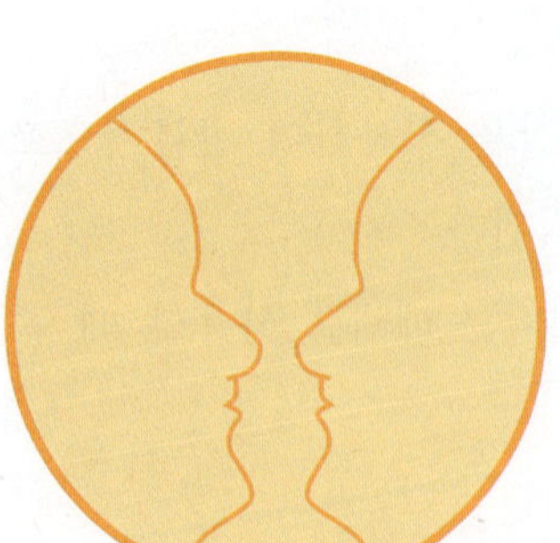

그림 3-3 배경과 형상의 구별에 혼란을 주는 그림

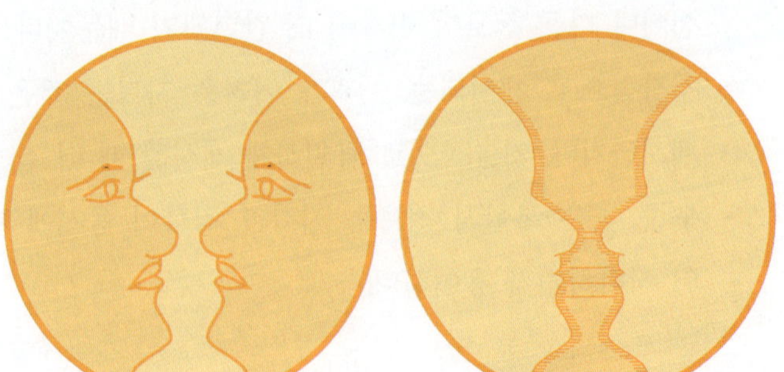

그림 3-4 배경과 형상이 뚜렷한 그림

는 것을 포기하게 되므로, 교수매체 제작 시에는 형상의 이해가 너무 쉽지도 어렵지도 않게 해야 한다. 그리고 어떤 경우에도 가장 중요한 형상이 분명히 드러나야 한다. 아주 어린 학습자는 너무 복잡하면 여러 가지 형상으로 지각하고 중심점을 놓치기 쉽기 때문에 교사가 의도한 메시지를 전달하기 어렵다.

사고는 영상을 유도하고 영상은 사고를 유도할 수 있다. 시각적 그림은 시각적 사고의 원천이 될 수 있다. 사고는 상호관계 또는 구조적 관계를 내포한다. 따라서 그림을 이해하는 것도 의사소통의 과정이다. 카펜터(Carpenter, 1964)에 의하면 평면적인 그림은 크기, 동작, 거리, 깊이, 색, 온도, 감촉, 소리, 냄새 등과 관련된 추상성을 지니고 있다. 따라서 학습자가 그림을 이해하려면 이러한 추상성과 친근해져야 한다. 따라서 그림 자료는 학습자의 추상성 수준에 알맞게 그려져야 한다.

2. 의사소통 원리

1) 의사소통의 정의

의사소통의 사전적 의미는 생각이나 뜻이 막힘없이 잘 통하는 것이다. 데일(Dale, 1969)은 "의사소통(communication)이란 상호간에 아이디어나 느낌을 교환하는 것이다"라고 정의하였다. 교수·학습 과정에서의 의사소통은 정보의 근원(source) 또는 정보 전달자(주로 교사, 교수매체, 또래 학생)에게서 나온 정보가 목표로 하는 대상자 또는 정보 수신자에게 전달되는 것을 말한다(Heinich et al., 1989). 의사소통을 통한 인간관계의 경험을 강조한 존 듀이(Dewey, J.)는 저서 《민주주의와 교육》에서 "의사소통은 각자의 경험이 공통적 상태가 되기까지 경험을 나누는 과정이다. 의사소통은 참여한 사람의 의향을 조절해 준다(Dewey, 1916)"라고 하였다. 새로운 학습은 흔히 새로운 정보에 의존하므로 효과적인 교수·학습은 의사소통이 없이 이루어지지 않는다. 그러므로 교수매체를 효과적으로 활용하기 위해서는 의사소통에 대해 알아야 한다.

2) 의사소통 모델

대표적인 의사소통 모델로는 섀넌-위버(Shannon-Weaver) 의사소통 모델과 슈람(Sharamm)의 의사소통 모델이 있다.

(1) 섀넌-위버 의사소통 모델

원래 벨(Bell)의 전화회사 실험연구소에서 연구원으로 일하던 섀넌(Claude E. Shannon)에 의해 개발된 기술적 측면 중심의 의사소통과정 모델을, 위버(Weaver, W.)가 협력하여 일반 의사소통에도 적용될 수 있도록 개발한 것이다. 〈그림 3-5〉와 같이 교수·학습 정보의 근원, 즉 화자(송신자)가 전달할 메시지를 선정하여 메시지를 송신기(또는 전달매체)에 담으면 메시지가 전달매체에 의해 신호로 바뀐다. 이 신호는 말일 수도 있고, 실물일 수도 있고, 그림일 수도 있으며, 인쇄매체일 수도 있다. 이 신호는 수신기, 즉 귀 또는 눈을 통해 메시지로 바뀌어 수신자의 심상에 전달된다.

전달되는 과정에서 다양한 방해요인들이 작용하는데, 섀넌은 신호에 작용하여 메시지가 왜곡되게 하는 것을 '소음' 또는 '메시지 방해물(noise)'이라고 칭하였다. 다른 소리 때문에 메시지가 잘 들리지 않거나, 그림의 윤곽이 뚜렷하지 않아 알아볼 수 없거나, 스크린에 빛이 반사되어 투사된 슬라이드 내용을 알아볼 수 없을 때, 다른 소리 및 뚜렷하지 않은 그림과 스크린의 반사된 빛 등은 신호의 전달을 방해하는 소음 또는 메시지 방해물이라 할 수 있다.

여기서 우리가 알아 두어야 할 중요한 사실은 특정 의미 자체가 직접 전달되는 것이 아니라, 말과 그림 같은 상징기호(symbols)로 전달된다는 것이다. 그러므로 정보를 전달하는 사람은 의도하는 정보의 의미를 가장 정확히 담을 수 있는 언어적 상징과 그래픽 상징을 사용하여 전달하려는 정보와 기술의 메시지가 정확히 입력되도록 유의해야

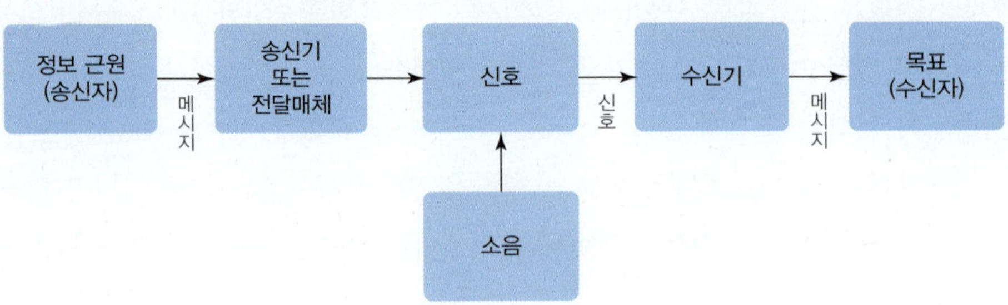

그림 3-5 섀넌-위버 의사소통 모델
자료: Shannon & Weaver, 1949; Weaver, 1964.

한다(Heinich et al., 1989).

그림책이나 게임 자료를 학습자가 스스로 다룰 때, 정보 전달자가 전하려는 메시지는 그림 또는 게임 설명 신호로 표시되어 있다. 학습자가 그것을 보거나 듣도록 읽어 주는 것을 듣고, 보고 들은 사항을 직접 행동으로 반응해 봄으로써 의도된 메시지가 학습자의 심상에 전달되고 학습이 이루어지게 된다.

(2) 슈람의 의사소통 모델

슈람(Schramm)의 의사소통 모델은 섀넌-위버의 의사소통 모델을 기초로 하며 상징 기호의 의미 전달을 좀 더 강조한 것이다. 즉, 슈람은 송신자와 수신자의 경험의 장에 공통된 부분이 있을 때 의사소통이 가능하다고 주장하면서 〈그림 3-6〉과 같은 의사소통 모델을 제시하였다.

슈람은 학습자에게 제시되는 교수매체는 학습자가 필요로 하는 학습이 이루어지도록 학습자의 경험의 장과 연결되어야 하며, 동시에 경험의 장을 확대하여 새로운 도전이 이루어지도록 제시하여야 한다고 하였다(Heinich et al., 1989). 이때 경험의 장이 확대되는 범위는 학습자의 능력에 따라 달라진다.

슈람의 모델에서는 같은 그림책이나 게임 자료를 다루더라도 학습자의 경험의 장에 따라 받아들이는 메시지나 성취 학습 수준에 차이가 있음을 인정한다. 이러한 차이는 피드백 과정에서 나타난다. 수신자는 송신자가 보낸 신호(메시지)를 자신의 경험에 비추어 해석하여 자신의 해석을 다시 전달하기 때문이다. 신호에 대한 해석을 다시 전달

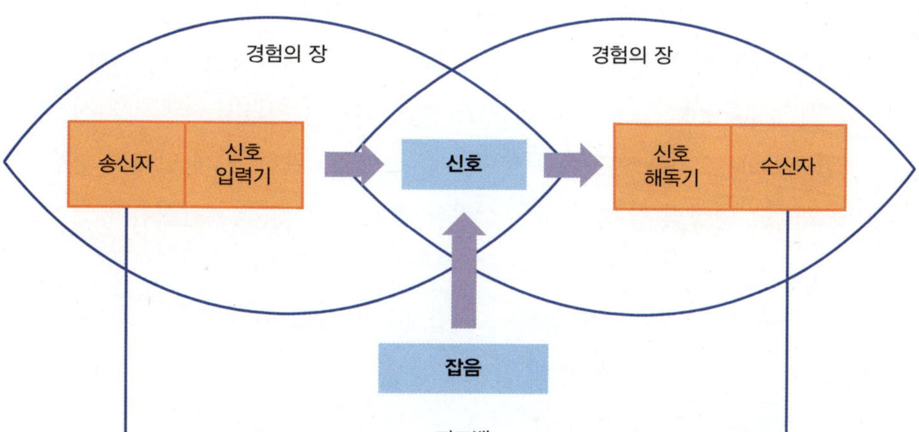

그림 3-6 슈람의 의사소통 모델

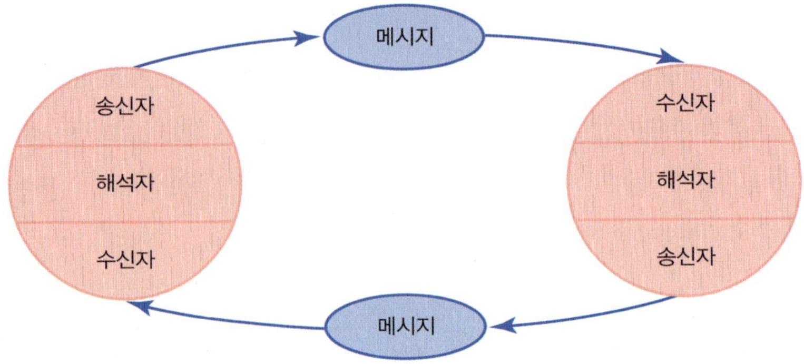

그림 3-7 상호작용적 의사소통 모델에서의 역할 변화
자료: Heinich, Molenda, Russel, 1989, p. 6.

할 때는 수신자와 송신자의 역할이 바뀌며 수신자가 송신자가 되고 송신자가 수신자가 된다. 교수·학습 상황에서 교사는 자신이 가르치려는 내용을 학습자가 어떻게 이해하는지를 피드백 신호에서 파악할 수 있어야 한다.

때로는 학습자의 이해와 교사가 의도한 것이 아주 다를 수도 있다. 학습자의 이해와 교사의 의도가 일치하려면 학습자의 경험적 배경을 잘 알고 그에 적절한 신호(메시지)를 보내며 학습자의 이해 정도를 그때그때 파악할 수 있도록 상호작용적 의사소통 모델을 적용해야 할 것이다(그림 3-7).

3) 의사소통 메시지 유형과 경험

놀튼(Knowlton)은 의사소통 메시지를 두 가지로 나누었는데, 그중 하나가 바로 언어적 메시지(verbal message)이다. 이는 그들이 나타내려고 하는 사물을 시각적으로 나타내 보이지 않는다. 또 다른 메시지는 그림으로 나타낸 메시지(pictorial message) 또는 영상적 메시지(iconic message)로, 이는 베시지가 나타내려는 사물을 시각적으로 나타내 보인다(Dale, 1969). 이것은 브루너(Bruner, J.)가 말하는 세 단계의 경험, 즉 직접 경험(enactive), 영상적 경험(iconic), 상징적 경험(symbolic)과 관련된다.

- 직접 경험은 모든 감각을 사용하여 직접적으로 사물이나 사건을 다루는 것이다. 이 경험에서는 의미와 행동이 연결된다.
- 영상적 경험은 그림, 모델, 사진, 영화, 슬라이드 등의 교수매체를 통하여 간접적으로 이루어진다. 여기서 사용되는 교수매체는 실물 그 자체는 아니나 실물과 닮

은 점이 있는 것이다. 학습자가 매체를 통하여 간접적으로 경험하는 예는 우리 주변에서 많이 볼 수 있다. 한 예로 딸이 사자를 보고 놀라는 모습을 사진으로 찍어 보려던 아버지가 딸이 사자를 보고도 별로 놀라지 않자 이상하게 생각하며 "저게 바로 사자야"라고 하니, 딸이 "알아요, TV에서 봤어요" 하고 대답했다는 일화가 있다. 이는 영상적 대리 경험으로도 학습자가 실제 사물을 알아볼 수 있다는 것을 의미한다.

- 상징적 경험은 말이나 인쇄물(언어적 메시지), 수학적 공식과 같은 실제와 닮은 요인이 하나도 없는 매체를 통한 경험이다.

학습자가 주위환경의 현상을 아는 가장 이상적인 방법은 직접 그것을 경험하는 것이다. 그러나 주변 세계가 복잡해짐에 따라 학습자에게 여러 양상을 직접 경험시키는 것이 어려워졌다. 따라서 대리적 경험의 형태로 주위환경을 이해시켜야 하는데 대리적 경험을 시키려면 의사소통과정에 포함되는 요인을 고려하여 바람직한 의사소통이 이루어지도록 해야 한다. 또한 대리적 경험의 내용에 적절한 교수매체를 선정하고 효과적으로 메시지를 입력·활용하여 그것이 잘 전달되도록 해야 한다.

4) 교육에서의 의사소통에 대한 장애요인

의사소통은 채널 양쪽에 메시지가 원활히 통과하는 것이 이상적이다. 즉, 정보를 주고받고 이에 반응하는 것이 잘되어 상호교환적으로 이루어질 때 의사소통이 가장 이상적으로 진행되었다고 할 수 있다. 이와 같이 이상적 학습환경은 상호교환적 메시지가 아무런 방해 없이 명백하게 송신자와 수신자 사이에 전달되는 환경이다. 그러나 실제 교육현장에서는 바깥 세계의 의사소통매체가 교사나 교육기관의 매체보다 큰 영향을 미칠 때가 많다. 교육기관 내에서의 심리적 장벽도 의사소통에 영향을 미치는 큰 요인이 된다. 교사와 학습자의 심리적 장벽은 교육기관 외부 환경에 영향을 받아 생기기도 하지만 교실 자체의 환경 때문에 생기는 경우도 있다(그림 3-8). 따라서 교사는 자신과 학습자 간 상호관계에 기재하는 장애요인이 무엇인지 유의하여 생각할 필요가 있다. 또한 이러한 장애요인을 깨끗이 제거할 수 있는 방법을 찾아 학습자와의 의사소통을 원활히 해야 한다. 일반적으로 교실에서 교사와 학습자 간의 효율적인 의사소통을 방해하는 요인과 해결방법은 〈표 3-1〉과 같다.

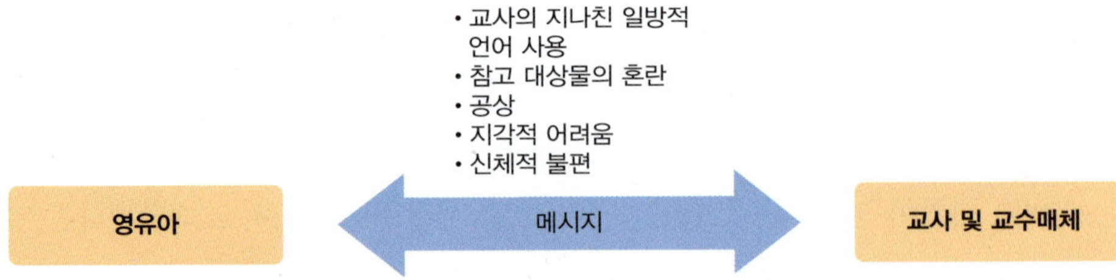

그림 3-8 학습자와 교사(교수매체) 간의 상호작용을 방해하는 요인

표 3-1 교사와 학습자 간의 효율적인 의사소통을 방해하는 요인과 해결방법

의사소통 장애요인	원인	해결방법
교사의 지나친 일방적 언어 사용	교사가 적절한 자료 제시 없이 일방적인 언어로 의사소통을 시도하거나 반복적인 내용으로 흥미를 끌지 못할 때, 학습자는 싫은 자극에 대한 자동적인 방어기제로 주의를 다른 것에 집중하게 된다.	• 학습자가 이해할 수 있는 언어를 사용한다. • 적절하고 다양한 자료 제시로 주의집중을 높인다.
참고 대상물의 혼란	전에 경험했던 것과 새로운 자료가 관련이 없을 때 혼란을 일으키는 것을 참고 대상물의 혼란(referent confusion)이라고 한다. 흔히 이러한 혼란은 구체적 자료 없이 언어로만 이루어졌을 때, 주제가 추상적이고 학습자의 실제 환경과 거리가 멀 때 교사가 전달하려는 의미와 학습자의 이해 사이에 간격이 더 커지게 된다.	전에 경험한 것과 연관을 지어 새로운 사실을 제시하는 것이 바람직하므로, 사전에 학습한 내용과 자료를 참고하여 관련성을 찾도록 한다.
공상	• 집단으로 이야기하거나 활동하는 상황에서는 혼자 공상(day dreaming)에 잠기는 학습자가 있을 수 있다. • 흥미가 없거나 이해하기 어려운 경우 더 많아진다.	• 벌하기보다는 이러한 행동의 원인을 찾아야 한다. • 학습자가 보다 흥미 있고 이해하기 쉬운 자료를 제시한다. • 흥미롭게 감각적으로 탐색할 수 있는 자료나 직접 참여하는 활동이 요구되는 자료를 제시한다.
지각적 어려움	학습자는 주위의 여러 가지 정보를 감각을 통해서 얻는다. 주로 시각과 청각을 통해 얻으나 후각·촉각·미각 등을 통해서도 얻는다. 이러한 감각은 개인차가 있어서 어떤 학습자는 언어적인 것을 통해 보다 잘 이해하고, 어떤 학습자는 시각적인 것을 통해 보다 잘 학습한다.	• 보다 구체적이고 분명한 감각적 메시지로 제시하고, 다양한 학습 경험을 제공한다. • 학습자가 감각적 정보의 흡수와 보유율을 증진시킬 수 있도록 개별적으로 적절한 듣기, 보기 등의 지각 훈련을 시킨다. • 시야를 가리는 방해물을 제거한다.
신체적 불편	• 학습자의 신체적 상태가 정서적 상태에 영향을 끼친다. • 교실이 너무 덥거나, 어둡거나 시끄럽거나 하는 등의 이유로 신체적으로 불편할 경우 학습자가 학습을 고통스러운 과정으로 생각할 수 있다.	• 교실의 채광 및 조명, 온도와 습도, 방음 등을 적절하게 한다. • 투시 자료를 위한 암막시설, 음향시설 등도 필요하다. • 의자 등 좌석도 신체적으로 편안하게 해 준다.

3. 학습 원리

학습의 과정은 학습자의 개별적 경험이다. 학습자의 개별적 행동이 변할 때마다 학습이 이루어졌다고 보면 된다. 예를 들어 학습자가 생각과 행동에 변화를 보이거나, 새로운 지식과 기술을 습득하였다면 학습이 이루어진 것이다. 효과적인 교수매체의 계획·제작 및 활용을 위해서는 학습자의 학습심리를 이해해야 한다. 이를 위해 여러 교수·학습 모델들이 동의하고 강조하는 일반적 학습 원리는 다음과 같다.

1) 일반적인 학습 원리

교수·학습 모델에 따라 강조하는 내용에는 차이가 있으나 일반적인 학습 원리에 대해 공통적으로 동의하는 부분은 다음과 같다.

(1) 동기 유발

학습자가 학습에 대한 요구와 흥미를 지녀야 성취할 과제에 대한 주의집중이 이루어진다. 나아가 학습자가 참여하려는 경험은 학습자에게 관련이 있고 의미가 있는 것이어야 한다. 그러므로 교수매체로 제시되는 정보에 대한 동기 유발이 필요하다.

(2) 개인차 고려 및 개별학습 기회

학습속도는 사람마다 다르다. 지적 능력, 경험적 배경, 인성, 인지적 학습 유형은 학습에 참여하는 준비도와 능력에 영향을 미친다. 그러므로 정보는 학습자의 이해속도를 고려하여 제시한다. 아울러 학습자가 개별적으로 자신의 학습속도와 진전에 따라 자료를 다루는 가운데 교사와의 개별적 상호작용이 이루어지는 개별학습의 기회를 제공한다.

(3) 학습목표 제시

학습자에게 교수매체를 통해 학습하기를 기대하는 것이 무엇인지 정보를 제시하면, 정보를 제시하지 않았을 때보다 학습의 효과가 높아진다. 학습목표는 교수매체를 통해 어떤 내용을 다룰 것인지를 결정하는 기초가 된다.

(4) 내용의 조직

학습할 내용과 절차 또는 신체적 기능이 의미 있게 계열화되어 조직되면 학습이 용이해진다(Allen, 1973). 학습자는 내용이 논리적으로 조직되고 세밀하게 계열화되었을 때 자료를 좀 더 잘 이해하고 오래 기억할 것이다. 제시되는 정보의 진도도 내용의 복잡성과 난이도에 의해 결정한다. 교수매체의 설계 시 이를 고려하면 학습자가 지식을 보다 잘 종합하고 통합하도록 도울 수 있다.

(5) 선수학습 준비

준비학습 또는 학습할 교수매체의 성공적 활용을 위해 사전에 필요한 경험을 하면 학습이 보다 만족스럽게 이루어질 수 있다. 이를 위해 교수매체 계획 시 그 매체 활용의 성격과 기대 수준을 면밀히 계획하고 선수학습을 준비한다.

(6) 바람직한 정서반응 생성

지적 요소뿐만 아니라 학습에 포함된 정서와 개별적 느낌이 학습 및 지속시간에 영향을 준다. 교수매체는 두려움, 걱정, 감정 이입, 사랑, 흥분과 같은 정서적 반응을 생성하는 힘 있는 수단이다. 그러므로 교수매체 설계 시 학습 또는 동기 유발 목적에 바람직한 정서적 반응이 나타나도록 유의해야 한다.

(7) 능동적 참여기회 제공

학습이 이루어지려면 단순히 보고 듣는 것을 넘어 학습자가 정보를 내면화해야 한다. 이를 위해 행동으로 능동적 참여가 이루어질 수 있도록 배려한다. 참여란 교수매체를 제시할 때 학습자의 정신적·신체적 활동이 포함되는 것을 의미하며, 이렇게 하면 학습자가 참여를 통하여 제시한 정보를 이해하고 보유할 가능성이 높아진다.

(8) 피드백 제공

학습자가 학습에서의 진전을 정기적으로 알게 되면 학습효과가 증가한다. 학습자의 동기 유발을 계속 이끌어내려면 성공적 결과, 바람직한 수행에 대한 지식 또는 특정 면에서의 증진 필요성을 알려 준다.

(9) 강화

개인이 성공적인 학습을 하면 학습을 계속하도록 장려받아 강화된다. 성공으로 동기가 형성된 학습은 그 자체로 보상이 된다. 또한 자신감이 생기고 후속 행동에 바람직한 방향으로 영향을 미치게 된다.

(10) 연습과 반복

지식과 기술은 한 번의 제시로 학습되지 않는다. 지식이 개인의 지적 능력의 일부로 확고해지려면 다른 상황에서 여러 번의 연습과 반복이 이루어져야 한다. 이렇게 연습과 반복을 할 때 장기적 보유가 가능해진다. 그러므로 교수매체를 제작할 때는 중요한 순서나 개념이 다양한 학습 상황에서 반복 제시되도록 조직한다(Hoban & Van Ormer, 1950).

(11) 적용기회 제공

바람직한 학습이 이루어지면 새로운 문제 또는 상황에 대해 학습한 것을 적용하거나 전이하는 능력이 증가한다. 학습한 것을 새로운 문제나 상황에 적용하거나 전이할 수 없는 경우라면 완전한 이해가 이루어졌다고 할 수 없다. 먼저 학습자는 주제에 관련된 일반화(개념, 원리, 규칙)를 인식하거나 발견하도록 도움을 받아야 한다. 그 후 학습자에게 다양하고 새로우며 실제적인 문제나 과제에 일반화 또는 과정을 적용함으로써 추론하고 의사 결정의 기회를 제공해야 한다. 이와 같은 각각의 학습상태 또는 원리를 직간접적으로 교수매체 설계에 적용할 수 있다. 이러한 원리는 교수매체가 교수 활동과 관련지어 활용되는 방법과 관계된다. 그러므로 교수매체의 계획과 제작 단계에서 계획과 활용은 완전히 분리될 수 없다. 이러한 모든 요인을 고려하면 교수매체의 질과 학습효과를 높일 수 있다.

2) 학습 유형에 따른 학습 원리와 교수매체

학습은 분류에 따라 여러 종류가 있을 수 있으나 여기서는 사물의 판별학습, 순서 또는 과정의 학습, 개념·원리의 학습, 의사결정기술 학습, 실제적 조작기술 습득 등으로 나누어 설명하도록 한다. 주제인 '음식'을 중심으로 이와 같은 학습이 주로 이루어지는 활동의 예를 사용되는 교수매체와 함께 제시하면 다음과 같다.

(1) 사물의 판별학습

사물의 판별학습은 친구의 얼굴을 보고 이름 말하기, 놀잇감이나 일상용품의 이름 알기 등 주로 단순한 언어적 형태의 학습이다.

이와 같은 학습은 교육기관에서 개별적 또는 그룹으로 행해질 수 있다. 학습자마다 학습속도가 다르고 도움이 필요한 사항이 다르므로 가능하다면 개별적 교육을 하는 것이 보다 바람직하다. 완전한 사물의 판별학습이 이루어지려면 반복연습 또는 여러 종류의 매체를 통한 판별 기회가 주어져야 할 것이다. 그룹 토의에서 사물 판별학습이 이루어지기는 힘들기 때문에 교사와 학습자 간의 개별적 기회를 갖기가 어렵다면 그림카드 또는 그림책과 같은 시각적 교수매체를 이용하여 학습자가 개별적으로 집중해서 사물을 판별해 볼 기회를 제공한다.

[예]
- 음식 모형으로 요리 놀이하기(음식 모형물)
- 음식 이름 빙고 게임(음식 그림·낱말 카드)

(2) 순서 또는 과정의 학습

과정의 학습은 두 가지 요인을 포함한다. 즉, 과정의 종류와 과정을 깨닫게 되는 조작반응 형태가 과정학습을 좌우하게 된다.

과정학습이 효과적으로 이루어지려면 학습자가 과정을 단계별로 보고 따라 하면서 반응할 기회를 가져야 한다. 교사는 직접 시범을 보이거나 교수매체를 활용하여 이러한 기회를 제공할 수 있다. 영유아에게는 처음에 시각적 시범을 보이면서 동시에 설명을 하는 것이 효과적이다. 예를 들어, 이 닦기 순서에 대한 학습을 할 때 치아 모형 자료를 이용하여 순서대로 이 닦기 시범을 보여 줄 수 있다. 기구의 사용방법도 순서·과정의 학습에 포함되는데 녹음기나 손 소독기 사용방법 등이 그 예가 될 수 있다.

값비싼 기구를 이용해야 한다면 대리 기구의 모델 또는 모형을 사용할 수 있고, 기구를 조작하는 순서를 사진으로 찍어 시리즈로 제시할 수 있다. 사진 시리즈를 활용하는 경우에는 과정마다 설명을 하면서 보여 주는 것이 좋다. 단계에 요구되는 동작을 함께 보여 주는 것도 좋다. 간단하게 필요한 부분만으로 구성된 모형으로 과정적 단계를 조작해 보고 실제 기구는 꼭 필요한 경우에만 사용할 수도 있다.

[예]
- 요리 전 손 씻기(손 씻기 순서표)
- 샌드위치 만들기(요리 순서 그림판)

(3) 개념 · 원리 학습

색·형태·크기·기능 등이 같은 사태 또는 물건에 대하여 같은 반응을 할 수 있는 학습을 개념학습이라 하고, 두 가지 이상의 개념학습을 연쇄하는 학습은 원리학습이라고 한다.

개념·원리 학습에는 영화 또는 슬라이드, 그림, 사진 등을 통한 교사의 설명이 효과적이다. 드 체코(De Cecco, 1968)가 종합·정리한 개념학습의 원리를 몇 가지 소개하면 다음과 같다.

- 구체적인 물건의 개념을 보다 빨리 학습할 수 있다.
- 범위가 좁은 구체적 개념이 보다 잘 학습된다.
- 중요한 점이 분명할수록 개념의 학습은 보다 용이해진다.
- 단일적 개념(exclusive concepts)이 포괄적 개념(inclusive concepts)보다 쉽게 학습된다.
- 연령에 따라 선택에 영향을 주는 사물의 특성이 다르다. 일반적으로 3세 유아는 형태에 좌우되고, 3~6세 유아의 사물 선택에서는 색이 지배적이며, 6세 이후에는 다시 형태가 지배적 역할을 한다. 또 나이가 많아짐에 따라 외부적 형태보다 기능적 특성이 선택을 보다 좌우하는 요인이 된다.
- 지적 능력이 발달함에 따라 개념 획득도 증가한다.
- 성별 차이는 개념 획득에 관계가 없는 것처럼 보인다.
- 틀린 반응을 보였을 때 정확히 이해할 수 있도록 도움을 주어 정확한 반응을 보이도록 하면 단순히 정답만 알려 주는 것보다 개념 획득에 도움이 된다.
- 여러 가지를 직접 조작하면 이것이 허락되지 않은 경우보다 개념 획득이 증가한다.

여러 가지 탈에 대한 게시판
(사물의 판별학습)

시장놀이
(순서 또는 과정의 학습)

도르래 원리 탐색하기
(개념·원리의 학습)

그림 3-9 여러 가지 학습 유형에 사용된 교수매체의 예

- 개념적 반응에 대한 피드백의 지체는 개념 획득을 지연시킨다.
- 이미 학습한 개념과 상호 관련된 개념들은 관련 없는 개념들보다 더 잘 학습된다.

[예]

- 조각 케이크 나누기 놀이(동일 크기로 나누어지는 조각 케이크 모형)
- 과일 무게 측정하기(양팔 저울, 저울, 비표준 단위용 블록)

(4) 의사결정기술 학습

학습자가 문제와 관련된 기본지식과 개념을 알고 있더라도 실제 문제해결을 하려면 행동과 관련된 여러 방법 중에서 하나를 선택하는 의사결정기술에 대한 훈련이 필요하다. 만족할 만한 결정을 내릴 수 있게 되기까지는 학습자 스스로 문제해결을 할 기회가 많아야 한다.

실제 현장에서의 개별적 훈련이 어려울 때는 영상 자료나 영화, 그림 등의 교수매체를 활용하여 모의훈련을 할 수 있다. 어떠한 교수매체를 활용하든 문제해결 활동을 염두에 두고 제작한 매체를 선택하여야 한다. 과정을 알려 주기 위하여 고안된 시각 자료

[예]

- '음식점 영상 자료를 본 후 음식점 놀이를 하기 위해 필요한 것에 관해 이야기 나누기(영상 자료, 그림 자료).
- 화이트보드에 음식점 놀이 역할을 정하고 기록하기(역할 사진, 화이트보드판)

는 의사결정기술 학습에 도움이 되지 않을 것이다.

(5) 실제적 조작기술 습득

실제 사물이나 기구를 조작하려면 정확한 감각운동기능이 요구된다. 사물이나 기구의 조작기술은 '느낌'에 기초하므로 이러한 기술 습득은 실제로 기구를 다루면서 중량, 위치, 표면의 촉감 등을 감지함으로써 이루어진다. 실제적 조작기술 습득 시 시각적 커뮤니케이션만으로는 목표를 달성할 수 없다. 이러한 감각운동기능 시 학습자에게 필요한 부분을 별도로 훈련시키는 것도 효과적이다.

[예]

- 소꿉 영역에서 나무칼로 음식 모형 조각 자르기(조각으로 나누어지는 음식 모형과 나무칼)
- 떡가게 놀이에 필요한 여러 가지 떡을 색점토로 만들기(색점토, 떡 그림 자료)

PART 02

유아를 위한 교수·학습과 교육공학

CHAPTER 04 유아를 위한 교수·학습

1. 유아교육과정의 이해

1) 유아교육과정의 특성

유치원과 어린이집의 영유아를 대상으로 이루어지는 유아교육과정과 영아보육과정(여기서는 편의상 유아교육과정으로 통칭)은 영유아의 발달적 특성 및 유아교육과정의 독특성을 반영하고 있다. 유아교육과정은 아동 중심, 상호작용 강조, 놀이 중심, 자유선택활동, 보살핌 등 교육과정적으로 중요한 의미를 지니는 용어를 살펴봄으로써 그 특성을 이해할 수 있다(양옥승 외, 2015).

(1) 아동 중심

아동 중심이라는 용어는 영유아교육과정의 특성을 함축하는 개념이다. 아동 중심은 근대 이후 성인 중심, 교사 중심 등의 전통적 교육에 대항하여 일어난 아동 중심 교육 운동에 기원하며 아동을 교육의 중심에 놓아야 한다는 코메니우스의 실학주의와 루소의 낭만적 자연주의교육 사상에서 그 뿌리를 찾을 수 있다. 이후 프뢰벨에 의해 교육과정적 의미를 지니며, 홀과 게젤의 성숙주의 발달론에 의해 계승되었으며, 듀이의 진보주의에 의해 유아의 흥미를 존중하는 교육과정으로 구체화되었다. 아동 중심 교육과정은 낭만주의, 진보주의, 활동 중심 교육과정과 프로젝트 접근법, 구성주의 등으로 분류된다.

아동 중심 교육과정에 내포된 의미를 몇 가지로 나누어 설명하면 다음과 같다(양옥승, 2008; 양옥승 외, 2015)

- 아동 중심 교육과정은 놀이를 교육과정의 중심에 놓고 발현의 개념에 기초하여 교육과정을 이해하고 실천하는 것을 의미하며, 이러한 생각은 프뢰벨의 유치원 교육 이후 유아교육과정의 근간이 되었다.
- 아동 중심 교육과정은 발달론과 진화론의 영향을 받은 교육과정으로, 개인의 발달과 흥미를 강조하며 교사의 개입을 제한하고 개별화를 강조한다.
- 영유아의 성숙과 준비도의 개념이 강조된다. 교사의 역할은 개인의 학습 준비도를 파악하여 적합한 교육적 경험을 제공하는 것이다. 이러한 관점은 1960년대 이후 사회문화적 영향력이 강조되면서 비판의 대상이 되었다.
- 아동 중심 교육과정은 흥미 중심 교육과정이다. 듀이는 흥미를 교육 내용 선정의 기준으로 삼아야 한다고 보았으며 흥미는 학습의 출발점이 된다고 보았다.
- 아동 중심 교육과정은 활동 중심의 교육과정과 프로젝트 접근법으로 구체화되어 왔다.
- 아동 중심 교육과정은 인지 중심 교육과정의 특성을 지닌다. 피아제의 인지 발달 이론에 따르면 유아는 성인과 질적으로 다른 사고 수준을 지니며, 개인적 경험이나 지식의 상대성은 중요한 의미를 지닌다.
- 아동 중심 교육과정은 사회문화적 환경으로서의 교육과정을 의미한다. 비고츠키의 이론은 사회적 맥락의 중요성을 설명하며 인지 중심 교육과정의 한계를 극복하는 이론적 토대를 제공하였다. 비고츠키의 이론은 지식의 형성과정을 발달적으로 접근하면서도 사고의 기원을 사회적 세계 속에서 찾음으로써 교육과정에서 사회문화적 환경의 의미를 설명하고 있다.

(2) 놀이

놀이는 유아교육의 정체성을 대표하는 표현이며, 국가 수준 교육과정에서도 수업을 놀이 중심의 통합적인 교육 활동으로 운영할 것을 제안하고 있다. 놀이는 유아에게는 학습의 수단이자 교사에게는 교수방법이 된다. 놀이 중심 교육과정의 기초를 마련한 것은 프뢰벨의 유치원인데, 프뢰벨은 놀이가 내면 세계에 잠재한 요구를 표상하는 활동이자 인간의 이성과 본성을 발현시킬 수 있는 최고의 교육적 활동이라고 보았다. 프뢰벨 이후 대부분의 유아교육 프로그램에는 놀이의 개념이 포함되며 중요한 비중을 차지해 왔다.

프로스트와 동료들(Frost et al., 2005)은 유아교육 프로그램의 놀이에 대한 접근을 〈표 4-1〉과 같이 놀이가 학습과 구분되는 것이며 학습보다 덜 중요한 것으로 간주하는 학습 중심의 접근, 성인의 개입을 최소화한 비개입의 놀이 접근, 사회극놀이나 규칙 있는 게임과 같은 특정한 놀이를 강조한 초점이 있는 놀이 개입적 접근, 모든 유형의 놀이를 가치 있게 보고 교육과정에 포함시킨 광의의 발달적 접근으로 구분하였다.

정신분석 이론은 영유아의 놀이를 무의식 내지 전의식의 세계 속에 깊이 잠재해 있는 정서적 욕구인 요구와 흥미를 표현하고 분출하게 하는 일종의 출구로 본다. 따라서 유아는 놀이를 통해 욕구를 자유롭게 표현하고 사회적으로 유용하게 승화시키며 초자아를 내면화하게 된다. 피아제는 자유놀이가 유아만이 지닌 고유의 특성이자 보편적인 발달 양상이며 인지 발달에 따라 기능놀이, 상징놀이, 규칙 있는 게임의 단계로 발달해 나간다고 보았다. 피아제는 놀이를 자기목적성, 자발성, 즐거움, 조직화의 결여, 갈등으로부터 자유로움, 과다동기 등의 특성을 가진 활동으로 정의하고 연령이 증가할수록 자발성보다 즐거움이 중요한 요인이라고 보았다. 이러한 관점에서 볼 때 놀이는 재미있

표 4-1 유아교육 프로그램에서의 놀이에 대한 접근

구분	놀이에 대한 견해	프로그램의 예
학습 중심의 접근 (nonplay approach)	놀이는 학습과 구분되며 학습보다 덜 중요한 것	베라이터 엥겔만 프로그램
비개입의 놀이 접근 (hands-off play approach)	성인의 개입을 최소화하고 개방적인 놀이 자료를 이용하여 자기주도적으로 놀이하는 것을 강조	프로이트의 이론을 지지하는 프로그램
초점이 있는 놀이 개입 (narrowly focused play intervention)	특정한 놀이, 특히 사회극 놀이, 규칙 있는 게임을 강조	카미와 드브리스의 그룹게임, 피아제, 스밀란스키의 놀이 연구
광의의 발달적 접근 (broad-based developmental approach)	모든 유형의 놀이는 유아에게 유익. 유아는 놀이함으로써 광범위한 인지, 사회, 놀이 기술을 습득. 교사는 모든 영역의 발달을 조성하기 위해 놀이에 개입	뱅크스트리트 프로그램, 하이스코프 프로그램, 비고츠키 이론에 기초한 놀이, 레지오 에밀리아

는 것, 발달에 적합한 것이어야 하고, 유아 교실에 이러한 놀이를 위한 흥미 영역이 필요해진다. 한편 스밀란스키는 놀이가 인지 발달의 자연스러운 부산물이라는 피아제의 의견에 동의하지 않으며, 놀이 발달이 사회적 맥락과 성인의 지도에 의해 좌우된다고 보았다(Bodrova & Leong, 1996). 비고츠키는 놀이가 유아 자신의 행동을 지배할 수 있도록 하는 정신적 도구라고 보았다. 놀이는 유아의 근접발달 영역을 창조하고, 행동과 대상물로부터 사고의 분리를 촉진하며, 자기조절의 발달을 촉진함으로써 발달을 주도한다. 모든 놀이가 발달을 주도하는 것은 아니며 상징적 표상과 행동이 포함된 놀이, 복잡하게 짜인 주제와 역할이 있는 놀이가 중요한 의미를 지닌다.

(3) 자유선택활동

자유놀이라고도 부르는 자유선택활동(free-choice activity)은 유아가 자유의지나 흥미, 요구에 따라 자발적으로 다양한 놀이 중 원하는 놀이를 선택하여 놀이하는 활동으로 유아교육과정의 독특하고 강력한 특성이다. 현재 우리나라의 유아교육과정은 자유선택활동을 교육과정 구성의 중요한 기저로 삼고 교실에 다수의 흥미 영역을 배치하고 매일 충분한 양의 자유선택활동 시간을 제공하는 교육과정을 계획하고 있다.

유아교육과정의 역사적이고 문화적인 이미지를 가장 잘 표현해 주는 자유선택활동은 관점에 따라 전통적 발달주의, 사회적 구성주의, 포스트모던 등 세 가지 시각으로 구분할 수 있다(양옥승 외, 2015).

① 전통적 발달주의 관점

발달주의 관점에서 자유선택활동은 유아가 자신의 흥미와 필요에 따라 자발적으로 탐구하며 스스로 자유롭게 활동하는 것으로 프뢰벨의 놀이론, 홀의 발달론, 듀이의 상호작용론, 프로이트의 정신분석 이론, 피아제의 인지 발달 이론 등이 기저가 된다.

프뢰벨은 놀이가 자연성이자 삶의 특성이고 선의 원천이며 모든 활동 중 가장 자발적인 정신 활동이라 보고, 자발성에 기초한 자유놀이를 강조하였다. 홀 등의 아동 중심주의자들은 유아의 흥미와 요구에 따라 학습해야 한다고 보고 교사의 개입을 배제한 흥미에 따른 자유놀이를 강조하였다. 한편 듀이는 흥미가 학습의 출발점이며 교사는 사회적 상호작용을 통해 적극적으로 개입해야 한다고 보았다. 정신분석 이론에서는 놀이를 통한 자유로운 표출을 강조하며 성인의 지나친 개입이나 구조화를 금지한다. 피아제의 이론에 따르면 자유선택활동은 유아의 내적 동기, 자발성, 능동성, 재미, 즐거움 등에서 시작된 것으로, 외부에서 부여된 규칙에 예속되지 않은 상태에서 놀이를 선택하고 결정하며 진행하는 과정이다. 이 시각에 따르면 자유선택활동은 놀이과정에서 유아가 지식을 구성할 수 있도록 능동적 참여를 보장해야 하며, 일과에 자유선택활동을 포함시키고, 흥미 영역을 구성하고 발달에 적합한 활동을 제공해야 한다.

② 사회적 구성주의 관점

비고츠키 이론을 따르는 사회적 구성주의자들은 피아제의 인지 발달 이론과 다르게 유아의 사고가 사회적으로 구성된다는 생각을 가지고 있다. 놀이와 자유선택활동에 대한 전통적 시각과 달리, 유아의 자발성이란 유아의 개인적 동기뿐만 아니라 사회문화적 상황이나 역사적 맥락에 의해 발생할 수 있다. 따라서 흥미는 학습과 무관하게 개인의 자발성에 의해 발현되는 개인적 흥미뿐만 아니라 학습에 의해 형성되는 상황적 흥미를 포함한다. 비고츠키의 놀이관에 따르면 놀이는 유아의 발달을 주도하는 강력한 기제로, 놀이를 통해 근접 발달지대를 창출하여 유아가 현재 수준보다 발달한 수준으로 정신 발달을 이루도록 한다. 단계적 가치를 제공하는 비계 설정자로서 교사는 놀이를 계획·실행·평가하는 경험을 제공하며 교실의 사회적·상황적 의미를 부각시키고 사회문화적 환경으로서 흥미 영역을 구성하는 역할을 한다. 이때 전통적인 흥미 영역처럼 영역을 철저하게 구조화하기보다는 반구조적 형태로 유아의 자발성에 따른 소통과 선택의 폭을 넓혀 주는 것을 중시한다.

③ 포스트모던 관점

포스트모던 관점은 자유선택활동의 과정에서 유아가 형성하는 주관적인 의미, 내재적인 구조, 의도 및 동기 등에 대한 기존의 연구 개념과 방법을 해체하고 새로운 대안을 모색하는 데 초점을 둔다. 어느 누구의 지식도 확실하거나 객관적 혹은 절대적일 수 없다는 포스트모던의 기조는, 어린 유아도 흥미와 요구에 따라 자발적 목소리를 내고 자유로운 상태에서 일련의 지식을 구성할 수 있다고 보며 이러한 측면에서 의미를 지닌다. 포스트모던 관점의 연구자들은 자유선택활동 공간의 지나친 구조화나 교사의 통제가 유아의 자유와 소통을 억제할 가능성이 있으며, 유아에 의해 지식이 구성되는 상황적·과정적·변용적 공간이 교육공간으로서 의미를 지닌다고 본다. 이들은 기존 유아교육기관에서 이루어지는 자유선택활동의 문제점과 대안을 모색하고자 노력한다.

(4) 상호작용과 보살핌

영유아교육과정에서는 '상호작용'과 '보살핌'이라는 용어가 학령기 교육과정에 비해 자주 등장한다. 상호작용은 피아제, 비고츠키, 듀이의 이론을 반영하는 용어로 학령 전기의 교육과정을 초·중등 교육과정과 차별화하는 중요한 용어이다. 피아제의 관점에서 인지 체계는 외부 체계와 상호작용하며 발달을 이루는데, 여기서 상호작용이란 '인간의 지력과 환경이 서로 작용하여 원인도 되고, 결과도 되는 일'이다(한국유아교육학회 편, 1996, p. 283).

유아교육의 상호작용적 교육과정(interactional curriculum)은 듀이의 실용주의 교육철학, 미드의 상징적 상호작용론, 비고츠키의 발생학적 인식론을 철학적 배경으로 하며, 피아제의 인지 발달적 상호작용이론을 발달적 이론의 중심에 두고 있다.

영유아교육과정에서 상호작용이라는 용어가 지니는 의미를 몇 가지로 나누어 보면 다음과 같다(양옥승 외, 2015).

- 첫째, 상호작용은 사회적 상호작용을 통한 경험의 통합을 의미한다. 듀이의 교육철학은 교육을 경험의 재구성으로 보며 성장의 개념을 상호작용의 원리로 설명하였다. 상호작용은 인간과 주변의 물리적·사회적 환경의 상호작용을 통해 경험을 통합하고 계속적으로 발달해 나가는 것이다.
- 둘째, 상호작용은 유전과 환경의 상호작용을 통해 발달한다는 의미를 지닌다. 유아 발달에 대한 접근법은 크게 성숙주의, 행동주의, 구성주의 혹은 상호작용주의로 구분되는데, 상호작용주의는 인간이 주어진 환경에 수동적으로 반응하는 존재가 아니며 선택적인 상호작용을 통해 자신의 지식을 구성해 나간다고 본다. 피아제의 인지 발달 이론은 동화, 조절, 평형의 과정을 통해 개인이 환경과 상호작용하며 인지가 발달하는 과정을 설명한다. 한편 비고츠키는 이러한 상호작용과정에서 사회적 맥락의 중요성을 강조하고, 브론펜브레너는 생태학적 관점에서 인간 발달의 상호 관련성을 설명하고 있다.
- 셋째, 상호작용은 과정 중심의 교수·학습을 의미한다. 영유아교육과정은 전통적으로 지식의 습득 결과(즉, 내용)보다는 지식이 구성되는 과정(교수·학습 과정)을

강조하며 교사는 지식의 구성과 경험의 통합을 도와 주기 위한 상호작용을 중시한다. 교육에 대한 관점에 따라 차이는 있겠으나 일반적으로 발달 수준에 적합할 것, 교사-유아-사물의 의미 있는 상호작용이 이루어질 것, 비계 설정을 통해 고등 정신의 발달을 도울 것 등이 강조된다.

- 넷째, 영유아교육의 상호작용은 신체적·심리적 보살핌을 의미한다. 특히 영아 보육이 확장되면서 보살핌은 영유아교육과정의 핵심 키워드가 되었다. 이유와 급간식, 배변, 낮잠과 휴식, 위생 관리, 건강 및 안전 관리 등의 신체적 보살핌뿐만 아니라 온정성을 기반으로 하는 감성적 보살핌은 영유아와 교사의 상호작용에서 매우 중요한 요소이다.

영유아기는 발달적으로 보호자의 보살핌이 필수적인 시기로, 보살핌의 질이 유아의 삶에 커다란 영향을 미치게 된다. 윤리적 관점에서 볼 때 보살핌은 두 가지 측면으로 생각될 수 있다. 하나는 보호를 필요로 하는 대상자를 보살피는 일반적인 행위이며, 다른 하나는 교육을 통해 갖게 되는 윤리의식과 가치관을 보살핌이라고 보는 시각이다. 전자는 교육기관에서 교사가 부모를 대신하여 영유아의 건강과 안전을 돌보는 의미를 지니며, 후자는 보호 대상을 돌보는 행위 이상의 인지적이고 정신적인 요인을 포괄하는 복합적인 사회도덕적 특성이 된다. 보살핌은 공동체의 일원으로 함께 살아가는 모든 사람에게 필요한 도덕적 덕목이다. 그러나 전통적으로 보살핌은 여성을 중심으로 이루어지며 평가절하되어 왔다. 최근 유아교육자들은 사랑과 보호를 포괄하는 보살핌의 윤리에 가치를 부여할 것을 강조하고 있다. 보살핌의 윤리는 기본적으로 관계성을 핵심 개념으로 한다. 유아는 교사의 보살핌 속에서 인성의 기초를 닦으며, 교사의 일상적 대화와 태도는 교육적으로 중요한 의미를 지니게 된다.

2) 유아교육과정 운영의 기초

유아교육과정은 통합교육과정과 발현적 교육과정을 기초로 운영되어야 한다. 우리나라 국가 수준 교육·보육과정인 누리과정과 표준보육과정은 생활 주제 중심의 통합교육과정이 기본 모형으로 제시되며, 발현적 교육과정을 지향하고 있다.

(1) 통합교육과정

통합교육과정은 교육과정의 여러 내용 요소를 특정의 단일 원리에 의거하여 관련되는 것끼리 한데 묶거나 단일화하는 것으로, 일반적으로 교과목의 경계가 없어지고 개별적으로 구분되는 교과목들이 사라지는 교육과정 조직을 의미한다. 영유아의 학습은 엄격하게 구분된 교과로 이루어지기보다는 통합교육과정의 형태를 취하며 활동 중심, 프로젝트 학습 등으로 실제화되어 왔다(양옥승 외, 2015). 통합교육과정은 유아를 전인적 인격체로 보고 발달 영역별, 흥미 영역별로 통합하여 통합된 전체 경험 속에서 학습하도록 도와 주는 교육과정이다(한국유아교육학회 편, 1996).

우리나라의 유치원교육과정은 1969년의 제1차 교육과정부터 통합성을 고려하여 구성되었으며, 현재의 유치원교육과정과 표준보육과정도 통합교육과정으로 구성되었다. 3세, 4세, 5세 누리과정의 내용을 생활 주제 중심의 통합교육과정으로 운영할 수 있도록 교사용 지도서를 통해 교육계획 작성 및 운영의 실제와 교육 활동을 제시하고 있다. 표준보육과정도 0세, 1세, 2세를 위한 주제를 제시하고 이를 통합교육과정으로 운영하도록 안내하고 있다.

통합교육과정이 지니는 교육적 가치를 요약하면 다음과 같다.

- 학습자의 흥미와 관심을 반영한 교육과정이므로 학습자의 학습동기를 높이며 자율성과 책임감을 갖고 참여하게 만든다.
- 학습할 정보를 의미 있는 개념으로 조직하도록 돕고 유아 스스로 의미를 구성하도록 돕는 인식론적 기능을 한다.
- 지식의 폭발적 증가에 따라 교육 내용을 선정하는 일이 쉽지 않은데, 유아에게 의미 있는 문제를 중심으로 내용을 선정함으로써 삶의 맥락에서 필요한 내용을 다룰 수 있다. 교사가 유아에게 필요한 교육 내용이 무엇인지에 대한 의사 결정을 용이하게 해 준다.
- 학습과 실제 생활의 연관성을 높일 수 있다. 교과의 통합적 운영은 교과 간 관련성을 파악하고 교과 학습의 의미를 삶과 관련지어 인식하도록 돕는다.
- 주제 중심의 브레인스토밍, 생각망 작성, 조사, 토론 등의 다양한 학습방법을 통해 탐구력, 반성적 사고력과 이해력을 기르는 데 도움을 준다.

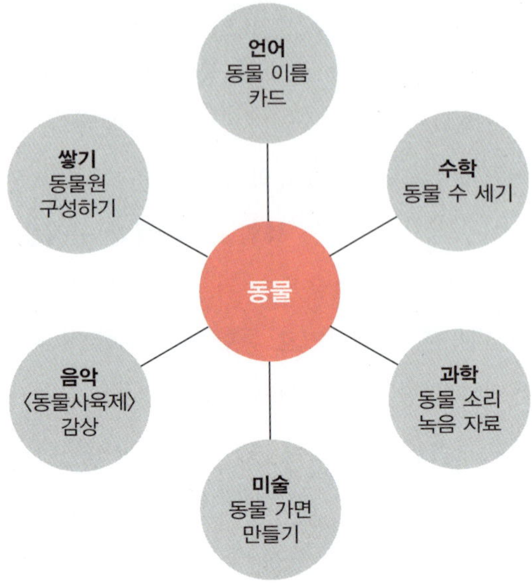

그림 4-1 거미줄형 통합의 예시

포가티(Fogarty, 1991)는 교육과정 통합의 유형을 단일 교과 내 통합(단절형, 연관형, 동심원형), 여러 교과 간 통합(계열형, 공유형, 거미줄형, 실로 꿰어진 형, 통합형), 학습자 간 통합(몰입형, 네트워크형) 등 10가지로 구분하여 설명하였다. 유아교육과정의 통합 모형에서 가장 빈번한 것은 거미줄형이다. 이 통합 모형은 하나의 주제를 중심으로 교과를 통합하며 흥미로운 주제 선정으로 동기를 부여하고, 교사와 학습자에게 적용하기가 비교적 쉽다(그림 4-1).

오늘날의 교육은 항상 변화하는 상황 속에 있다. 현재와 같은 정보 폭발의 시기에 학습자에게 모든 것을 가르친다는 것은 불가능하며, 분리된 교과나 학문으로 나누기 힘든 수많은 정보를 접하게 된다. 최근의 교육과정은 학습자의 능동성을 강조하며, 교사는 학습자의 학습을 촉진시켜 주고 의미 구성을 도와 주는 사람으로 가정한다. 여기에는 지식의 불확실성, 다양성, 학문의 통합적 특성에 대한 가정이 전제되며, 따라서 통합적 접근으로 내용을 탐구하게 된다. 유치원 교육과정이나 표준보육과정은 유아의 발달과 흥미를 고려한 놀이 중심의 통합적 교육 활동을 전개한다는 것을 중요한 원칙으로 제시하고 있다.

(2) 발현적 교육과정

영유아교육과정 운영의 기초가 되는 또 다른 특성은 발현적 교육과정을 지향한다는 점이다. 교육과정을 계획하고 개발하는 방법에는 사전에 계획하여 준비하거나 발현하는 두 가지가 있다. 발현적 교육과정은 교사에 의해 일방적으로 교육계획이 이루어지거나 주도되는 교육이 아니고, 학습자와 교사의 상호 협력과 상호 교수를 통해 개발된다는 측면에서 교수공동체, 지식공동체로 설명된다(양옥승 외, 2015). 스테이시(Stacy, 2009)는 발현적 교육과정의 특성을 영유아로부터 출발하기, 영유아의 흥미에 반응하기, 영유아의 깊이 있는 탐구 조성하기, 융통성 있는 계획하기, 학습과 사고에 대해 기록하기로 설명하고 있다.

- 영유아로부터 출발하기: 교사가 모든 것을 조직하기보다는 유아와 교사가 협력하며 모든 구성원의 목소리를 경청한다. 유아의 목소리를 존중하며 유아와 교사 모두의 학습방식과 재능에 중요한 의미를 부여한다. 유아로부터 출발하기 위한 주요 수단은 관찰이다. 관찰과 경청을 통해 교사는 교육과정을 개발하고 유아가 심층적인 질문과 이해를 할 수 있도록 돕는다.
- 영유아의 흥미에 반응하기: 발현적 교육과정에 의한 교수·학습은 주제 전개나 활동계획이 고정되어 운영되기보다는 유아의 아이디어, 흥미, 요구가 반영됨으로써 학습과정이 더욱 풍요롭고 흥미롭게 진행된다. 유아는 자신에게 의미 있고 흥미 있는 활동에 더 몰입하여 참여한다.
- 영유아의 깊이 있는 탐구 조성하기: 교사는 유아가 무엇을 보고 듣는지 이해하고, 더 깊이 있게 탐구하며 지식을 구성해 나갈 기회를 조성해 준다. 구성주의 시각에서 볼 때 유아는 자신에게 의미 있는 맥락에서의 사회적 상호작용을 통해 성장하므로, 교사는 유아와 교사의 공유 영역을 찾고 유아의 관심과 흥미를 이해하며 지식 구성에 공동 협력자가 되도록 한다.
- 융통성 있는 계획하기: 발현적 교육과정은 사전에 계획하고 전개하는 일반적인 교육과정에 비해 교사와 유아가 자신들의 관심사, 질문을 중심으로 상호 협력하고 토의하여 주제를 선정한다. 교사는 필요한 자원을 미리 탐색하고 이를 토대로 프로젝트 운영계획을 세우며 유아의 흥미에 부합되는 목표를 설정하는데 이때 항상 융통성을 전제로 해야 한다.

- 학습과 사고에 대해 기록하기: 유아의 학습과 교사의 사고는 다양한 형태의 기록물로 시각화될 수 있다. 기록의 대상은 유아와 주고받은 대화의 내용, 그림, 조형물 등의 작품, 활동 사진과 비디오, 활동에 대한 교사진의 해석과 주석 등이다(오문자, 2010). 발현적 교육과정에서 기록은 평가 수단이라기보다는 유아를 존중하고 경청하는 것을 의미한다. 레지오 에밀리아의 기록화과정은 발현적 교육과정과 기록화의 대표적 사례이다.

발현적 교육과정은 유아교육 현장에서 많은 부분이 적용되며, 특히 영아보육의 증가로 발현적 교육과정의 필요성이 부각되었다. 영유아 교사가 발현적 교육과정을 실천하기 위해서는 유아의 실수에 허용적인 태도, 예기치 않은 상황에 대한 개방성, 명확한 수업계획 없이도 프로젝트를 이끌고 교수·학습을 진행하려는 의지, 학습자의 생각을 존중하고 지지하는 태도가 필요하다. 아울러 교사 자신을 신뢰하고 발현적 학습자로 인식할 필요가 있다.

2. 유아를 위한 교수 · 학습의 이해

1) 유아를 위한 교수 · 학습 원리

유아교육의 교수방법과 교재·교구는 초등교육 등에서 사용되는 것과 차이가 있다. 초등교육에서 가장 중요한 교재는 교과서인 반면, 유아교육은 일상생활 속에서 놀이를 중심으로 통합하여 교육하므로 풍부한 교재·교구와 다양한 유형의 상호작용이 중요한 교수방법이 된다. 교수·학습에 대한 다양한 접근이 있으나 공통적으로 제안하는 성공적인 교수·학습의 특징은 다음과 같은 내용을 포함한다(Heinich et al., 1989; Heinich et al., 2002; 설영환 외 공역, 2002).

- 능동적 참여(active participation): 학습은 학습자들이 의미 있는 학습 과제에 능동적으로 참여할 때, 학습 내용과 능동적으로 상호작용할 때 효과적으로 이루어

진다.

- 연습(practice): 새로운 학습은 한 번에 이루어지지 않으며 다양한 상황에서의 연습이 필요하다. 이렇게 학습하면 오래 기억되며 파지효과가 높고, 새로운 지식·기술·태도를 적용하는 능력도 향상된다.
- 개인차(individual differences): 학습자들은 개성, 적성, 교과 지식 등의 다양한 측면에서 개인차를 지닌다. 따라서 학습자가 자신의 학습속도에 따라 학습할 수 있도록 개별적으로 적합한 교육자료와 학습 활동을 준비하는 것이 효과적이다.
- 피드백(feedback): 학습자는 피드백을 통해 자신의 생각이나 활동의 적절성을 파악하게 된다. 교사는 여러 방법으로 피드백을 제공할 수 있다.
- 실제적 맥락(realistic contexts): 실제 세계와 유사한 맥락에서 제공되는 지식은 기억하고 적용하기 쉽다. 암기 중심으로 학습한 지식은 기억에는 남지만 실제로 적용하기는 쉽지 않은 비활성화된 지식이다.
- 사회적 상호작용(socila interaction): 또래 집단이 함께 학습함으로써 다양한 사회적 지원과 교육적 지원을 제공할 수 있다.

이영자, 박미라, 정주원, 최경애, 오애순(2017)은 영유아의 연령에 따라 교수·학습 원리의 강조점이 달라질 수 있다고 보고 영아와 유아의 교수·학습 원리를 제시하였다. 영아의 교수·학습을 위해서는 능동적 지식 구성의 원리, 관계 중심의 원리, 개별화의 원리, 통합과 일상생활 중심의 원리, 감각 중심의 원리, 놀이 중심의 원리 등이 적용되어야 하며, 유아의 교수·학습 원리로는 놀이 중심 원리, 생활 중심 원리, 개별화의 원리, 자발성의 원리, 융통성의 원리, 학습 주기의 반영, 탐구하는 태도 조장, 사회적 관계의 확장이 필요하다고 보았다.

누리과정이나 표준보육과정 등 표준이 되는 영유아교육과정을 포함하여 일반적인 유아교육과정의 공통적인 교수·학습 원리는 다음과 같이 정리할 수 있다.

- 첫째, 놀이를 중심으로 교수·학습 활동이 이루어지도록 운영한다. 또한 유아의 흥미를 중심으로 활동을 선택하고 지속할 수 있어야 한다. 따라서 흥미 영역으로 구성된 자유선택활동의 운영은 중요한 의미를 지닌다.
- 둘째, 유아의 생활 속 경험을 소재로 하여 그들이 지식, 기능, 태도 및 가치를 습

득하도록 운영한다. 이를 위해 생활 주제와 소주제를 중심으로 다양한 활동이 통합적으로 이루어지도록 운영한다.

- 셋째, 유아와 교사, 유아와 유아, 유아와 환경 간에 능동적인 상호작용이 이루어지도록 운영한다. 교사는 양질의 다양한 상호작용이 이루어질 수 있는 환경을 마련하며, 유아와 직간접적으로 상호작용하는 전략을 활용한다.
- 넷째, 실내·실외 활동, 정적·동적 활동, 대·소집단 활동 및 개별 활동, 휴식 등이 균형 있게 이루어지도록 운영한다.
- 다섯째, 유아의 연령과 발달, 관심과 흥미, 환경 특성 등을 고려하여 개별 유아가 적합한 방식으로 학습하도록 운영한다.

한편 유아교육과정의 운영과 교수·학습에 대한 비판과 우려도 있는데 대표적인 것이 바로 놀이를 도구화하는 문제와 통합교육과정이 지니는 단점에 대한 부분이다.

첫째, 생활주제로 계획·운영되는 유아교육과정은 놀이 중심의 통합교육과정으로 운영하는 모델인데 이 과정에서 자칫하면 놀이를 도구화할 수 있다. 놀이의 자발성이 사라지고 구조화된 활동 중심으로 운영될 수 있다는 점이다. 2007년 교육과정의 개정을 앞두고 개정 방향을 제시한 연구자들은(정선아, 김희연, 2011, p. 289) "유치원 교육과정 교수·학습방법의 문제점은 놀이 중심 교육 원칙이 놀이를 도구화한 교육과정방법으로 전락하여 오히려 유치원의 학교화(schoolification)에 기여하고 있다"고 우려하였다. 교육목표와 평가를 중심으로 활동을 계획하고 운영하는 과정에서 놀이의 자발성이 사라지고 구조화된 활동 중심으로 운영되어 놀이는 외형만 남고 '일' 혹은 '공부'로 변질되고 있다는 것이다(곽향림, 안경숙, 2010; 김경철, 김안나, 2010; 정선아, 김희연, 2011). 현재의 유아교육과정은 이러한 놀이의 도구화에 대한 비판으로부터 자유롭지 못하다. 2017년의 유아교육 혁신방안에는 놀이·유아 중심의 교육과정 혁신을 명시하고 이를 누리과정 개정에 반영하고 있다.

둘째, 통합교육과정을 단순히 주제와 관련된 활동의 나열로 이해하여 교육 내용이 긴밀하게 연결되지 못하고 단순 나열되거나, 체계성이 부족할 수 있다는 단점이 있다. 주제 중심의 통합적 교육과정은 전체적인 교육과정 내에서 기능과 개념을 계열화하는 것이 덜 체계적이며(김재복, 2000), 이로 인해 필수적인 내용이 누락되거나 혼란스럽게 조직될 수 있으며, 단순히 주제상의 연관성을 중심으로 활동을 수집하여 나열하는 것으로 끝나기 쉽고, 과정 평가나 질적 평가에는 강점을 보이지만 표준화된 검사나 성취도는 낮게 평가될 수 있다는 등의 몇 가지 단점이 있을 수 있으므로(양옥승 외, 2011), 이를 이해하고 적용하며 보완하려는 노력이 필요하다. 사실 놀이 중심, 주제 중심의 통합은 유아교육과정의 대표적 특성이며 유아교육과정의 강점을 설명해 주기도 하므로 비판과 우려에 대한 이해를 통해 이를 극복하고 개선하려는 노력이 필요하다.

2) 교수 · 학습 관련 변인

(1) 교수 · 학습 관련 변인의 구성요소

교육을 구성하는 요소와 변인이 무엇이며 어떠한 특성을 지니는가에 따라 교수·학습의 방향이 달라진다. 교육의 중심은 학습자이며 학습자가 갖는 경험을 중심으로 전개되는 교육적 노력과 과정이 곧 교육의 과정이 된다. 따라서 교육적 사고는 교육목표, 경험내용, 학습 경험과정, 평가의 네 요소로 구성된다고 볼 수 있다(이영덕, 1976; 김종서 외, 2009). 교수·학습의 과정에 해당되는 학습 경험과정은 학생들이 가지는 경험과정으로 지도방법, 절차, 조직, 자료, 상호작용, 분위기 등이 망라되는데 이영덕(1976)은 학생, 교사, 목표와 내용, 교수 조건, 학교 및 학급 분위기를 중요한 요인 영역으로 보고 그 관계를 〈그림 4-2〉와 같이 도식화하였다.

교수·학습에 직간접적으로 영향을 미치는 관련 변인은 개념적으로 볼 때 [0수준] 교수·학습 실행 변인, [1수준] 교수·학습 기본 변인, [2수준] 교수·학습 지원 환경 변인,

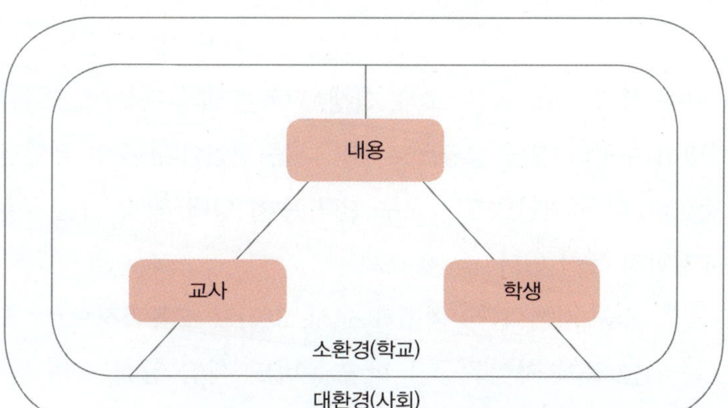

그림 4-2 학습 경험과정의 교육상황 모형
자료: 이영덕, 1976, p. 39; 김종서, 이영덕, 정원식, 2009, p. 46.

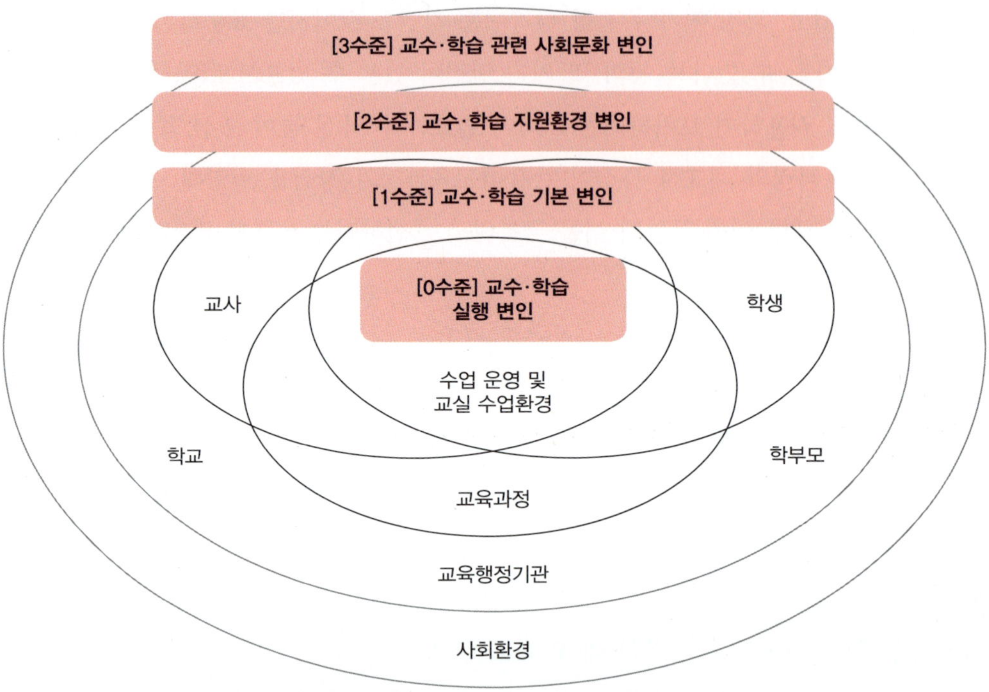

그림 4-3 교수·학습 관련 변인의 개념적 모형
자료: 이화진 외, 2005, p. 32.

[3수준] 교수·학습 관련 사회문화 변인의 네 단계로 구성(그림 4-3)할 수 있다(이화진 외, 2005). 이 개념적 모형은 유아를 대상으로 이루어진 연구는 아니나 교수·학습의 관련 변인을 수준별로 제시함으로써 교수·학습에 영향을 미치는 변인의 상호관계를 맥락적으로 이해하는 데 도움이 된다.

- [0수준] 교수·학습 실행 변인: 교사, 학생, 교육과정의 교수·학습 기본 변인이 상호작용하면서 수업의 실제 상황으로 나타나는 변인이다. 수업 운영 및 교실 수업환경을 뜻한다. 하위 변인으로는 교수 전략, 수업 형태, 학습 집단 구성, 매체 활용, 물리적 교실환경 등이 있다.
- [1수준] 교수·학습 기본 변인: 학생과 교사, 그리고 교육과정으로 구성된다. 학생 변인으로는 지능, 동기, 자아존중감, 학습 준비도, 학습 양식, 흥미 등이 있으며 교사 변인으로는 교수효능감, 언어 능력, 학생 이해 능력, 직무만족도, 심리적 특성, 내용 지식, 교수법, 반성적 사고력, 헌신도, 전문성, 동료관계 등이 관련된다. 교사

와 학생의 상호작용에 매개적 역할을 하는 교육과정 변인에는 교육과정의 적정성, 교육과정의 수준, 과제의 적합성, 과제의 위계성, 과제의 지시적 특성, 과제의 타당성 등이 있다.

- [2수준] 교수·학습 지원환경 변인: 학교, 학부모 및 지역사회, 교육행정기관이라는 세 영역의 하위 변인으로 나누어진다. 교수·학습에 영향을 주는 학교 변인으로는 학교 역사, 권력관계, 기관목표, 학교 풍토 등이 있다. 학부모 및 지역사회 변인에는 학부모 참여, 지역사회 연계가 포함되며, 교육행정기관 변인으로는 교수·학습 지원 정책 및 실제가 각각 포함될 수 있다.
- [3수준] 교수·학습 관련 사회문화 변인: 정치적 상황, 사회적 상황, 문화·인종·경제적 다양성, 지구상의 요구, 교육에 대한 사회적 관점 등이 교수·학습과 관련 있는 것으로 알려져 왔다.

교육방법은 교육목적을 달성하기 위하여 교육 내용을 구체적으로 실천하는 방식이라고 볼 수 있다. 교육방법은 구체적으로 교수방법을 의미하며, 이 교수방법은 교사 및 기타 교수자들이 학습을 발생시키기 위한 목적으로 설계, 개발, 적용, 관리, 평가하기 위한 지식과 실행력이다(고재희, 2008; 변영계, 1999).

교육방법은 교육 내용, 학습자, 교육자원, 조직의 기대 등 네 가지 기준을 근거로 선택할 수 있다(고재희, 2008; Reay, 1994).

- 첫째, 교육 내용에 관해서는 학습 내용의 성격이 지식·기능·태도 중 어느 것인지, 학습 내용이 정확한 답을 요구하는 것인지, 아니면 논쟁의 여지가 있는 것인지, 혹은 교육의 목적이 기준을 명확히 잡는 것인지, 아니면 보다 나은 해결책을 찾는 것인지, 일반적인 수준의 학습만 하면 되는 것인지, 아니면 자세히 학습해야 하는 것인지 등을 살펴본다.
- 둘째, 학습자에 관해서는 학습자의 학습 스타일이 적극적인지 성찰적인지 논리적인지 실용적인지, 학습자의 학습 경험이 어느 정도인지, 학습자가 몇 명인지, 학습자의 수준이 어떠한지, 교육이 계속적으로 필요한지, 학습자가 학습으로부터 얻고자 하는 기대의 정도는 어떠한지 등을 살펴본다.
- 셋째, 교육자원에 관해서는 교육기술과 경험을 갖춘 사람을 요청할 수 있는지, 열

마나 쉽게 새로운 학습자원들을 개발할 수 있는지, 훈련을 실시할 장소가 있는지, 시간의 제약이 있는지 등을 살펴본다.

- 넷째, 조직의 기대에 관해서는 조직이 어떤 학습방법을 선호하는지, 조직이 원하는 구체적인 학습목표가 있는지, 조직이 요구하는 특정한 평가나 측정의 방법은 무엇인지 등을 살펴본다.

여기서는 교수·학습 관련 변인을 학습자로서의 영유아, 교사, 교육 내용, 교육환경으로 구분하여 살펴보기로 한다.

(2) 학습자로서의 영유아

영유아의 연령과 발달 특성, 지능, 주의집중력, 기질 등 학습자의 개인적 발달 특성은 교수·학습의 과정에 중요한 변수가 된다. 또한 학습하고자 하는 것에 대한 영유아의 관심과 흥미, 사전 경험, 기대 등도 학습자 관련 변인으로 작용한다. 여기서는 다양한 학습자 변인 중 지능, 주의집중, 창의성, 실행 기능과 자기조절력을 살펴본다.

① 지능

인지 능력은 유아의 놀이 및 활동, 행동 등 광범위한 영역에 영향을 미침으로써 학습자로서 영유아의 특성을 설명하는 중요한 요인이다. 《심리학용어사전》(정태연 역, 1999)에서는 지능(intelligence)에 대하여 "1870년대 이후로 심리학자들이 이 개념에 대해 계속 논의해 왔지만, 지능이 무엇인지에 대한 의견의 일치를 보지 못했다. 유전이 한 개인의 지능 한계를 정하며, 여러 형태(추상적 사고를 다루는 것, 새로운 환경에 적응하는 것, 복잡한 관계를 지각하는 것 등)를 학습할 수 있는 능력이 높은 지능을 나타내는 것이라는 데는 많은 심리학자들이 동의할 것이다(후략, p. 168)"라고 정의하고 있다.

지능은 오랫동안 많은 심리학자의 중요한 연구 과제였으며 이로 인해 단순하게 정의내리기도 어려운 개념이다. 지능의 개념은 학문적 입장에 따라, 시대에 따라, 사회문화적 상황에 따라 다르게 정의되거나 사용되어 왔다. 표준화된 지능검사를 처음으로 개발한 터만(Terman, L. M.)은 추상적인 사고를 할 수 있는 능력의 수준에 따라 개인의 지능을 가늠할 수 있다고 보았다. 대표적인 학자들의 지능에 대한 정의를 간략히 살펴보면 아래와 같다(홍순정, 1999).

- 터만(Terman, L. M.): 추상적으로 사고하는 능력
- 손다이크(Thorndike, E. L.): 옳은 반응을 할 수 있는 능력
- 비네(Binet, A.): 인식 능력, 이해·창조·판단의 능력
- 웩슬러(Wechsler, D.): 목적적으로 행동하고, 합리적으로 사고하며, 능률적으로 환경을 처리하는 종합적 능력
- 피아제(Piaget, J.): 인지 구조 작용이 고도로 발전된 균형 상태, 생명적·활동적 조작의 체계, 균형화에 이르는 동화-조절의 모든 과정

인간의 지능이 어떻게 작용하는지, 즉 지능의 기능에 대한 접근은 크게 생물학적 접근과 인지학적 접근, 상황 맥락적 접근, 체제적 접근으로 구분할 수 있다(홍순정, 1999).

- 생물학적 접근: 두뇌와 중추신경 체계, 유전인자 등에 대한 연구이다. 즉, 능력의 내적 소재지에 관심을 두며 신경전달속도 중심의 모형, 우뇌와 좌뇌의 기능 연구, 뇌의 크기, 뇌의 활동에 관한 연구를 하게 된다.
- 인지학적 접근: 생물학적 접근과 보완적 입장으로 인지적 과정의 분석에 중점을 둔다. 초기의 지능 연구가 이 접근에 포함된다. 인지적 상관관계 연구, 인지적 구성요소 중심의 접근, 인공 지능 연구이다.
- 상황 맥락적 접근: 지능은 문화적 맥락을 떠나서 이해될 수 없다는 퍼거슨(Ferguson, G. A.)의 개념이 기초가 된다. 지능은 문화에 의해 창조된 의미 체제를 이해함으로써 각 문화 내에서 연구되어야 하며, 표준화 검사는 도움이 되지 않는다고 여긴다.
- 체제적 접근: 인지와 맥락의 상호작용을 하나의 체제로 보는 입장이다. 스턴버그의 3원 이론, 가드너의 다중지능 이론이 이에 속한다.

널리 알려진 비네 지능검사는 심리학자 비네(Binet, A.)와 시몬(Simon, T.)이 정상적인 학습자와 지적 문제가 있는 학습자를 구별하기 위해 개발한 것으로, 적절한 판단과 주도성, 자신을 환경에 적응하는 능력 등 실생활에 중요한 기본적인 능력이 포함되며 추론능력을 지능의 핵심적 활동으로 보았다. 비네와 시몬의 지능검사는 연령에 따라 난이도 수준을 다르게 구성하였다. 비네 지능검사는 2세부터 18세까지의 연령을 포함

하는 검사로, 현재 사용되는 스텐포드-비네 검사는 가장 오래 사용되어 온 표준검사이며 많은 개인용 지능검사의 원형이 되었다. 웩슬러(Wechsler, D.)가 개발한 웩슬러 지능검사는 성인용뿐만 아니라 유아용 지능검사를 포함하며 널리 사용되고 있다. 유아 및 초등학교 아동용 웩슬러 지능검사(WPPSI)는 언어성 검사(상식, 어휘, 산수, 공통성, 이해, 문장)와 동작성 검사(동물의 집, 빠진 곳 찾기, 미로 찾기, 모양 그리기, 토막 짜기)로 구성되어 있다.

지능 발달과 관련된 연구 결과에 따르면 유아는 4~5세가 되어야 지능의 양적 측정에서 신뢰할 만한 결과를 얻을 수 있으며, 4~5세경의 일반 지능 측정은 상당 기간 안정성을 유지한다. 양적인 지능 측정 결과는 아동기의 학업 성취를 꽤 정확히 예측해준다. 유아의 지능과 문제행동 간에는 유의한 부적 상관관계를 보여 지능이 높은 유아일수록 문제행동이 적게 나타났다(금잔디, 2014). 또 인지 능력과 문제행동은 부적 상관을 보여 인지 능력이 낮을수록 주의 및 충동성 문제, 품행장애가 많은 것으로 나타났다(류경민, 2015).

② 주의집중

주의집중(attention)의 심리학적 의미는 환경으로부터 들어오는 복잡한 감각 정보의 어느 한 측면을 선택하고 나머지 측면을 무시해, 선택한 측면에만 집중하는 과정이며(정태인 역, 1999) 여러 가지 자극 가운데 특정한 자극에 선택적으로 초점을 맞추는 것을 뜻한다(한국유아교육학회 편, 1996). 주의집중은 자극정보에 대해서 주의를 기울이는 인지과정의 첫 단계로, 학습자의 역할 수행에 크게 영향을 미치는 조건의 하나이다.

유아의 주의집중력은 선택적 주의집중력과 지속적 주의집중력으로 구분할 수 있다(임지연, 2017; 박미선, 2015; 윤지혜, 2016; 홍순정, 1999).

- 선택적 주의집중력(selective attention): 과제와 관련이 없는 정보는 무시하고, 필요한 자극에만 주의를 기울이는 능력이다. 생애 초기에 발달이 시작되어 9세경에 상당한 발전을 보이고 13세경에는 능숙해진다.
- 지속적 주의집중력(sustained attention): 시간이 지나도 특정한 자극에 계속적으로 주의력을 유지하는 능력으로 생애 초기에 발달이 시작되어 약 7~9세경에 급속히 발달되고 11~13세경 이후 완전히 성숙해진다.

주의집중력은 영아기 후반에 발달하기 시작하여 유아기에는 더욱 활성화되며 청소년 초기에 완전한 성숙을 보이게 된다. 생후 2~3개월경에는 사람의 말소리에 주의를 기울이고 소리가 나는 방향으로 머리를 돌려 찾으려 하고, 5~6개월경에는 눈앞의 사물이나 장난감을 잡으려고 한다. 12개월경에는 장난감을 자세히 관찰하여 파악하려고 한다. 2세경에는 자극에 주의를 기울일지 말지 스스로 선택할 수 있으며, 3세경에는 약 10~15분 동안 대상이나 사물에 집중하기도 한다. 5세경에는 약 30분 정도의 활동에 집중하고 기억력도 향상된다(홍순정, 1999).

주의집중은 학습자들에게 여러 가지 이점을 제공한다. 환경과의 상호작용을 점검하게 해 주고, 상황에 얼마나 잘 적응하고 있는지에 대한 의식을 유지시켜 준다. 우리의 기억과 현재(감각들)를 연결함으로써 경험의 연속성을 느끼게 해 주며 이는 개인적 정체감의 기초로 작용하기도 한다. 또한 우리의 과거 기억과 현재 상황 간의 연결을 통한 정보를 바탕으로 미래 활동에 대한 적합한 계획을 가능하게 한다(홍순정, 1999). 학습 상황이 아동의 주의를 끌기 위해서는 교재와 경험이 학습자의 욕구와 흥미에 관련되어야 하며, 현재 능력 수준과 활동에 필요한 조건이 인지적으로 일치해야 한다. 또한 학습자 스스로 일부 학습 활동을 선택할 수 있어야 한다(홍순정, 1999). 2000년대 이후 연구에서는 주의집중력을 단일한 개념으로 정의하기보다는 학습 장면 영역(집중력, 충동성)과 사회생활 적응 영역(적응성, 감성) 등의 요소로 설명하고 있다.

주의집중력이 결핍되면 놀이와 학습뿐만 아니라 사회생활에서도 많은 문제를 겪게 된다. 주의집중력은 운동 능력과 상관을 보이며(오연주, 조복희, 2001), 사회적 능력과 부적상관을 보여서 주의집중력이 낮은 유아는 타인과 관계를 맺을 때 주도권을 장악하지 못하고, 비협조적이며 사교적 능력이 떨어지고(김기예, 2009), 이는 한글 읽기나 외국어 습득에 중요한 변수가 된다(정영림, 2007; 하영미, 2007). 특히 학령기 교육의 기초를 형성하는 유아기의 주의집중력은 학업성취도와 밀접한 관련을 보인다(김인숙, 1989; 조복수, 1997). 주의를 통제하는 능력이 부족해지면 문제행동이 일어나는데 이를 주의집중력 결핍 및 과잉행동장애(ADHD: Attention Deficit Hyperactivity Disorder)라고 부른다.

유아교육기관에서는 손끝놀이(맹주연, 2017), 동시 활동(이명희, 2017), 다도 명상(우순기, 2017), 음악통합 활동(윤지혜, 2016), 체력 활동(윤정욱, 2012) 등의 다양한 프로그램을 적용하거나 교수·학습방법의 변화를 통해 유아의 주의집중을 높일 수 있다.

표 4-2 교사용 유아 주의집중력 측정도구

구분	매우 그렇다	그렇다	보통이다	그렇지 않다	전혀 그렇지 않다
1. 유아는 자기의 과제를 종종 완성시키지 못한다.					
2. 유아는 타인의 말에 귀를 잘 기울인다.					
3. 유아는 갑자기 화를 내거나 예측할 수 없는 행동을 한다.					
4. 유아는 다른 또래를 방해하지 않는다.					
5. 유아는 자신이 좋아하는 일에 몰입한다.					
6. 유아는 놀이를 할 때 놀이에 푹 빠져든다.					
7. 유아는 생각 없이 말하거나 행동한다.					
8. 유아는 자신감이 있다.					
9. 유아는 계속해서 안절부절 못해 한다.					
10. 유아는 일정한 시간 동안 주어진 과제에 열중한다.					
11. 유아는 주의력이 부족하고 쉽게 분산된다.					
12. 유아는 수업시간에 무엇을 했는지 잘 기억한다.					
13. 유아는 흥분하지 않고 안정적이다.					
14. 유아는 자주 운다.					
15. 유아는 단순한 지시에 정확히 잘 따른다.					
16. 유아는 타인의 특별한 도움 없이 주어진 과제를 완성시킨다.					
17. 유아는 학급에서 자기 역할을 다한다.					
18. 유아는 일련의 지시를 잘 따른다.					
19. 유아는 감정 기복이 크지 않다.					
20. 유아는 심리적 안정감이 있다.					

자료: 손희진, 2015, pp. 49~50.

〈표 4-2〉는 교사용 유아 주의집중력 측정도구의 예이다(손희진, 2015).

③ 창의성

창의성(creativity)은 교육 분야에서 가장 선호되는 긍정적 개념 중 하나이다. 그러나 창의성이 무엇이고 어디로부터 오는지, 창의성을 길러 주기 위해 필요한 것은 무엇인지 등에 대해 간단히 말하기는 쉽지 않다.

지능구조모델을 제시한 길포드(Guilford, J. P.)는 창의성을 지적 능력의 한 특성으로 보았다(Guilford, 1950, 1967). 그는 창조적인 사람의 특성으로 문제에 대한 감수성, 언어·관념 연합·표현 등이 풍부한 사고의 유창성, 낡은 생각을 버리고 다른 방향으로 유연하게 생각하는 융통성, 틀에 박히지 않은 연상을 만들어 내고 새로운 방법으로 인식하는 독창성, 복잡한 대상의 구성을 위해 아이디어를 정교하게 다듬고 계발하는 정교성 등을 제시하였다(홍순정, 1999). 길포드는 창의성의 요인을 민감성, 유창성, 참신성, 융통성, 분석력, 종합력, 재정의 능력, 통찰력의 여덟 가지로 설명하였는데 이 중 분석력과 종합력을 제외한 여섯 가지는 확산적 사고에 속한다(심희경, 2014; 안범희, 1995). 확산적 사고는 정보를 광범위하게 탐색하고 문제에 대한 새로운 대답을 생성하는 능력으로 창의성의 특성과 매우 유사하다. 그의 이론은 창의성 분야의 연구에 중요한 토대가 되었다.

토런스(Torrance, 1965)는 창의성을 '문제, 결핍, 지식의 갭, 부족한 요소들, 부조화 등에 대한 민감성, 문제를 규명하는 것, 문제 해결책을 모색하고 추측하며 가설을 설정하는 것, 가설을 검증하고 재검증하며 수정하여 재검토하는 것, 궁극적으로 결론을 도출하는 것'(pp.663-664)으로 정의하였다. 그는 창의적인 사람을 구별하기 위해 84개의 특성을 만들었는데, 예를 들어 고도로 창조적인 사람은 이타적, 정렬적, 근면, 자기주장, 다재다능함과 함께 규칙 무시, 독립적, 괴팍스러움, 불평불만, 고집 등의 특성을 가지고 있다(Torrance, 1972: 홍순정, 1999). 창의적 사고를 유창성(fluency), 융통성(flexibility), 독창성(originality), 정교성(elaboration)으로 구분한 토런스의 창의성 검사도구(Torrance, 1974a, 1974b, 1974c)는 많은 연구에서 사용되었다.

한국교육개발원의 사고력 신장을 위한 프로그램 개발연구에서는 이론적 탐구를 통해 사고력을 비판적 사고와 창의적 사고로 모형화하였는데(그림 4-4), 여기서는 창의적 사고를 네 가지의 사고 기능과 여섯 가지의 사고 성향으로 분류하였다(허경철, 1990).

- 창의적 사고 기능
  - 유창성: 특정한 문제 상황에서 가능한 한 많은 양의 아이디어를 산출하는 것
  - 융통성: 고정적인 사고방식이나 시각 자체를 변화시켜 다양한 해결책을 찾아내는 것
  - 독창성: 기존의 것에서 탈피해 참신하고 독특한 아이디어를 산출하는 것
  - 정교성: 다듬어지지 않은 기존의 아이디어를 보다 친밀한 것으로 발전시키는 것

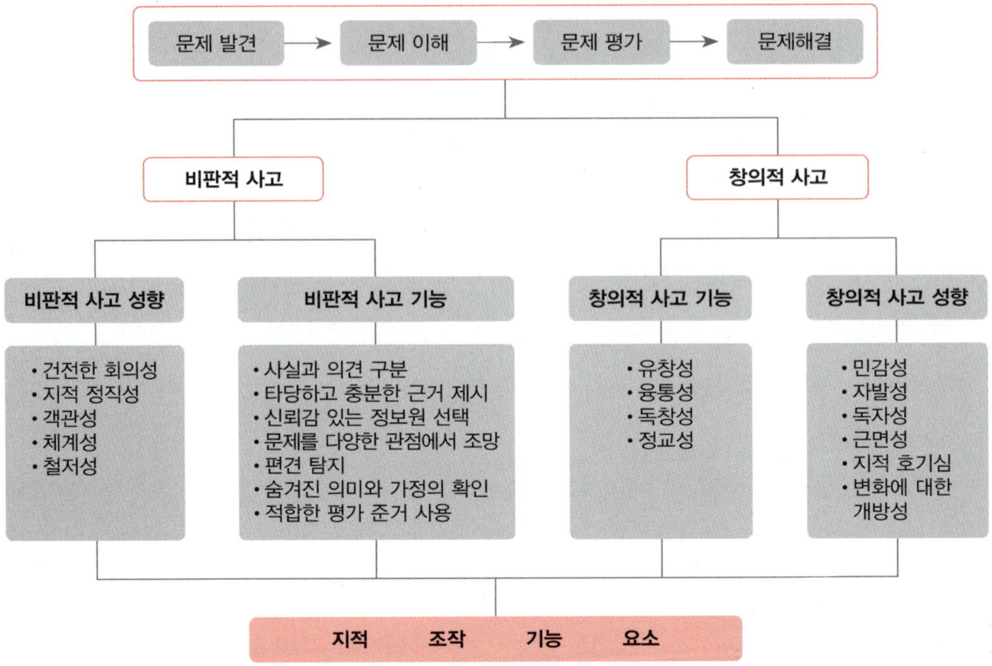

그림 4-4 KEDI 사고력 모형

자료: 허경철, 1990, p. 49.

- 창의적 사고 성향
  - 민감성: 주변의 환경에 대해 민감한 관심을 보이고 이를 통해 새로운 탐색 영역을 넓히려는 특성
  - 자발성: 문제 상황에서 아이디어를 자발적으로 산출하려는 성향이나 태도
  - 독자성: 자신이 생각해 낸 아이디어에 대한 가치를 인정하고 다른 사람들의 평가로부터 구애받지 않으려는 성향이나 태도
  - 근면성: 문제를 해결하기 위해 가능한 한 다양한 정보를 수집하고 문제를 그것이 해결될 때까지 끈질기게 물고 늘어지는 성향
  - 지적 호기심: 항상 생동감 있게 주변의 사물에 대해 의문을 가지고 끊임없이 질문을 제기하려는 성향
  - 변화에 대한 개방성: 이 세상은 변화하고 있으며 나 자신이 이 변화의 주체가 되어야 한다는 자발적인 태도

전경원(2004)은 창의성을 체계적으로 개발하기 위한 종합 창의성 모델(ACCM: A

Comprehensive Creativity Model)을 구성하였는데 기존의 창의성 활동이 언어에 치중된 것에 비해 언어, 도형, 소리, 동작, 조작 창의성으로 구분 지어 다섯 가지 표현 경로로 창의성 활동이 다양화되었다(전경원, 2006).

우리나라의 유아교육 분야에서는 1980년대 중반에 창의성 관련 연구가 이루어지기 시작하여 1990년대 이후에는 유아교육기관에서의 교육 활동의 효과나 창의성에 영향을 미치는 요인을 알아보는 연구들이 활발하게 이루어졌다. 유아의 놀이는 창의성 발달에 긍정적 영향을 미치며, 음악, 미술 등의 예술적 경험뿐만 아니라 과학, 자연생태 활동, 동화나 동시, 극놀이 등 다양한 교육 내용과 교수법이 유아의 창의성 발달에 영향을 미치는 것으로 나타났다.

④ 실행 기능과 자기조절력

실행 기능(executive function)은 원래 단체의 책임자를 뜻하는 'Executive'에서 가져온 표현으로 인지 기능 중 최상위의 고위 인지를 뜻하며 집행 기능이라고도 한다. 이는 다른 인지적 기능들을 통제하는 심리적 기능으로, 계획 및 행동의 개시와 종료, 추상적·개념적 사고, 행동 규칙 습득, 부적절한 행동의 통제, 적절한 감각 정보의 선택 등을 모두 포함한다. 실행 기능은 다른 하위 인지 기능인 주의, 언어, 시공간, 기억의 상위에 위치하여 이들을 통제하는 역할을 한다. 또한 자신이 원하는 목표를 달성하기 위해 상황에 맞게 행동이나 사고를 조절하고 관리하는 능력으로, 전두엽에 의하여 중재되는 목표 지향적, 미래 지향적, 행동을 기술하기 위해 사용되는 고차원의 인지적 개념이다. 실행 기능은 인지적 실행 기능과 정서적 실행 기능의 두 가지 차원으로 구분할 수 있는데, 인지적 실행 기능은 상대적으로 관념적이고 비맥락적인 상황에서 요구되며 동기와 정서가 배제된 문제를 해결할 때 사용된다. 한편 정서적 실행 기능은 동기 및 정서와 관련된 상황에서 요구되는 실행 기능으로 맥락 내에서 조절적인 사고를 할 때 사용되는 인지 능력이다(김혜원, 2008; 박소영, 2015; 최은아, 2013).

기오아와 동료들(Gioia et al., 2000)이 5세부터 18세 아동용으로 개발한 BRIEF(Bebavior Rating Inventory of Executive Functioning)는 실행 기능을 측정하기 위한 표준화된 평가척도이며 하위 영역에 감정 조절, 작업 기억, 억제, 주의 전환, 계획 조직이 포함된다. 감정 조절은 정서적 영역에서 실행 기능의 발현을 다루고, 정서적 반응을 조절하기 위한 유아의 능력을 평가한다. 정서 조절이 빈약할 경우, 정서적 불안 정서 또는 정서적 폭발성으로 표현될 수 있다. 작업 기억은 과제를 완성함에 있어서 필요한 정보를 수용하기 위한 용량을 측정한다. 억제는 반항적·충동적으로 행동하지 않는 능력과 적당한 때에 자신의 행동을 제어할 수 있는 능력을 평가한다. 주의 전환은 문제가 발생한 어떤 상황이나 활동으로부터 또 다른 상황으로 자유롭게 옮겨 갈 수 있는 능력을 평가한다. 주의 전환의 핵심은 문제를 유연하게 해결하고 전환시키는 것이다. 계획 조직은 현재 또는 지향 과제를 다루기 위한 유아의 능력을 측정한다. '계획' 요인은 미래의 사건을 예측하고 목표를 설정하며, 과제 또는 활동을 수행함에 있어서 사전에 필요한 적절한 계획을 세우는 것이다. '조직' 요인은 계획 요인과 연관되어 학습 또는 상호작용 정보의 주요 아이디어 또는 핵심 개념을 인식하여 정보를 전달하는 능력을 의미한다.

ADHD 아동 상당수가 실행기능장애를 겪고 있는 것으로 알려져 있는데 유아를 대상으로 이루어진 연구에 따르면 이러한 실행 기능은 유아의 지능과 상관을 보이며(박소영, 2015), 유아의 정서적 실행 기능과 주의력 결핍 간에는 부적 상관을 보였고 기관 적응력과는 정적 상관을 보였다(김채연, 2015). 실행 기능은 부모의 양육태도에 따라서도 차이를 보이는 것으로 나타났다(정다인, 2017).

실행 기능과 자기 조절력은 발달시기가 유사하며 상호 의존적이고 발달적으로 관련이 있다. 실행 기능은 3~6세, 자기 조절력은 3~5세경에 발달하는데 실행 기능이 자기 조절력에 영향을 미친다. 자기 조절력은 상황 및 목표에 적절하게 자신의 인지·정서·행동을 조절하는 능력으로 인지적 자기 조절, 정서적 자기 조절, 행동적 자기 조절로 나누어 볼 수 있다. 인지적 자기 조절은 정보를 선택하여 조직화하고 계획을 점검·평가하는 측면에서 사고를 조절하는 능력이다. 정서적 자기 조절은 상황에 맞게 긍정적·부정적 정서를 표현하거나 억제하는 내·외적 능력이다. 행동적 자기 조절은 자신의 욕구를 조정하여 외현적으로 드러나는 행동을 상황에 적절하도록 결정하는 능력이다. 여기에는 목표행동을 수행하기 위한 만족 지연, 순응, 규칙 준수, 자기 주장과 같은 요소들이 핵심적으로 포함된다.

(3) 교사

교사는 교수·학습의 질을 결정하는 가장 핵심적인 변수이다. 교사의 교수·학습 행위와 교수의 질에 영향을 미치는 요인은 매우 다양할 것이다. 교사의 자격과 경력 및 발달 단계뿐만 아니라 교수효능감, 직무만족도, 교수기술 등의 전문적 영역과 교사의 인성, 기질, 정서지능 등과 같은 개인적 영역 등이 이에 포함된다.

① 교사 발달 단계

교사 발달이란 교사의 전문성이 성장·발달하는 일련의 과정이다. 유아교사의 발달에 단계가 있다고 보는 것은 교직 생활을 통해 이루어지는 교사의 끊임없는 성장과 변화의 과정을 발달적으로 이해하는 관점이다. 대표적인 교사의 발달 단계 이론은 〈표 4-3〉과 같다(강양자, 2016; 이은화 외, 1995).

카츠(Katz)는 유아교사의 발달 단계를 생존 단계(survival stage), 강화 단계(consolidation stage), 갱신 단계(renewal stage), 성숙 단계(maturity stage) 등 4단계로 구분하였다. 생존 단계는 경력 1년 미만의 시기로 교사로서의 성공을 기대하지만 실제 교육 현장에서 여러 유형의 문제에 부딪히면서 자신의 부족함을 느끼고 교사로서의 생존에 대해 고민하는 시기이다. 강화 단계는 경력 1~3년 미만의 시기로 어느 정도 교사로서 안정감과 자신감을 가지면서 배운 것들을 확고히 하는 시기이다. 갱신 단계는 5년 미만의 시기로 익숙해진 업무를 반복하기보다는 새로운 것을 시도하고 변화를 추구하는 시기이다. 마지막 성숙 단계는 5년차 이후의 시기로 교사로서 자신을 인정하고 성숙한 시기에 이르는 시기이다.

위버만(Huberman, 1992)은 이를 생존 및 발견 단계, 안정화 단계, 실험 및 활동주의 단계, 회의 및 자기의심 단계, 평온 단계, 보수주의 단계, 이탈 단계로 구분하였다. 생존 및 발견 단계는 교직 경험이 없는 교사가 교수 활동의 복잡성과 우연성에 직면하며 현실에 대한 충격을 경험하는 단계이다. 안정화 단계에서는 헌신, 안정감, 책임 수

표 4-3 교사 발달 단계 관련 연구

학자	단계
Fuller & Brown (1975)	[교사 관심사 발달 단계] 교직 이전 관심사 → 생존에 대한 초기 관심사 → 교수 상황 관심사 → 학생에 대한 관심사
Katz (1972)	[유아교사 발달 단계] 생존 단계 → 강화 단계 → 갱신 단계 → 성숙 단계
Vanderven (1988)	[유아교사 전문성 발달 단계] 초보 단계 → 초기 단계 → 유능화 단계 → 복합적 실제 단계 → 영향력 단계
Huberman (1989, 1992)	[교사 발달 단계] 생존 및 발견 단계 → 안정화 단계 → 실험 및 활동주의 단계 → 회의 및 자기의심 단계 → 평온 단계 → 보수주의 단계 → 이탈 단계

행 등의 특징이 나타난다. 실험 및 활동주의 단계에서는 수업에 대한 지식을 점진적으로 통합하기 위해 동료 교사, 장학사 등의 영향을 증대시키는 데 노력하며, 회의 및 자기의심 단계에서는 교직에 대해 다양하게 의식하면서 중견 교사로서의 직업적 위기의식을 느끼게 된다. 평온 단계에서는 교직에 기계적으로 임하기도 하지만 학급에서 유연하며 자기 수용적으로 변화하는 시기이다. 보수주의 단계는 교사생활의 끝으로 외적 관심보다는 자신의 내적 성찰에 주목하게 된다.

교사의 발달 단계에 따라 교사가 인식하는 현장 문제나 어려움의 정도(김경미, 2012), 현직 교육에 대한 인식과 요구(임희정, 2014), 교사의 관심사와 교사 효능감의 관계(김현경, 2009), 원장과의 갈등 수준과 갈등 관리 전략(이승희, 2012), 직무능력과 직무만족도(이창숙, 2006) 등에서 차이를 보이기도 한다. 모든 교사들이 교직 발달 단계 이론과 같이 발달하고 성장하는 것은 아니며 개인차와 상황적 변수에 따른 차이도 많이 날 것이다. 그러나 교사의 배치, 장학 등의 의사 결정 시 교사 변수로 발달 단계를 고려하면 교사의 업무 효율성과 성장에 도움이 될 것이다.

② 교수효능감

교수효능감(teaching efficacy)이란 교사가 교육을 수행하는 데 있어 자신의 능력에 대한 자신감과 긍정적인 태도를 가지는 것으로 교사 자신이 유아의 학습 결과와 행동에 영향을 미칠 수 있다고 믿는 기대, 신념을 말한다(류민영, 2014; 백성아, 2016). 교수효능감의 개념은 반두라(Bandura)의 사회인지적이론의 자아효능감에 대한 개념에서 발전되었는데 자아효능감이란 어떠한 결과를 도출하고자 할 때 자신이 성공할 수 있다고 믿는 개인적 신념으로 그 상황에서 스스로 갖는 자신감을 뜻한다.

깁슨과 뎀보(Gibson & Dembo, 1984)는 교수효능감을 일반적 교수효능감과 개인적 교수효능감으로 구분하는데 일반적 교수효능감(general teaching efficacy)은 가르치는 행위에 대한 효능감으로 학생들을 가르쳐서 학업 성취를 변화시킬 수 있다는 교사의 지각, 즉 교사가 자신이 맡은 학생들의 학습에 대해 의미 있게 발전시킬 수 있다는 신념이다. 개인적 교수효능감(personal teacher efficacy)은 자신의 가르치는 능력에 대한 지각을 의미한다. 즉, 교사 스스로 학생의 학습을 도울 수 있는 능력과 기술을 지니고 있다고 믿는 신념을 말한다. 두 차원의 교사효능감은 교사의 행동과 정서에 영향을 미치게 된다. 〈표 4-4〉는 교수효능감이 높은 교사와 낮은 교사의 특성을 비교한 내용

표 4-4 교수효능감이 높은 교사와 낮은 교사의 특성

교수효능감이 높은 교사	교수효능감이 낮은 교사
가르치는 일을 긍정적으로 여기며, 학습자에게 긍정적인 영향을 미칠 수 있다고 본다.	가르치는 일에 대해 자주 실망하고 좌절한다.
학생의 존재 가치를 인정하고, 진보를 기대한다.	학생에 대하여 부정적인 태도를 갖고 실망을 자주 표현한다.
학생의 학습은 자신의 책임이며 학생의 실패를 자신의 실패라 생각하고 자신의 교수기술을 검토한다.	학습은 자신에게 책임이 있지만, 학생의 실패는 학생의 가정환경, 능력, 동기, 태도 등이 원인이라고 생각한다.
교수·학습을 계획하고 목표를 수립하고 달성하기 위한 전략을 세운다.	특별한 목표를 수립하지 않으며, 목표 달성 전략도 세우지 않는다.
자신에게 학생의 학습에 대한 영향력이 있음을 확인한다.	수업에 대한 노력을 기울이지 않고 부정적 행동을 많이 한다. 학생에 대해 무력감을 경험한다.
성취목표 달성을 위해 목표와 전략을 결정하는 데 학생을 포함시킨다.	학생의 학습 전략과 목표들을 강제로 부과하고 의사 결정을 독단적으로 한다.

표 4-5 교수효능감 척도

개인적 교수효능감	전혀 그렇지 않다	그렇지 않다	보통이다	가끔 그렇다	항상 그렇다
1. 나는 효과적인 교수방법이 무엇인지 알기 위해 끊임없이 노력한다.					
2. 나는 아무리 노력해도 어떤 영역의 활동은 다른 영역의 활동보다 잘 지도하지 못한다고 생각한다.					
3. 나는 영유아들을 효과적으로 지도하기 위한 단계를 알고 있다고 생각한다.					
4. 나는 영유아들을 지도하는 데 있어 그다지 유능하지 않은 것 같다.					
5. 나는 영유아들을 비효과적으로 지도한다고 생각한다.					
6. 나는 영유아들을 지도하는 데 필요한 만큼의 지식이 있다고 생각한다.					
7. 나는 영유아들에게 어떤 활동을 왜 하는지 이해시키는 데 어려움을 느낀다.					
8. 나는 영유아들이 질문할 때 적절하게 대답할 자신이 있다.					
9. 나는 영유아들을 지도하는 교사로서 필요한 능력을 가지고 있는지 염려된다.					
10. 나는 나의 교수능력을 외부 전문가로부터 객관적으로 평가받는 것이 꺼려진다.					
11. 나는 영유아가 어려움을 나타날 때 어떻게 지도해야 할지 당황한다.					
12. 나는 영유아의 질문을 반기고 격려한다.					
13. 나는 영유아들이 어떤 것에 관심을 갖도록 하기 위해서 어떻게 해야 할지 모르겠다.					
일반적 교수효능감	**전혀 그렇지 않다**	**그렇지 않다**	**보통이다**	**가끔 그렇다**	**항상 그렇다**
14. 영유아가 평소보다 적극적으로 활동을 하는 것은 교사의 노력 때문이다.					
15. 영유아들이 어떠한 분야에 대해 관심을 더 많이 가지게 된다면 교사가 효과적인 교수방법을 적용했기 때문이다.					

(계속)

일반적 교수효능감	전혀 그렇지 않다	그렇지 않다	보통이다	가끔 그렇다	항상 그렇다
16. 영유아가 어떤 활동에 관심을 보이지 않는 것은 교사의 교수방법이 적절하지 못했기 때문이다.					
17. 교사가 효과적인 교수방법을 사용하면, 영유아의 부족한 지식은 향상될 수 있다.					
18. 몇몇 영유아가 어떤 활동에 흥미를 보이지 않는 것을 교사의 탓이라고 할 수는 없다.					
19. 어떤 활동에 관심이 없었던 영유아가 활발한 참여를 하는 것은 교사의 적극적인 지도 때문이다.					
20. 교사가 교수에 많은 노력을 기울일지라도 어떤 활동에 대한 영유아의 태도는 변하지 않을 수 있다.					
21. 어떤 활동에 대한 영유아의 관심과 흥미 정도는 일반적으로 교사에게 책임이 있다.					
22. 영유아의 적극적인 활동 참여는 그 활동에 관한 교사의 교수능력과 직접적인 관련이 있다.					
23. 영유아가 활동에 흥미를 많이 보인다는 부모의 반응은 아마도 교사의 적절한 교수 때문일 것이다.					
24. 어떤 활동에 전혀 관심을 보이지 않는 영유아에게는 교사가 효과적으로 교수를 해도 영향이 미치지 않는다.					
25. 교사가 뛰어난 교수능력을 가졌어도 어떤 영유아는 동기 유발을 시킬 수 없다.					

자료: 김희태, 백영숙, 2009; 이영수, 2017, pp. 80~81.

이고, 〈표 4-5〉는 교수효능감의 척도이다.

③ 직무만족도

직무만족(job satisfaction)은 개인이 직무와 관련된 평가의 결과로 얻을 수 있는 감정의 상태를 나타내는 용어이다. 즉 유아교사의 직무를 통해 즐겁고 긍정적인 감정의 상태를 갖는다면 '직무만족도가 높다'라고 말할 수 있으며 부정적 감정을 지닌다면 '직무만족도가 낮다'고 말할 수 있다.

직무만족에 대한 연구는 오래전의 호손효과 연구로부터 시작되었다고 할 수 있다. 호손효과 연구는 물리적 환경이 노동자들의 성과에 미치는 영향을 살펴보고자 실시되었으나 물리적 환경 요소보다 자신이 연구대상자라는 인식이 행동에 영향을 미치는 '호손효과(Hawthorne effect)'가 발견되었다. 즉 급여나 근로 환경뿐만 아니라 다른 동기도 행동에 영향을 준다는 것으로 이후 다양한 연구와 이론을 통해 직무만족의 중요성이 고찰되었다.

직무만족과 관련해서는 매슬로(Maslow)의 욕구계층 이론, 헤츠버그(Herzberg)의 동기-위생 이론, 아담스(Adams)의 공정성 이론, 켓젤(Katzell)의 성과-차이 이론 등이 자주 언급된다. 동기-위생 이론에 따르면 인간에게는 이질적인 두 가지 욕구가 동시에 존재하는데 하나는 불쾌한 것을 회피하려는 욕구인 위생요인이며 다른 하나는 계속적인 정신적 성장을 통해 자신의 잠재능력을 현실화하고자 하는 욕구인 동기 요인이다. 직무만족에 영향을 미치는 동기 요인에는 급여, 감시와 감독, 정책과 행정, 인간관계, 작업 조건, 개인생활 요소, 직위, 직장의 안정성 등이 포함된다. 공정성 이론은 사회적 비교 이론의 하나로 교사가 투입한 것과 직무로부터 얻은 것의 비율을 산출하고 이를 타인의 투입 및 산출과 비교하여 공정성을 지각하는 정도에 따라 직무만족이 이루어진다고 본다. 성과-차이 이론은 실제로 얻은 성과와 기대한 성과의 차이에서 만족도가 결정된다고 보는 이론이다.

유아교사의 직무만족도는 직무를 수행해 나가는 과정에서 내외적 욕구가 충족되어 직업에 대해 열의, 관심의 감성적 태도를 갖는 만족감을 말하며, 교사들이 자신이 맡은 일은 직무와 그 주변 환경에 대해 느끼고 소유하는 심리적 안정 상태의 정도를 의미한다(문미선, 2007). 유아교사의 직무만족은 자신의 역할이나 직무를 수행하는 활동 및 직무와 관련하여 인간관계, 근무환경이나 복지 등에서 총체적으로 느끼는 교사 개인의 만족 정도라고 정의할 수 있으며 직무 자체의 특성, 원장 및 동료와의 관계, 근무환경, 사회적 지지, 보수와 승진 등의 요인을 포함한다(이경애, 2010).

교사의 역할 수행에 직간접적으로 영향을 미치는 요인은 다양하다. 교사의 역할 수행과 관련 변인의 구조 모형 분석 연구에 따르면 정서지능, 조직 풍토, 직무만족도는 교사 역할에 직접적 영향을 주는 것으로 나타났으며, 교사의 정서와 조직 풍토가 긍정적이고 자신의 직무에 만족할수록 바람직한 역할 수행이 이루어지게 된다(최현미, 김성민, 권정심, 이경옥, 2009).

표 4-6 유아교사의 직무만족도 체크리스트

구분	문항 내용	전혀 그렇지 않다	그렇지 않다	보통이다	가끔 그렇다	항상 그렇다
직무	1. 나는 아이들과 하루 활동을 끝내고 나면 보람을 느낀다.					
	2. 내가 하는 일은 가치가 있다.					
	3. 나에게는 교육 활동의 부가적인 잡무가 많다.					
	4. 내가 하는 업무는 발전적인 변화가 없다.					
	5. 원에서 요구되는 업무를 처리하기에는 시간이 부족하다.					
	6. 내가 받은 교육을 적용하기가 어렵다.					
	7. 나는 아이들의 삶에 영향을 미친다고 생각한다.					
	8. 지금의 일을 하면서 싫증을 느낄 때가 많다.					
	9. 지금 하고 있는 일은 내 적성에 맞다.					
	10. 나는 학부모들에게 신뢰를 받는다.					
사회적 인정	11. 나는 유아교육교사라는 것을 남 앞에 떳떳이 말할 수 있다.					
	12. 일반적으로 유아교육교사에 대한 사회적 인식은 괜찮은 편이다.					
	13. 사람들은 대체로 유아교육교사의 중요성을 잘 인식하고 있다.					
원장과 동료와의 관계	14. 원장은 내가 하는 업무를 존중해 준다.					
	15. 원장과 서로 이해하지 못해 갈등을 겪는 편이다.					
	16. 원장의 인간적인 면에 대해 교사들의 불만이 많다.					
	17. 동료 교사들과의 불화로 갈등을 겪는 일이 많다.					
	18. 어려운 일이 있으면 교사들과 도움을 주고받는다.					
근무 환경	19. 우리 원은 교사와 유아의 비율이 적당하다.					
	20. 원으로부터 교수 활동을 위한 학습자료가 충분히 제공된다.					
	21. 나는 업무량이 많아 피로를 느끼는 일이 종종 있다.					
	22. 모든 시설은 교수 활동에 편리하도록 되어 있다.					
	23. 교사로서 일일 주당 수업시간이 알맞다.					
	24. 일과를 평가해 볼 시간적 여유가 충분하다.					
	25. 교실 밖의 소음이 교실 내의 소음을 방해한다.					
	26. 우리 원은 유아 수만큼 교실의 크기가 적당하다.					
	27. 교사들의 자질 향상을 위한 연수나 강습에 참여할 수 있도록 해 준다.					
	28. 원장은 교사들의 교수 활동을 지원하기 위해 만족스러운 만큼의 정보를 제공해 준다.					
보수와 승진	29. 나의 보수는 학력, 경력, 능력을 고려해 볼 때 공정하다.					
	30. 나는 규정에 따른 정상적인 호봉을 받고 있다.					
	31. 우리 원의 보수는 다른 교육기관에 비해 공정하다.					

(계속)

구분	문항 내용	전혀 그렇지 않다	그렇지 않다	보통이다	가끔 그렇다	항상 그렇다
보수와 승진	32. 기회가 된다면 보수가 많은 직업으로 전근하고 싶다.					
	33. 나에게 승진할 가능성이 있다.					
	34. 나의 직업은 발전할 수 있는 기회가 제한되어 있다.					
	35. 우리 원은 성실하고 열심히 근무하면 승진이 된다.					
	36. 우리 원의 인사 행정은 공평하고 합리적으로 운영된다.					

자료: 이경애, 2010, pp. 172~173.

(4) 교육 내용

교육 내용이 무엇인가에 따라 교수·학습의 방법이 결정된다. 교육 내용의 선정은 교육 목표 달성을 위해 어떠한 학습 경험을 제공해야 하는가에 관한 문제이다.

유아교육과정의 표준이 되는 유치원교육과정과 표준보육과정, 범교육과정, 단위 유아교육기관에서 선정한 교육 내용 등이 여기에 해당된다. 개별 유치원과 어린이집은 표준이 되는 교육과정과 범교육과정, 관찰과 평가에 기초하여 파악한 유아의 요구, 학부모 및 사회적 요구, 전년도 교육평가, 당해 수립한 목표 등을 반영하여 교육 내용을 선정하게 된다.

유치원교육과정(교육과학기술부 고시 제2015-61호)은 3~5세를 위한 교육과정으로 어린이집에서는 3~5세 연령별 누리과정(보건복지부고시 제2015-45호)으로 명한다. 구성 방향은 다음과 같다. ① 질서, 배려, 협력 등 기본 생활습관과 바른 인성을 기르는 데 중점을 두어 구성한다. ② 자율성과 창의성을 기르는 데 중점을 두고, 전인 발달을 이루도록 구성한다. ③ 사람과 자연을 존중하고, 우리 문화를 이해하는 데 중점을 두어 구성한다. ④ 만 3~5세아의 발달 특성을 고려하여 연령별로 구성한다. ⑤ 신체운동·건강, 의사소통, 사회관계, 예술경험, 자연탐구의 5개 영역을 중심으로 구성한다. ⑥ 초등학교 교육과정과 0~2세 표준보육과정과의 연계성을 고려하여 구성한다.

누리과정은 신체운동·건강, 의사소통, 사회관계, 예술경험, 자연탐구의 5개 영역으로 구성되며 3세 56개, 4세 59개, 5세 59개의 내용이 포함된다(그림 4-5). 총 10~11개의 생활주제{유치원과 친구, 나와 가족, 우리 동네, 동식물과 자연, 건강과 안전, 생활도구, 교통 기관, 우리나라, 세계 여러 나라(4~5세), 환경과 생활, 봄·여름·가을·겨울}와 연령별 주제로 구성된 교사용 지도서도 개발되어 있다.

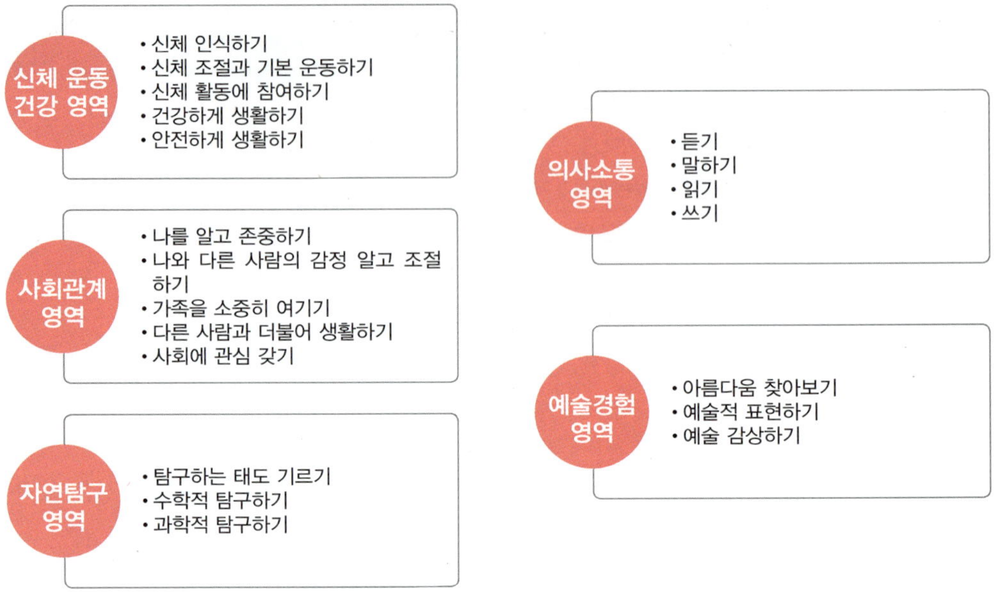

그림 4-5 누리과정의 영역 및 내용

표준보육과정(보건복지부 고시 제2013-8)은 어린이집을 위한 보육과정으로, 구성 방향은 다음과 같다. ① 영유아의 발달 특성과 개인차를 고려하여 연령 및 수준별로 구성한다. ② 어린이집에서 편안하고 행복한 일상생활이 되도록 중점을 두어 구성한다. ③ 질서, 배려, 협력 등 기본생활습관과 바른 인성을 기르는 데 중점을 두어 구성한다. ④ 사람과 자연을 존중하고, 우리 문화를 이해하는 데 중점을 두어 구성한다.

어린이집 표준보육과정은 0~1세 보육과정, 2세 보육과정, 3~5세 보육과정(누리과정)으로 구성한다. 영역, 내용 범주, 내용, 세부 내용(수준별, 누리과정은 연령별)으로 구분하고, 내용 간에 연계가 이루어지도록 구성한다. 0~1세 보육과정은 기본생활, 신체운동, 의사소통, 사회관계, 예술경험, 자연탐구의 6개 영역으로 구성한다. 2세 보육과정은 기본생활, 신체운동, 의사소통, 사회관계, 예술경험, 자연탐구의 6개 영역으로 구성한다. 3~5세 보육과정은 누리과정이다.

국가 수준의 교육과정 이외에도 각 지역교육청에서 선정한 범교육과정이나 지역별 특수성을 고려한 교육과정이 있을 수 있다. 예를 들어 2018년 교육청 홈페이지 게시자료를 기준으로 살펴보면 서울특별시교육청(2016)은 독서교육, 과학·정보화교육, 생태·환경교육, 경제교육, 문화·예술·체육교육, 역사교육, 다문화이해교육, 초등학교와의 연계교육을 하고 있으며 강원도교육청(2018)은 안전건강교육, 인성교육, 진로교육, 민주

시민교육, 인권교육, 다문화교육, 통일교육, 독도교육, 경제금융교육, 환경지속가능발전 교육, 지역사회의 이해, 강원도의 언어와 문학, 강원도의 역사와 문화를 교육에 포함하고 있다.

이를 참조하여 단위 유치원이나 어린이집은 교육철학과 당해 연도 목표에 따라 교육 내용을 선정하고 연령별·주제별 교육 내용을 구체화하게 된다.

① 교육 내용의 선정 원리

교육 내용의 선정 시에는 내용의 타당성, 사회적 유용성, 내용의 신뢰성, 학문적 중요성, 학습 가능성, 인본주의적 가치 등을 고려한다(양옥승 외, 2015).

- 내용의 타당성: 교육 내용은 목표 달성에 도움을 줄 수 있는 것으로 선정되어야 한다. 즉, 목표를 달성하기에 타당한 내용인가를 고려해야 한다.
- 사회적 유용성: 교육 내용은 사회의 유지와 변혁에 도움이 되어야 한다. 학습자가 살아갈 사회에서 필요로 하며 사회를 바람직한 방향으로 변화시키는 데 도움이 되는 지식, 기능, 태도를 포함한 내용이 선정되어야 한다.
- 내용의 신뢰성: 교육 내용은 신뢰성이 있어야 하며 원칙적으로 참이어야 한다. 윤리적 판단이 따르는 내용의 경우 참이나 거짓을 구분하기 어려울 것이다. 이러한 경우에는 유아의 지식과 사회적 이해 수준 및 윤리적 판단 수준에 적절한 내용이어야 한다.
- 학문적 중요성: 각 학문 분야의 구조화 핵심 요소, 탐구방법을 고려하여 교육 내용을 선정한다. 유아교육과정의 경우 주제를 중심으로 통합되는 특성이 있으나, 교사가 각 학문 분야에 대한 이해와 탐구 없이 주제 관련성만으로 내용을 선정하는 것은 바람직하지 않다.
- 학습 가능성: 교육 내용은 학습 가능한 것이어야 한다. 교육 내용의 깊이와 폭이 유아의 이해와 성취 수준에 적합해야 함은 물론, 개별 유아의 학습 가능성도 고려하여 선정한다. 학습 가능성에는 현재 유아의 발달 수준과 관심에 부합되는지와 아울러 교사가 적절한 교수·학습 과정을 통해 학습하도록 도울 가능성이 있는지도 포함된다.
- 인본주의적 가치: 교육 내용은 유아의 성장과 자아실현에 도움을 줄 수 있는 것

이어야 한다. 이를 위해서는 유아의 감성과 창의성을 북돋울 수 있고, 생활과 연관성을 갖고 유아가 관심을 기울일 수 있는 내용을 선정해야 한다. 아울러 유아가 자기주도적으로 참여하며 주변 사람들과 협력할 기회를 제공할 수 있는 내용이어야 한다.

② 교육 내용 조직 원리

유아교육과정은 생활주제 중심의 통합교육과정을 주요 통합 모형으로 사용하므로 교육 내용의 조직 시 통합성(integration)이 매우 높다고 볼 수 있다. 이에 비해 계속성(continuity), 계열성(sequence)은 상대적으로 덜 고려되는 경향이 있다. 학습 경험을 효과적으로 조직하기 위한 기준인 통합성, 계속성, 계열성은 다음과 같다.

- 통합성: 관련 요소들을 연관시켜 학습자 행동의 통일성을 증가시키는 것으로 학습 경험의 수평적 조직과 관련이 있다. 유아의 친숙한 삶과 연관된 내용을 중심으

표 4-7 교육 내용 조직의 계열성을 높이는 방법

방법	설명	예
연대순 (과거 → 현재, 현재 → 과거 등)	시간의 순서를 고려하여 배열, 교육 내용이 시간의 흐름과 관련이 있을 때 유용	나의 성장: 어린 시절 사진 → 현재 내 모습
단순한 것에서 복잡한 것으로	기초적인 내용을 복잡한 내용보다 선행하도록 조직	신체 모습 그림 맞추기: 겉모습 퍼즐 → 신체 내부 모습 퍼즐
가까운 것에서 먼 것으로	가깝고 친숙한 것에서 출발하여 시간 또는 공간적으로 거리가 먼 것으로 진행	동물: 유치원에서 키우는 동물 → 동물원의 동물 → 극지방의 동물
구체적인 것에서 추상적인 것으로	구체적이고 오감각으로 탐색 가능한 것에서 추상적인 것으로 확장	아름다운 것: 예쁜 물건 찾기 → 예쁜 마음 찾기
부분에서 전체로 혹은 전체에서 부분으로	전체에 대한 이해가 부분에 대한 이해에 필수적이거나 또는 그 반대인 경우	• 유치원: 우리 반 → 우리 유치원 • 나의 몸: 얼굴 → 내 얼굴의 여러 기관 → 코
논리적 순서	어떤 내용을 학습하기 위해 반드시 선행되어야 하는 것이 있을 때	재난 대비: 대피 훈련이 필요한 이유 알아보기 → 대피 훈련 실제
유아의 발달	학습자의 인지, 정서, 신체, 언어 등의 발달 수준과 진보에 맞추어 배열, 연령별, 학기 진행, 개인별 발달 수준의 변화 고려하여 조직	• 송편 빚기: 3세, 4세, 5세반의 난이도를 다르게 활동 • 윷놀이: 수학 영역에서 쉬운 수준과 어려운 수준의 윷놀이를 동시에 준비

자료: 양옥승, 최경애, 이혜원, 2015, p. 102의 내용을 일부 수정

로 통합하면 학습이 효과적으로 이루어질 수 있으므로 생활주제를 중심으로 통합하는 모델이 많이 사용된다.

- 계속성: 학습 경험의 수직적 조직과 관계된 것으로 동일한 교육과정 요소(학습 경험)들을 되풀이하는 반복성을 의미한다. 예절, 손 씻기, 재난 대피 훈련과 같은 내용은 주기적으로 반복하여 조직하는 대표적인 예이다. 누리과정의 하위 내용 역시 생활주제가 바뀌어도 여러 번에 걸쳐 반복적인 경험으로 조직하여 다루게 된다.
- 계열성: 계속성과 마찬가지로 수직적 조직과 관계되며 학습 경험의 폭과 깊이를 단계적으로 확대하고 심화시켜 나가는 연계성을 의미하며 점진성의 원리라고도 한다. 계열성을 높이는 다양한 조직방법은 〈표 4-7〉에 제시하였다.

(5) 교육환경

교육환경이라고 하면 처음에는 물리적 시설로서의 환경을 떠올리게 된다. 그러나 교수·학습 과정에 영향을 미치는 환경으로는 하드웨어적 환경과 소프트웨어적 환경을 고려할 수 있으며 이는 학교환경, 교실환경, 교사환경, 학습자환경으로 구분할 수 있다(백영균 외, 2010).

① 학교환경

교육기관의 효과성에 영향을 미치는 환경 변인으로서 교육행정의 경영방식, 교수·학습 문화, 교사 집단 및 학습자 집단의 성격, 각종 교육시설 및 기자재 여건 등을 포함한다. 유아교육기관의 교육시설 특성, 학급 수, 전체 원아 수 등의 규모, 사립 혹은 국공립 등의 설립 유형, 원장의 경영철학과 운영방식 등이 여기에 해당된다.

② 교실환경

학급 경영에 영향을 미치는 환경 변인으로서 교실의 학습문화, 상호 간의 친소관계, 의사소통의 형태, 집단 응집성 등 심리적·사회적 환경과 교수·학습 자료, 교실의 조직, 교실의 크기 등 물리적 환경을 포함한다. 유아 교실은 초중등 교실에 비해 흥미 영역별 놀잇감이 있고 주제에 따라 역동적으로 변화하며, 이를 선택하여 놀이할 수 있도록 유아의 이동이 자유로우며 유아-교수 자료뿐만 아니라 유아-유아, 유아-교사 간 상호작용을 강조하는 특성이 있다.

③ 교사환경

교사들의 교육에 대한 가치, 신념, 생활태도 등 교사 집단의 문화와 연령·성·경력 등 교사 집단의 성격 등을 포함한다.

④ 학습자환경

학습자 집단의 문화로서 부모의 사회경제적 지위, 집단적 가치, 흥미 등 여러 가지 요인이 반영된다. 유아 시기의 발달적 특성으로 인해 부모는 중요한 학습자 환경이 되며, 부모, 특히 어머니의 직업 유무와 사회·경제적 배경, 조부모 등 가족관계망과 지원, 학부모 집단의 관계망 등은 영향력 있는 학습자 환경으로 작용한다.

3. 유아를 위한 교수 · 학습방법

유아의 교수·학습 활동이 바람직하게 이루어지게 하려면 교사는 유아를 위한 교수·학습방법의 이론과 국가 수준에서 제시되는 교수·학습 원리를 파악하고 최근의 동향을 파악할 필요가 있다. 영유아교육의 교수·학습 분야의 대표적 특성과 동향으로 이영자 외(2009)는 주제 중심 통합교육, 프로젝트 접근법과 비계 설정, 발현적 교육과정의 운영 강조, 발달에 적절한 교육과정의 운영, 교수·학습 과정에서 사회적 상호작용의 필요성 강조, 과정과 기술, 정서 및 태도의 발달 중시, 반편견 및 다문화 교육과정의 운영, 수행 평가의 강조 등을 제시하였다.

이러한 교수·학습의 토대하에 교사는 다양한 교수·학습 모델 중 학습 내용에 적절한 교수·학습 모델을 선정하여 활동을 제시하여야 한다. 교수·학습방법은 그 유형이 다양하다. 유구종 외(2013)는 강의법, 문답법, 토의법, 문제해결학습, 발견학습, 협동학습 등으로 구분하여 설명하였으며, 고재희(2008)는 강의법, 유의미학습, 팀티칭, 토의법, 완전학습, 협동학습, 문제해결법, 발견학습, 프로젝트법, 열린교육, 자기주도학습, 개별화학습 등으로, 박숙희와 염명숙(2007)은 강의법, 토의법, 개별학습, 협동학습, 자기주도학습, 문제중심학습 등으로, 변영계 외(2007)는 강의식 수업과 토의식 수업(강의식 수업, 시범, 문답법, 토의식 수업), 발견학습과 탐구학습, 협동학습과 프로젝트 학습, 구성주의 수업방법 등으로 구분하여 제시하고 있다. 한편 이영자 외(2009)는 유아를 위한 교수·학습 전략 모델로 개념학습 모델, 탐구 모델, 직접적 교수 모델, 협력학습 모델로 구분하여 설명하였다.

본 서의 2장에서는 교수·학습 상황에 적용하는 교육방법으로 지시적 수업, 비지시적 수업, 상호작용 중심 수업, 자율학습, 체험학습 등을 설명하였다. 여기서는 유아를 위한 교수·학습방법을 살펴보기 위하여 지시적 수업으로 직접적 교수와 강의법, 비지시적(간접교수법)으로 문제해결학습과 탐구학습 및 개념학습을 살펴보고 상호작용 중심 수업으로 문답법과 토의, 협동학습과 프로젝트, 문제기반학습에 대해 알아보도록 한다.

1) 직접적 교수와 강의

직접적 교수방법은 교사가 유아에게 학습시키고자 하는 내용을 직접적, 언어적으로 전달하여 학습자의 학습이 이루어지도록 하는 교수법이다. 직접적 교수는 특정 개념과 기술을 가르치기 위하여 널리 적용되는 전략으로, 교사가 중심이 되어 순서적이고 구조적 자료를 활용하여 교사 중심의 수업을 진행한다. 교사는 가르칠 내용과 기술을 조직하여 유아들에게 설명하거나 모델을 보여 주며 유아가 연습할 기회를 제공하고 유아의 학습 결과에 대한 피드백을 제공한다.

직접적 교수방법의 대표적인 유형인 강의법(lecture method)은 교사가 정보나 학습 내용을 조직하여 학습자에게 이해하기 쉬운 말로 설명하거나 해설하여 전달하는 교사 중심의 교수방법이다. 강의법은 역사적으로 고대 그리스 시대의 소피스트, 소크라테스 등을 거쳐 중세의 대학에서 주된 교수법으로 활용되었으며, 현재 널리 사용되며 교육현장에서 가장 오랫동안 지속되었으며 보편화된 교수방법이다. 17~18세기에는 코메니우스가 《세계도회》를 통해 페스탈로치가 노작주의 교수법을 제창하며 강의법의 단점을 개선하고자 노력하였다. 18~19세기에 이르러서는 헤르바르트(Herbart)의 통각이론(Apperception Theory)과 교수 5단계설이 강의법의 과학화에 기여하였다.

강의법은 사실적 정보나 개념을 짧은 시간에 효율적으로 전달할 수 있으며 명확한 설명이 필요한 학습자, 순응형 학습자에게 효과적이다(변영계 외, 2007). 유아교육기관에서는 영유아의 언어적 이해력 및 인지 발달적 특성으로 인해 연령이 높은 학습자를 대상으로 할 때만큼의 중요성을 지니지는 못하며 때로는 유아 연령에 부적절한 교수·학습 상황을 만들기도 하므로 유의해서 사용해야 한다. 일반적으로 강의법은 다음과 같은 장점을 지닌다.

- 교사 1인이 다수의 학습자에게 짧은 시간에 많은 양의 정보를 전달할 수 있다. 예를 들어 유아교사가 동물원으로 현장학습을 가기 전에 사전에 알아야 할 내용을 말할 때는 전체 유아에게 이야기하는 것이 효과적이다.
- 기초지식, 정보 전달, 새로운 주제의 도입, 내용의 전체적 조망이 필요한 경우에 효과적이다. 예를 들어 교통표지판의 의미와 주의할 점을 알려줄 때, '우리나라에서 동계올림픽을 해요'와 같은 새로운 주제를 시작하기 전에 주제와 관련된 공동의 관심사를 이끌어 내려고 할 때 교사의 설명이 도움이 될 수 있다.
- 강의법은 교사의 개인적 스타일로 조직하여 강의할 수 있는 자유도가 크며 수업 내용의 조직이나 수정이 필요할 때 교사 자신이 내용을 수정하여 강의하면 되므로 간편하다.

강의법은 언어적 설명이 중심이므로 언어적 의사소통이나 이해도 수준이 낮은 영유아에게는 매우 제한적인 교수법이다. 또한 교사의 역량에 의존하며, 교사마다 언어적 표현이나 설명하여 이해시키는 능력에 차이가 있고 강의 내용을 표준화하는 데 어려움이 있다. 교사의 강의를 잘 듣는 것이 중요하므로 학습자는 수동적이 되기 쉽고 상호작용이나 참여가 활발하지 않을 수 있다. 바르게 앉아 집중하는 것이 어려운 영유아는 교사의 언어적 설명으로 이루어지는 수업에 집중하지 못하고 이탈하여 여러 가지 갈등 상황이 발생할 수 있다. 강의법은 수업 준비가 비교적 간단하므로 유아의 직접 경험이 필요하거나 구체물의 제시가 더 적절한 경우에도, 교사들이 강의법을 이용하여 교육하고 유아들의 학습이 이루어진 것으로 간주하는 오류를 범할 수도 있으므로 주의가 필요하다.

유아를 위한 대표적인 직접적 교수 모델로는 반두라(Bandura)의 관찰학습과 모델 따라 하기, 비고츠키(Vygotsky)의 이론에 따른 비계 설정 원리에 기초한 교수 모델을 들 수 있다. 이 모델에서 유의할 점은 개인적 개념 습득과 기술의 발달에 초점을 두며 또래와의 경쟁을 강조하지 않는 것이다. 유아를 위한 직접적 교수 모델의 계획 및 실행

과정(이영자 외, 2009)의 예를 제시하여 설명하면 다음과 같다.

(1) 계획

직접적 교수 모델의 교수·학습 활동의 계획은 목표 상세화, 선수 지식 밝히기, 샘플 문제 선정 및 준비 등으로 이루어진다. 이 모델을 효과적으로 적용하려면 유아가 관심을 가지도록 동기를 유발하여 집중시키는 것이 중요하며, 교사가 특정 주제를 선정하고 주제를 이해시킬 수 있는 적합한 예를 찾아야 한다.

- 목표 상세화: 목표로 하는 개념이나 기술의 내용을 상세화한다. 개념은 직접적 교수 모델의 주된 내용으로 유아는 개념을 알고 다른 개념과의 관계를 파악해야 하며 정적 예와 부적 예를 검토하여 개념의 특성을 파악할 수 있어야 한다. 기술은 특정의 변별되는 조작 또는 과정을 내포하며, 다양한 예로 제시될 수 있고, 연습을 통해 발달시킬 수 있는 등의 세 가지 특성을 지닌 인지적 조작이다(예: 횡단보도에 있는 신호등 색깔의 이름과 의미 알기).
- 선수 지식 밝히기: 내용 목표가 선정되면 개념과 기술을 습득하기 위한 선수 개념과 기술을 밝힌다. 새로운 학습 내용에 대한 유아의 배경을 파악하여 새로운 개념과 기술을 유아가 이미 알고 있는 지식과 연결시켜 소개한다(예: 횡단보도의 신호등 모양 알기. 빨강, 노랑, 초록의 색 이름 알기).
- 샘플 문제 선정하고 준비하기: 구체적 예와 문제를 선정한다. 예는 순서대로 배열하고 가장 구체적이고 명확한 것을 먼저 제시하여 유아가 개념을 빨리 파악하도록 돕는다. 기술 습득을 위한 예와 문제를 선정하고 순서화할 때는 성공에 대한 배려가 중요하다(예: 교통공원 횡단보도에서 신호색 지시에 따르기).

(2) 실행

직접적 교수 모델을 활용한 수업은 새로운 학습 내용을 소개하기, 구체적 예 제시하기, 교사의 안내에 따라 연습하기, 자동적이고 전이가 가능하도록 개별적으로 연습하기의 네 단계로 이루어진다.

- 학습 내용 소개 단계: 수업 내용에 대한 유아의 주의 끌기, 동기 유발(예: 교통공

원 소개하기, 신호등 색깔과 의미 알려주기)

- 제시 단계: 주제가 유아에게 의미 있어지도록 시범, 모델 보이기(예: 횡단보도 건너는 시범 보이기)
- 안내에 따른 연습 단계: 교사와 유아의 역할을 바꾸어 유아가 설명하거나 새로운 기술을 시도하기(예: 횡단보도 신호색의 지시에 따라 횡단보도 건너는 연습하기)
- 개별적 연습 단계: 새로운 기술이나 개념이 자동화되고 전이가 이루어지는 발달에 이를 때까지 연습하는 단계로 가정과 연계할 수도 있음(예: 교통공원에서 연습하기, 부모님과 함께 유치원에 오면서 횡단보도 건너는 연습하기)

2) 문답법과 토의법

문답법과 토의법 모두 유아와 인적 자원의 상호작용을 기반으로 하는 교수방법이다. 문답법(question and answer method)은 질문법 또는 발문법이라고 하며 여러 가지 형태의 수업에서 다양하게 사용할 수 있는 교수·학습방법이다. 질문과 응답을 계속하는 과정에서 학습자의 호기심과 사고를 자극하여 스스로 탐구하고 학습하도록 한다. 질문은 사실, 개념, 원리 등의 상기, 비교, 가치 판단, 선택, 설명, 개괄 분석, 종합, 관계 해설, 원인 결과의 설명, 예증의 제시, 분류, 비판, 주제에 대한 논술 등을 요구할 때 사용되며 이에 대한 답이 요구된다.

토의법은 단순한 질의응답이 아니라 상호작용 형태의 교수방법으로 문답법에 비해 훨씬 대화지향적, 상호작용적이다. 토의와 유사한 토론은 복수의 멤버가 문제를 풀기 위해 함께 노력한다는 점에서 유사하다. 토의가 모두 협력하여 문제의 답을 찾는 것이라면, 토론은 일련의 입장을 가진 사람이 상대방을 설득하여 자신의 주장을 상대에게 인정시키려 한다는 점이 다르다.

(1) 문답법

문답법은 고대 소크라테스의 교수법인 산파법이나 플라톤의 대화법에서 근원을 찾을 수 있다. 강의법과 함께 오랜 역사를 지닌 교수법으로 발문법, 대화법, 반문법, 발전법, 질문식 대화법 등 다양한 명칭으로 불리고 있다(고재희, 2008).

교수·학습 시 발문(질문)은 다양한 목적하에 이루어질 수 있다. 학습자가 알고 있는 지식과 알지 못하는 지식을 교사가 파악하기 위해, 학습의 동기화를 위해, 수업 내용의 중요한 요점을 강조하기 위해, 수업 내용을 숙달하고 연습할 기회를 제공하기 위해, 산만한 학습자의 주의와 관심을 돌리기 위해, 학습자와 함께하는 공감대를 형성하기 위해, 진단하고 평가하기 위해 등 교사의 목적에 따라 다양한 발문이 가능하다(변영계 외, 2007). 유아 교수·학습 시에도 질문은 중요한 교수·학습방법으로 사용된다. 교사의 잘 조직되고 의도된 질문은 유아로 하여금 새로운 학습 상황에 관심을 갖고 집중하도록 돕는다. 또한 학습자 자신의 경험과 이해를 토대로 질문에 대한 답을 찾으려 몰입하게 돕거나, 유아 스스로 질문을 만들어 보도록 돕는다.

발문의 유형은 흔히 수렴적 발문과 확산적 발문으로 구분하는데 수렴적 발문은 직접적 또는 폐쇄적 발문으로 하나 또는 적은 수의 응답으로 대답을 한정하는 것이며, 확산적 발문은 일반적이거나 개방적인 응답을 장려하는 발문이다.

발문의 유형 구분은 학자에 따라 다소 차이를 보이는데 미니스와 쉬레블(Minnis, Shrable, 1970)은 인지적 수준분석 상호작용 모형(Cognitive Levels Analysis Interaction Model: CLALM)에서 교사의 발문 유형을 정보재생적 발문, 추론적 발문, 적용적 발문으로 구분하고 있다(민용성, 2000; 이진민, 2009). 정보재생적 발문은 학습했던 내용이나 경험한 사실을 알아보기 위한 발문으로 대개 도입과정에서 사용된다. 단순한 지식과 사실, 방법과 원리, 열거, 계산 등에 의한 발문으로 대개 1문 1답 형태를 취한다. 추론적 발문은 어린이들의 지식, 정보 등을 이용하는 비교, 대조, 구분, 분석, 종합하여 응답하게 하는 발문이다. 적용적 발문은 어린이들의 확산적 사고를 계발하기 위하여 새로운 사태에 적용, 예언 또는 가설을 설정하도록 하는 발문으로 지금까지 학습한 결과를 토대로 보다 확산적인 사고 활동을 촉진하는 것이다.

블로서(Blosser, 1973)는 폐쇄적 발문에 인지·기억 재생 발문, 수렴적 사고 발문을 포함시키고 개방적 발문에 확산적 사고 발문, 평가적 사고 자극 발문을 포함시켜 구분하였다(블로서 저, 송용의 역, 1996; 이진민, 2009).

- 인지·기억 재생 발문: 인식, 기계적 기억 또는 선택적 기억 등과 같은 과정들을 사용해서 기억하는 단순한 재생으로, 폐쇄적 발문에 속한다. 학습자는 깊은 수준의 사고가 필요하지 않으며 암기와 회상에 의존하여 대답하면 된다(예: 횡단보도에서는 신호등에 무슨 색 불이 들어오면 길을 건널 수 있을까?).
- 수렴적 사고 발문: 주어진 자료의 분석과 종합을 요구하는 발문으로, 사실을 연상

하고 관계 지으며 구분하고 예시하고 설명하는 등의 정신적 활동을 자극하는 발문이다(예: 이 중 부엌에서 사용하는 물건은 어떤 것일까?).

- 확산적 사고 자극 발문: 상황의 결과나 불확실한 미래를 예측하거나 추론·상상하고 창의적 대답을 요구하는 발문으로, 학습자 스스로 고안·종합하고 정교화하는 등 확산적인 정신적 조작을 요하는 발문이다. 답이 미리 정해져 있지 않으므로 교사가 학습 내용을 충분히 알지 못하면 효과적으로 대처하기 어렵다(예: 우리가 새처럼 날아다닐 수 있다면 어떤 일이 생길까?).
- 평가적 사고 자극 발문: 평가적 발문에서는 사실 문제보다는 가치의 문제를 다룬다. 응답자 자신의 판단, 가치, 선택, 의사 결정을 요하는 질문으로 방법과 절차를 평가하고 가치를 판단하며 비판하고 의견을 말하게 하는 것 등이 포함된다(예: 선물로 받은 장난감을 친한 친구가 갖고 싶어 하는데 어떻게 하는 것이 좋을까?).

블룸(Bloom)의 인지적 영역 분류 체계(지식, 이해, 적용, 분석, 종합, 평가)를 토대로 보릭(Borich, 2004)이 제시한 발문 분류 체계에 유아에게 할 수 있는 발문의 예를 추가하면 〈표 4-8〉과 같다.

스캠퍼(SCAMPER) 사고 기법은 아이디어 발상을 위한 대표적인 발문법이다. 브레인스토밍 기법을 창안했던 오스본(Osborne, A. F.)은 체크리스트 기법을 제안했는데 밥 에벌(Bob Eberle)은 이를 보완하고 발전시켜 스캠퍼 발상법을 제시하였다. 스캠퍼 발문은 7단계의 질문인 대체(Substitute), 결합(Combine), 적용(Adapt), 변형(Magnify or Minify), 다른 용도(Put to other use), 제거(Eliminate or Elaborate), 역발상 또는 재배열(Reverse or Rearrange)을 의미하며 저자가 책의 제목 《스캠퍼-아이디어와 뛰어놀기》에서 표현했듯이 아이디어 발상을 위한 발문방법이다(Eberle, 2008). 이 방법은 기존의 것에 대하여 새로운 아이디어를 낼 수 있는 질문을 통해 고정된 사고의 틀에서 벗어나 다각적인 측면에서 사고를 돕는 데 활용되는 사고 기법으로 유아를 위한 교수·학습방법으로도 자주 언급된다(고재희, 2008; 금혜정, 2016; 유구종 외, 2013; 전경원, 2006). 스캠퍼 발문 기법의 유형과 예는 〈표 4-9〉와 같다.

이러한 여러 가지 문답법은 학습자의 주의를 집중시키고, 학습동기와 참여를 고무시키는 데 효과적이다. 또한 학습자가 생각하고 해결할 수 있는 기회를 제공하며, 논리적이고 비판적인 사고를 고취시킬 수 있다. 적극적인 발문과정을 통해 학습자는 주체적

표 4-8 발문 분류 체계

사고행동의 복잡성 수준	예상되는 학생의 행동	수업과정	주요 용어	발문의 예
지식 (기억하기)	정보를 기억하거나 회상할 수 있으며 사실, 용어, 법칙 등을 인지할 수 있음	반복, 암기	• 정의하여라 • 묘사하여라 • 확인하여라	신호등이 무엇인가요? 지금 신호등에 무슨 색 불이 들어와 있나요?
이해 (이해하기)	읽거나 들은 내용을 요약, 번역하는 등 달리 말함으로써 표현 형식을 바꿀 수 있음	설명, 예증	• 요약하여라 • 부연하여라 • 달리 말하여라	횡단보도의 신호등이 초록불로 바뀌면 어떻게 하라는 신호일까요?
적용 (전이하기)	이미 배운 정보를 배울 당시와는 다른 맥락에서 응용할 수 있음	실습, 전이	• 적용하여라 • 활용하여라 • 응용하여라	횡단보도 건너기 게임판을 만들려고 하는데 신호등 그림 주사위에서 어떤 색일 때 앞으로 갈 수 있는 것으로 정할까요?
분석 (관련짓기)	어떤 문제를 구성하는 부분들로 나눌 수 있고 부분들 사이의 관련성을 도출해 낼 수 있음	연역, 귀납	• 관련 지어라 • 구별하여라 • 식별하여라	그림에서 길을 건너도 되는 친구는 누구일까요? 또 길을 건너면 위험한 친구는 누구일까요?
종합 (창조하기)	부분들을 결합하여 독특하거나 새로운 문제해결 방안을 형성할 수 있음	확산, 일반화	• 공식화하여라 • 구성하여라 • 산출하여라	유치원 자전거길의 횡단보도 신호등 앞에 길을 건널 때의 규칙을 써서 붙일 때 어떤 내용을 써야 할까요?
평가 (판단하기)	주어진 기준에 따라 어떤 방법, 아이디어, 사람 또는 산출물의 가치를 결정할 수 있음	식별, 추론	• 평가하여라 • 결정하여라 • 정당화하여라	(철수가 찻길로 굴러간 공을 잡으려고 뛰어가려는 장면) 철수에게 하고 싶은 말이 있나요?

자료: Borich, 2004, p. 276의 내용에 첨삭함.

인 학습이 가능하며 이는 수업의 도입, 요약, 복습 등에 유용하게 사용될 수 있다. 교사는 이를 학습 평가에 중요한 자료로 사용할 수 있다. 한편 문답법에서는 자료나 의미에 중점을 두어 대답하기보다는 교사의 관심에 맞춰 대답하려는 경향이 나타나기에 교사 중심의 수업으로 흘러갈 수 있다. 또한 우수한 학습자 중심의 수업이 되고 다른 학습자들에게 좌절감을 줄 수 있으며, 무엇보다 질문의 내용을 이해하기 어려운 어린 학습자에게 사용하기에는 한계가 있다. 그러므로 유아교사는 문답법을 사용한 교수·학습 시 다음을 고려해야 한다.

- 유아의 학습 또는 생활 경험을 토대로 내용을 선정하며 학습자의 경험과 지식의 범위 내에서 질문한다.
- 다양한 학생들이 골고루 응답하거나 질문하는 기회를 가질 수 있도록 계획한다.

표 4-9 스캠퍼 사고 기법의 유형과 발문의 예

구분	내용	발문의 예
대체	기존 사물을 형태, 용도, 방법 등을 다른 것으로 대체하는 방안을 생각하는 방법	무엇으로 대체할 수 있을까?(나뭇가지 대신 어떤 것을 붙이면 좋을까?)
결합	두 가지 또는 그 이상의 것들을 결합·혼합해서 새로운 것을 생각하는 방법	어떤 것과 결합할 수 있을까?(이 상자와 끈을 이용하면 무엇을 만들 수 있을까?)
적용	어떤 형태나 원리, 방법을 다른 분야의 조건이나 목적에 맞도록 적용·조절·응용할 수 있을까 생각하는 방법	이 아이디어를 다른 것에 적용할 수 있을까?(물감을 섞어서 다른 색을 만들었던 것처럼, 과일 주스도 여러 가지 색으로 만들 수 있을까?)
변형(수정, 확대, 축소)	수정, 확대, 축소하여 변화시키는 방법 • 수정: 기존의 상품이나 아이디어에 색, 모양, 의미 등을 조금 수정해서 변화시키기 • 확대: 어떤 기능이나 형태, 성질 등을 기존의 것보다 크게, 길게 확대하여 새로운 것을 생산하거나 변화시키기 • 축소: 물건이나 아이디어를 작게, 가볍게, 늦게, 가늘게 축소해서 새로운 것을 만들거나 변화시키기	변경(확대, 축소)하면 어떨까? • 수정: 네가 그린 우주선 설계도에서 바꿔 그리고 싶은 부분이 있니? • 확대: 나뭇잎이 카펫만큼 크다면 무엇을 할 수 있을까? • 축소: 빗방울이 하늘에서 아주 천천히 내려온다면? 우리 몸이 인형처럼 작아진다면?
다른 용도	어떤 사물이나 아이디어를 다른 방법으로 활용하는 방법	다른 용도로 사용할 수 있을까?(이 물건을 싸던 보자기로 또 무엇을 할 수 있을까?)
제거	사물의 어떤 부분을 삭제해서 새로운 것이나 더 발전된 아이디어를 떠올리는 방법	• 삭제하면 어떻게 될까? 제거하면 더 좋을 것 같은 부분은? 비행기에 날개가 없다면? • 어떻게 하늘을 날게 할 수 있을까?
역발상 또는 재배열	• 앞과 뒤, 왼쪽과 오른쪽, 안과 밖, 위와 아래, 원인과 결과 등 형태, 순서, 방법, 아이디어를 거꾸로 뒤집어서 새로운 것을 떠올리는 방법 • 형식, 순서, 구성을 바꾸어서 새로운 상품이나 문제해결의 아이디어를 얻는 방법	• 반대로 하면 어떠할까?(나무들이 거꾸로 자란다면 어떤 모양이 될까?) • 어떻게 재배열할 수 있을까?(네 장의 그림 이야기 카드를 다른 순서로 놓으면 어떤 이야기가 만들어질까?)

- 한 번에 한 가지 질문을 하여 질문 내용에 집중하여 생각해 볼 수 있도록 한다.
- 질문 내용에 따라 여러 가지 발문방법 중 적합한 것을 선택하되 가급적 개방적·확장적 질문을 많이 사용한다.
- 질문에 따라 답을 찾거나 생각하는 데 필요한 충분한 시간을 제공한다.
- 유아에게 긍정적 피드백을 하고 오답을 말한 유아가 위축되지 않도록 분위기를 조성한다.
- 유아의 질문에 교사가 대답하기 어려운 경우에는 솔직하게 이야기하고 함께 조사해 보기로 한다.
- 유아의 질문을 환영하고 격려한다. 유아가 질문을 제시하거나 함께 질문 목록을

만들어 보는 등 유아 참여적, 유아 주도적인 질문 활용 수업을 계획해 볼 수 있다.

(2) 토의법

토론식 수업의 기초가 되는 토의법(discussion method)은 공동학습의 한 가지 형태로, 학급을 일정한 조직으로 고정시키지 않고 비형식적인 토의집단으로 해체하여 여러 가지 학습 자료를 가지고 사회화된 학습 형태로 토의하는 것이다(유구종 외, 2013). 토의를 활용한 교수법은 학급의 공동문제를 해결하거나 새로운 아이디어를 창안하기 위해, 협력학습 과정에서 생각을 하나로 모으기 위하여, 갈등 상황의 중재가 필요할 때 자주 사용된다.

토의법의 종류로는 원탁토의, 배심토의, 심포지엄, 공개토의(포럼), 세미나, 버즈토의, 브레인스토밍, 스캠퍼 사고 기법에 따른 토의 등이 있다(고재희, 2008; 유구종 외, 2013; 금혜정, 2016).

- 원탁토의(round table discussion): 가장 기본적인 토의 형태로 5~10명 정도의 토의자가 형식에 구애되지 않고 자유롭고 평등하게 토의하는 방법이다.
- 배심토의(panel discussion): 특정 주제에 대해 상반되는 견해를 대표하는 대표자(배심원, panel)를 4~5명 선정하여, 사회자의 안내로 토의를 진행하는 방법이다. 논제에 관해 각종 의견의 대표자가 먼저 토의하며, 청중에게 질문이나 발언의 기회를 주기도 한다.
- 심포지엄(symposium): 발표자 2~5명, 사회자, 청중 모두 주제에 대해 전문적인 지식이나 경험을 가진 사람으로 구성되며, 강연식 토의 또는 단상토의라고 한다. 강연자들이 논제에 대해 발표하고 청중과 발표자 간 질의 및 토론을 전개하는 방식이다.
- 공개토의(forum discussion): '포럼(forum)'은 고대 로마에서 군중이 모인 곳이라는 의미를 지닌다. 배심토의나 심포지엄과 달리 처음부터 청중이 토론에 참여하는 방법이다. 강사가 강의를 한 다음에 청중이 토론을 하는 방법, 대표자의 토론이 끝난 후 청중이 토론을 하는 방법, 영화나 슬라이드를 본 후 의견을 나누는 방법 등이 있다.
- 세미나(seminar): 주제 발표자와 참가자 모두 토의 주제 분야에 권위가 있는 전문

가나 연구가들로 구성되며, 주제 발표에 대해 참가자들이 준비한 의견을 개진하거나 질의하는 방식으로 이루어진다. 철저한 사전 연구와 준비를 전제로 체계적이고 깊이 있는 토의를 진행하는 방법이다.

- 버즈토의(buzz discussion): '버즈'는 벌이 윙윙거리는 소리를 의미하는데, 여러 개의 소집단 토의과정의 소란스러움을 표현한 명칭이다. 6·6토의법(6분단, 6분간 토의), 와글와글 학습법 등으로 불린다. 소수인원으로 집단을 구성하므로 친근감과 참여율이 높으나 심도 깊은 토의를 하기에는 한계가 있다.
- 브레인스토밍(Brainstorming): '뇌습격법'이라고도 불리는데, 두뇌에 폭풍을 일으키듯이 기발한 생각을 포착해 낸다는 의미를 지닌다. 10~15분의 단시간에 주제에 몰입하여 다양한 아이디어를 개발하고 발표하는 방법이다. 비판은 유보하고 최대한 자유롭게 많은 아이디어를 낸 후 개인별 혹은 모둠별로 발표한다.

토론식 수업은 타인에 대한 이해와 존중의 태도를 가르쳐 주며, 협력과 참여의 중요성을 경험하게 해 주고, 학습자의 능동성과 자율성을 향상시켜 줄 수 있다. 또한 기존의 생각, 선입견과 편견을 수정하는 비판적 자세를 견지하게 해 준다는 장점을 지닌다(유구종 외, 2013; 김진호 외, 2001). 하지만 어린 학습자들이 자율적으로 토론을 진행하는 것은 어려운 일이며, 알려지지 않았거나 학습자가 이해하지 못한 사실과 개념은 토의하기가 쉽지 않고 이로 인해 학습자들이 소극적으로 참여하거나 토론장에서 이탈할 수도 있다. 예측하지 못한 돌발 상황이나 주제로부터 벗어나는 상황도 생길 수 있다.

따라서 토의 활동이 원활히 이루어지려면 다음과 같은 조건이 필요하다(유구종 외, 2013; 백영균 외, 2006; 변영계 외, 2007).

- 토의 안건은 학습자들이 관심 있는 주제로 선정해야 한다.
- 집단 구성원은 의견을 발표한 사람에 대해 건전한 반응을 보여야 한다.
- 토의는 형식에 구애되지 않고 자유로운 분위기에서 이루어져야 한다.
- 토의할 제재에 대해서는 기초 조사를 충분히 해야 하며, 토의에 참가한 집단 구성원이 활발하게 움직여야 한다.
- 토의할 문제를 충분히 이해한 후에 그 문제에 따라 진행한다.
- 자기가 생각하고 있는 것을 집단 구성원들이 납득할 수 있도록 논리적으로 발표

소집단으로 환경 포스터의 내용 토의하기

토의 결과에 따라 공동 작업하기

그림 4-6 팀 협력학습을 위해 소집단으로 토의하고 토의 결과에 따라 활동하는 유아들

해야 한다.

- 타인이 이야기하는 것을 잘 듣고 서로가 생각의 깊이를 더해 가야 한다.
- 집단 상호 간에 이해와 존경으로 언제나 토의의 협력적 체제를 구비해야 한다.

유아를 위한 교수·학습방법 중 토의는 소집단 또는 대집단으로 이루어질 수 있다. 대집단 토의는 학급 구성원 공동의 문제에 대해 토의하거나 문제를 해결해야 할 경우, 학습 주제의 시작 단계에서 주제의 전개 방향을 토의할 때 적합하다. 소집단 토의는 갈등을 중재하거나 소수의 유아들과 관련된 주제를 다룰 때, 서로 생각을 나누며 이야기하는 과정이 중요한 내용일 때, 소집단의 유아가 공동의 과제를 수행할 때(그림 4-6) 적절하다.

3) 문제해결학습, 탐구학습, 발견학습

문제해결학습은 듀이에 의해 제안된 것으로 반성적 사고 능력 배양을 통한 학습자의 문제해결능력의 함양을 목적으로 한다. 문제해결을 위한 교수·학습방법은 듀이의 반성적 사고에 기초한 탐구학습과 브루너의 발견학습 이론 등에 기초한다. 저자에 따라 발견학습을 탐구학습으로 설명하기도 하고 탐구학습 모형에 발견학습 모형, 문제해결학습을 포함시키기도 한다.

문제해결학습은 학습자가 여러 상황에서 학습 활동을 진행하는 가운데 스스로 문제해결에 접근하도록 하는 방법이며, 학습자 개개인이 당면한 문제에 대한 해답을 스스로 획득할 수 있는 능력을 양성하기 위한 학습 형태로 볼 수 있다. 학습자가 연역적 또는 귀납적 추론을 통해 문제를 해결하며 논리적 사고와 전략을 개발할 수 있도록 돕는 교수·학습방법으로, 학생들에게 문제해결을 위한 유용한 기술을 배울 수 있는 교육적인 경험을 제공하고, 당면한 문제를 자립적으로 해결하려는 기본 태도를 습득하며, 성인이나 교사에 대한 의존심을 버리고 자립심을 갖도록 하고, 교육적인 상황과 일상생활의 상황에 다양한 문제를 다루며 문제해결 접근을 위한 효과적인 경험을 할 수 있도록 하는 것을 목표로 한다(Maley, 1978; 유구종 외, 2013).

이러한 문제해결법을 활용한 교수·학습의 장점은 학습자의 생활과 괴리되지 않으며 흥미로운 학습이 이루어지면서도 반성적 사고 능력을 배양하고, 자발적 활동에 의해 스스로 문제를 해결하며 자율성과 능동적인 능력을 기르게 할 수 있다는 것이다. 한편 문제해결법은 기초적인 지식과 기술을 체계적으로 학습하기 어렵고, 일관성 있는 수업 진행이 쉽지 않으며, 학습자의 노력에 비해 능률이 낮을 수 있고, 학습자의 태도가 적극적이지 않을 경우 효과가 적을 수 있다는 등의 단점도 있다.

여기서는 학습자가 지식 획득의 과정에 주체적으로 참여하여 탐구능력을 형성하고 인식의 기초가 되는 개념을 형성하도록 이끄는 문제해결학습의 대표적 예로 듀이의 반성적 사고와 탐구학습, 브루너의 발견학습을 중심으로 알아본다.

(1) 듀이의 반성적 사고와 탐구

듀이(Dewey, 1916)는 그의 저서 《민주주의와 교육》을 통해 진보주의, 실용주의 교육관을 제시하였다. 듀이 이론에 따르면 교육에 있어서의 사고(반성적 사고)는 행해진 것과 그 결과 사이의 관련을 정확하게 또는 의도적으로 확립시키려는 노력인데 사고는 무엇인가 불확실한, 의심스러운, 또는 문제되는 것이 있을 때 일어난다. 반성적 사고 경험의 일반적 특징으로 ① 아직 성격이 충분히 파악되지 않은 불완전한 사태에 처하여 학습자가 느끼는 의심, ② 주어진 요소에 관한 잠정적 해석 및 결과에 대한 예측, ③ 문제의 성격을 규정하고 명료화하는 데 도움이 되는 모든 고려사항의 세밀한 조사와 분석, ④ 보다 넓은 범위의 사실에 맞도록 잠정적 가설을 더 정확하고 일관성 있게 가다듬는 일, ⑤ 설정된 가설을 기초로 하여, 현재의 사태에 적용할 행동의 계획을 수립하고 예견된 결과를 일으키기 위하여 실지로 행동을 함으로써 가설을 검증하는 것이다. 이를 5단계로 표현하면 문제의 인식, 잠정적 가설의 형성, 현 사태의 조사, 가설의 정련, 가설의 검증이 된다(이홍우 역, 1987).

표 4-10 듀이의 탐구학습 단계

구분	내용
암시	우리가 문제에 부딪쳤을 때 즉각적으로 생각하게 되는 '해야 할 일' 또는 '잠정적인 답'의 암시이며, 다소 가설적인 성격을 가진 것으로 문제해결을 위한 출발점이다.
지성화	"느껴진 곤란'을 해결해야 할 문제' 또는 '해답이 발견되어야 할 문제'로 전환하는 활동으로, 막연한 문제 사태의 성격을 명료화하는 일이다.
가설	지성화의 과정을 통하여 나온 잠정적인 문제의 답이다. 가설은 암시에 비해 지적인 답변이며 잠정적인 것으로, 검증을 위한 관찰이나 자료 수집 활동의 지침이 된다.
추리	가설을 설정한 다음 그 가설을 검증하기에 앞서 검증 결과를 예견하는 일이다.
검증	증거에 의해서 설정된 가설의 확실성을 밝히는 활동으로, 실지 실행이나 관찰 또는 가설이 요구하는 조건을 갖춘 실험에 의해서만 가능하다.

자료: 변영계 외, 2007, pp. 128~129.

이러한 반성적 사고의 5단계는 탐구학습 단계(변영계 외, 2007), 문제해결 과정(장소영, 2015) 등으로 제시되며 교육연구와 실제에 다각적으로 반영되어 왔다. 탐구학습은 문제해결의 과정이지만, 문제해결로만 끝나는 것이 아니라 다음 단계의 탐구 과정의 수단이 된다. 이와 같은 듀이의 반성적 사고에 기초한 탐구과정은 〈표 4-10〉과 같이 5단계로 제시할 수 있으며(변영계, 1999; 변영계 외, 2007), 마지막 과정에 결론의 응용 단계(문제해결을 통해 얻어진 결과를 다음 문제의 해결에 응용하는 단계)를 추가하여 6단계로 제시하기도 한다(이영희, 2002).

이러한 사고가 교육적 경험의 방법이 되기 위해서는 학습자가 진정한 경험 사태에 당면해야 하므로 흥미를 가지는 계속적인 활동이 있어야 하며, 이 사태 안에서 사고를 일으키는 자극으로서 진짜 문제가 생겨나야 하고, 학습자가 이 문제를 다루는 데 필요한 정보를 가지고 관찰할 수 있어야 한다. 학습자는 해결의 방안과 아이디어를 스스로 적용하고 확인하며 의미를 찾아야 한다(Dewey, 1916; 이홍우 역, 1987).

킬패트릭은 듀이의 탐구학습을 바탕으로 프로젝트법(구안법)을 창안하였고 카츠와 차드는 유아교육에 적용 가능한 프로젝트 접근법을 제시하여 우리나라에서도 널리 활용되고 있다. 프로젝트 접근법은 120~128쪽의 '5) 협동학습과 프로젝트 접근법'에서 별도로 알아본다. 유아를 위한 문제해결에 기초한 교수·학습 모델로 이영자 외(2009)는 탐구 모델을 소개하였다. 유아를 위한 탐구 모델은 탐구적 문제의 해결에 참여하면서 유아가 고차원적이고 비판적인 사고 기술을 발달시킬 수 있도록 도울 수 있다. 탐구 모델은 문제 제기, 가설 설정, 자료 수집, 가설 검증, 일반화, 탐구 과정 분석 및 검토로 진행되며, 유아교사는 탐구 과정의 조성자, 교실 분위기의 조성자의 역할을 하는 것이 중요하다. 자연스럽게 발생하는 탐구 수업은 유아의 수업 참여 동기가 높고 협력적 학습 분위기를 형성할 수 있다. 탐구학습은 단순한 개념학습에는 비효율적이며, 객관적 근거를 바탕으로 논리적으로 문제를 해결하는 과정이므로 유아에게 적용하기가 쉽지는 않으며 교사의 숙련된 교수·학습 전개가 필요하다.

(2) 브루너의 발견학습

발견학습(discovery learning)은 학습자 스스로 작은 일부터 과학적 현상에 이르기까지 문제점을 발견하여 해결하는 탐구자 또는 연구자의 역할을 하는 것에 중점을 두는 것으로, 탐구학습이라고도 한다. 교사 중심의 기계적이고 암기 위주의 전통적인 교수 방법에 대한 불만에서 비롯된 이 학습법의 대표 학자는 반성적 사고를 강조한 듀이와 브루너(Bruner)이다. 탐구의 목적은 궁극적으로 학생으로 하여금 객관적 실재인 지식의 구조를 내면화하게 하는 데 있다. 브루너는 교수 이론의 주된 과제가 지식의 구조를 학습자의 인지 구조로 전환될 수 있게 처방 내리는 것이라고 보고, 탐구학습을 그러한 처방으로 제시하였다. 탐구는 객관적 실재인 지식의 구조를 과학자가 발견하듯이 학습자도 발견해 나가는 '발견학습의 원리'이며 문제에서 출발하여 해답에 이르는 과정이라는 '문제해결의 원리'이다(박선미, 1999).

브루너(1966)는 개념 획득과정을, 획득하고자 하는 개념의 예와 비예(예처럼 보이지만 개념의 예가 아닌 것)를 구별하는 속성을 발견하는 과정으로 정의하고, 이를 '문제 인식–가설 설정–가설 검증–결론'의 4단계로 나누어 설명하였다. 이러한 개념 획득 과정은 연속적인 가설 검증의 과정이다.

표 4-11 브루너의 발견학습 과정

단계	내용
1단계: 문제 인식	발견할 과제를 학습자에게 명확하게 파악시키는 것으로 문제의식을 지니고 의욕적으로 학습하기 위해 필요한 과제를 파악하는 단계
2단계: 가설 설정	과제 해결을 위한 가설을 설정하는 단계
3단계: 가설 검증	세워진 가설을 검증하는 단계로, 논리적 사고 활동을 위해 교사의 체계적인 학습지도가 중요한 단계
4단계: 결론과 적용	구성된 추상적 개념을 학습자가 현실 상황에 전이시키는 마지막 단계, 즉 결론과 적용을 하는 단계

브루너는 어떤 교과든 지적으로 올바른 형식으로 표현한다면 아동에게 효과적으로 가르칠 수 있다는 것을 전제로 한다. 따라서 학습자의 수준에 맞도록 학습 내용을 구조화하는 것이 중요하다. 이러한 지식의 구조는 발견학습의 핵심이 된다. 브루너의 발견학습은 교사의 지시를 최소한 줄이고 학습자가 자발적인 학습을 통해 학습목표를 달성하도록 하는 교수·학습 과정으로, 처음에는 교사에게 의존하지만 점차 교사의 역할은 감소되며, 학습자 스스로 지식의 구조를 이해하며 내적 문화를 창조하고 발전하는 과정을 거치게 된다(박숙희 외, 1998; 고재희, 2008). 발견학습은 다음과 같은 장점을 지닌다.

- 학습자의 지적인 잠재력을 키울 수 있고, 과학적인 생활태도를 지닐 수 있다.
- 학습자들이 주변 세계에 관심을 갖게 하고 내적 동기 유발을 일으킬 수 있다.
- 지식 이외에도 발견하는 방법 자체를 배우게 된다.
- 발견 활동을 통해 알게 된 것은 오랫동안 기억된다.

한편 발견학습은 학습에 많은 시간이 소요되며 단순한 개념의 학습에 비효율적일 수 있으며, 학습자의 제한된 경험으로 일반화된 이론을 도출하는 데 한계가 있다는 비판도 받는다. 또한 발견을 통해 얻어지는 지식도 있으나, 실제 세계에서는 많은 지식이 타인에 의해 발견되고 전달된다. 발견학습은 교사의 언어로 가르치는 것에 비판적인데, 사실 어떤 것은 언어의 형식으로 설명하는 것이 효과적일 수도 있다.

탐구와 발견의 의미는 교육관에 따라 달라진다(박선미, 1999). 〈그림 4-7〉과 같이 전통적 교육관에서는 학문적 지식이 교사의 교육에 의해 학습자에게 전달되는데, 브루너의 발견학습에서 탐구는 과학자가 새로운 이론적 지식을 발견하고 그것을 검증하는 것과 같은 상향식 절차를 거쳐 학생이 과학자처럼 스스로 발견하고 검증하는 방식으로 이루어진다. 즉, 학생에게 학문의 기본적 구조를 제시하고 학생은 이를 발견하는 것이다. 이는 보편타당한 객관적 실재에 관한 지식의 발견을 통하여 학습자가 능동적으로 알게 하는 데 비중을 두는 것이며, 교육 내용으로서 발견의 대상이 전통적 교육과 같이 외적으로 주어져 있으며 교육방법이 주입이 아닌 탐구라는 점이 다르다.

한편 구성주의 교수·학습은 브루너의 발견학습과 마찬가지로 상향식 절차를 거치지만 학습자의 탐구과정을 거쳐 주관적 지식을 구성하게 된다고 해석하는 점이 다르다.

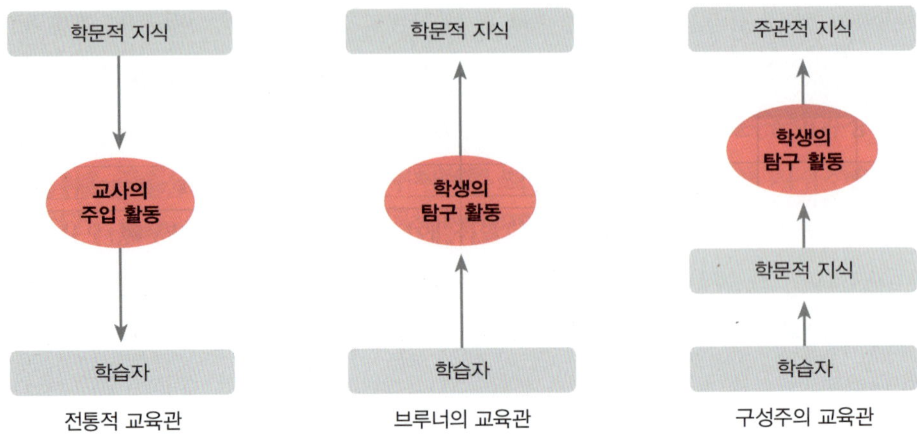

그림 4-7 교육관에 따른 탐구의 의미 비교
자료: 박선미, 1999, p. 41.

구성주의 학습에서의 '구성'은 발견 이상의 것을 필요로 하며 지식은 학습자의 경험의 틀과 사회적 맥락의 상호작용 속에서 창조된다. 문제해결학습에서 문제를 이해하는 시각도 차이를 보여서 문제는 듣는 이에 의해 해석되는 사회적 맥락에 있다. 구성주의 교수·학습방법의 하나인 문제기반학습은 128쪽 '6) PBL: 문제기반학습'에서 별도로 설명하였다.

4) 개념학습

개념학습 모델은 유아의 개념 이해를 돕고 가설 검증의 실천 기회를 통해 분석적 사고 기술을 갖도록 돕기 위한 모델이다. 이 모델은 브루너의 연구에 기초하여 조이스와 웨일이 제시한 것으로 구성주의적인 교수·학습에 활용되는 모델 중 하나이다(Joyce & Weil, 1972, 1973). 이 모델에서는 학습자에게 이미 조직된 형태의 개념을 제시하기보다 학습자 스스로 개념에 대한 이해를 구성하도록 한다(이영자 외, 2012). 구성주의적 특징과 개념학습의 관계성은 다음과 같이 네 가지로 설명할 수 있다(서준경, 2006).

- 첫째, 인간은 지식을 구조화할 능력이 있다. 타고난 인지 구조는 계속되는 학습과정을 통하여 학습자마다 다양한 형태로 변화된다.
- 둘째, 모든 지식은 인식의 주체에 의해 주관적 능동적으로 구성된다. 즉, 모든 지식은 인식의 주체인 개개인의 경험에 의해 주관적으로 구성된다. 개념적 학습지도

는 학습자들이 이미 학습한 내용을 스스로 자신의 인식 속에 정리하는 능동적인 자기 활동의 과정을 강조한다.

- 셋째, 모든 지식은 맥락적이다. 모든 지식은 그것이 습득되는 상황과 밀접하게 관련된다. 개념적 학습지도는 지식의 구성이 자연적으로 일어나는 사건이나 대상들과 인간이 만드는 사건이나 대상과 관련 있다는 것을 알게 하는 과정에서 가능해진다.
- 넷째, 모든 지식은 사회적 협상을 통하여 형성된다. 개념학습 과정에서 학습자 간 상호 협상을 통해 지식을 구성한다.

구성주의적 접근의 개념학습 모델에서는 개념학습을 위해 미리 조직된 형태의 개념을 제시하기보다는 학습자 스스로 개념에 대한 이해를 구성하도록 한다. 여기서 개념이란 '정의 내리기, 예 제시하기, 예가 아닌 것(nonexample) 제시하기, 특징 찾기, 다른 개념과의 상위·하위·동위 관계 제시하기 등을 통해 묘사될 수 있는 추상적 아이디어'로 우리가 생활하며 아이디어의 복잡성을 명확히 하는 데 중요한 역할을 한다(이영자 외, 2012).

개념학습 모델의 교수·학습 과정을 이영자 외(2009)가 제시한 유아를 위한 개념학습 모델의 계획 및 실행 과정을 중심으로 설명하면 다음과 같다.

(1) 교수 · 학습 활동의 계획하기

개념학습 모델의 계획은 소주제(개념)의 선정, 명확한 목표 설정, 개념의 예 선정, 개념의 특성 확정 짓고 사례 검증하기 등으로 이루어진다.

- 소주제 선정: 개념학습 모델의 소주제는 개념 자체이다. 개념을 선정할 때는 유아가 그 개념에 접해 본 경험이 있는 것으로 선정하고, 단순한 개념에서 복잡한 개념으로 전개되도록 한다.
- 명확한 목표 설정: 개념 간의 관계 이해하기, 비판적 사고 과정 연습하기, 가설 설정하고 검증하기 등이 포함된 목표를 설정할 수 있다.
- 개념의 예 선정하기: 개념이 특성을 잘 나타내는 예를 선정하는 것은 개념학습 모델에서 매우 중요한 과정이다. 개념의 특성을 명확히 나타내는 예들을 제시하여

표 4-12 '안경'에 대한 개념 일반화하기

구분	내용
주제	안경
개념	• 안경, 본다, 도와 준다, 보호한다. • 안경의 모양(안경 유리, 안경테, 코받침) • 안경의 종류(안경, 선글라스, 수경, 스키 고글, 보안경 등)
일반화	• 안경은 눈이 하는 일을 도와 준다. • 안경은 눈을 보호해 준다. • 안경의 모양과 종류는 다양하다.

유아가 그 특성으로 개념을 파악할 수 있도록 한다.

- 개념의 특성을 확정 짓고 사례 검증해 보기: 여러 예들에서 개념의 특성을 찾고 다시 검증해 보는 비판적 사고의 기회를 포함시킨다. 〈표 4-12〉는 '안경'에 대한 개념을 일반화하는 과정이다.

(2) 교수 · 학습 실행하기

교수·학습 활동의 실행은 융통성 있게 이루어질 수 있는데 일반적으로 개념의 예 제시와 가설 생성, 가설 분석, 종결, 적용의 순서로 진행된다.

① 개념의 예 제시 및 가설 생성

기초 자료가 되는 예를 제시하고 예에서 가설을 생성한다. 유아에게 가급적 일대일로 개념을 제시하고 개별적으로 피드백을 제공하는 것이 바람직하다. 막연히 언어적으로 설명하기보다는 구체적 예를 제시하며, 예가 되는 자료와 예가 아닌 자료를 제시하여 개념에 대한 가설 설정을 돕는다. 유아는 예가 아닌 자료에 대해 혼란을 일으키는 경우가 많으므로 가능한 한 예가 되는 자료를 많이 제시하고, 예가 아닌 자료는 분명한 것을 제시한다.

개념의 예 제시 및 가설 생성의 예

교사: (안경이나 안경 사진을 보여 주며) 이런 것을 본 적 있니?

유아: 네! 우리 엄마도 집에 이거 있어요. 그리고 우리 할아버지도 이런 안경을 써요.

(계속)

교사: 그래, 이걸 안경이라고 하지. 엄마와 할아버지가 안경을 쓰시는구나. 안경은 언제 쓰는 것일까?

유아: 안 보일 때 써요. 엄마는 내 손톱 깎아 줄 때 안경을 써요. 할아버지는 신문 볼 때 꼭 안경을 쓰세요. (유아가 세운 가설 – 안경은 잘 보려고 쓰는 물건이다.)

교사: 안경은 눈이 나빠진 사람이 잘 보기 위해 쓰는 거라고 생각하니?

유아: 네, 난 눈이 안 나빠서 안경 안 써요. 그런데 우리 형은 이제 안경 써야 한대요. 눈이 나빠져서 잘 안 보여서요.

교사: 그래, 형이 안경을 쓰면 더 잘 볼 수 있겠구나. 그럼 과학 영역에서 관찰할 때 사용하는 이것도 안경일까?

유아: 그건 확대경이잖아요. 그건 손으로 잡고 보는 거라 얼굴에 쓸 수가 없어요.

교사: 안경은 잘 보기 위해 얼굴에 쓰는 물건이라고 생각하니?

유아: 네.

② 가설 분석

제시된 개념의 바른 예와 틀린 예를 통하여 가설을 분석하는 단계이다. 교사가 예를 제시하고 개념에 대한 가설을 설정해 보며, 또 다른 예를 제시하고 가설을 다시 생성해 본다. 새로운 가설을 승인할지 아니면 기각하고 또 다른 가설을 생성할지 생각하고 이유를 말해 보면서 유아의 사고기술이 발달하고 개념의 이해가 분명해진다. 가설 분석 과정에서 교사가 옳고 그름의 판단을 내리기보다는 명확하고 쉬운 예의 제시를 통해 유아가 분석해 보도록 장려한다. 다음은 가설 분석의 예이다.

가설 분석의 예

유아: (바닷가에서 선글라스를 쓴 사진을 보여 주며) 이 사람이 쓰고 있는 것이 무엇인 것 같니?

유아: 아, 그건 우리 엄마랑 아빠도 있어요. 해가 쨍쨍해서 쓰는 거지요. 내 것도 있어요.

교사: 이것은 선글라스라고 불러. 네 것도 있구나.

유아: 네, 나도 선글라스 있어요. 형도 있어요. 내 것은 하얀색이고 형은 파란색이에요.

교사: 눈이 나쁘지 않아도 해를 가리기 위해 안경을 쓰는구나.

(계속)

유아: 네, 해가 쨍쨍하면 눈이 잘 안 떠지니까 쓰는 거지요. 우리 할아버지는 운전할 때 멋있는 안경을 써요. 그거 선글라스요. (가설 – 안경은 잘 보기 위해 쓰기도 하고 햇빛을 가리기 위해 쓰는 물건이다.)

교사: (물안경, 스키 고글을 보여 주며) 그런데 이런 것은 안경일까?

유아: 아니 이건 물안경이에요. 수영할 때 쓰는 거예요. 이렇게 꽉 눌러서 써야지 물이 안 들어가요.

교사: 그럼 이것은 안경이 아니라고 생각하니?

유아: 그런데… 음… 이 끈이 달려 있지만, 안경인 거 같아요. '물안경'이잖아요.

③ 종결

제시된 예를 사용하여 개념의 특성을 분명히 진술하고 개념의 정의를 다듬는 단계이다. 모든 예들이 검증되어 가설이 성립되면 활동이 종결되는 시기이다. 다음은 그 예이다.

가설이 성립되어 활동이 종결되는 예

교사: 안경은 언제 사용하는 물건이니?

유아: 잘 안 보일 때요. 그리고 햇빛이나 물이나 이런 것이 눈에 들어가지 말라고요. 일할 때도 쓰고 운동할 때도 써요.

교사: 안경은 눈이 나빠서 잘 보이게 하려고 쓰기도 하고, 눈을 보호하려고 쓰기도 하고, 또 멋있어 보이려고 쓰기도 하는 물건이구나.

④ 적용

개념에 대한 정의를 확대하고 다른 예에도 정의를 일반화시키는 단계이다. 교사는 유아가 개념을 잘 이해하는지 파악하여 피드백을 제공한다.

개념에 대한 정의를 일반화시키기

내가 쓰고 싶은 안경 만들기(미술), 안경의 종류 분류하기(수학), 안경이 필요한 상황에 대한 문제해결하기(보드게임)

5) 협동학습과 프로젝트 접근법

협동학습(혹은 협력학습)과 프로젝트 학습은 학습자가 팀을 이루어 협동하며 학습한다는 공통점을 지닌다. 협동학습이 학습의 결과를 함께 성취하는 것을 중시하는 것에 비해 프로젝트 학습은 문제를 해결하는 과정에서 학습이 발생하는 것에 중점을 둔다(변영계 외, 2007).

(1) 협동학습

협동학습(cooperative learning)은 학습능력이 각기 다른 학생들이 동일한 수업목표를 향하여 소집단 내에서 함께 활동하는 수업방법이다(Slavin, 1990a, 1990b; 고재희, 2008; 이성흠, 이준, 2009). 협동학습은 개별교수방법 및 전통적인 소집단 학습에서 야기되는 단점을 보완하고, 학습자 간의 협력적인 상호작용을 촉진하기 위해, 개별 보상 외에 집단보상과 협동기술을 추가한 학습방법으로 집단 구성원들의 성공적 학습을 위하여 서로 격려하고 도움으로써 학습 부진을 개선할 수 있다.

협동학습의 역사는 1700년대 란케스터(Lancaster)와 벨(Bell)이 영국에서 협동학습을 적용한 것으로 거슬러 올라가며, 듀이의 이론과 주장에서 본격화되었다. 실제 협동학습의 출발점은 1970년대 미국의 존스홉킨스대학의 사회교육조직센터이며 우리나라는 1980년대 열린교육과 함께 학교에 소개되었다(고재희, 2008). 학문적으로는 학습자를 교실환경 내에서 능동적 참여자로 해석한 협동의 사회심리학, 접촉의 사회심리학, 사회적 구성주의 이론 등이 협동학습의 근거가 된다.

협동학습의 장점은 다음과 같다(이영자 외, 2009; 유구종 외, 2013). ① 협동학습의 과제는 사회에서 요청되는 과제들과 성격이 흡사하여 이후 사회 적응이나 문제해결에 많은 도움을 준다. ② 혼자서 하기 힘든 과제를 협력하여 해결함으로써 자신감을 가질 수 있고, 혼자서 학습하는 것보다 더 많은 것을 학습할 수 있다. ③ 다른 학습자들의 학습방법을 관찰하고 배울 기회를 갖게 된다. ④ 협력학습은 집단 응집력과 협력학습을 통한 동등한 성공 기회를 제공할 수 있다. 한편 협동학습은 학습자나 리더가 이해하고 있는 것에 오류가 있는 경우 잘못된 방향으로 이해가 진행될 수 있으며, 교사보다 또래 의존도가 높아지면서 학습과정을 소홀히 하고 놀이집단처럼 변할 수도 있다. 유아들의 경우 교사의 도움 없이 소집단 협동학습을 진행하는 것은 쉽지 않다.

유아들의 협동학습이 원활히 이루어지기 위해서는 몇 가지 기술이 필요하다. 교사는 유아가 다른 사람의 말을 듣고 이해하기, 번갈아 말하고 기다리기, 서로 도움을 주고 함께 생각하기, 상대방을 칭찬하고 지지하고 인정하기 등의 협동학습에 필요한 기술을 연습할 기회를 제공해야 한다.

일반적으로 협동학습이 개별학습보다 효과적인 결과를 보인다는 연구가 많은데 이와 같이 협동학습이 효과적이기 위해서는 몇 가지 조건이 필요하다(이성흠, 이준, 2009; Johnson & Johnson, 1994b).

- 집단 내 학습자 간의 긍정적인 상호 의존: 학습자들은 자신이 맡은 과제를 열심히 하며 상호 공유할 때 모둠의 과제가 성취될 수 있다는 자각이 필요하다.
- 대면적 상호작용: 구성원이 상호 노력을 격려하고 수행에 필요한 자료와 정보를 공유하고 상호 피드백을 주고받음으로써 과제 수행의 효과성 및 효율성을 높인다.
- 책임과 책무성: 집단의 목표를 달성하기 위한 개인의 책임과 책무성에 대한 자각이 필요하다. 교사는 전체의 성과와 개인의 활동에 대한 평가를 통해 개개인의 책무성을 제고할 수 있다.
- 대인간 및 소집단에서의 대인기술: 구성원은 서로 알고 친밀한 관계를 유지하며 자신의 의사를 명확히 전달하고, 갈등을 해결하며, 다른 의견을 수용하고 지지할 수 있어야 하며, 이를 위해 대인간 및 소집단에서의 대인기술을 적절히 활용해야 한다.
- 집단 과정: 모둠 활동에 대한 점검과 평가 과정을 의미한다. 구성원들은 활동이 상호 도움을 주었는지 점검하고 성과를 평가하며 개선할 사항을 결정한다.

대표적인 협동학습모형으로는 모둠성취분담모형(STAD: Student Teams Achievement Division), 과제분담모형(일명 Jigsaw), 모둠탐구모형(GI: Group Investigation), 자율적 협동학습모형(co-operation co-operation), 팀경쟁학습(TGT: Team Games Tournaments), 팀보조개별학습(TAI: Team Assisted Individualization) 등을 들 수 있다(유구종 외, 2013; 이성흠, 이준, 2009). 이 중 STAD, Jigsaw, GI 모형의 특성과 수업 절차는 〈표 4-13〉과 같다.

유아를 위한 협동학습은 공통적 목표에 도달하기 위하여 둘 이상의 유아가 소집단 또는 대집단으로 협력적 작업에 참여하도록 설계하는 교수 전략이다. 유아의 협동학

표 4-13 협동학습 모형별 특성

모형	특성	수업 절차
모둠성취 분담모형 (STAD)	교사가 학습자에게 제공하는 보상(칭찬, 스티커, 간단한 선물 등) 중심의 협동학습 모형으로, 교사의 수업 후 모둠학습을 시행하고, 형성평가 결과 협동학습 후 향상된 점수를 산출하여 모둠을 보상한다.	교사의 수업 안내 → 모둠 학습 → 형성 평가 → 개별·팀별 향상점수 산출 → 모둠점수 게시와 보상
과제분담 모형 (Jigsaw)	과제 중심의 협동학습모형으로 구성원에게 과제를 부여하고 과제별 전문가 집단에서의 협동학습 후, 원래 모둠으로 복귀하여 전문가 그룹에서 학습한 내용을 모둠 구성원과 공유하는 형태이다. 보상을 가미하거나 평가 전 학습시간 제공, 전문가 집단 후 퀴즈를 거치는 등 여러 가지 보완된 형태가 활용된다.	모둠 구성 → 개인별 전문 과제 부과 → 전문가 그룹 협동학습 → 원소속 집단 협동학습 → 개별 평가 → 개인별 점수 산출
모둠 탐구모형 (GI)	과제중심협동학습 모형이지만 과제분담모형과 달리 모둠별로 각기 다른 학습주제로 탐구한 후 학급 전체가 공유하는 방식이다.	소주제 및 모둠 구성 → 탐구 계획 수립 및 역할 분담 → 모둠별 협동학습 → 모둠별 발표 준비 → 모둠의 전체 학습 보고

습 모델로는 이영자, 이기숙, 이정욱(2009)이 유아를 위한 교수·학습방법으로 소개한 협력학습 모델을 들 수 있다. 이 모델은 유아에게 학습자와 교수자 역할을 모두 경험할 기회를 제공하며 유아들은 의사 결정을 경험하고 다른 문화적·사회적 배경을 가진 유아들과 상호작용하는 경험을 하게 된다. 유아 교실에서의 협력학습은 주제와 관련된 종합적 활동으로 전개하고 싶을 때 관심에 따라 팀을 구성하여 활동을 전개하고, 집단에서 발표하거나 극놀이 등의 전체 프로젝트 활동으로 전개할 때 적합하다.

유아를 위한 협력학습 모델의 계획 및 실행은 아래와 같은 과정으로 이루어진다.

① 계획

협력학습을 위해서는 목표 상세화, 학습 자료 고안, 팀 형성, 학습 진전 평가 등이 필요하다. 예를 들어 이순신 장군에 대한 위인 탐구 활동을 하며 팀별로 거북선을 만들어 본다고 치자. 거북선을 만들어 보기로 목표를 세우고, 거북선에 대해 어떻게 알아보고 어떻게 만들지 회의하고 팀을 나누게 될 것이다. 팀별 활동 결과는 어떻게 평가할지, 전시할지 등도 계획할 것이다.

② 실행

협력학습 모델은 정보 수집, 집단 내 협의, 전체 집단에서 이야기 나누기, 개인과 팀의 수행 사항에 대한 이해 및 마무리 활동으로 진행된다. 예를 들어 이야기 나누기를 통해 거북선에 대해 알아보고 여러 가지 방법으로 만들어 보기로 한 후 팀별로 수행할 방법을 토의하고 협력하여 실행할 수 있다(그림 4-8).

만 5세는 자신이 팀으로 협력해서 하고 싶은 것에 대해 이해할 수 있으며 팀원과 협력하여 작업할 수 있고, 다른 유아들에게 협동하여 수행한 것을 말로 설명할 수도 있다. 동극, 조사 활동, 공동으로 블록 구성하기 등 다양한 영역에서 협력 활동이 가능하다. 이를 통해 함께 만들기, 동극 준비하고 공연하기 등의 협력학습에 참여할 수 있다.

거북선 만들기(팀협동)

동극(팀협동)

그림 4-8 유아의 협력학습

(2) 프로젝트 접근법

프로젝트 접근법은 1920년대 듀이의 진보주의 교육에서 시작되었다. 킬패트릭은 듀이의 실험학교에서 활동을 통한 학습과 탐구학습을 기반으로 '문제 제기-계획하기-실행하기-평가하기'의 4단계로 진행되는 프로젝트 접근법(구안법)을 제안하였으며 이 접근법은 이후 교육에 널리 활용되었다(고재희 외, 2008; 변영계 외, 2007; 양옥승 외, 2015; 이영자 외, 2017).

유아교육계에서는 카츠와 차드(Katz & Chard, 1989)가 프로젝트 접근법(The project approach)이라는 교수방법으로 소개하면서 부각되었다. 그들의 정의에 따르면 프로젝트를 한 명 혹은 그 이상의 아동이 책임을 지고 특별한 주제를 깊이 있게 연구하는 것이다. 프로젝트 접근법이라는 용어를 사용하는 이유는 프로젝트는 교사나 학교의 선호도나 의무, 한계 등에 따라 다양한 방법으로 유아교육과정에 통합될 수 있기 때문이다. 유아교육에 대한 접근법으로서의 프로젝트 활동은 무엇을 가르치고 배우느냐의 내용뿐만 아니라 교수와 학습의 방법을 의미한다.

이 접근법의 목적은 아동의 정신에 활기를 불어넣는 것이며 이때 정신은 지식이나 기술뿐만 아니라 감정적이며 도덕적·미적 감각을 포함한다. 이들은 기존의 학교교육과정의 학문적 압력이나 유아교육의 놀이 중심의 전통이 각각 유아의 정신을 몰입시키고 성장시키는 데 실패하고 있다고 비판하며, 발달적으로 적합한 유아교육과정은 지적인 목표에 초점을 맞추고 유아들이 자신이 경험한 환경을 깊이 이해하는 방법에 몰두해야 한다고 보았다. 이와 함께 프로젝트 접근법으로 활동의 균형성, 생활로서의 학교경험, 교실을 지역사회로서 경험, 교사에게 교수·학습의 도전적 경험을 제공할 수 있다고 하였다(Katz & Chard, 1989; 이윤경, 석춘희 역, 1995).

프로젝트 접근법은 기본적으로 듀이의 교육철학 및 구성주의적 교수·학습관과 일맥상통하며 영유아의 흥미와 요구에 기초한 교육, 영유아 주도적 활동 참여, 주제 중심의 통합교육, 시간과 공간의 제약을 받지 않는 심층적 탐구, 협력과 공유하기를 통한 학습 등의 특성을 지닌다. 프로젝트 접근법은 전통적인 유치원의 자발적 놀이와 학문적 접근의 체계적인 교수를 통합하고 상호 보완해 줄 수 있다는 장점이 부각되며 널리 확산되었다(Katz & Chard, 1989; 이영자 외, 2017). 아래의 프로젝트 접근법의 주제와 전개 과정은 카츠와 차드(1989)의 프로젝트 접근법을 소개한 저서(Katz & Chard, 1989; 이윤경, 석춘희 역, 1995)와 차드(1992)의 《교사용 실행 지침서》(지옥정 역, 1995)에서 발췌한 내용이다

프로젝트 활동의 주제는 아동 자신(예: 집, 아기, 음식, 장난감 등), 지역사회(예: 사람, 병원, 가게 등), 지역 행사와 현재 일어나고 있는 사건(예: 지역 축제, 국경일, 선거 등), 장소(예: 이웃, 강, 언덕 등), 시간(예: 시계, 계절, 역사적 사건 등), 자연현상(예: 기후, 바람, 공룡 등), 내용이 없는 개념(예: 대칭, 색깔 등), 일반 지식(예: 사막, 탈것, 우주 등)과 그 외의 것(주로 아동의 개인적 흥미에 따라 선택될 수 있음)으로 분류될 수 있다. 이러한 주제를 선정할 때는 ① 유아의 일상 생활에 즉시 적용할 수 있는 것, ② 균형 잡힌 교육과정에 기여할 수 있는 것, ③ 유아의 미래 생활을 준비하는 데 가치가 있을 만한 것, ④ 다른 곳보다 학교(유치원)에서 주제를 학습하는 것이 유익할 때 등의 네 가지 기준에 따른다(Katz & Chard, 1989; 이윤경, 석춘희 역, 1995).

프로젝트 접근법은 예비 계획 단계와 프로젝트의 시작, 프로젝트의 전개, 프로젝트의 마무리(반영과 결론)의 3단계 과정으로 전개된다.

① 예비 계획

교사의 계획 단계에서는 프로젝트 주제 선정하기, 주제 조직망 만들기, 프로젝트 범위 결정하기가 이루어진다. 교사의 중요한 일 중 하나는 주제에 관한 교사 자신의 경험, 지식, 아이디어를 떠올려 보고 주제망이나 개념망을 만들어 보는 것이다. 주제 조직망을 만들기 위해 카츠와 차드가 제시한 종이 쪽지를 활용한 범주화와 프로젝트망 구성하기 과정은 우리나라 유치원에서 유아들을 대상으로 한 계획과 시작 단계에 많이 활용되고 있다.

아울러 교사는 유아가 수행할 수 있는 활동, 유아가 독립적으로 적용할 수 있는 기술, 자원의 이용 가능성, 교사의 흥미, 학기 중 적용 시기를 고려하고 주제와 연관된 흥미로운 견학 장소를 파악한다. 프로젝트가 여러 주 동안 진행되거나 전체 학급이 참여한다면 고도의 준비된 계획이 필수적이다.

② 1단계: 프로젝트의 시작

프로젝트의 시작 단계에서는 주제에 대해 유아가 이미 알고 있는 정보와 경험, 아이디어와 생각을 함께 모으며 참여자 사이의 공통된 근거를 형성해야 한다. 이때 사전 토의를 토대로 집에서 관련된 물건 가져오기, 재료 모으기, 조사하기, 견학이나 방문자와 약속 정하기, 최초의 질문 목록 만들기, 재료 구하기 등이 이루어진다. 교사는 프로젝트에 대한 유아의 흥미를 이끌어 내며, 도입을 위한 토의를 진행하고, 프로젝트 초기 단계의 활동을 전개한다. 극화놀이, 그림 그리기와 색칠하기, 쓰기 등의 활동을 계획할

사전 경험 그리기 | 생각 모으기(유아) | 주제망 구성하기(유아) | 질문 목록 만들기

그림 4-9 프로젝트 시작 단계에서의 활동(책 프로젝트)

수 있으며, 부모 참여방법도 계획한다. 유아들이 조사하고자 하는 질문 목록을 작성하면 프로젝트 1단계가 종료된다.

③ 2단계: 프로젝트의 전개

2단계에서는 현장 조사에 대한 계획을 수립하고 전문가를 초청하여 이야기를 나누는 등의 활동이 주요 내용을 이룬다. 두 번째 단계에서 강조할 점은 새로운 정보의 유입이다. 여기서는 대집단 또는 소집단 토의, 현장 견학, 전문가 만나기, 책이나 사진, 전시물 수집하기 등이 이루어진다. 학습을 위한 활동으로는 구성 활동, 조사 활동, 극화놀이 등이 이루어지며 그림, 차트, 그래프, 모형, 판게임, 쓰기 등의 작품 활동이 포함될 수 있다. 전시 공간은 프로젝트 전개의 중요한 공간이 되며 전시는 정보의 제공, 작업의 기록, 외부인과 소통의 기능을 하게 된다. 교사는 유아가 이미 가지고 있는 기술—관찰, 그리기, 쓰기, 읽기 등—을 독자적으로 사용해 보도록 장려한다. 흥미 있는 주제를 발견하거나 추구하는 유아의 성향을 강화시키고, 적절한 재료를 제공하며, 발견과 아이디어를 표현하기 위한 방법들을 도와 준다.

독서 활동 | 책의 재질(종이) 탐구 | 서점과 도서관 가기 | 작가에게 편지 쓰기

그림 4-10 프로젝트 전개 단계에서의 활동(책 프로젝트)

④ 3단계: 프로젝트의 완성–반영과 결론

프로젝트의 절정 단계로 그룹과 개인이 일을 완성시키고 무엇을 배웠는지 요약하고 적용해 보는 반영과 결론의 단계이다. 주제에 대해 이해한 것을 나누어야 하며 새로운 정보 유입은 바람직하지 않다. 나이가 조금 많은 유아에게는 새로 알게 된 지식을 연습하고 반영해 보도록 놀이, 전시, 음악과 극, 춤, 학급 책 만들기, 노래와 시 짓기, 이야기 만들기, 부모님이나 친구 초대하기 등을 할 수 있다.

동극

책 만들기

만든 책 전시

책 전시회 초대장

그림 4-11 프로젝트 완성 단계에서의 활동(책 프로젝트)

6) PBL: 문제기반학습

PBL(Problem Based Learning: 문제기반학습 또는 문제중심학습)은 구성주의 인식론에 기반을 두고 개발된 학습자 중심의 교육방법으로 학습자들이 능동적으로 참여하도록 하기 위해 문제 상황을 사용하는 교수방법을 지칭한다(박인영, 2017; 이성흠, 이준, 2009; 최봉선, 2009). 배로즈(Barrows) 교수에 의해 처음으로 의과대학의 교수법으로 도입되었으며 이후 일반 교육 프로그램으로 체계화되어 다양하게 활용되고 있다. 구성주의 교수·학습 원칙을 분명하고 철저하게 잘 실천할 수 있는 체계적인 모형으로 평가된다.

PBL 모형에서 학습은 특정 상황을 기반으로 하는 복잡하고 비구조적인 문제에서 출발한다. 학습자들은 자기주도적·협동적으로 문제를 해결하는 경험을 하며 문제해결 전략, 학문적 지식과 기술을 개발해 나간다. PBL의 특징을 문제, 학습자, 교수자, 수업과정 상호작용 측면에서 알아보면 다음과 같다(이성흠, 이준, 2009, pp. 116~118).

- 문제(problem): PBL은 문제로 시작한다. 문제는 교육과정에 기초하여 쉽게 해결되지 않은 비구조화되고 실제적 세계와 관련되는 복잡한 것으로, 학습자가 접근하는 방식에 따라 도출되는 결론이나 해결책의 수준, 질 등이 결정될 수 있다.
- 학습자: PBL은 학습자 중심이다. 문제에 직면한 당사자인 학습자는 상황과 역할을 부여받으며, 좋은 해결책을 위하여 필요한 조건과 근본 문제를 확인하고, 필요한 정보를 직접 다루면서 '의미'와 '이해'를 추구하고 학습에 대해 책임을 담당하는 능동적 문제해결자 또는 자기 주도적 학습자가 되도록 한다.
- 교수자: PBL에서 교수자의 역할은 지식 전달자에서 학습 진행자로 전환된다. 교수자는 교육과정 설계자로서 문제를 설계하고, 학습자원을 정리하고 활용계획을 세

표 4-14 PBL 교수·학습 과정 모형

학자	교수·학습 과정		
Barrow & Mayers (1993)	① 수업 분위기 조성 ④ 자율학습 ⑦ 정리 및 평가	② 문제 제시 ⑤ 협동학습 및 토의학습	③ 잠정적 문제해결 지도 ⑥ 토론 결과 발표
Fogarty (1997)	① 문제 직면 ④ 가설 설정 ⑦ 대안 산출	② 문제 정의 ⑤ 조사 ⑧ 해결책의 정당화	③ 사실 수집 ⑥ 문제 재설정
조연순 (2006)	① 문제 개발 절차 ④ 탐색 및 재탐색하기	② 문제 만나기 ⑤ 해결책 고안하기	③ 문제해결 계획 세우기 ⑥ 발표 및 평가하기
최봉선 (2009)	① 사전학습(궁금증, 동기 유발) ② 문제 제시 ③ 과제 수행 활동 Ⅰ, Ⅱ, Ⅲ, Ⅳ(모둠 모임, 개인 과제 수행) ④ 반추 활동		

우며, 학습자 집단을 조직하고 평가를 준비한다. 그리고 학습촉진자로서 수업환경에서 적당한 긴장감을 조성하고, 안내자로서 학생에게 일반적 관점을 제공하며, 평가자로서 형성평가를 통한 송환 정보를 제공하고, 내용 전문가로서 지식의 중요성을 밝혀 학습자가 균형을 유지할 수 있도록 하고, 명제적 지식–과정적 지식–개인적 지식 간의 상호 관련성을 파악할 수 있도록 지원한다.

- 수업과정 상호작용: PBL은 실천적인 문제를 중심으로 상황적 맥락을 고려하며 학습자가 스스로 문제를 해결해 나가는 자기주도적 학습방법이다. 수업은 협동학습이 가능한 상호작용 학습환경이 강조된다. 자신에 대한 평가, 학습과정에 대한 평가, 반추일지와 같은 종합적인 평가가 사용된다.

PBL의 절차는 실제적인 문제가 주어지고 문제의 원인과 해결방안을 제시하고, 결과를 발표하고 평가하는 과정이다. 연구자들이 제시한 PBL 교수·학습 과정은 〈표 4-14〉와 같다(박인영, 2017; 이성흠, 이준, 2009; 조연순, 2006; 최봉선, 2009).

최봉선(2009)은 어린 학습자일수록 PBL에서 요구하는 구성주의적 사고 활동에 쉽게 참여할 수 있고 더 강조될 필요가 있다고 보고 유아를 위한 PBL 기반 구성주의적 프로그램을 개발하고 유아에 적용 후 학습흥미도를 중심으로 효과를 분석하였다. 연구결과 유아의 주의 집중, 흥미도, 자신감, 성실성, 언어 활동에 대한 관심이 높게 나타나는 긍정적인 효과가 있었다.

〈표 4-15〉는 유아를 대상으로 PBL 접근에 기초한 과학 활동의 예이다.

표 4-15 '공기정화식물' 활동계획안

생활 주제	환경과 생활	활동 주제	공기정화식물
목표	• 공기 정화 식물을 탐구해 보고 관찰한다. • 자신의 생각과 다른 사람의 생각을 존중하는 태도를 가진다.		
활동 자료	미세먼지 예보 자료, 동영상 자료, 흙, 유아용 삽, 화분, 대나무야자, 율마, 싱고리움, 아이비 등		
실행 단계	PBL 활동 내용		
문제 만나기	1. 오늘의 날씨(미세먼지)에 대해 이야기 나눈다. – 오늘의 일기예보에서 미세먼지는 어떤지 알아보기 2. 해결이 필요한 문제가 무엇인지 생각해 본다. – 미세먼지가 심한 날에는 어떻게 생활해야 할까? – 미세먼지를 줄이는 방법은 무엇일까? 3. 문제를 탐색한다. – 미세먼지는 우리에게 어떤 영향을 미치는지 알아보기(동영상 등 자료) – 마스크를 착용하는 방법 외에도 어떤 방법이 있는지 알아보기		
문제해결을 위한 토의하기	4. 문제해결을 위한 다양한 정보를 모은다. – 식물을 이용해서 공기를 정화하는 방법 알아보기 – 다양한 공기정화식물에 대해 알아보기 5. 교실에 공기정화식물을 놓을 수 있는 방법 알아보기 6. 모둠별로 공기정화식물 화분 심기 활동을 어떻게 할지 토의하기 – 모둠별로 식물의 종류 정하기 – 모둠별로 역할 분담하기		
문제해결하기	7. 모둠별로 공기정화식물 화분 만들기 – 공기정화식물을 화분에 심기 – 화분 이름표 붙이기		
평가하기	8. 모둠별로 화분을 심은 경험 평가하기 9. 다른 모둠 친구들의 화분 돌아보며 경험 나누기 – 모둠별로 화분 만들기 재료와 과정에 대해 이야기하기 10. 전체 평가하기 – 화분에 심은 식물들이 서로 어떻게 다른지 알아보기 – 화분에 심은 식물을 보살피는 방법 의논하여 정하기		

자료: 박인영, 2017, pp. 100~101을 참조하여 수정한 계획안.

지금까지 직접교수, 문답법, 발견·탐구학습, 협동학습 등 다양한 교수·학습방법에 대해 살펴보았다. 모든 교수·학습 활동에 적용될 수 있는 가장 우수한 모델은 없으며, 학습목표 및 내용에 따라 적절한 교수·학습 모델이 다르다. 추론기술은 개념학습 모델과 탐구 모델, 재조직 기술은 개념학습 모델과 시넥틱스(창의적 문제해결), 기억촉진기술은 연상기억교수 모델과 직접적 교수 모델, 관계형성기술은 협력학습 모델과 토의학습 모델이 효과적일 수 있다.

4. 교수 · 학습 패러다임의 변화

패러다임은 사회현상이나 자연현상을 설명하는 사고의 틀로, 사람들은 이에 근거하여 현상을 이해하고자 한다. 따라서 교수·학습 과정을 이해하기 위하여 패러다임의 변화를 검토하고 이를 교육방법 및 교육공학과 연결 지어 생각해 볼 필요가 있다.

백영균 등(2010)은 교수·학습의 패러다임을 전통적 패러다임, 경험-과학적 패러다임, 공학적 패러다임으로 구분하여 설명하였다(그림 4-12).

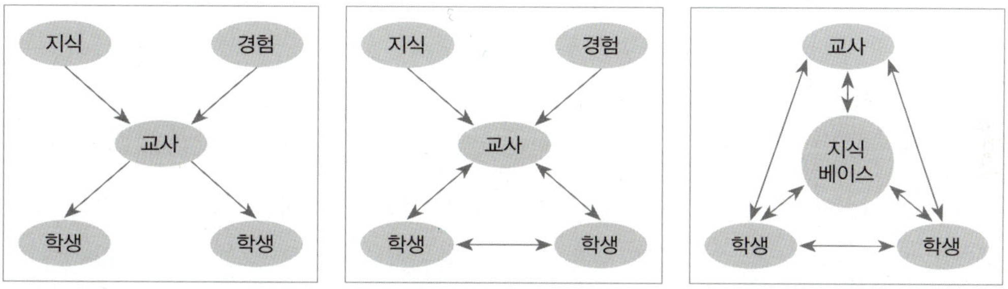

전통적 교수·학습 패러다임 | 경험-과학적 패러다임 | 미래의 공학적 패러다임

그림 4-12 교수·학습 패러다임의 변화(과거-현재-미래)
자료: 백영균 등, 2010, pp. 61~63.

1) 전통적 패러다임

과거의 교수·학습 패러다임은 교사가 학습자에게 가르쳐야 할 교육 내용으로 지식과 경험을 선정하고 조직하여 주로 교사가 언어를 중심으로 전달하는 형식의 패러다임이었다. 이 같은 전통적 패러다임에서는 타일러가 제시한 '수업을 통해 달성하고자 하는 목표가 무엇인가?', '목표를 달성하기 위하여 어떠한 교육적 경험이 제공되어야 하는가?', '그러한 교육적 경험들을 효과적으로 조직하는 방법은 무엇인가?', '목표에 도달하였는지의 여부를 어떻게 확인할 수 있을 것인가?'의 네 가지 질문과 함께 '선정되고 조직된 교육적 경험들을 학생에게 어떻게 효과적으로 전달할 것인가?'를 주요 탐구 문제로 삼는다. 교사는 주로 지식과 경험의 전달자 역할을 수행하며, 학습자는 교사가 전달하는 지식과 경험을 수동적으로 기억하고 이해하게 된다.

2) 경험-과학적 패러다임

경험-과학적 패러다임은 전통적 패러다임과 크게 다르지 않으나 교사와 학습자, 학습자와 학습자 간의 쌍방적 관계로의 변화를 포함한다. 과거 교사가 학습자에게 일방적으로 전달했던 전달식 교수·학습이 아니라 교사와 학습자, 학습자와 학습자 간의 양방향적 상호 의사소통의 과정을 통하여 학습을 촉진한다는 개념이다. 따라서 학습자 간의 상호작용과 참여를 이끌어 내기 위한 교수·학습방법이 중요한 의미를 지닌다. 교사가 지식과 경험의 소유자이며 학습의 유일한 채널이라는 점에서는 전통적 패러다임과 다르지 않다.

3) 공학적 패러다임

미래의 교수·학습 패러다임은 정보통신기술과 사회 체제의 변화를 반영하는 공학적 패러다임이다. 정보통신기술을 기반으로 하는 정보사회에서는 교사가 더 이상 학습의 유일한 채널이 아니며 지식 베이스를 기반으로 교사와 학습자의 관계가 재구축된다. 학습자가 지식에 접근하는 통로가 다양해지므로 스마트한 학습 환경의 구축은 필수 조건이 된다. 이 패러다임에서의 교수·학습에서는 학습자의 자율성과 자기 관리가 중요해지며, 공간적 한계를 초월하여 다양한 자원이 네트워크를 통해 교류될 수 있고, 지식은 일부 집단의 독점이 아닌 상호 공유와 의견 교류가 이루어지고, 다양한 형태의 수업이 이루어지게 된다.

교육 패러다임의 변화는 초소형 컴퓨터와 무선통신 정보기술 기반으로 한 교육환경이 변화되는 것, 다양한 정보 매체가 융합되는 것, 다양한 유비쿼터스 요소 기술로 교육환경이 다양화되는 것을 포함한다. 유비쿼터스 세계는 전자-물리공간 통합을 위해 물리공간에 컴퓨터를 삽입하는 공간혁명으로 도시혁명, 산업혁명, 정보혁명에 이어 4차 공간혁명으로 불린다. 정보혁명이 인간의 활동 기반을 물리공간에 두고 인터넷 네트워크를 통해 보이지 않는 전자공간을 창조한 것이라면, 유비쿼터스 혁명은 물리공간에 전자공간을 연결해 물리공간과 전자공간을 하나로 통합하고 상호작용화한 것이다. 앞으로는 학습환경적 측면에서 지능형 학습장이 구축되어 사람-사물-공간의 유기적이고 지능화된 네트워킹이 이루어지면서 학교·가정·사회 등 모든 공간이 학습의 장으로 구축되며, 지능형 단말기의 발달이 계속되며, 학습 콘텐츠가 다양해지고 콘텐츠와 네트워크가 통합되고, 온라인과 오프라인 학습 환경이 결합되고 개별화·맞춤화된 학습이 구현될 것으로 예견된다. 학습 활동적 측면에서는 자기주도적 학습이 강조되며 개인별 맞춤식 학습을 지향하게 되고 원거리 학습자 간에도 협력 활동이 강화될 것으로 기대된다(박정환 외, 2007).

CHAPTER

05 교육공학과 유아교육

1. 공학과 유아교육의 통합

1) 공학 관련 용어와 개념

공학(technology)의 발달로 과거 분리된 매체들이 컴퓨터를 중심으로 통합·디지털화되었다. 최근에는 첨단 공학의 발달로 원격 교육이 발달하고, 상호작용적 테크놀로지의 적용이 증가하였으며 가상현실, 유비쿼터스 등의 개념이 교실에 도입되고 있다. 1980년대 이후 이루어지기 시작했던 컴퓨터 중심의 통합은 이제 학급과 가정에서 전혀 새로운 테크놀로지가 아니며, 점차 매체 구분이 힘든 통합적 성격으로 변하고 있다. 하인리히와 동료들(Heinich et al., 2002)은 매체와 테크놀로지의 통합 트렌드를 〈그림 5-1〉과 같은 변화 과정으로 제시하고 있다.

미디어의 급속한 발달로 테크놀로지와 관련된 용어와 개념이 매우 빠른 속도로 변화하고 있다. 여기서는 자주 언급되는 용어의 기본적인 의미를 살펴본다.

(1) 전자미디어

전파매체라고도 하는 전자미디어는 라디오, TV, 영화, 인터넷 등과 같이 시각과 청각 등을 이용하여 정보를 전달하는 매체이다. 전자미디어는 초기의 라디오, TV 등의 아날

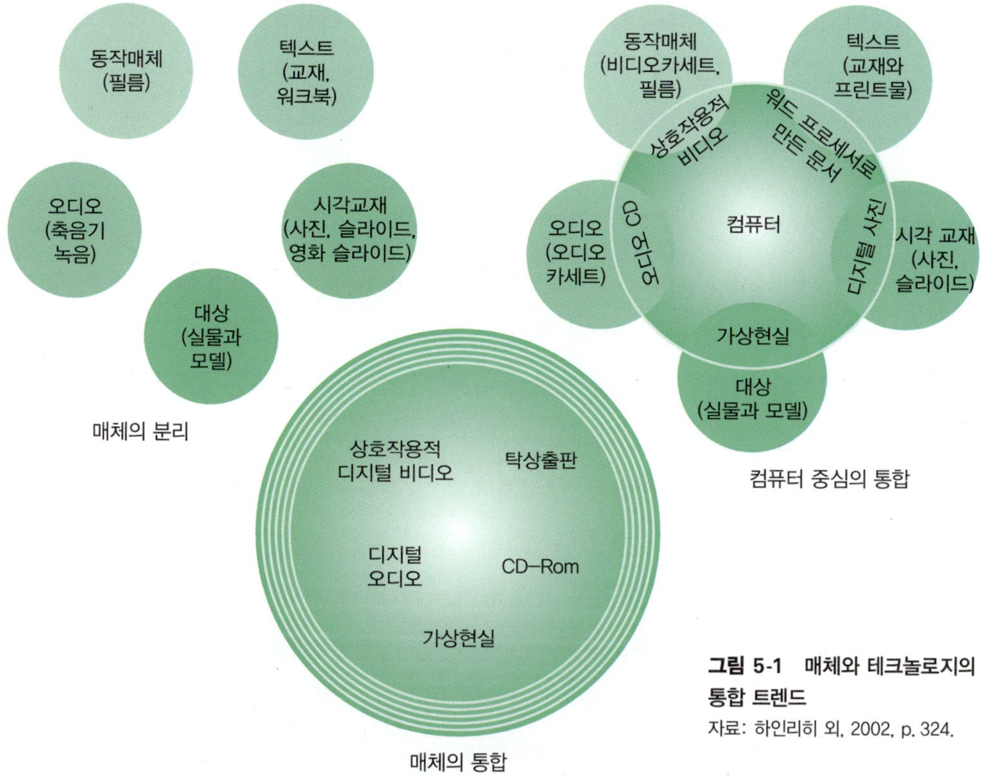

그림 5-1 매체와 테크놀로지의 통합 트렌드

자료: 하인리히 외, 2002, p. 324.

표 5-1 전자미디어의 분류 기준

학자	분류 기준	특징
McLuhan (1964)	핫미디어(라디오, 영화)	정보의 양과 선명도(해상도나 퀄리티)의 정도를 기준으로 나눔
	쿨미디어(TV, 애니메이션)	
Rideout, Foehr & Roberts (2010)	컴퓨터	미디어의 활동 유형별로 미디어를 구분
	영화	
	음악	
	인쇄물	
	TV	
	비디오 게임	
김영석 (2000)	매체 전송방식	패키지계, 유선계, 무선계, 위성계
	매체 구성방식	문자계, 음성계, 영상계
김정아 (2013)	TV–비디오	유아들이 주로 사용하는 전자미디어를 기준으로 분류
	컴퓨터	
	스마트기기	

자료: 박성덕, 2014, p. 12.

로그 미디어로 시작하여 이후 컴퓨터나 인터넷 등의 디지털미디어로 발전하였고, 유비쿼터스 기술을 기반으로 태블릿 PC나 스마트기기로 확대되었다. 전자미디어의 분류기준은 학자에 따라 다소 차이를 보이며 자세한 내용은 〈표 5-1〉과 같다(박성덕, 2014).

(2) 컴퓨터 보조 수업

컴퓨터 보조 수업(CAI: Computer Assisted Instruction)은 컴퓨터가 교사의 역할을 대신하여 학습자를 가르치도록 고안된 것이다. 컴퓨터를 이용해 교과내용을 학습자에게 가르치는 개별학습 체계로, 개인의 능력에 따른 개별지도를 행하는 교육시스템을 뜻하며, 보통 학습자는 단말장치를 통하여 컴퓨터 프로그램과 대화하면서 학습하며 한편 프로그램은 학습자가 범한 오류를 당사자에게 알려 수정을 촉구한다(고재희, 2008; 박숙희, 염명숙, 2007). 컴퓨터 보조 수업은 학습자 개개인에 맞는 수준과 속도로 학습을 진행할 수 있어 개별적인 수업이 가능하며, 컴퓨터의 특성을 활용하여 학습을 흥미롭게 제시할 수 있어 학습자에게 흥미로운 학습 경험을 제공하고 반복적인 연습, 모의 학습 등이 가능하다. 또한 학습자의 오답에 반응하는 등 상호작용적이며 특히 부진한 학습자에게 효과적인 학습 수단이 될 수 있다. 그러나 우수한 코스웨어가 부족하고 개발이 어렵다는 한계가 있다(박숙희, 염명숙, 2007).

컴퓨터 보조 수업은 학습 내용의 구성에 따라 반복연습형, 개인지도형, 게임형, 모의실험형 등이 있으며 그 외에 발견학습형, 문제해결형, 자료제시형을 포함시켜 구분하기도 한다. 컴퓨터 보조 수업의 유형과 특성은 〈표 5-2〉와 같다(고재희, 2008).

초기의 유아 대상 컴퓨터 보조 수업 프로그램 관련 연구는 1990년대에 이루어지기 시작하였으며 한글교육용 프로그램 개발(이현숙, 1996), 발달 장애 유아 대상 프로그램의 개발(박경단, 1999; 이영철, 박경단, 1999; 최성규, 이효신, 2000; 최의경, 2004; 한경임, 김선미, 2005), 주의집중력 향상(정금자, 2002) 등이 주를 이루었다. 2000년대 중후반부터는 음성 인식 소프트웨어 사용(강정주, 2004), 상호작용적 컴퓨터 보조 수업 프로그램 설계 등과 관련된 연구(원혜민, 이경미, 2011) 등이 이루어졌다.

(3) 멀티미디어

멀티미디어(multimedia, 다매체 또는 다중매체)는 'Multum'과 'Medium'을 합친 낱말로, 여러 형식의 정보 콘텐츠와 정보 처리(텍스트, 오디오, 그래픽, 애니메이션, 비디

표 5-2 컴퓨터 보조 수업의 유형과 특성

유형	활용	교사의 역할	컴퓨터의 역할	학습자의 역할
반복 연습형	• 이미 배운 내용의 반복 연습 • 기본적 사실이나 정보 복습 • 수업목표가 달성될 때까지 계속 반복연습 가능	• 관련된 내용의 수업 먼저 제시 • 컴퓨터 보조 수업 문제의 수준 확인 • 학습자 진도의 확인과 조언	• 질문 제시 • 즉각적 피드백 제시 • 학습자의 진도를 디스크에 저장	• 질문에 대답 • 정/오답 여부 확인 및 피드백을 통한 반복학습
개인 지도형	• 새로운 학습 내용 제시 • 개별지도가 많이 필요한 내용의 학습	• 개별 학습자의 진도 확인 및 관찰	• 학습 내용 제시 • 학습 내용에 대한 질문, 정답 확인, 도움, 피드백 및 요약 제시, 학습경로 및 성취도 저장	• 프로그램 지시에 따라 학습 • 질문에 대답 • 필요시 질문이나 도움 사용 • 피드백을 통한 학습
게임형	• 복습용 • 동기를 높일 필요가 있을 때 • 개별적 또는 소집단 간의 경쟁을 통해 동기를 높일 때	• 학습 시간의 제한 • 진도의 관찰	• 경쟁자, 심판 또는 점수 기록자 역할	• 사실·전략·기능의 학습 • 자신의 선택에 대한 평가 • 컴퓨터나 동료와의 경쟁
모의 실험형	• 실제 상황과 유사한 상황의 제시가 필요할 때 • 학습활동이 위험하거나 수행에 다른 비용이 많이 들 때	• 주제 제시 • 배경과 규칙의 설명	• 역할 분담 • 상황의 규칙, 데이터, 그리고 학습자의 결정에 따른 결과의 제시	• 의사결정 연습 • 선택 • 자신의 선택에 대한 결과 분석 및 평가
발견 학습형	• 가설 검증 • 시행착오를 통한 학습 • 데이터 검증 • 해결책 제시	• 기본 문제의 제시 • 학습 진도 관찰 및 조언	• 정보 및 자료의 기능 제시 • 학습자의 탐색 활동 기록	• 가설의 설정 및 확인을 통한 원리나 규칙을 발견
문제 해결형	• 문제 설정 • 가설 진술 • 데이터 검증 • 해결책 제시	• 문제 설정 • 학습자 배정 • 해결책의 방안	• 문제 제시 • 데이터 조작 데이터 관리 • 피드백 제공	• 문제의 규명 • 해결책의 제시 • 독립변인들의 조작
자료 제시형	• 자료 검색 • 자율학습	• 검색방법 제시 • 특정 제시	• 자료 제시(텍스트, 비디오, 오디오, 사진 등) • 필요에 따라 사용자용 노트와 프린트 기능 제공	• 자료의 탐색, 수집, 비교, 분석 정리

자료: 고재희, 2008, p. 435.

오, 상호작용 등)를 사용하여 사용자에게 정보를 제공하고 즐거움을 주는 미디어를 뜻한다. 멀티미디어의 개념은 공학의 발달과 함께 의미가 변화되어 1950년대에는 OHP, 슬라이드, 녹음기, 영화 등과 같이 두 가지 이상의 매체를 조화시켜 사용하는 것을 의미하였다가 컴퓨터공학이 발달하면서 여러 가지 매체로 전달되던 정보가 하나의 매체로 통합되면서 그 의미가 변화하였다. 컴퓨터 정보가 전통 매체인 텍스트와 그래픽뿐만 아니라 오디오, 스틸이미지, 애니메이션, 비디오, 상호작용을 통해 표현될 수 있다는 뜻을 지닌다.

이와 관련하여 하이퍼텍스트(hypertext), 하이퍼미디어(hypermedia), 멀티미디어(multimedia)라는 용어가 자주 사용되는데, 톨허스트(Tolhurst, 1995)는 이를 구별하여 정의하였다. 톨허스트의 정의에 설명을 더하여 세 가지 용어를 구분하면 다음과 같다(Tolhurst, 1995; 박숙희, 염명숙, 2007).

- 하이퍼텍스트: 비순차적으로 구성되어 사용될 수 있는 문자 정보, 정지된 상태의 도형, 그림과 도표 등의 화면을 뜻한다. 하이퍼링크(hyperlink) 또는 하이퍼링킹(hyperlinking)이라고도 한다. 전자매체 이용자가 본문 중 한 단어를 선택하면 관련된 추가 정보를 얻도록 해 주는 컴퓨터 프로그램 특성 가운데 하나이다. 링크는 대개 본문 가운데서 관련 단어나 구를 다른 서체나 색상으로 강조하여 표시하고 텍스트를 사진이나 소리 혹은 동영상과 연결하기도 한다. 하이퍼텍스트는 1990년대 초기에 상업적 목적으로 이용되기 시작한 쌍방향 멀티미디어 컴퓨터 시스템에서 유용하게 사용되었다.
- 하이퍼미디어: 문자 정보, 사운드, 비디오, 이미지, 애니메이션을 포함하는 다양한 형태의 정보로 구성되며 상호작용적 링크를 허용하는 컴퓨터 기반 시스템을 말한

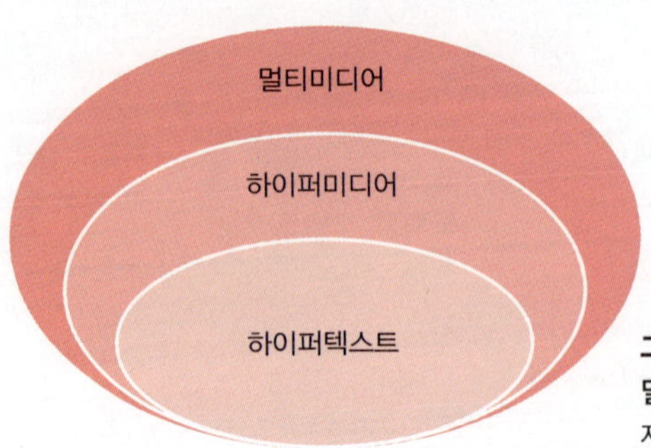

그림 5-2 하이퍼텍스트, 하이퍼미디어, 멀티미디어의 관계
자료: Tolhurst, 1995, p. 25.

다. 하이퍼텍스트와 달리 시간상으로 정지된 상태가 아닌 매체 형태를 포함한다. 문자, 음성, 영상, 애니메이션 등 형태가 다른 여러 가지 미디어를 같은 환경에 연결시켜 조작 가능하도록 한 새로운 미디어 시스템이다. 전자매체 이용자가 본문 중에서 한 단어를 선택하면 그 단어와 관련된 추가 정보를 얻도록 해 주는 컴퓨터 프로그램 특성 가운데 하나가 하이퍼링크이다. 하이퍼링크를 통해 얻어지는 추가 정보로는 그 단어의 정의나 같은 문서 안에서의 관련 참조 등이 있다. 이때 연결되는 추가적인 정보가 텍스트뿐만 아니라 다른 미디어 형태인 사진이나 소리 혹은 동영상과 연결되기도 하는데 이를 하이퍼미디어라고 한다. 즉, 하이퍼미디어는 서로 다른 미디어가 같은 환경에서 이용될 수 있도록 연결된 미디어 시스템을 말한다.

- 멀티미디어: 문자 정보, 사운드, 비디오, 이미지, 애니메이션을 포함하는 다양한 형태의 정보 제시를 의미한다. 컴퓨터 기반의 상호작용적 멀티미디어는 하이퍼미디어와 하이퍼텍스트를 포함한다. 멀티미디어는 컴퓨터 보조 수업과 같은 형태이지만 컴퓨터 보조 수업이 미리 정해진 구조라면 멀티미디어 시스템은 융통적이고 내용이 풍부하며 학습자의 학습경로가 다양하다. 문자와 화상, 음성, 애니메이션 등 각기 다른 시청각 미디어를 한 대의 컴퓨터로 통합하는 시스템으로 종전의 컴퓨터 기능에 영상 정보와 음성 정보 처리 기능을 덧붙여 대화형으로 사용하도록 한 것이다. 따라서 멀티미디어는 화상과 음성 정보를 동시에 이용할 수 있어 정보 이용의 효율성이 높고, 비교적 적은 비용으로 시간과 장소의 제약을 초월할 수 있으며 사용자 중심의 소프트웨어이므로 사용이 편하고 인간의 사고과정이나 일상적인 활동을 지원한다는 장점이 있다.

멀티미디어의 종류와 기능이 다양해지고 정보통신기술이 발달하면서 영유아의 멀티미디어 사용 연령이 급속도로 증가하고 연령도 하향화되고 있다. 영유아 가정에서 보유하고 있는 멀티미디어 매체는 TV, 컴퓨터, 스마트폰, 스마트패드 등이며 특히 스마트폰의 이용이 증가하고 있다. 부모의 미디어 매체에 대한 인식과 이용시간은 자녀의 이용시간과 밀접한 관계를 보였다(이정림 외, 2013). 가정에서 유아들이 주로 선호하는 멀티미디어는 게임, 동화, 동영상 등이다(오지선, 2016).

유아교육기관에서도 멀티미디어는 다양하게 활용되고 있다. 특히 멀티미디어 동화나 이야기 나누기 자료는 활용도가 매우 높은 편이며 교육적 효과에 관한 관련 연구도 많이 이루어져 있다. 유아교육기관 교사가 많이 사용하는 스마트매체는 파워포인트 슬라이드 자료이며 사진과 그림 자료, 플래시/애니메이션 자료, 영상 자료, 노래 등 음원 자료 등도 사용되고 있다. 파워포인트 슬라이드 자료는 시각과 청각 정보 자료로 다른 자료에 비해 비교적 편집이 쉬우며 사진, 삽화, 영상, 음원, 텍스트를 원하는 대로 삽입할 수 있어 교수 자료로 많이 사용된다. 스마트매체는 대집단 활동시간에 주로 사용되며, 동식물과 자연 관련 주제, 안전교육 시 활용도가 높은 편이다(채유정, 2015).

(4) e-러닝

e-러닝(electronic learning)의 광의의 의미는 교수와 교육, 학습 등의 일부 또는 전체를 정보기술을 이용하여 지원하거나 전달하는 교육 전체의 총칭으로 이 개념에 따르면 방송·통신망을 통한 온라인 교육과 CD-Rom, DVD 등 저장형 교육 콘텐츠 전달매체를 통한 오프라인 교육을 포함한다. 협의의 의미로는 유무선 방송통신망이나 인트라넷을 통하여 시간과 공간의 제약 없이 관련 지식과 정보에 접근하여 양방향으로 학습 또는 교육하는 방식을 뜻한다. 따라서 e-러닝은 교육 콘텐츠, 네트워크와 하드웨어 및 소프트웨어 등 기술 솔루션, 학습자·교수·운영자 등이 상호 협업하는 쌍방 간 네트워크 커뮤니티로 구성되어야 하며 이를 충족하는 사이버 교육, 온라인 교육, 웹 기반 교육 등이 포함된다(한태인, 곽덕훈, 2007). 일반적으로 e-러닝은 컴퓨터와 각종 통신매체가 지원하는 상호작용성에 기반한 온라인 학습을 주로 교수·학습 과정에 적용하면서 시간과 장소의 제약을 받지 않는 형태의 교육방법으로 인터넷, 인트라넷, 위성방송, 오디오, 비디오, CD-Rom 등 전자적 매체를 활용하여 학습 내용을 전달하는 방법이다(변영계 외, 2007). 우리에게 친숙한 대표적인 e-러닝 프로그램은 EBS 수능방송과 사이버 가정학습이다. 〈그림 5-3〉은 일반적인 컴퓨터 기반 교육부터 u-러닝에 이르기까지의 상호작용 범위를 보여 준다.

e-러닝의 상호작용 유형은 학습자-인터페이스, 학습자-콘텐츠, 학습자-교수자, 학습자-학습자의 네 가지 형태가 있다(박숙희, 염명숙, 2007).

- 첫째, 학습자-인터페이스 상호작용은 과제 완수를 위해 기술적 도구를 조작하는 과정으로 이 과정을 통해 수업 내용에 접근하게 된다.

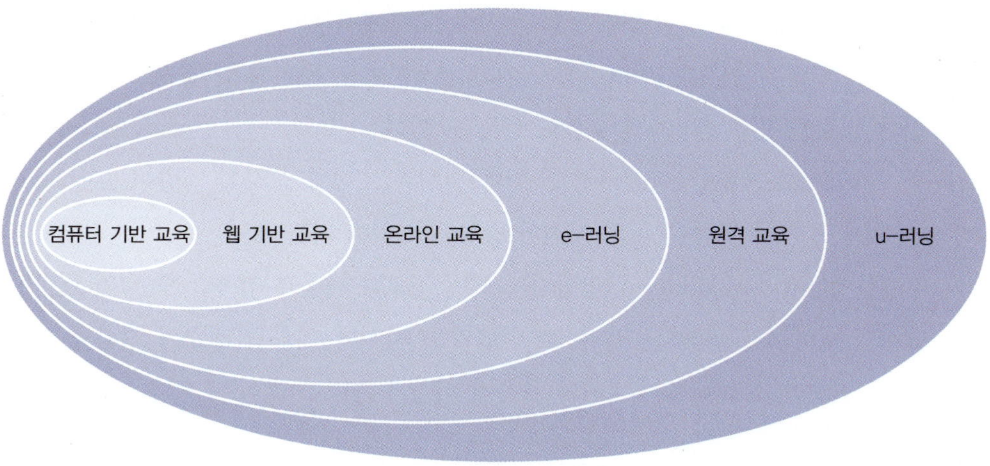

그림 5-3 e-러닝, 원격 교육, u-러닝
자료: 고재희, 2008, p. 466.

- 둘째, 학습자-콘텐츠 상호작용은 콘텐츠와의 지적 상호작용을 통해 학습자의 이해력, 지작능력, 인지 구조의 변화를 야기하는 과정으로 주의를 끌 수 있는 시나리오, 시각적 자료, 퀴즈, 게임, 평가 등의 전략이 사용된다.
- 셋째, 학습자-교수자 상호작용은 수업 내용과 목표를 명확히 하는 것이 목적으로 FAQ, 공지사항, 신속한 답변 등을 사용한다.
- 넷째, 학습자-학습자 상호작용은 문제 분석, 정보 공유, 의견 교환 등을 목적으로 하며 집단 참여과정에 대한 모니터링이 필요하다.

커슬리(Kearsley, 2000)는 e-러닝의 특징으로 협업, 연결성, 학습자 중심, 무제한성, 공동체, 탐구, 공유된 지식, 다감각 경험, 실제성의 아홉 가지를 제시하였다(Kearsley, 2000). 이를 간략히 살펴보면 다음과 같다(고재희, 2008; 백영균 외, 2010; 이성흠, 이준, 2009; Kearsley, 2000).

- 협업(collaboration): 온라인 교육에서는 학습자와 교사의 협업이 증가한다. 이때 많은 온라인 프로젝트들을 통해 다른 장소에 위치한 학급 간의 정보 공유 활동에 참여하게 된다. 특별히 협업하려는 의도가 없는 경우라도 온라인상에서의 상호작용은 비교적 쉽게 이루어진다. 전통적인 교실에서의 상호작용 모델과 달리 협업에서는 학습자가 짝이 되거나 소집단 또는 대집단으로 참여하게 된다.

- 연결성(connectivity): 학습자는 친구, 교수, 교사에게 이메일이나 화상회의를 통해 연락을 취할 수 있으며, 인터넷상의 여러 검색방법을 동원해 연락 정보를 얻을 수 있다. 필요한 경우 전문가의 도움도 얻을 수 있다.
- 학습자 중심(learner-centered): 수업의 설계와 조직에 교사의 역할이 크긴 하지만, 학생도 참여 활동을 통해 자신이 방향을 설정해 나간다.
- 무제한성(unboundedness): 학습자가 어떤 정보나 사람과 접촉할 수 있기 때문에 교실의 벽이 허물어진다. 그러므로 학습자는 자신이 원하는 장소와 시간을 선택할 수 있으며, 직장에서는 직원의 교육에 시간과 경비가 많이 소모되는 교실 연수를 e-러닝으로 대체할 수 있다.
- 공동체(community): 교육은 배우기를 희망하는 학습공동체 내에서 이루어진다. 홈페이지가 사람을 연결해 공동체를 만들어 주며, 컴퓨터 네트워크는 공동의 관심사를 가진 사람을 모아 학습의 동기를 북돋는다.
- 탐구(exploration): 많은 e-러닝 활동이 어떤 형태의 모험과 발견학습 형태를 띠며, 학습자는 인터넷상에서 정보를 찾는 활동을 좋아한다. 이러한 탐색 활동의 대표적인 수업 형태가 문제해결학습으로, e-러닝 환경은 정보와 전문가의 연결을 통해 이를 지원해 줄 수 있다.
- 공유된 지식(shared knowledge): 교육의 핵심적인 활동은 사람 간에 정보를 나누는 것이지만, 인터넷상에 정보를 올리면 그 즉시 여러 사람과 정보를 공유할 수 있다. 특정인에게 국한되어 있던 출판 활동도 이제 모든 사람에게 개방되었다.
- 다감각 경험(multisensory experience): 학습은 시각, 청각, 동작, 소리, 촉각, 후각 등을 동반하면 더 효과적이며 멀티미디어 기술은 전통적인 수업방법보다 훨씬 다양한 경험을 제공할 수 있다.
- 진정성·실제성(authenticity): 가상의 세계는 기존의 교실보다 훨씬 현실과 닮아 있다. 학생은 이를 통해 생생한 정보를 얻고 전문가와 교류하며 현실과 유사하게 상황을 재생할 수 있기 때문에 현실성이 결여된 기존의 수업과는 대별된다.

e-러닝의 유형은 보조학습형, 사이버형, 블렌디드형으로 구분된다(변영계 외, 2007; 고재희, 2008). 보조학습형은 면대면 형태의 수업이 정규적으로 진행되는 상황에서 이메일, 관련 사이트 자원 등 사이버공간의 교육적인 기능을 보충, 심화 학습용으로 제

공하는 e-러닝 유형이다. 사이버형은 주로 사이버교육기관에서 이루어지는 e-러닝 유형이며, 교수자와 학습자 사이의 의사소통의 전 과정이 인터넷을 기반으로 하는 사이버공간에서 이루어진다. 사이버형의 효과적 관리를 위해서는 학습콘텐츠관리시스템이 있어야 한다. 블렌디드형은 면대면 기반의 오프라인 교육과 인터넷 기반의 온라인 교육을 결합한 형태의 총체적인 교수·학습 활동이다. 교실 수업이나 현장학습을 실시한 후 사이버공간에서 e-러닝을 연결시켜 진행하거나, 반대로 진행한다. 블렌디드 러닝(blended learning, 혼합형 학습)은 단순히 온라인과 오프라인을 통합하는 것이 아니라 동시적 학습과 비동시적 학습의 혼합, 다양한 학습 전략의 혼합(주로 컴퓨터나 디지털 기기를 매개로 서로 다른 방식의 학습방식을 혼합)을 통해 학습효과를 극대화한다.

컴퓨터를 사용한 온라인 학습은 1990년대 무렵 등장했으며, 2000년대 초반에는 새로운 학습방식인 플립러닝(flipped learning)이 본격적으로 도입되었다. 블렌디드 러닝의 하나인 플립러닝은 수업 내용을 온라인으로 먼저 학습한 뒤 진행하는 수업방식으로 플립 수업(flipped classroom) 또는 역진행 수업이라고도 한다. 온라인을 통해 선행학습 후 오프라인 수업에서 교사와 학생이 토론 등을 하거나 심화학습을 하는 방식으로, 전통적인 수업보다 학습자 중심으로 진행할 수 있다는 특징이 있다.

면대면 학습방식과 달리 e-러닝은 학습자와 교사에게 다양한 편익을 제공하며 널리 확산되었다. 효과적인 e-러닝은 능동적인 학습 가능(액션러닝, 자기주도적 학습), 풍부한 미디어와 우수한 상호작용(다양한 매체 활용, 대화형 학습, 학습공동체 형성), 학습자 중심 학습(학습자 중심의 성과형 학습, 학습 자율성, 학습자 선택성), 맞춤형 학습방식, 시간과 공간의 제약 없이 학습하는 접근용이성, 비용효과성(교육비용의 효과, 교육자원 재활용의 효과), 교육 콘텐츠의 신속성 등의 특성을 포함한다(한태인, 곽덕훈, 2007).

(5) m-러닝

m-러닝(mobile learning)은 휴대용 단말기를 교육적으로 활용하는 학습을 통칭하는 개념으로, 위치 또는 이동에 제약받지 않는 모바일 미디어(스마트폰, 태블릿 PC, 패블릿, e-북 등)에 무선 컴퓨팅 기술이 기반이 되어 이루어지는 휴대성과 편리성이 뛰어난 e-러닝을 의미한다(계보경, 이지향, 2017; 임미숙, 2015; 한국정보통신기술협회, 2018). 기술과 삶의 양식이 변화하면서 m-러닝의 범위가 점차 확대되어 현재는 무선 인터넷

과 모바일 결합의 형태인 스마트폰, 태블릿 PC를 이용해 언제 어디서나 학습이 가능한 스마트러닝 단계로 발전하였으며(조보미, 2015), m-러닝을 e-러닝의 발전된 단계로 설명하기도 한다(임미숙, 2015).

개념적으로 m-러닝은 모바일을 활용한 e-러닝의 한 분야이며, 유비쿼터스 러닝은 m-러닝과 e-러닝이 공학적으로 발전한 조합이다(Mishra 외, 2013). 모바일 기기는 유비쿼터스적 적용의 증가로 학습에서 중요도가 높아지고 있다(Park, Y., 2011).

m-러닝의 특징으로는 자기주도성, 편재성(ubiguity), 즉시 접속성, 학습공동체 형성, 개인성이 있다(임미숙, 2015; 황재훈, 김동현, 2005).

- 자기주도성: 자신의 휴대용 모바일을 활용하여 자기 주도하에 학습을 선택하고 진행할 수 있음
- 편재성: 시간과 공간에 상관없이 실시간 학습이 가능
- 즉시접속성: 무선 디바이스를 통해 학습하고자 할 때 바로 접속이 가능
- 학습공동체 형성: 학습목표가 같고 한 분야의 지식을 공유하는 사람들끼리 공동체를 형성하며 원활한 관계 유지가 가능
- 개인성: 학습자가 텍스트나 동영상 등을 자신의 학습방식에 맞게 선택하고 원하는 학습 내용에 집중할 수 있으며 학습자 각각의 다양한 상황에 맞춘 콘텐츠 제공이 가능

모바일 미디어를 활용한 학습의 특성은 테크놀로지적 관점, 교육적 관점, 확장적 관점으로 설명할 수 있다(계보경, 이지향, 2017). 테크놀로지적 관점은 테크놀로지적 요소나 매체적 특징을 강조하는 개념으로 휴대용 단말기와 무선 네트워크가 제공하는 이동성을 기반으로 언제 어디서나 학습이 이루어질 수 있도록 지원하는 공학적 변화에 초점을 둔다. 교육적 관점에서의 m-러닝은 원격 교육, e-러닝 등의 가치와 특성을 승계하되 여기에 학습의 즉시성과 맥락성을 강화함으로써 적시 학습이 가능해지고 형식 학습과 비형식 학습의 경계가 점차 허물어지는 것에 초점을 둔다. 확장적 관점은 유비쿼터스의 초기 적용 단계로 모바일 미디어를 활용한 모바일 교육의 이동성에 초점을 둔 관점이다.

e-러닝, m-러닝, u-러닝을 학습 매커니즘을 비교하여 제시하면 〈표 5-3〉과 같다

표 5-3 e-러닝, m-러닝, u-러닝

구분	e-러닝	m-러닝	u-러닝
하드웨어	인터넷 연결, 데스크탑, 모바일 기기, 웹캠, TV 등	모바일 기기, 인터넷 연결	센서 네트워크, 무선 컴퓨터, 위치정보시스템, VR 프로젝터, RFID 시스템
컴퓨터 사용기술	인터넷 기반(Cloud) 컴퓨팅	인터넷 기반 + 모바일 기반 컴퓨팅	인터넷 + 모바일 + 상황 인식 컴퓨팅
기기 유형	유선	무선	보이지 않음
컴퓨터 사용과 커뮤니케이션	두 가지가 구별됨	e-러닝과 u-러닝의 중간 단계	구별이 모호
난이도	낮음	중간	높음
접근성	장소의 제한	언제 어디서나	언제 어디서나
학습	데스크에 구속됨	e-러닝과 u-러닝의 중간	역동적/유연함

(Mishra 외, 2013; Park, Y., 2011).

유아교육기관에서의 m-러닝 연구는 학습자인 유아의 특성 및 미디어 노출에 대한 부정적 우려 등으로 인해 활발하지는 않으나 가정에서의 교육용 앱이나 어학 교육용 앱은 많이 활용되고 있다. 유아용 영어단어학습 애플리케이션을 분석한 한 연구자는 기존의 애플리케이션은 단편적 학습 내용으로 반복적인 학습이 진행되어 지속적인 학습동기를 일으키는 데 한계가 있고, 디자인의 통일감이 낮고 산만하여 집중도를 떨어뜨려 GUI(Graphical User Interface, 그래픽 사용자 인터페이스)적 개선이 필요하다고 제안한다(임미숙, 2015). m-러닝의 적합성은 초등학교 고학년(84%), 중등(80%), 평생학습자(72%)에 비해 초등학교 저학년(48%)과 유아(32%)에게서는 상대적으로 낮게 평가되고 있다(계보경, 이지향, 2017).

(6) 스마트 교육

스마트 교육(스마트러닝)은 스마트폰, 미디어 태블릿, e-북 단말기 등의 스마트기기를 활용한 학습 콘텐츠와 솔루션을 통칭한다. 학교교육에서 스마트 교육이란 미시적으로는 하나의 교육방법이며, 거시적으로는 정보통신기술과 이를 기반으로 한 네트워크 자원을 학교 교육에 효과적으로 활용해 교육 체제를 혁신함으로써 모든 학생이 글로벌 리더가 될 수 있도록 재능을 발굴·육성하는 21세기 교육 패러다임을 뜻한다(김정욱,

표 5-4 스마트 교육 관련 개념 정의

구분	정의
자기주도성 (Self-directed)	• 지식생산자: 지식 수용자에게 지식의 주요 생산자로 학생의 역할 변화, 교사는 지식 전달자에서 조력자(멘토)로 변화 • 지능화: 온라인 성취도 진단 및 처방을 통해 스스로 학습하는 체제
흥미 (Motivated)	• 체험 중심: 정형화된 교과 지식 중심에서 체험을 기반으로 지식을 재구성할 수 있는 교수·학습 방법 강조 • 문제해결 중심: 창의적 문제해결과 과정 중심의 개별화된 평가 지향
수준과 적성 (Adaptive)	• 유연화: 교육 체제의 유연성이 강화되고 개인의 선호 및 미래의 직업과 연계된 맞춤형 학습 구현 • 개별화: 학교가 지식을 대량으로 전달하는 장소에서 수준과 적성에 맞는 개별화된 학습을 지원하는 장소로 진화
풍부한 자료 (Resource Free)	• 오픈마켓: 클라우드 교육서비스를 기반으로 공공기관, 민간 및 개인이 개발한 풍부한 콘텐츠를 교육에 자유롭게 활용 • 소셜 네트워킹: 집단지성, 소셜러닝 등을 활용한 국내외 학습자원의 공동 활용과 협력학습 확대
정보기술 활용 (Technology embedded)	• 개방화: 정보기술을 통해 언제, 어디서나 원하는 학습을 할 수 있고, 수업방식이 다양해져 학습 선택권이 최대한 보장되는 스마트 교육환경

자료: 국가정보화전략위원회, 교육과학기술부, 2011, p. 5.

2014).

국가정보화전략위원회와 교육과학기술부(2011)의 '스마트 교육 추진 전략'에서는 스마트 교육을 21세기 학습자 역량 강화를 위한 지능형 맞춤 학습 체제로 교육환경, 교육 내용, 교육방법 및 평가 등 교육 체제를 혁신하는 동력이며 자기주도성, 흥미, 수준과 적성, 풍부한 기술, 정보기술 활용을 포함하는 개념으로 정의하고 있다(표 5-4).

이러한 스마트 교육의 개념을 통해 볼 때 유아교육에서 스마트 교육이란, 유아에게 수업의 주도권을 주며, 흥미요소와 동기를 부여하고, 교사에게는 발달에 적합한 자료를 선택할 수 있게 하며, 풍부한 교수·학습 자료를 이용할 수 있도록 스마트매체를 활용하여 다양한 정보기술을 활용하는 교육이라고 개념을 정의할 수 있다(채유정, 2015).

우리나라의 유아를 위한 스마트 교육에 대한 연구는 2010년 중반부터 조금씩 이루어져 스마트러닝 환경에서의 인포테인먼트(infortainment: 교육오락 프로그램) 요소의 활용방안(박선경, 2014), 스마트 러닝의 모션 그래픽 요소가 유아의 학습태도와 선호도에 미치는 영향(사유정, 2014), 스마트러닝에 기초한 과학탐구 활동이 유아의 과학개념 및 과정기술에 미치는 영향(김정욱, 2014) 등의 연구 결과가 도출되었다.

(7) u-러닝

u-러닝(ubiquitous learning, 유비쿼터스 학습)은 유비쿼터스 교육환경을 기반으로 학생들이 시간과 장소에 구애받지 않고 일상생활 속에서 원하는 학습을 할 수 있는 교육 형태를 뜻한다.

유비쿼터스는 모든 사물을 네트워크로 연결하여 시간과 장소에 관계없이 다양하게 이용할 수 있게 하는 기술로, 1988년 미국의 마크 와이저(Mark Weiser)가 '유비쿼터스 컴퓨팅'이라는 용어를 사용하면서 처음 등장하였다. 유비쿼터스는 물이나 공기처럼 '언제, 어디에나 존재한다'라는 뜻의 라틴어로, 사용자가 컴퓨터나 네트워크를 의식하지 않고 장소에 상관없이 자유롭게 네트워크에 접속할 수 있는 정보통신 환경을 의미하며 특히 개인용 단말기의 급속한 발달과 보급으로 가속화되었다(한태인, 곽덕훈, 2007).

유비쿼터스 기술은 생활 주변의 기기나 사물에 컴퓨터를 넣어 정보통신이 가능하도록 함으로써 영유아가 생활하는 가정의 TV나 냉장고 등의 전자제품, 자동차, 시계 등과 같이 실생활에도 많이 실현되어 있어, 오늘날 우리는 의식하지 않고도 실제로 네트워크에 접속하여 통신을 하며 생활하고 있다. 컴퓨터는 소형화되어 휴대가 간편해지고 무선랜, 와이브로 등을 이용하여 언제 어디서나 인터넷에 접속할 수 있게 되었다.

TV 화면에 나타난 영상 속 제품의 정보를 얻거나 주문하고 영상 통화, 인터넷 검색, 주문형 방송 시청, 그 외 홈컴퓨터와 연결하여 각종 업무 수행도 가능해졌다. 쇼핑카트의 RFID(Radio Frequency Identification, 고주파 표시)와 블루투스 기능을 이용하여 원하는 물건이 가까이 있음을 알 수 있고, 물건을 계산대에서 꺼낼 필요 없이 자동으로 계산할 수도 있다. 자동차는 운전자가 다가오면 자동으로 문을 열고 자동조종장치로 목적지까지 스스로 이동하며, 내비게이션 시스템으로 경로를 스스로 탐색하는 것 등도 한 예이다.

유비쿼터스 교육환경을 기반으로 하는 u-러닝의 특성은 영구적인 학습 자원 관리, 접근성, 즉시성, 상호작용성, 학습 활동 맥락성 등으로 설명할 수 있다(박정환 외, 2007; Ogata & Yano, 2003).

- 영구성(permanency): 학습자가 의도적으로 삭제하지 않는 이상 내용이 사라지지 않는다. 학습과정이 매일 지속적으로 기록된다.

- 접근성(accessibility): 학습자는 어느 곳에서나 자신이 작성한 문서, 데이터, 자료에 접속할 수 있으며, 정보는 학습자의 요청에 의해 제공되고 그에 따라 자기주도적인 학습이 이루어지게 된다.
- 즉시성(immediacy): 학습자가 어디에 있든 즉시 원하는 정보를 신속하게 얻고 문제를 해결할 수 있게 된다.
- 상호작용성(interactivity): 학습자는 전문가, 교사, 또래 학생과 동시적 및 비동시적 상호작용이 가능하다. 전문가 및 전문 지식에 접근하기 용이하다.
- 학습 활동 맥락성(situating of instructional activities): 학습은 일상생활 속에 내재되며 모든 문제나 관련 지식은 실생활과 밀접하게 연관된 형태로 제시된다.

세계 선진국들은 유비쿼터스 기술을 교육에 적용시키는 연구들을 진행해 왔는데 미국 MIT 미디어 연구소의 생각하는 사물(Things that think), UCLA(캘리포니아대학)의 스마트 유치원(Smart kindergarten) 프로젝트, EU의 유비캠퍼스(UbiCampus) 등이 대표적인 예이다.

유아교육 분야의 u-러닝 연구로는 UCLA의 스마트 유치원 프로젝트(Srivastava et al., 2001)를 들 수 있다. 스마트 유치원 프로젝트는 유비쿼터스 컴퓨팅과 센서 기반의 무선 네트워크 등 테크놀로지가 강조된 환경 제공을 통해 유아들이 어떻게 학습하는가를 알아보는 연구이다. 스마트 유치원에서는 교수·학습과 책상 등의 환경을 유비쿼터스 컴퓨팅으로 구축하고 원아들이 가진 개별 학생카드와 상호작용할 수 있도록 하며 학습 진도를 관리한다. 이 프로젝트에서는 무선인식기술로 유아가 장난감의 이름과 위치를 실시간으로 파악하고, 센서기술과 상황인식기술을 통해 유아들이 사용하는 언어인식, 상호작용 특성, 행동 감지와 움직임 변화도 추적하였다.

우리나라 유아교육현장에서는 최근 제한적 수준에서 u-러닝 적용 연구가 이루어지기 시작하였다(서희전, 2014; 최미순, 2016). 테크놀로지 분야에서는 사물인터넷과 사물로봇의 연구가 활발하나 아직 유아교육기관 현장에서의 활용이 일반화되지는 않았다.

(8) r-러닝

r-러닝(robot learning)은 로봇과 인간의 상호작용을 교육적 매개로 활용하는 학습방법이다. 통신로봇이 인터넷과 접속하고 모니터에 교사가 나와 교육을 하는 로봇 기반

© AlesiaKan/Shutterstock.com

그림 5-4 로봇을 이용한 교육의 예

원격 수업 또는 로봇을 플랫폼으로 하여 학습자가 콘텐츠를 활용하는 로봇 활용 수업으로 이루어진다.

통신 로봇은 자유롭게 강의실 내부를 돌아다니고 학생들의 반응을 살피면서 수업을 진행한다. r-러닝의 최대 장점은 강사와 학생이 직접 마주하는 오프라인 교육의 학습효과를 온라인 교육을 통해 구현한다는 것이다. 예를 들어 원어민 수업을 r-러닝으로 운영하면 교육기관은 비싼 인건비를 부담하며 원어민 강사를 국내에 초빙할 필요성이 줄어 경제적이다. 통신 환경이 개선되면서 로봇 기반의 교육 모델이 국내에서 실용화되고 있다(한국정보통신기술협회, 2018).

유아교육용 로봇으로는 네트워크 기술을 기반으로 다양한 서비스를 제공하기 위해 개발된 아이로비(유진로봇)가 있다. 2009년 유아교육 콘텐츠를 탑재해 출시된 유아교육로봇 아이로비는 유아교육기관 프로그램으로 주제학습 서비스, 영어교육 서비스, 자율 활동시간에 활용하는 놀이동산 서비스, 출석 체크와 학습 자료 저장 등의 교사보조 서비스 콘텐츠를 포함하였다(2018년 서비스 종료). 유아교육기관에서의 로봇 활용은 아직 매우 초기 단계이나 머지않아 다양한 휴머노이드 로봇(humanoid robot: 인간 로봇)이 등장할 것으로 기대된다.

(9) 가상현실과 증강현실

가상현실(VR: Virtual Reality) 공간은 디지털 양식으로 구성된 인위적 공간을 말하며 가상현실 또는 가상세계라고 부른다(백영균, 2010). 가상현실은 그래픽 등을 통해 현실이 아닌 환경을 마치 현실과 흡사하게 만들어내는 기술로, 가짜 세계를 실제로 체험할 수 있게 해 준다. 잘 구성된 가상현실을 체험하는 사람은 그것에 몰입하여 실제 상황과 상호작용하는 것처럼 느끼고 그에 따라 기술이 고도화될 수 있다(양병석 외, 2017). 가상현실공간의 교수·학습 특성은 다음과 같다(백영균, 2010).

- 특별한 경험의 제공: 가상현실은 교사와 학습자에게 성공적인 교수·학습 전략으로 일관된 독특한 경험을 제공한다. 구체적인 실습, 그룹 프로젝트와 토론, 견학, 시뮬레이션, 개념의 시각화 등이 가능하다.
- 혁신적 아이디어의 수용: 기존의 학습 환경에서 제공하지 못하는 환상적·모험적 특성과 경쟁적 경험을 기반으로 혁신적인 아이디어를 구현할 수 있고 이를 활용하여 교수·학습이 가능하다.
- 아바타를 통한 학습: 아바타는 현실 세계에 현존하는 사람의 분신으로 존재하며 이 아바타의 활동에 기반을 둔 학습과 사회적 네트워크를 통해 학습이 이루어진다.
- 개인에게 맞춘 학습환경: 가상현실의 학습환경은 개개인에게 맞추어지며 가상현실공간에서의 이동이나 조종을 위한 도구는 개인의 신체적 요구나 수행에 따라 설정된다.
- 가상공간에서의 자연스러운 협력과 실제적인 경험: 직관적 인간과 디지털 구성물의 상호작용을 기반으로 한 환경 안에서 학습자는 자연스럽게 몸짓하고 이야기하며 객체를 조작한다. 다중적인 참여가 허용되고 다른 학습자와 경험을 나누며 대화를 할 수 있다.
- 행위 유발적 요소: 가상현실공간에서 아바타의 외형적 모습은 학습자의 관심과 몰입을 이끌고, 상호작용을 통해 유의미한 학습을 하게 만든다.

가상현실공간은 예술 활동의 작업장으로 쓰이거나 문화체험 공간이 되기도 한다. 가상현실 수업은 안전 교육(예: 화재 대피), 확장된 경험(예: 우주 공간 체험), 시뮬레이션 환경에서의 탐구 기회(예: 모의 실험) 등에 적합하지만, 교실에서 사용할 만한 소프트웨어가 한정적이라는 한계가 있다(Heinich et al., 2002).

증강현실(AR: Augmented Reality)은 가상의 콘텐츠가 마치 실제로 존재하는 것처럼 화면상에 보여 주는 기법으로, 현실에 존재하는 이미지에 가상 이미지를 겹쳐 하나의 영상으로 보여 준다. 오감을 통해 실제와 유사한 체험을 제공하는 기술인 가상현실

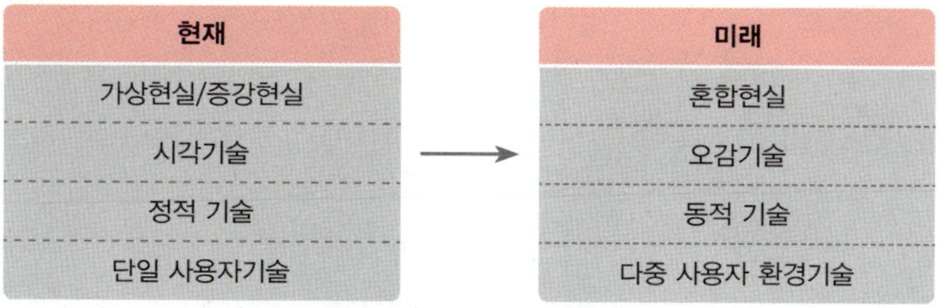

그림 5-5 가상현실과 증강현실의 기술 발전 방향
자료: 양병석 외, 2017, p. 6.

이 실제 환경을 볼 수 없는 반면, 실제 환경에 가상정보를 섞는 증강현실은 더욱 심화된 현실감과 부가정보를 제공한다. 가상현실과 달리 현실세계와 가상세계를 이음새 없이 실시간으로 혼합하여 사용자에게 제공함으로써, 사용자에게 더욱 향상된 몰입감과 현실감을 제공하는 것이다(홍석영, 2014).

증강현실을 가장 먼저 적용한 예는 계기판 형태의 전방표시장치(HUDs)다. 이는 군용 비행기와 탱크에 사용되는 머리에 쓰는 형태의 컴퓨터 화면 장치로 일원 중 한 명이 실제의 외부 환경을 살펴보면 조종석 덮개나 뷰파인더 위로 같은 정보가 나타난다. 스마트폰으로 거리를 비추면 인근의 상점이나 건물의 전화번호 등의 정보가 영상에 나오거나, 상품 바코드를 스마트폰으로 스캔하면 가격 정보가 나타나는 것도 증강현실 기술이다. 2016년에는 닌텐도가 증강현실기술을 적용한 게임 '포켓몬고'를 출시하여 큰 인기를 얻기도 했다.

독자적으로 발전하던 가상현실기술과 증강현실기술은 최근 결합·발전되어 새로운 경험을 제공하는 융합기술로 나아가고 있다. 2015년에 마이크로소프트는 윈도10에서 홀로그램을 통한 가상현실과 증강현실 경험용 홀로렌즈를 공개했는데 이는 거실의 탁자 위에서 3D 게임을 할 수 있는 콘셉트로 만들어졌다. 증강현실 안경인 '매직리프'는 〈MIT 테크놀로지 리뷰〉에서 세상을 바꾸는 기술 1위로 선정되기도 하였다. 이 안경은 망막에 닿는 빛의 방향을 조정하여 가상의 객체를 현실처럼 구현하는 포토닉스 라이트필드 기술을 보유한 제품이다(양병석 외, 2017). 증강현실기술은 교육용 매체, 광고, 도서, 낱말 카드, 잡지, 스포츠 중계, 전시, 의료 기술, 내비게이션 등 다양한 분야에서 활용되기 시작했다. 가상현실과 증강현실의 기술 발전 방향은 〈그림 5-5〉와 같다.

혼합현실(MR: Mixed Reality)은 가상현실과 증강현실의 경계가 허물어진 상태로, 가상현실과 증강현실의 경계를 나누지 않고, 가상현실의 몰입감과 증강현실의 현실 소통

© Aleksandra Suzi/Shutterstock.com

운전 체험

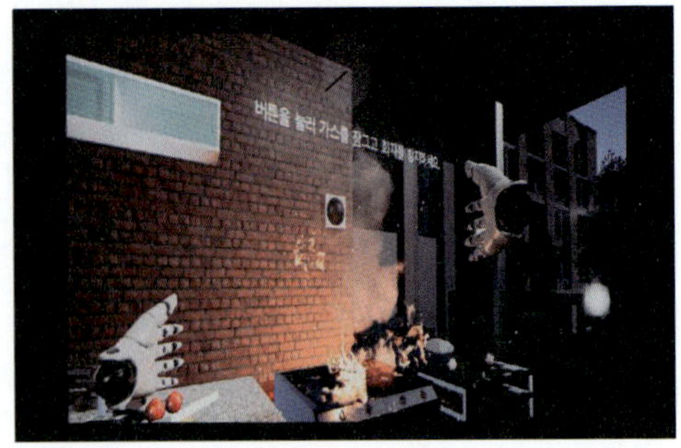

지진 체험(기상청)

© Freer/Shutterstock.com

3차원 입체 형상이 나타나는 AR 교구

어린이 교통안전교육 증강현실 체험(도로교통공단)

그림 5-6 가상현실을 이용한 교육의 사례

이라는 특징을 융합한 것이다. 이는 '하이브리드 현실'이라고도 불리며 실세계의 물리적 환경과 가상환경을 혼합한 경험을 제공하는 가상현실기술로, 현실 환경과 가상환경의 연속 구간에 해당된다. 혼합현실은 가상현실이나 증강현실과 배타적인 개념이 아닌 포괄적 개념으로 정의된다(양병석 외, 2017).

모바일 환경에는 이미 스마트폰 카메라로 가상의 캐릭터가 현실에 있는 것처럼 보여주는 혼합현실 서비스가 등장했다. '포켓몬고'는 증강현실 게임으로 알려져 있으나, 사실 카메라의 영상을 통해 가상 캐릭터가 자연스럽게 현실 환경에 있는 것처럼 보여 준다는 점에서 혼합현실의 특징을 가지고 있다. 셀프카메라 앱 '스노우'는 현실세계 사용자의 얼굴 사진을 재미있는 가상의 캐릭터로 꾸미고 변형하여 공유하는 혼합현실 서비스의 예이다.

2) 테크놀로지의 교육적 가치

테크놀로지는 가정, 학교, 지역사회에서 다양하고 광범위하게 사용되며 테크놀로지에 기반을 둔 유아용 놀잇감도 증가하고 있다. 컴퓨터뿐만 아니라 모바일폰의 사용이 급증하고 다양한 유아놀이 및 학습용 프로그램이 보편화되고 있다. 요즈음과 같은 사회에서 테크놀로지는 학습도구로서 유아의 삶에 영향을 미치며 발달을 형성하는 기능을 한다(Parette & Blum, 2013).

교실에서의 테크놀로지 통합을 긍정적으로 보는 입장에서는, 유아 교실에서 테크놀로지를 의도적으로 통합하려는 노력의 부족은 테크놀로지 노출이 부족한 학습자를 불리하게 만들며, 21세기의 노동력 경쟁에서 능력 성장을 방해할 수 있다고 우려한다. 교육적 테크놀로지 활용의 이점과 유아기 테크놀로지 사용의 장애요인을 구체적으로 살펴보면 다음과 같다.

(1) 테크놀로지 활용의 이점

유아 교실에서 테크놀로지의 역할에 대한 발달에 적합한 실제의 최근 입장은 과거와 다르다. 1996년판 〈DAP〉에서는 미디어 폭력이나 과도한 TV 시청의 위험성에 대한 우려와 교수 자료로서의 미디어의 이점에 대한 상반된 이슈를 언급하였으나, 2012년판에서는 테크놀로지에 대하여 수정된 입장을 보이며 유아 교실에서 발달에 적합한 실제로서의 테크놀로지의 역할을 강조하였다(Parette & Blum, 2013). 전자미디어를 활용한 유아교육 활동에 대한 메타 분석을 통해 아날로그 미디어와 컴퓨터, 디지털 TV, 스마트기기 로봇 등의 디지털미디어를 포함하는 전자미디어를 활용한 유아교육 활동이 유아에게 미치는 전체 평균 효과를 분석한 연구(박성덕, 2014)에 따르면 전자미디어의 효과는 큰 편이어서 유아에게 부정적인 영향을 미치는 면도 있으나 긍정적인 영향이 더 큰 것으로 분석되었다. 이러한 효과는 발달 영역, 활동 영역, 유아 연령, 활동의 운영 방법, 지역 유형, 기관 유형, 활동 기간 등 다양한 변인의 특성에 따라 차이를 보일 수 있다.

하인리히 외(Heinich et al., 2002)는 컴퓨터의 교육적 활용의 장점으로 학습자 통제, 특별교육 요구, 기록 저장, 정보 관리, 다양한 학습 경험, 의사소통의 정확성 등을 언급하였다.

- 학습자 통제: 컴퓨터 기반 수업은 학습자가 학습 진도나 순서를 선택할 수 있게 해 준다. 또한 신속하고 개별적인 응답으로 학습자의 성공을 강화시킨다.

- 특별교육 요구: 컴퓨터 기반 수업은 문제해결, 특수아, 다문화 학습자 등의 학습에 효과적이다. 특별한 요구를 반영한 수업으로 요구와 능력에 맞는 수업을 진행할 수 있다.
- 기록 저장: 컴퓨터의 기록과 저장 기능을 통해 개별화 수업이 가능하다.
- 정보 관리: 폭발적으로 증가하는 정보를 관리할 수 있다. 또한 다양한 정보(글, 그림, 영상) 관리와 정보 입력이 가능하다.
- 다양한 학습 경험: 다양한 학습 경험을 제공하며 수업, 교정학습, 심화학습 등의 교육이 가능하다.
- 의사소통의 정확성: 컴퓨터의 특성상 체계적이고 논리적인 의사소통이 필요하며, 사용자는 정확한 지시와 반응 습관을 기르게 된다.

유아 교실에서 테크놀로지를 활용할 때 얻을 수 있는 이점을 몇 가지로 구분하여 살펴보면 다음과 같다.

- 미디어의 다양한 기능을 활용하면 전통적 텍스트의 시간적·공간적 한계를 넘어 다양한 학습 내용을 다루기 용이하다.
- 사전에 고안된 프로그램을 활용하여 체계적인 학습의 기회를 제공받을 수 있다. 프로그램 내용이 체계적으로 조직화되어 있으며 순서적으로 제시되고, 반복적으로 사용해도 항상 질적으로 동일한 콘텐츠를 제공한다는 장점이 있다. 또 박물관 등 다중 이용자를 위한 콘텐츠는 고안된 순서에 따라 교사나 안내자 없이 스스로 체험해 볼 수 있다(그림 5-7).
- 미디어의 다양한 기능과 효과를 사용하여 유아의 흥미를 끌고 몰입을 이끌어 낼 수 있다. 그림, 영상, 다양한 플래시효과, 소리, 음악 등은 유아들의 흥미를 쉽게 끌 수 있으므로 집중시간이 길지 않은 영유아의 학습 자료로 유용하게 사용될 수 있다. 그림 동화와 멀티미디어 동화가 만 4세 유아의 주의집중과 친사회적 행동에 차이가 있는지 알아본 연구(박미화, 2006)에 따르면, 멀티미디어 동화가 유아의 시각적 주의집중과 청각적 주의집중에 더 효과적으로 나타났으며, 지속적 주의집중에는 차이가 없었다. 또한 멀티미디어 동화는 처치 전에 비해 처치 후에 시각적, 청각적, 지속적 주의집중력 모두 증가한 것으로 나타났다. 또한 멀티미디어 동화와

터치스크린 색칠 활동
(춘천 로봇박물관)

터치식 화면을 이용한 비빔밥 만들기 체험
(남양주유기농테마파크)

그림 5-7 박물관의 다중 이용자를 위해 고안된 프로그램

그림 동화 모두 개인 정서 조절능력과 대인관계 형성능력에 큰 차이가 없었으며 유치원 적응능력은 멀티미디어 동화가 그림 동화보다 높게 나타났다. 두 매체 모두 사전-사후 검사에서 유의미한 차이를 보여 친사회적 행동에 효과가 있었다.

- 유아의 개별학습 매체로 활용할 수 있다. 유아용 프로그램을 이용하여 개별 유아의 관심에 따라 여러 번 반복 실행이 가능하며, 수준에 따라 선택할 수 있다. 유아 전용 프로그램은 유아가 성인의 도움 없이 스스로 작동시킬 수 있도록 터치식 화면 등 쉽게 사용할 수 있도록 만들어져 개별학습에 용이하다.
- 궁금한 것에 대한 즉각적인 조사와 열람이 가능하고 학습자의 관심에 즉시 반응하여 학습효과를 높일 수 있다.
- 실제 경험하기 어려운 것에 대한 가상 경험이 가능하여 경험의 폭을 넓힐 수 있다. 재난 대비나 소방안전 체험, 위험한 모험이 포함된 활동은 실제로 할 수 없으므로 가상환경을 고안하여 체험하면 된다.
- 방대한 양의 자료를 저장하여 간편하게 보관하고 쉽게 열람할 수 있다. 유아 평가 자료와 문서의 저장 및 보관이 용이하며, 방대한 양의 교수·학습 자료도 CD 몇 장이나 USB 또는 웹하드에 손쉽게 저장해 두고 다시 사용할 수 있다.
- 교사의 교수 자료 준비가 편리하고 효과적이다. 교사 입장에서 스마트매체 활용은 교육적 효과가 높다고 생각해서 사용하기보다는 종류가 다양하고 수업준비가 간편하기 때문에 사용하는 경우가 훨씬 많은 것으로 조사되었다(채유정, 2015). 교사용 인터넷 사이트도 다수여서 무료 또는 회원 가입을 통해 교수용 소프트웨어를 지원하는 서버의 자료를 이용할 수 있다.

전자도서관의 e-북(화천어린이전자도서관)

13개 언어로 구성된 콘텐츠(다문화가족지원포털 다누리)

그림 5-8 전자도서관 등의 이용 사례

- 교육적 기회가 소외될 수 있는 지역이나 대상에 적용하여 교육 평등을 실현할 수 있다. 〈그림 5-8〉처럼 e-러닝, e-북 등을 통해 가정이나 도서지역에서도 교육 콘텐츠를 이용할 수 있다.

(2) 테크놀로지 사용의 장애요인

유아교육 분야에서 테크놀로지 사용의 큰 장벽 중 하나는 유아가 좋아하는 것과 유아교육 전문가가 행하고자 하는 것 간의 불일치이다. 유아교육자들은 전통적으로 테크놀로지, 특히 전기와 전자, 스마트미디어 등의 테크놀로지가 통합되는 교육에 대해 많은 우려를 표명해 왔다. 그러나 현실 생활에서 유아들은 하루가 다르게 변화하고, 새로운 매체가 쏟아져 나오는 테크놀로지의 세계에 살고 있으며 이에 대한 흥미 또한 매우 높은 것이 사실이다. 이러한 불일치가 일어나는 이유를 몇 가지 살펴보면 다음과 같다(홍석영, 2014; Parette & Blum, 2013).

- 첫째, 전통적으로 유아가 오감을 활용하여 직접 체험하는 교육을 강조하는 유아교육 문화의 영향이 있다.
- 둘째, 테크놀로지에 대한 인식과 사용에 대한 세대 차이가 매우 크다.
- 셋째, 테크놀로지의 활용이 유용한 분야라고 인식하는 경우에도 예산 부족의 문제로 유아의 교수·학습에 충분히 활용하지 못하는 경우가 많다.
- 넷째, 테크놀로지에 대한 교사의 지식과 훈련 부족으로 프로그램이나 미디어를

충분히 활용하지 못하는 경우도 많다.

하인리히 외(Heinich et al., 2002)는 컴퓨터의 교육적 활용의 단점으로 무단 복제 등의 저작권 문제, 컴퓨터 활용 수업에 대한 비현실적 기대감, 현재 수준에서는 제한된 범위의 학습에 활용된다는 점을 들었다. 또 창조성이 억압될 수 있는 통제된 학습환경, 사회적 상호작용의 결여 또는 부족, 신기감이 퇴색되면 학습동기가 낮아지는 점 등을 지적하고 있다.

여기서는 테크놀로지를 유아 교실에서 교육적으로 활용하는 것에 대한 우려와 장애요인을 멀티미디어 중독 문제, 사회적 상호작용이나 오감체험교육 축소에 대한 우려, 예산 부족, 콘텐츠 부족의 문제로 구분하여 살펴본다(권장희, 2012; 임선영, 2013; 오지선, 2016).

- 첫째, 멀티미디어 중독에 대한 우려이다. 영유아의 멀티미디어 사용시간이 증가할수록 짧은 집중력, 산만함, 현실 인지 부족 및 회피, 불안 등의 행동을 보인다. 멀티미디어의 가상세계에 대한 몰입으로 현실과 상상을 구분하지 못하는 문제가 야기될 수 있다. 과몰입으로 멀티미디어에 장시간 노출된 영유아의 경우 뇌 발달이 저하되어 언어, 인지, 정서 발달에 병리적 문제가 생길 수 있다.
- 둘째, 유아기에 필요한 오감체험교육 축소에 대한 우려이다. 영상물에 과다 노출된 유아들은 자연스러운 사회적 상호작용과 놀이의 부족으로 인한 발달적 결함과 정서 조절 문제를 지닐 수 있다.
- 셋째, 테크놀로지 관련 설비를 구비하려면 고비용을 부담해야 한다. 테크놀로지를 활용한 교육이 원활히 이루어지려면 이를 지원할 수 있는 시설이 필요하며 몇 년마다 장비 등을 개선해야 하므로 유아교육기관에서 고비용을 부담해야 한다.
- 넷째, 유아교육기관용으로 개발된 양질의 콘텐츠가 부족하다. 유아교육기관에서 교사가 교수·학습에 활용할 수 있는 콘텐츠는 많지 않은 편이다. 최신 유아용 콘텐츠가 많다고는 하나 대개 개인 스마트폰이나 게임용으로 개발되어 있다.

멀티미디어는 가정과 유아의 생활뿐만 아니라 학교와 유아교육기관의 교수·학습 상황에도 자연스럽게 자리 잡고 있으므로 긍정적이고 성공적인 학습 기회로 수용하려는 노력과 전략이 필요하다.

3) 유아교육–테크놀로지 통합

(1) 유아교육–테크놀로지 통합의 원리

테크놀로지의 발달 및 확산과 함께 스마트 교육의 발전이 매우 빠르게 진행되고 있으며 가정, 지역사회의 삶이 테크놀로지와 미디어로 가득 차게 되었다. 이러한 상황에서 유아교육자들은 유아교육 프로그램에 테크놀로지를 통합할지 여부를 고민하며 가능성과 부적절성에 대해 고민하지 않을 수 없게 되었다. NAEYC(2018)는 〈유아교육에서 테크놀로지와 미디어에 관한 입장문〉(2012)을 통해, 테크놀로지의 사용을 수용하며 한편으로 테크놀로지는 발달에 적합하며 성인과의 상호작용의 맥락 안에서 이루어져야 함을 강조하였다. NAEYC(2012)가 프레드 로저스 센터(Fred Rogers center)와 함께 〈출생부터 9세 아동을 위한 유아교육 프로그램의 도구로서 테크놀로지와 상호작용적 미디어〉라는 제목으로 발표한 입장문에서는 변화무쌍한 디지털시대를 고찰하고 유아교육자에게 유아의 인지, 사회, 정서, 신체, 언어적 발달의 기회를 최대화하는 방안으로 테크놀로지와 상호작용적 미디어를 사용하는 것에 대한 지침을 제공하고 있다. 유아교육 프로그램에 테크놀로지와 상호작용적 미디어를 통합하기 위해서는 발달적 적합성의 토대하에서 교육적 의도에 따라 선정, 사용, 통합, 평가하고 콘텐츠, 아동 경험, 협동적 참여의 기회의 측면에서 적절성과 질에 주의를 기울여야 한다. 여기서 상호작용적 미디어란 유아들이 능동적이고 창의적으로 사용할 수 있으며 아동과 성인이 함께 사회적으로 참여할 수 있도록 디자인된 소프트웨어 프로그램, 앱, 방송과 스트리밍 미디어, TV 프로그램, e–북, 인터넷, 또 다른 형태의 콘텐츠 등의 디지털과 아날로그 매체를 뜻한다. 이 지침의 주요 내용은 다음과 같다.

- 테크놀로지 도구와 상호작용적 미디어는 유아에게 해가 되지 않아야 한다. 전인으로서 아동의 건강한 인지, 사회, 정서, 신체, 언어적 발달은 어떠한 디지털 세대에게도 중요한 부분이다. 테크놀로지 도구와 상호작용적 미디어에 접하는 것으로 인해 유아의 건강한 의사소통, 사회적 상호작용, 놀이, 또래, 가족, 교사와의 발달적으로 적절한 활동이 방해받거나 줄어들지 않아야 한다. 또한 정서적 손상이나

신체적 상해, 품위를 떨어뜨리는 요소, 위협적이거나 위험한 요소가 없어야 한다.

- 발달에 적절한 실제는 유아교육 프로그램에 테크놀로지와 상호작용적 미디어를 통합할지 말지, 언제 통합할지를 결정하는 지침이 되어야 한다.
- 테크놀로지나 미디어를 연령에 적합하게, 개인에 적합하게, 문화적·언어적으로 적합하게 사용하고자 할 때는 전문가의 판단에 따라야 한다. 유아교육자는 아동의 발달과 학습, 개인적 흥미와 준비, 사회문화적 맥락에 대한 지식과 전문성을 가지고 테크놀로지와 미디어의 사용 여부, 어떻게, 무엇을, 언제, 왜 사용할지에 관한 의사 결정자이다. 교사는 항상 아동에게 긍정적 결과를 초래하기 위한 반성적·반응적·의도적 판단을 해야 한다.
- 발달에 적절한 교수 실제는 테크놀로지와 상호작용적 미디어를 포함한 교실의 교수 자료 선택의 지침이다.
- 테크놀로지와 미디어의 적절한 사용은 유아의 연령, 발달 수준, 요구, 흥미, 언어적 배경, 각 아동의 능력에 따라야 한다.
- 테크놀로지와 미디어는 손으로 다룰 수 있으며, 참여할 수 있고, 유아의 역량을 키울 수 있는 것이어야 한다. 또한 유아가 통제할 수 있고, 과제를 완수하기 쉽도록 적절한 비계 설정을 제공하며, 여러 가지 학습방법 중 하나로 사용해야 한다.
- 적절하게 사용할 때, 테크놀로지와 미디어는 아동의 인지 및 사회적 능력을 강화시킬 수 있다.
- 테크놀로지와 미디어를 이용한 상호작용은 즐거움을 제공하면서도 창의성, 탐색, 가상놀이, 활동적인 놀이, 실외 활동을 지원해야 한다.
- 테크놀로지 도구는 교육자들이 가정과 학교의 연결을 만들어 내고 신장시키는 데 도움이 되어야 한다.
- 테크놀로지와 미디어는 유아교육환경, 교육과정, 일과에 통합되었을 때 유아기의 실제(실무)를 강화시킬 수 있다.
- 보조공학적 테크놀로지는 특별한 요구를 지닌 아동에게도 공정한 접근성을 제공하며 감각 사용 증진, 주의산만함 감소, 인지적 처리과정을 돕고 기억을 강화시키는 등 많은 잠재적 이익을 제공해 줄 수 있어야 한다.
- 테크놀로지 도구는 다문화 가정의 언어와 문화에 접근할 기회를 제공하여 2개 국어를 사용하는 학습자의 효율성을 높일 수 있다.

- 디지털 문해력(digital literacy: 디지털 리터러시)는 유아교육자와 부모가 테크놀로지와 상호작용적 미디어를 선택하고 사용하며 통합하고 평가하도록 안내하는 데 필요하다. 유아교육자들은 다양한 테크놀로지와 미디어에 기초한 교수 자료를 파악하고 유아의 학습에 도움이 되는 것을 구분해 내고, 정보에 접근하고 전문가와 소통하며, 유아들을 학습시키는 전문성 발달을 위해 테크놀로지와 미디어에 대한 이해력, 기술, 사용능력이 요구된다. 유아들에게도 디지털과 미디어 리터러시는 비평적으로 보고 듣고 웹을 열람하는 도구이다. 아동들은 그들이 제공받은 메시지를 걸러 내고 현명하게 선택하는 방법을 학습해야 한다.
- 디지털 시민의식은 유아를 위한 디지털 리터러시의 중요한 부분이다. 디지털 시민의식이라는 용어는 성인과 아동이 온라인상의 권리, 역할, 정체성, 안전, 보안, 의사소통과 연관된 적절하고 책임감 있으며 윤리적인 행동 규범을 익히는 것은 물론이고 테크놀로지의 사용·확대·오용을 이해함으로써 책임감 있는 디지털 시민이 되기 위해 필요하다.
- 유아교육자들이 이 입장문의 기대에 부응하기 위해 요구되는 테크놀로지와 미디어 관련 지식·기술·경험을 개발시키기 위해서는 적절한 훈련과 전문성 발달 기회, 성공적 실제의 예가 제공되어야 한다.
- 어떻게 유아들이 테크놀로지와 상호작용적 미디어를 사용하고 학습하는지를 더 잘 이해하고, 단기 및 장기적 영향력을 이해하기 위한 연구들을 진행해야 한다.
- 덧붙여 2세 이하 영아 프로그램에서는 TV, 비디오, DVD, 또 다른 비상호작용적 테크놀로지와 미디어의 수동적인 사용을 제한하고, 양육자와 유아 간 반응적인 상호작용을 적절하게 지지해 주며, 아동-성인 간 관계성을 증진시켜야 한다. 2~5세 유아에게도 수동적이고 비상호작용적 사용은 바람직하지 않다.

테크놀로지가 더 이상 선택의 대상이 아니라면 이를 교육적으로 통합하여 효과적으로 활용하려는 적극적인 노력이 필요할 것이다. 컴퓨터와 같은 테크놀로지를 교육과정에 적용하면 소프트웨어를 활용하는 교육방법에 따라 개념 처리, 반복연습, 개인 교수, 게임, 모의실험, 문제해결학습, 발견학습, 정보 처리, 그래픽 도구 등을 다양하게 활용할 수 있으며, 교육적 활용이 더 활성화된 교육기관에서는 통합학습 시스템으로 활용할 수 있다(Heinich et al., 2002).

우리나라 유아교사의 스마트매체 활용 현황 및 인식을 분석한 연구에 따르면, 안전교육, 이야기 나누기, 음악 활동, 동화, 동시, 동극 활동 등에서의 스마트매체 활용도는 비교적 높은 편이었으나 자유선택활동 시간이나 과학 활동, 수학 활동, 미술 활동 등에서의 스마트매체 활용도는 낮은 편이었다(채유정, 2015). 이러한 활동 유형이나 영역별 활용도의 차이는 활동 성격에 따른 차이도 있겠으나 교사들이 기존에 개발되어 상품화되거나 보급되는 교수 자료의 콘텐츠를 중심으로 수업에 활용하기 때문일 것이다.

유아교육과정의 특성을 고려하여 유아교육-테크놀로지 통합의 원칙을 몇 가지로 제시하면 다음과 같다.

- 첫째, 유아교육과정의 운영과 통합하여 운영한다. 유아교육과정은 일반적으로 생활 주제 중심으로 계획하고 운영하므로 테크놀로지를 주제 전개 과정에 자연스럽게 통합하려는 노력이 필요하다.
- 둘째, 유아 연령, 발달 수준에 적합한 수준의 내용과 조작방법으로 고안된 콘텐츠나 매체를 이용하여야 한다.
- 셋째, 유아교육자들이 지향하는 교수·학습 원칙과 일치된 방향으로 통합한다. 유아가 단순히 제시된 내용에 응답하고 오답을 수정하는 식의 일방적 학습이 이루어지거나 질문에 정해진 답으로 반응해야 하는 폐쇄적 콘텐츠보다는 유아교육과정의 교수·학습과 발달의 관점을 반영할 수 있는 방향으로 매체나 콘텐츠를 선택해야 한다.
- 넷째, 유아의 구체적인 경험을 제한하지 않으면서 동시에 교사의 교수·학습 기술과 교수매체를 향상시킬 수 있어야 한다.
- 여섯째, 유아교육기관의 일반적인 활동 유형인 대집단 활동이나 자유선택활동 영역의 특성과 교육목표 달성에 적합한 테크놀로지 통합이 필요하다. 대집단 활동의 이야기 나누기 시간에 일방적인 정보를 전달하기 위한 목적인지, 신체 표현을 위한 동영상과 여러 가지 빠르기의 음악을 제시하는 용도인지, 과학 영역에서 소집단 조사 활동이 필요한 상황인지 등을 고려하여 통합한다.
- 일곱째, 스마트매체의 공학적 특성을 고려한 교수·학습방법을 개발하고, 교사 연수를 통해 효율적으로 활용할 수 있도록 한다.
- 여덟째, 언어, 과학, 음악, 미술 등 여러 영역에서의 지식, 태도, 기술의 증진에 효과

적인 통합방안에 대한 연구 결과를 토대로 각 학문 영역의 특성과 내용에 적합한 방법으로 통합시켜야 한다.

- 아홉째, 스마트 교육용 다양한 콘텐츠가 개발되어 교사가 필요한 수업에 활용할 수 있어야 한다. 대부분의 교사에게 수업 준비시간이 부족하므로 교사의 수업 준비 부담을 경감시키는 우수한 자료가 보급되어야 활용도가 높아질 것이다.

(2) 유아교육-테크놀로지 통합의 단계

유아교육자들은 첨단 테크놀로지의 교실 도입이 영유아교육과정의 강점을 저해하지 않을까 우려하며 한편으로 급속도로 진화하는 첨단 테크놀로지 놀잇감과 가정 생활환경의 변화를 교육과 어떻게 통합할 것인지 고민하게 된다.

파레트와 동료들(Parette, Karlan, & Blum, 2013)은 유아교육과 교육적 테크놀로지의 통합이 필요하다고 보고, 이를 위한 원칙으로 테크놀로지는 교육과정과 분리되기보다는 병행되어야 하며, 학습매체가 얼마나 교수·학습의 필요를 충족시켜 주는가를 기준으로 선택해야 하고, 교사는 풍부한 테크놀로지 환경에 모든 유아가 참여하고 학습하는 기회를 제공해야 한다고 강조하였다. 이들이 제시한 스마트매체와 컴퓨터에 초점을 둔 테크놀로지 통합 모델(EXPECT IT-PLAN IT-TEACH IT model)의 단계(그림 5-9)와 개념은 다음과 같다.

① 표준과 학습목표 선정하기

표준과 학습목표를 연결하는 단계이다. 교수 활동을 시작하기 전에는 교육과정의 학습표준과의 연결을 고려해야 한다. 예를 들어 H 교사는 모임 활동으로 문해 교육을 하려고 하며 언어(영어)교육의 표준 중 낱말 체계와 철자 응용에 초점을 두려고 한다. 이와 관련하여 선정한 목표는 자신의 이름 등 친숙한 글자 인식하기, 글자와 소리 연결하기 등이다.

② 계획 활동 설계하기

테크놀로지에 의해 지원되는 학습 활동을 개발하는 단계이다. 표준을 고려하여 관련된 수업목표를 수립하면, 학습 활동을 설계해야 한다. 이 과정은 3단계로 나누어진다.

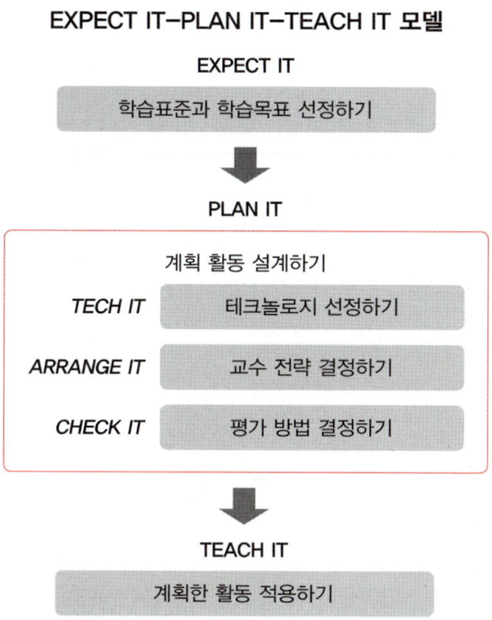

그림 5-9 테크놀로지 통합의 단계
자료: Parette, Peterson-Karlan, & Blum, 2013, p. 44.

- 테크놀로지 선정하기: 첫 단계는 계획한 활동에 사용할 테크놀로지를 선정하는 것이다. 수업목표에 적합한 테크놀로지와 콘텐츠를 선정하고, 몇 가지 유사한 소프트웨어와 테크놀로지 활동을 선정한다. 수업목표를 위해 H 교사는 'Starfall.com'의 활동을 사용하기로 결정하고, b/p/k/d 네 가지 발음을 내는 글자 인식 활동을 선정하였다. 그리고 '애니메이션, 음성 녹음, 쓰기를 할 수 있는 파워포인트 슬라이드'를 준비하였다. 컴퓨터와 디지털 프로젝트와 스크린도 준비하였다. H 교사는 네 가지 자음 카드를 학급 아이들에게 제공하였다.
- 교수 전략 결정하기: 두 번째 단계는 테크놀로지를 교수 준비 및 구체적 교수 전략과 어떻게 연결할 것인지 결정하는 단계이다. '교수 준비'는 대집단, 소집단, 영역 활동 또는 개별 활동을 결정하는 것을 포함하고, '구체적 교수 전략'은 계획한 내용을 교육하기 위한 구체적 전략(지시적 교수, 탐색놀이, 발견학습, 시범 보이기, 격려하기, 스케폴딩 등)에 대한 계획이다. H 교사는 순차적인 언어, 시범 보이기, 촉진하기, 참여 기회 제공하기, 피드백하기를 사용하여 슬라이드 스크립을 만들 계획이다. 그는 각 학습자를 위한 네 장의 카드 세트를 만들기 위해 마이크로소프트 워드를 사용하기로 했다. 그림(ball, pen, cat, door)을 보여 주고, 파워포인트 애니메이션 기능의 '들어가기/나가기' 효과 등으로 제작 계획을 수립하였다.

• 평가방법 결정하기: 수업목표의 달성을 평가하는 단계이다. 여기에는 학습한 내용에 대해 질문하여 이해 정도를 체크, 교실에서의 활동 과정에 대한 기록물 관찰이나 체크리스트 등에 기초한 평가, 교육과정평가 등이 포함된다. H 교사는 파워포인트 프레젠테이션을 하는 동안 시작하는 소리(초성)에 대해 질문하기로 계획하였다. 그림이 제시되면 시작하는 소리를 나타내는 알파벳을 적은 카드를 집는 것이다.

③ 계획한 활동 적용하기

계획한 활동을 적용하는 단계이다. 윗 단계(check it)에서 결정한 것을 교사의 교수 과정에 통합한다. H 교사는 모임시간에 유아들에게 네 가지 소리에 대해 알아볼 것이라고 소개한다. 디지털 프로젝터와 스크린으로 Starfall's ABC 낱말 활동을 한다. B를 클릭하면 애니메이션 기능과 발음이 나온다. 교사는 "이것(B)은 무슨 글자지?", "글자 B 위에 있는 것은?(bee)" 등의 상호작용을 해 나간다. 교수과정에서 평가가 이루어지며, 수행이 이루어지지 않은 유아에 대해서는 즉각적인 교정이나 부가적인 연습 기회를 제공한다.

(3) 유아교육-테크놀로지 통합의 예

다음 〈표 5-5〉는 테크놀로지 통합의 사례로 스마트러닝에 기초한 과학 탐구 활동(김정욱, 2014)과 5세 유아들이 만든 환경 보호 동영상 게시 활동이다(한림성심대학교 부속 한림유치원, 2018, 미발행). 스마트러닝에 기초한 과학 탐구 활동 연구에 포함된 활동 사례(김정욱, 2014, pp. 55~56)는 유아들이 스마트매체를 활용해 과학적 호기심과 흥미를 갖고 스마트앱과 과학과정기술을 접목하여 조사하고 탐구하는 과정을 경험하고 그 결과를 다른 유아들과 공유하는 활동이었다. 환경 보호 공익광고 활동(한림성심대학교 부속 한림유치원, 2018, 미발행)은 환경 주제를 전개하면서 유아들이 모둠별로 환경 보호 동영상을 만들기로 하고, 모둠별 주제를 정하고 콘티를 작성한 후 교사와 함께 촬영하고 이를 편집하여 동영상을 만드는 것이었다. 이 동영상은 유치원 친구들과 학부모들이 볼 수 있도록 노트북을 이용하여 현관 앞에 전시되었다(표 5-6).

〈그림 5-10〉(좌)는 유아가 만든 환경 보호 동영상물을 복도에 게시하여 다른 반의 유아와 공유하는 모습이며, 〈그림 5-10〉(우)는 스마트매체를 활용한 가정 연계 교육

표 5-5 스마트러닝 접근에 기초한 과학 탐구 활동 계획안

<table>
<tr><th colspan="3">활동명</th><td>유치원에서 자연 친구를 찾아라</td><td>4차시</td></tr>
<tr><th colspan="3">목표</th><th colspan="2">5세 누리과정 관련 요소</th></tr>
<tr><td colspan="3">• 유치원에 있는 자연물을 찾아보고 관찰한다.
• 유치원의 자연환경에 관심을 갖고 탐색한다.
• 자연물의 종류와 이름을 알아본다.
• 스마트매체를 활용하여 유아의 흥미와 관심을 유지하고 사고력과 탐구력을 키운다.</td><td colspan="2">• 자연탐구: 과학적 탐구하기 – 생명체와 자연환경 알아보기
• 자연탐구: 탐구하는 태도 기르기 – 호기심을 유지하고 확장하기
• 사회관계: 사회에 관심 갖기 – 지역사회에 관심 갖고 이해하기</td></tr>
<tr><th colspan="3">과학적 개념</th><td colspan="2">자연물의 이름과 특징</td></tr>
<tr><th colspan="3">과학과정기술</th><td colspan="2">관찰, 분류, 의사소통, 추론</td></tr>
<tr><th colspan="3">스마트활동</th><td colspan="2">• 유치원의 자연물을 찍은 사진이 수업의 자료가 되며, 이 자료를 발표 및 공유하기(다음 클라우드)
• 구글 검색과 식물 이름 찾기 앱을 통하여 다양한 정보를 찾아보고 관찰 결과와 연계하여 자연물의 특징에 대해 알아보기
• 실내 정원 꾸미기 앱을 통하여 유치원의 가상 정원을 꾸며 보기, 유아의 흥미와 관심을 유지하고 사고력과 탐구력을 키우기</td></tr>
<tr><th rowspan="4">스마트매체</th><th colspan="2">활용도구</th><td colspan="2">• 스마트패드의 카메라
• 구글 검색
• 다음 클라우드
• 앱: 식물 이름 찾기
• 앱: 실내 정원 꾸미기</td></tr>
<tr><th rowspan="2">단말기</th><th>교사</th><td colspan="2">일반 PC, 스마트패드</td></tr>
<tr><th>유아</th><td colspan="2">모둠별로 1개의 스마트패드</td></tr>
<tr><th colspan="2">영상장비</th><td colspan="2">스마트 TV</td></tr>
<tr><th colspan="3">활동 자료</th><td colspan="2">유치원의 자연물 사진, 수집 바구니</td></tr>
<tr><th>활동방</th><th colspan="2">문제 인식</th><td colspan="2">우리 동네에 속하며 유아의 생활과 밀접한 유치원에서 유아가 본 자연물의 종류를 예측해 본다.
– 우리 주변에서 볼 수 있는 자연물에는 무엇이 있을까?</td></tr>
</table>

자료: 김정욱, 2014, pp. 55~56.

활동으로, 부모님과 함께 읽어 볼 동화를 QR코드를 이용하여 접속할 수 있도록 한 것이다.

QR코드 사용 이외에도 유치원 홈페이지의 자료실 이용하기, 어린이 도서관 자료 검색하기 등 다양한 접근방법을 이용하여 가정과 연계한 인터넷 리터러시 교육을 계획할 수 있다.

5세 유아가 만든 환경 보호 공익광고를 보는 4세 유아들(복도 전시)

스마트폰으로 QR코드를 활용하여 연관된 영상 보기(가정 연계 활동)

그림 5-10
테크놀로지 통합 수업 장면

표 5-6 환경 보호 동영상 만들어 게시하기의 사례

<table>
<tr><th>연령</th><td>5세</td><th>생활 주제</th><td>환경과 생활</td></tr>
<tr><th>주제</th><td colspan="3">지구를 건강하게</td></tr>
<tr><th>목표</th><td colspan="3">지구를 건강하게 만드는 방법을 안다. 지구 보호를 알리는 광고를 계획, 촬영, 상영한다.</td></tr>
<tr><th>주요 활동</th><td colspan="3">• 어떤 광고를 만들까(이야기 나누기)
• 여러 가지 공익광고 감상하고 토의하기
• 지구 보호 공익 광고 스토리보드 만들기(언어, 모둠 활동)
• 공익광고 문구 알아보기(언어)
• 광고 제작에 대해 알아보기(과학, 이야기 나누기)
• 광고 소품 만들기(미술, 언어)
• 광고 촬영하기 – 필요한 미디어 알아보기
• 광고 상영 준비하기 – 장소, 필요한 미디어 알아보기
• 환경 보호 공익광고 상영하기(전시)</td></tr>
<tr><th colspan="4">테크놀로지 통합 활동</th></tr>
<tr><th>활동명</th><th colspan="3">내용</th></tr>
<tr><td>공익광고 만들기 토의하기, 여러 가지 공익광고 감상하기</td><td colspan="3">이야기 나누기 시간에 멀티미디어를 이용하여 공익광고 동영상을 감상한다.</td></tr>
<tr><td>광고 제작에 대해 알아보기</td><td colspan="3">교사가 만든 광고 제작에 대한 파워포인트 슬라이드 보며 광고 제작에 대해 알아본다.</td></tr>
<tr><td>스토리보드 만들기</td><td colspan="3">교사는 유아들의 스토리보드를 모둠 유아들이 함께 볼 수 있도록 한글 문서 작업을 하여 프린트해 준다.</td></tr>
<tr><td>유아가 만든 스토리보드에 따라 모둠별로 광고 촬영하기</td><td colspan="3">교사는 유아들의 연기 장면을 휴대전화나 카메라로 동영상을 촬영하고 유아들이 직접 촬영해 보기도 한다.</td></tr>
<tr><td>편집하기</td><td colspan="3">유아들과 함께 촬영한 영상을 컴퓨터를 이용하여 모둠별로 보며 편집하여 완성된 작품을 만든다.</td></tr>
<tr><td>전시 준비하기</td><td colspan="3">노트북, 스피커, 마우스 등 동영상을 실행할 수 있는 기기들을 살펴보고 전시할 장소(복도)를 준비하고 꾸민다.</td></tr>
<tr><td>전시하기</td><td colspan="3">다른 반 유아들이나 학부모는 복도에 설치된 노트북을 통해 자유롭게 공익광고를 감상할 수 있다.</td></tr>
</table>

자료: 한림성심대학교 부속 한림유치원, 2018, 미발행.

2. 유아교육과정과 교육공학

1) 영유아교육 프로그램과 교육공학

(1) 영유아교육 프로그램 유형에 따른 교수매체의 역할 및 활용

영유아교육기관의 프로그램 유형은 그 기관이 가진 영유아 발달에 대한 생각과 프로그램 운영의 방향에 의해 결정된다. 프로그램 유형이 정해지면 이 유형에서 궁극적으로 의도하는 교육목적이 설정될 것이며, 이러한 교육목적에 비추어 영유아의 연령과 요구에 기초하여 구체적 교육목표와 교육 내용이 결정된다. 이때 교육 내용을 어떠한 교수·학습 유형에서, 어떠한 교수매체를 활용하여 적용하고 평가하여 교육목표를 달성할 것인가에 대한 구체적 교수 설계를 하게 된다. 교육기관에서 어떠한 프로그램 유형을 선택하든지 간에 교수매체의 선정 및 제작·활용은 필수이나 프로그램 유형에 따라 교수매체의 역할, 선정 유형, 활용방법이 달라진다. 영유아교육기관의 프로그램 유형 선정에서 교수매체 활용 및 평가에 이르는 과정을 도식화하면 〈그림 5-11〉과 같다.

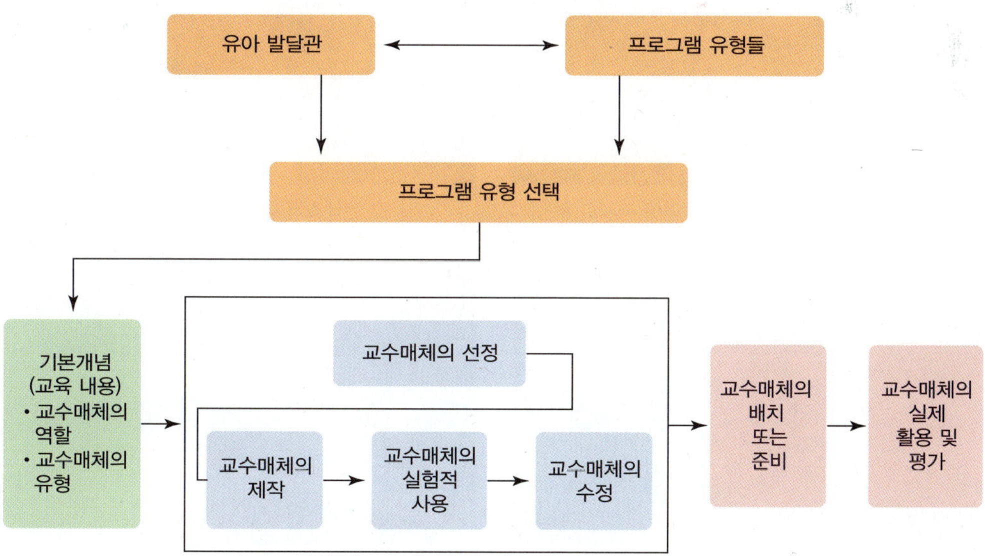

그림 5-11 교수매체의 활용과정

행동주의적 발달관을 가지고 운영하는 영유아교육기관에서는 교사가 영유아에게 직접적으로 단계적 방법에 의해 교수매체를 제시하고, 유아가 자기수정적 방법이나 단계적 방법으로 교사가 제시한 것을 연습할 수 있는 교수매체를 선정하여 제작하고 활용하는 것이 교육의 주가 된다. 성숙주의적 유아 발달관에 의해 표준성숙적 모델 프로그램을 운영하는 영유아교육기관이나 상호작용주의적 유아 발달관에 의해 상호작용주의 프로그램을 운영하는 영유아교육기관에서는 흥미 영역을 구성하고 다양한 교수매체를 준비하는 것이 중요하다. 또한 진행 중인 주제와 관련지어 자발적 선택에 의해 개별 또는 소그룹으로 다양한 활동이 이루어질 수 있고, 때로는 규칙에 의한 게임도 할 수 있으며, 유아가 창의적으로 활용할 수 있는 교수매체를 선정·제작하여 준비해 준다. 이에 비해 몬테소리 프로그램이나 발도로프 교육과정을 적용하는 영유아교육기관은 다른 유아교육기관과 철학 및 교수·학습 실제에 차이를 보이며, 물리적 환경과 교수매체도 차이를 보인다. 레지오 에밀리아 접근법에서는 다른 프로그램보다 아틀리에와 시각 자료가 중요한 비중을 차지한다. 따라서 교사는 소속 교육기관의 교육목적과 유아 발달관을 정확히 인지하고 이를 효과적으로 수행하기 위한 우수한 매체를 선정하여 교육

상호작용 이론에 기초한 유치원의 블록 경사로 활동

몬테소리 유치원의 감각 영역

발도로프 어린이집의 인형

레지오 에밀리아 유치원의 아틀리에

그림 5-12 프로그램 유형별 교수매체 활용의 예

해야 한다. 영유아교육 프로그램 유형에 차이가 있더라도 교수매체를 사용함으로써 학습의 효과를 높일 수 있다는 점은 같으며, 구체적인 기대 효과는 다음과 같다.

- 첫째, 교육 주제의 내용을 보다 주의 깊게 선정하고 조직하게 된다. 즉, 교수매체를 제작·계획할 때나 매체 선정 이전의 자료 검토 과정에서 주제에 대해 보다 세밀한 검토가 이루어지므로 내용을 보다 유의하여 선정·조직하게 된다.
- 둘째, 영유아기의 특성에 알맞은 교육이 가능하다. 영유아들은 소리나 글자로 제시된 추상적인 매체보다는 만지고, 보고, 듣는 등의 오감각적 체험과 상호작용을 통해 외부의 사물과 현상을 이해해 나간다. 예를 들어 물의 성질을 탐색할 수 있도록 고안된 물놀이 도구는 영유아들이 자연스럽게 물의 과학적 특성을 인식하도록 도와 주며, 단위 블록은 공간이나 수와 관련된 복잡한 개념들을 즐거운 구성놀이 과정에서 접하고 탐구해 볼 수 있도록 돕는다.
- 셋째, 교수·학습 과정이 보다 흥미 있게 진행될 것이다. 교수매체 제작 시 메시지의 명료화, 영상의 변화로 주의 끌기, 특별 효과의 활용, 호기심을 일으키는 아이디어 적용 등의 기법을 사용하면 학습동기가 유발되고 그 결과 교수·학습 과정이 즐겁게 이루어질 수 있다.
- 넷째, 질적으로 우수한 학습이 이루어질 수 있다. 실물, 그림, 언어, 소리의 통합으로 지식을 잘 조직하여 명확히 제시할 수 있는 교수매체를 활용함으로써 학습자 편에서 적절한 학습을 기대할 수 있다. 아울러 교수매체를 활용한 후속 활동을 통하여 주위 사물이 어떻게 움직이는지 파악하고 문제를 해결할 수 있다. 교수매체를 사용하면 감각기관의 발달, 아이디어를 교환하는 방법, 상상력과 창조력의 발달, 자신·다른 사람·주변 세계에 대해 학습이 이루어지며, 건전한 방법으로 자신의 느낌과 에너지를 표현하며, 집중 능력을 발달시킬 수 있다. 구체적 예로 블록으로 쌓기놀이를 할 때 집, 자동차, 길 등을 구성하면서 유아는 크기 관계와 구성원리를 계획하고 관찰하며 지도 인지 능력과 대·소근육을 발달시킨다. 또한 의사소통방법을 터득하고, 다른 사람과 협동할 줄 알게 된다. 매체를 통한 학습시에는 읽기 또는 언어적 학습이 보다 오래 지속된다.
- 다섯째, 교수매체 활용으로 개별학습이 효과적으로 이루어질 수 있다. 영유아는 강의식 수업을 중심으로 진행하는 것보다 직접 보고, 듣고, 만지며 느낄 때 더 잘

학습한다. 개별 영유아의 관심과 수준에 따라 매체를 선택하고 학습속도를 조절할 수 있으며, 영유아가 학습하기 편리한 시간에 활동할 수도 있다.

(2) 영유아교육 프로그램 유형에 따른 활동실의 환경

영유아교육기관의 활동실은 유아들이 하루 일과 중 가장 오래 시간을 보내며 많은 활동을 하는 곳이다. 따라서 활동실(교실)의 준비에는 세심한 배려가 필요하다.

활동실의 위치는 우리나라의 경우 북향보다 남향이 좋으며 직사각형이나 육각형 등의 모양이어야 안정감이 있고 교사가 교실 전체를 관찰하기 좋다. 법에서 정한 기준 면적은 어린이집은 영유아 1인당 $4.29m^2$(1.3평) 이상, 보육실은 1인당 최소 $2.64m^2$(0.8평) 이상이어야 한다(영유아보육법 시행규칙〈별표 1〉). 유치원의 원사는 원아 수 41명 이상인 유치원을 기준으로 최소 80 + 3N(정원 수)m^2이며 일반 교실 크기는 $67.5m^2$ 정도이다(고등학교 이하 각급 학교 설립·운영 규정〈별표 1〉). 이는 최소 기준이며 놀이와 생활이 편안하게 이루어지려면 이보다 넓은 공간이 필요하다.

활동실의 바닥, 천장, 벽은 기능적이고 견고해야 하며 미적으로 고안됨과 동시에 편안해야 한다. 바닥은 물기가 쉽게 마르고 위생적이며, 따뜻하고 청소가 용이해야 한다. 또한 견고하고 외풍을 막을 수 있으며, 소음이 적은 바닥 재료를 써야 한다. 천장의 높이는 변화를 줌으로써 소음을 방지하고 미적으로 보이게 할 수 있다. 대체로 천장의 높이는 2.5~3.3m가 이상적이다. 다락방처럼 천장이 낮은 특별한 공간은 영유아가 어른에게 지배받는 느낌을 받지 않고 놀이와 휴식을 취할 수 있도록 어른이 들어가 너무 오래 머무르지 않아야 한다.

활동실(교실)에는 흥미 영역과 모임 활동이 가능한 공간을 배치하며, 활동 영역별 구분은 낮고 움직일 수 있는 바퀴 달린 선반이나 가림판으로 조절하도록 한다. 영유아교육기관의 교육철학과 목표에 따라 활동실의 배치가 다르나 일반적으로 각 활동 영역 배치 시 고려해야 할 점은 다음과 같다.

- 활동 영역에 따라 공간이 구분되도록 배치한다. 쌓기놀이 영역, 역할놀이 영역, 언어 영역, 조작 영역, 수·과학 영역, 음악 영역, 미술 영역, 물놀이 영역, 모래놀이 영역 등의 활동 영역별로 공간을 배치한다. 각 영역별로 독립성을 유지하기 위해서는 가림판이나 선반을 이용하여 L자 모양이나 U자 모양으로 가려 준다. 영역의 수

나 크기는 영유아의 연령과 교실의 크기에 따라 달라질 수 있다.

- 집단 활동을 하거나 커다란 교구 또는 바닥에 펴 놓고 활동하는 교구가 있는 곳, 움직임에 의해 부딪힘이 일어날 수 있는 신체 활동 영역에는 다른 영역에 비해 더 넓은 공간이 요구된다.
- 연관성이 있는 활동이나 비슷한 활동끼리는 인접하게 배치한다. 즉, 조용한 활동은 조용한 활동끼리, 시끄러운 활동은 시끄러운 활동끼리 배치하고, 블록이나 모형 자료는 인접하게 배치한다.
- 활동의 종류에 따라 부수적인 요소, 즉 물의 공급처, 전기 배선, 조명, 채광 등을 고려하여 활동 영역을 배치한다.

이 같은 영역 배치는 영유아의 자유로운 활동 선택과 개별 활동을 강조하는 표준성숙적 모델, 자유선택적 활동과 교사주도적 활동 간 균형을 고려하는 상호작용주의 프로그램, 교사주도적 구조적 활동이 강조되는 행동주의 프로그램 등 프로그램에 따라 차이가 있다.

① 표준성숙적 모델 프로그램

영유아가 자유롭게 임의대로 선택한 활동에 의한 교육과정, 즉 표준성숙적 모델의 입장에 따라 교육과정을 운영하는 영유아교육기관에서의 활동실 배치의 예는 〈그림 5-13〉(좌)과 같다. 영유아가 자유롭게 선정한 활동에 의하여 운영되는 영유아교육기관에서는 활동 공간과 통로 사이에 약간의 구분만 있고 개인이 흥미와 욕구 변화에 따라

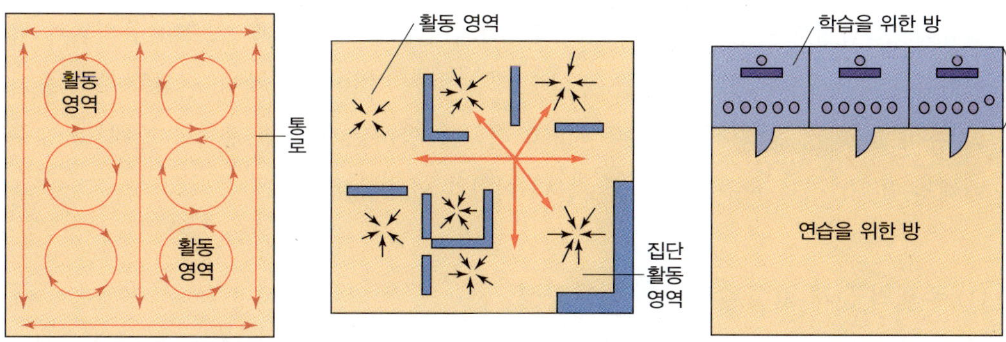

그림 5-13 프로그램 유형에 따른 교실 배치의 예

자유롭게 옮겨 다니며 활동을 선택할 수 있으므로 교사의 안내나 도움이 용이한 개방적 공간계획을 세운다.

② 상호작용주의 또는 구성주의 프로그램

유아의 자유선택적 활동과 교사주도적 활동을 모두 받아들여 약간의 구조적 입장을 취하는 상호작용주의 프로그램에서의 활동실 배치는 영유아가 자유롭게 활동을 선택하는 표준성숙적 프로그램의 배치와 유사하다. 그러나 집단 활동 영역을 특별히 배치하고 집단을 대상으로 교사가 참여하여 주도적으로 활동을 운영하는 점이 다르다. 따라서 상호작용주의 프로그램에서의 활동실은 〈그림 5-13〉(중)처럼 영유아의 자유로운 자발적 선택에 의한 활동을 허락하면서 매일 교사가 준비한 자료를 중심으로 소집단 활동이 이루어질 수 있는 영역도 배려한다. 교사가 주도하는 집단 활동은 쌓기 활동 영역과 같이 바닥이 넓은 영역에서 이루어질 수 있도록 가구와 자료를 배치한다.

③ 행동주의 프로그램

완전 구조적 입장을 취하는 행동주의 모델은 〈그림 5-13〉(우)과 같이 구성되며 언어, 셈하기 기술의 발달에 중점을 두는 경향이 있고, 교사가 주도하는 학습시간과 연습시간이 교차되며 구조화된 매일의 프로그램에 의해 운영된다. 여기서 학습 내용을 전달하거나 연습시키는 교사의 역할은 선생님이 담당하지만 학습 내용에 따라 프로그램화된 매체가 교사의 역할을 할 수도 있다.

2) 주제 중심의 교육과정과 교육공학

영유아교육과정의 운영방법에 따라 교육공학의 접근도 달라질 수 있으나 유치원과 어린이집의 교육과정은 생활 주제를 중심으로 운영하는 것이 일반적이다. 생활 주제 중심의 유아교육과정 운영에서의 교육공학적 접근을 알아보기 위해 주제의 전개 및 교수매체의 활용과정과 교수매체를 알아본다(이영자 외, 2009).

(1) 주제의 전개 및 교수매체의 활용과정

주제에서 가르치려고 하는 기본 교육 내용, 교수매체의 역할과 유형 등은 해당 주제에서 다루는 개념에 따라 달라진다. 그러므로 주제 중심으로 교육 내용이나 교수매체의

① 주제 선정 → ② 주요 개념 및 교육 내용 선정하기 → ③ 교육과정에 통합하고 활동 목록 만들기 → ④ 주제 전개 계획안 작성하기 → ⑤ 활동을 구체화하고 교수매체 선정, 제작하기 → ⑥ 활동하기 → ⑦ 평가하기

그림 5-14
주제 중심 교수·학습에서의 교수매체 활용과정

역할과 유형을 결정할 때는 우선 주제를 선정해야 한다. 주제를 선정한 후에는 개념을 진술하고 이를 교육과정에 통합하여 조직한다. 이를 토대로 주제를 전개시키고 계획안을 작성하며, 계획한 활동을 구체화하여 교수매체를 선정·제작한다. 선정·제작한 교수매체는 수업에 사용하기 전에 활용과정을 연습하여 수정·보완하고 아울러 적절히 활용할 수 있는 물리적 환경을 마련한 후 흥미 영역에서의 개별 활동 또는 소집단이나 대집단 활동을 통해 활용한다. 자료 활용 후에는 평가하여 보완하고 활동이 심화·확장될 수 있도록 돕는다. 이러한 일련의 과정을 교수매체의 제작과 평가를 포함한 과정으로 제시하면 〈그림 5-14〉와 같다. 이 장에서는 만 5세 반의 주제 '탈것'의 전개 사례를 중심으로 위의 과정을 살펴보기로 한다.

① 주제 선정

주제는 유아 개인 또는 집단의 흥미로부터 도출될 수 있으며 교사의 계획에 의해 선정될 수 있다. 하나의 주제를 몇몇 유아들의 공동 관심사로 부각시키고, 심화된 활동이 이루어지도록 하는 것은 교사의 중요한 역할 중 하나이다. 교사는 주제 선정 시 유아의 연령과 발달 수준의 적합성, 학습의 긍정적 가치와 필요성, 흥미와 관심을 가질 가능성, 생활 및 일과와의 관련성, 사회문화적인 가치, 다른 활동과의 통합 가능성 등을 고려한다. 주제를 선정할 때는 이 밖에도 하나의 주제만 선정할지 아니면 병행 주제를 선정할지, 새로운 주제를 제안하는 사람이 교사가 될지 아니면 학급의 유아가 될지, 주제가 어느 정도 지속될 것으로 예측되는지 등도 고려하게 된다.

주제 선정의 예

김 교사는 유아들이 여행 경험을 많이 한 방학 후에는 '탈것'에 관심을 많이 보일 것으로 예측하여 '탈것'을 주제로 선정하려고 한다. 몇몇 유아들은 과학 영역에서

(계속)

'자석'이나 유치원 정원에서 관찰하고 수집한 '매미 허물'에 흥미를 보이므로 과학 영역에서는 '매미'를 특별한 주제로 계획하였다. 이 과정에서 교사는 여러 가지 의문점과 해결방안을 모색하면서 주제를 전개해 나가게 된다. 이를 돕기 위한 내용은 다음과 같다.

- **주제는 하나만 선정해야 하는가 아니면 동시에 몇 가지 주제가 병행될 수 있는가?**
  학습 주제의 전개는 전체 유아를 중심으로 이루어질 수도 있고, 특별히 관심을 가진 몇몇 유아들을 중심으로 다루어질 수도 있다. 즉, 유아들이 여행 경험을 많이 한 방학 후에는 교사가 계획한 전체 학급의 주제가 '탈것'이라 해도, 어떤 유아들은 탈것보다는 유아교육기관 앞의 공사장에 관심을 가질 수 있고, 몇몇 유아들은 과학 영역에서 '자석'이나 '매미 허물'에 흥미를 보일 수 있다. 교사는 집단 유아들이 관심을 가진 주제 '탈것'과 개별 또는 소집단 유아들이 흥미를 보이고 있어 학습의 중요한 기회를 보이는 주제들을 동시에 격려하고 교수·학습 과정에 반영해야 한다.

- **누가 새로운 주제에 대해 처음으로 이야기하거나 제안해야 하는가?**
  누구든 학급에서 주제를 제안할 수 있다. 유아가 방학 동안 여행한 경험을 이야기할 때 무엇을 타고 다녔는지 질문할 수도 있고, 교사가 찍은 사진이나 사용한 기차표를 보여 줄 수도 있다. 때로는 동화책 속의 주인공이나 새로 산 미니카도 주제를 인식시키는 좋은 매개체가 될 수 있다. 유아들이 자발적으로 주제를 전개시켜 나가기도 하지만 다양한 형태의 교사 개입도 중요한 역할을 한다. 교사는 유아들이 관심 있어 하는 것이나 이 시기에 학습해야 할 것에 대해 동기를 유발시키고 심화된 활동으로 이끌어 주는 역할을 해야 한다.

- **하나의 주제를 언제까지 지속할 것인가?**
  하나의 주제는 특정 영역을 중심으로 한두 시간에 다루어질 수도 있고, 한 달 이상 지속될 수도 있다. 여행 경험의 이야기로 출발한 '내가 타 본 탈것들'이라는 주제가 '우리가 탈 수 있는 것들', '미래의 자동차', '우주선' 등의 주제로 연결되어 나가며 전개될 수도 있지만, 유아들의 관심이 유아교육기관 주변의 공사장에 더 쏠려 있다면 며칠 만에 다른 주제로 변화될 수 있다. 이때 공사에 사용되는 자동차를 선행 주제와 연결하여 다룰 수도 있을 것이다. 또 몇몇 유아들이 등원길에 주워 온 매미 허물에 관심을 보인다면 과학 영역에서 이것을 하루나 이틀 동안의

(계속)

별도 탐구 주제로 다룰 수도 있다.

- **특정 주제와 관련하여 떠오르는 모든 내용이 골고루 이루어져야 하는가? 아니면 더 관심 있는 내용을 중심으로 활동이 전개되어도 무방한가?**
  주제를 중심으로 한 학습은 유아들이 공동으로 관심 있는 주제를 깊이 있게 조사하는 과정 속에서 개념, 기술, 태도 등이 발전되어 나가는 과정에 의미가 있다. 유아들이 '탈것'이라는 주제를 다루는 과정에서 바퀴에 관심을 가졌다면 여러 가지 바퀴를 조사하기 위해 육상교통, 해상교통, 항공교통들을 알아보게 될 것이고(육·해·공의 탈것을 모두 다루지 않아도 무방하다), 그것들이 다니는 길의 종류에 따라 바퀴가 다르다는 것도 알게 될 것이다. 즉, 바퀴는 작은 부분이지만 그것을 중심으로 유아들의 탈것에 대한 이해의 폭이 넓어지게 된다.

② 주요 개념 및 내용 선정하기

예상 주제가 선정되면 생활 주제를 통해 다룰 수 있는 개념을 진술해 보고 주제를 통해 달성할 수 있는 목표와 주요 내용을 선정한다. 앞에서 예시로 든 만 5세반의 학급 교사는 주제 '탈것'에서 다룰 수 있는 주요 개념이나 아이디어를 선정하기 위해 다른 교사와 브레인스토밍하고 탈것과 관련된 어휘들을 유목화한 후 〈그림 5-15〉와 같이 개념도를 작성하고 이를 토대로 몇 가지 개념을 선정하였다. 이 개념들은 주제에서 반드시 다루어야 하는 내용이나 목표가 아니며 유아의 관심의 방향과 깊이에 따라 변화될 수 있다. 그러나 사전에 교사가 다룰 수 있는 개념을 진술해 보는 것은 교사의 교수행동이나 교수매체 준비에 중요한 영향을 미친다. 프로젝트 접근법을 적용하는 경우에는 교사가 사전에 주제에 대한 사전 경험과 지식을 검토하는 개념망 작성하기, 즉 브레인스토밍과 유목화과정이 이 단계를 대신할 수 있다. 주제 '탈것'의 개념망 만들기를 통해 교사가 선정한 개념의 예는 아래와 같다.

- 탈것에는 여러 가지 종류가 있다(이름, 모양, 움직이는 방법, 다니는 길).
- 탈것은 우리들의 생활을 편리하게 해 준다.
- 탈것을 안전하고 편리하게 이용할 수 있도록 일하는 사람들이 있다.
- 탈것을 이용할 때는 지켜야 할 규칙과 예절이 있다.

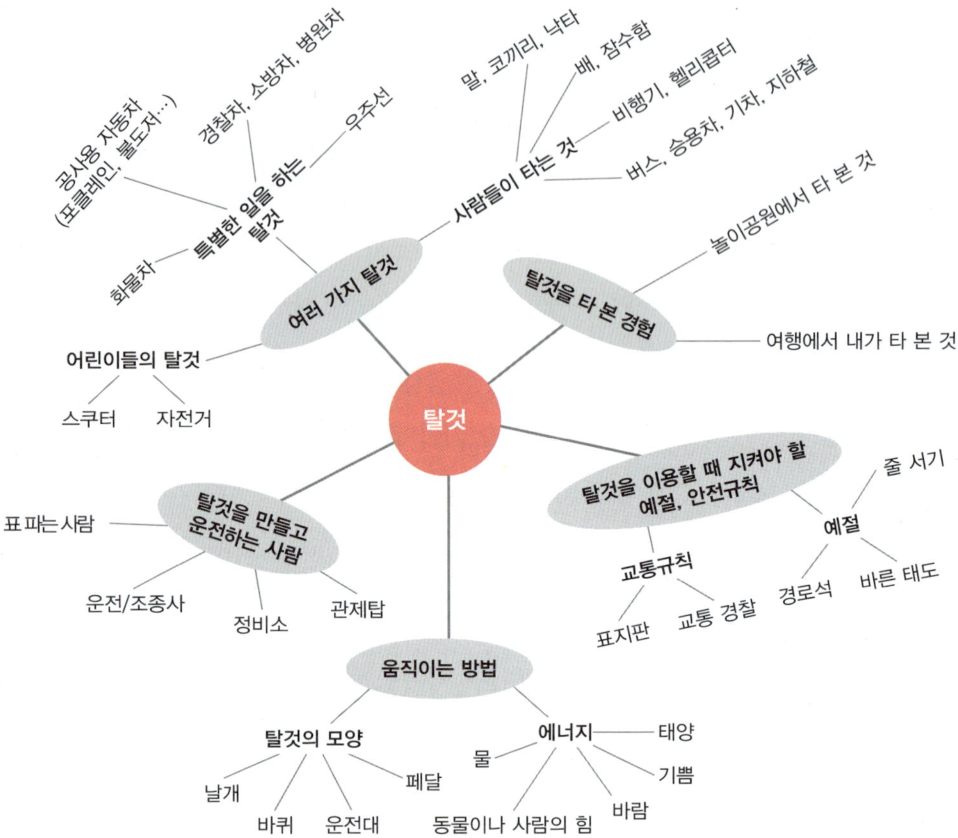

그림 5-15 '탈것'의 개념망

③ 교육과정에 통합하고 활동 및 교수매체 목록 만들기

선정한 개념이 유아들의 학습에 반영되려면 각 개념을 다룰 수 있는 활동들을 교육과정 틀에 맞추어 선정하고 목록을 작성해야 한다. 이러한 과정 없이 계획안을 작성하면 주제를 다룰 때 포함될 수 있다고 생각하여 선정한 개념들이 활동과정에 제대로 반영되지 못하게 된다. 개념별 활동 목록을 선정하다 보면 교사는 각 활동이 주로 어떤 개념을 다룰지 숙고하게 되고, 활동이 개념을 다루기에 부족한 경우 새로운 자료를 찾게 된다. 교사가 작성한 개념별 활동 목록의 예는 〈표 5-7〉과 같다.

표 5-7 주제 '탈것'의 개념 관련 활동 목록

개념	활동 종류/영역	내용 및 활동	교수매체 구분
1. 탈것에는 여러 가지 종류가 있다.	언어 영역	• 동화책 《굴러라 바퀴야》 등 • 탈것에 관한 작은 그림책 • 탈것 수첩 만들기 • 부직포 자모음과 그림 카드 • 수평 아크릴판 이야기 꾸미기(자석, 미니카) • 자석 깡통 이야기 꾸미기(바다·육지 자석, 하늘) • 기차 모양 수수께끼 그림 카드 • 교통기관 모으기 빙고게임 • 이야기 꾸미기 자료(탈것들)	그림 그림 그림(사진) 융판 자석, 모형 자석 그림 그림(사진) 융판·자석판
	수·과학 영역	• 패턴 블록과 탈것 모양 그림 카드 • 케이블카 놀이(도르래, 상자 케이블카) • '탈것이 다니는 길' 게시판과 녹음 자료 • '어디로 다닐까' 게임: 자석 깡통과 자석 분류판	그림 모형 게시판, 녹음 자료 자석
	컴퓨터 영역	• CD-Rom 백과사전으로 '탈것' 조사하기	컴퓨터
	조작 영역	• 블록으로 탈것 만들어 구성하기: 벽면에 탈것 그림 자료 게시 • 그림 맞추기: '기차', '버스', '비행기', '배' • 내가 만든 퍼즐 이용하여 놀이하기	모형, 그림(사진) 그림 그림
	쌓기놀이	• 탈것이 다니는 길 구성하기(디오라마) • 기차(버스)놀이: 큰 상자기차(버스), 종이 돈, 역할 옷, 모자 등	모형(디오라마) 모형, 실물
	역할놀이	• 여러 가지 역할 옷을 입고 극 놀이하기(운전기사 모자, 기관사 모자와 옷, 오토바이 헬멧 등 역할 의상과 관련 사진)	실물, 모형, 그림
	미술 영역	• 탈것 모형 만들기 • 탈것 그림 그리기	모형, 사진 그림
	음률 영역	• 노래 〈간다 간다〉 부르기 • 노래 감상하기	녹음 자료, 컴퓨터
	이야기 나누기	• 내가 타 본 탈것들 • 탈것들은 어디로 다닐까? • 옛날 사람들은 무엇을 탔을까?	융판 또는 칠판 슬라이드(파워포인트) 그림(사진)
	노래 지도	• 노래 부르기: 〈간다 간다〉, 〈비행기〉, 〈자전거〉	그림(노랫말판), 실물(악기), 녹음
	신체 표현	• 탈것이 되어 신체 표현하기: 유아가 만든 탈것 가면, 녹음 자료, 빠르고 느린 음악	그림, 녹음 자료
	동화	• 《굴러라 바퀴야》	입체 그림
	게임	• 우리는 하나: 상자 배 타고 반환점 돌기	모형

(계속)

개념	활동 종류/영역	내용 및 활동	교수매체 구분
2. 탈것은 우리들의 생활을 편리하게 해 준다.	미술 영역	• 상상화 그리기: 탈것이 없다면 먼 곳을 어떻게 갈까?	
	과학 영역	• 여러 가지 탈것들은 우리에게 어떤 도움을 주나?	게시판
	쌓기놀이	• 여러 가지 탈것 모형과 사람 모형	모형
	언어 영역	• 여행 경험을 그리거나 써서 게시판 만들기 • 실외: 버스놀이, 기차놀이	게시판 모형
	이야기 나누기	• 탈것을 타 본 경험 이야기 나누기 • 옛날 사람들은 무엇을 타고 다녔을까?	그림(사진) 컴퓨터
3. 탈것을 안전하고 편리하게 이용할 수 있도록 일하는 사람들이 있다.	쌓기놀이	• 주유소 놀이 • 정비소 놀이	모형, 블록
	언어 영역	• 책 《라이트 형제》 • 역할 카드 짝짓기	그림 그림
	역할놀이	• 교통경찰 모자, 경찰복, 정비복 등 첨가	실물
	이야기 나누기	• 교통질서를 위해 수고하시는 분은 누구인가?	컴퓨터(슬라이드, 동영상)
4. 탈것을 이용할 때는 지켜야 할 규칙과 예절이 있다.	수학 영역	• '어디로 가야 할까요' 게임	그림
	언어 영역	• 그림책 《교통 안전》	그림
	쌓기놀이	• 신호등을 이용하여 도로 구성하기 • 신호등 게시판	모형 게시판
	컴퓨터 영역	• 교통 규칙에 대한 CD-Rom 자료	컴퓨터
	실외	• 교통 놀이(자전거길, 교통 표지판, 횡단보도)	모형, 실물
	이야기 나누기	• 길을 건널 때 지켜야 할 규칙 • 안전띠는 왜 착용해야 하나? • 차 안에서 지켜야 할 예의	그림(융판), 컴퓨터(동영상) 그림(칼집), 컴퓨터(동영상) 손인형
	노래	• 〈건너가는 길〉 • 〈길조심〉	그림, 녹음 자료
	동화	• 《꼬마 자동차 덜컹이》 • 《덜렁이의 소원》	그림 TV 동화

④ 주제 전개 계획안 작성하기

유아의 주요 관심을 중심으로 주제 전개 계획안 또는 주간 계획안을 작성한다. 즉, 목록에 열거한 많은 활동 중 학급에서 다룰 것을 선정하고, 학습 주기를 고려하여 시간적으로 먼저 다룰지 나중에 다룰지에 따라 배열한다. 학습 주기는 인식, 탐색, 탐구, 활용으로 이루어지는 순환적 사이클이다.

- 인식(awareness): 학습의 매개 변수인 물체, 사람, 사건 또는 개념에 대한 광범위한 자각 과정이다. 교사는 물리적·심리적 환경을 구성하고, 새로운 물체나 사건 등을 소개하며, 문제를 제공하거나 질문을 하여 흥미를 유발시키거나 유아의 흥미나 경험에 관심을 표현하고 반응을 보임으로써 인식을 도와야 한다. 예를 들어 〈그림 5-16〉처럼 여러 가지 탈것 그림 자료로 벽면을 꾸미거나, 탈것 모형 및 퍼즐 등의 교수매체를 눈에 띄게 전시해 놓음으로써 유아의 관심을 유도할 수 있으며, 주말에 있었던 일이나 가족 여행 경험을 이야기하는 동안 여행을 한 유아가 있다면 어떤 것을 타고 다녀왔는지 말해 보게 할 수 있다. 주제와 연관된 그림, 낱말 카드 등도 제시할 수 있다.

가족 여행 경험 게시판　　탈것 이름 찾기 판

그림 5-16　유아의 인식과정을 돕기 위한 교수매체의 활용

- 탐색(exploration): 유아가 여러 가지 감각기관을 이용하여 사건, 물체, 사람 또는 개념의 구성요소나 속성을 파악하는 과정으로 이러한 개인적 경험을 통해 나름의 의미를 구성하게 된다. 교사는 유아의 능동적 탐색을 지지하고 탐색환경을 조성해 주며, 놀이를 확장하고 유아의 활동을 설명해 주거나 이야기를 나누고, 여러 가지 개방적인 질문을 하며 유아의 생각이나 아이디어를 존중해야 한다. 유아는 실수를 통해 새로운 경험을 할 수 있으므로 구성적 실수를 허용하는 분위기를 마련해야 한다. 예를 들어 새 노래 배우기나 동화 듣기, 여러 가지 탈것 모형 및 디오라마를 관찰하거나 탈것에 대한 영상이나 슬라이드 자료를 보며 탈것의 종류, 움

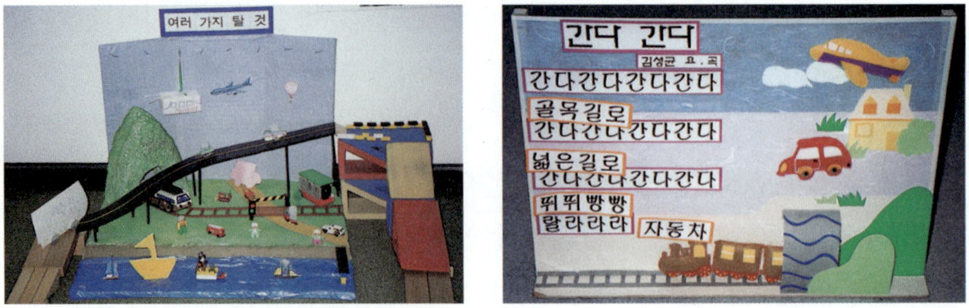

탈것이 다니는 길 디오라마　　　　새 노래 그림 노랫말 판

그림 5-17　유아의 탐색과정을 조장하는 교수매체의 활용

직이는 모습을 살펴보는 등의 활동을 탐색과정으로 삼을 수 있다.

- 탐구(inquiry): 유아가 개인적으로 형성한 이해를 실험해 보고 다른 사람의 생각이나 객관적 현실에 비추어 비교해 보는 과정으로 물체, 사람, 사건, 개념에 대한 이해가 이루어지며 일반화시키기 시작한다. 교사는 유아가 개인적인 탐색을 통해 이해한 내용들을 구체화시켜 보도록 탐구할 기회를 제공하고, 흥미를 가진 주제에 관심을 집중시키도록 안내한다. 또 사고를 유발하는 핵심 질문을 하고 필요한 경우에 여러 가지 정보를 제공하여 개념이나 정보·사건들에 대한 이해를 넓히고 상호 관련성을 파악하도록 안내한다. 예를 들어 탈것이 움직이는 모습을 비디오로 보고, 모형차를 움직여 보는 경험을 통해 탈것마다 움직이는 방법이 다름을 이해할 수 있다. 교사는 바퀴가 달린 탈것을 만들어 움직여 보고 비교하거나, 여러 가지 날개가 달린 비행기를 만들어 날려 보고 비교하는 활동을 통해 유아들이 탈것의 움직임과 바퀴나 날개의 모양에 대해 관심을 집중하도록 도울 수 있다. 경사로에서 탈것 굴리기 활동을 제공하여 유아들이 자동차가 잘 굴러갈 수 있는 길의

주유소 견학　　　　비행기 조종(가상체험)

그림 5-18　유아의 탐구과정을 도울 수 있는 활동

형태를 탐구할 수 있고, 실제 주유소를 견학하여 자동차 연료 등에 대한 궁금증을 해결할 수 있다. 또 어린이 운전 가상체험 프로그램이나 스마트폰을 이용한 VR 체험 활동 등도 가상체험의 기회를 제공하여 탈것에 대한 탐구심과 이해를 증진시킬 수 있다.

- 활용(utilization): 유아가 나름대로 이해한 것을 적용하거나 활용하는 과정이다. 교사는 유아가 학습한 것을 새로운 상황에 적용하도록 도우며, 학습한 것을 활용해 볼 수 있는 의미 있는 상황을 제공한다. 예를 들어 유아들이 탈것의 종류에 따라 모양의 차이를 이해하게 되면 상자와 같은 입체물이나 그림을 통해 탈것을 표현할 수 있을 뿐만 아니라, 자신이 만든 탈것들을 이용해 기차놀이나, 버스놀이 등의 극놀이를 하거나, 블록으로 도로를 구성하고 상자로 만든 미니카들을 움직일 수도 있다. 또한 탈것마다의 움직임 특성을 이해하면 신체로 탈것을 표현하거나 극화해 볼 수 있다. 교통규칙이나 예절에 대해 알아보았다면 이를 이용한 게임도 활용 활동이 될 수 있다.

이러한 인식, 탐색, 탐구, 활용으로 이어지는 학습 주기는 순환적 사이클로, 한 가지 활동을 진행해 나가는 동안 이러한 사이클이 이루어지기도 하고, 주제를 전개해 나가는 초기·중기·후기의 활동 속에서 순환적으로 나타나기도 하며, 학기 초와 학기 말에 걸친 장기간의 학습기간 동안 이루어지기도 한다. 따라서 교사는 하나의 활동을 계획할 때 어떻게 그 활동을 인식하게 하여 동기 유발을 시킬지, 탐색은 어떠한 방법으로 조장할지, 탐구를 위한 질문이나 보조 자료는 무엇을 사용할지, 어떻게 활용하도록 도울지 등을 계획해야 한다. 주제 '탈것'을 전개하는 동안 교사는 먼저 다루어야 할 활동은 무엇이고 이를 토대로 후기에 다루어야 할 활동은 무엇인지, 그리고 유아들이 주제를 다루면서 학습한 것들이 어떻게 활용되게 할지에 대해 총체적으로 계획해야 한다. 예를 들어 유아들이 만든 탈것 모형물들을 이용한 쌓기 활동은 탈것에 대한 탐색과 탐구의 결과로 만든 미술품을 활용하는 과정인데, 이는 또 탈것이 다니는 길에 대해 탐색·탐구하는 활동으로 연결된다. 이러한 계획은 그 주제를 다루는 시기가 학기 초인지 학기 말인지, 또는 사전에 어떠한 개념을 다루었는지에 따라 달라진다. 즉, 같은 '탈것'이라는 주제라도 학기 초에 다룰 경우와 유아들이 여러 가지 경험을 하고 난 학기 말에 다룰 경우 등 때에 따라 개념, 아이디어, 태도 등의 측면에서 다른 계획이 요구된다. 이러한 학습 주기 사이클을 고려하며, 개념별로 작성해 둔 목록에서 각 흥미 영역과 집단 활동별 활동을 선정하고 날짜의 진행에 따라 먼저 다루어야 할 활동과 후속적으로 이루어져야 할 활동들을 배열하도록 한다.

이러한 계획은 주로 주간 계획의 형태로 이루어진다. 주간 계획이 이루어지면 새로운 주제에 대해 유아들이 관심을 모을 수 있는 방법으로 주제 전개를 시작하여 매일의 활동을 전개해 나간다. 매일의 프로그램 계획과 실행·평가는 일일계획표에 기록한다. 교사는 일과가 끝난 후 미리 작성한 주간 계획표와 당일 유아들의 관심 방향을 참조하여 다음 날의 구체적인 일일계획표를 작성하고 이에 맞추어 교수매체를 준비한다. 즉, 교사는 유아들의 관심과 활동 진행 상태에 따라 융통성 있게 주간·일간 계획을 조정해 나가야 하며 이에 맞추어 교수매체를 적절히 준비해야 하는데, 이때 다음날 필요한 교수매체를 항상 전날에 준비하는 것은 무리이므로 예측되는 활동과 관련된 자료는 미리 준비해 두었다가 필요할 때 바로 꺼내 사용할 수 있게 한다.

⑤ 활동 구체화 및 교수매체 선정, 제작하기

주제를 어떻게 전개할 것인가를 계획하는 동시에 각각의 활동을 어느 영역에서 어떠한 방법으로 전개할 것인지에 대한 구체적인 활동계획이 이루어져야 한다. 예를 들어 동화 《굴러라 바퀴야》를 들려주려고 한다면 교사는 먼저 동화를 언제, 어디에서 사용할

표 5-8 교수매체 선정 절차

절차	동화 《굴러라 바퀴야》의 예
활동 목적, 주요 개념 및 원자료 내용 파악하기	'탈것'과 관련하여 이 동화를 통해 습득하기를 바라는 지식, 태도, 기술은 무엇인가, 동화는 어떤 내용을 유아에게 전해 주는가를 파악 → 바퀴의 모양, 탈것에서 바퀴의 역할
활동시간, 활동 영역, 집단 크기 고려하기	동화를 듣고 신체 활동으로 연결하기 위해 신체 활동 전 모임 시간에 쌓기 영역의 모임 공간에 모여서, 대집단 활동으로 진행
매체의 종류, 제시방법 계획	부분적 움직임이 있는 그림 동화로 제작하여 탈것과 바퀴가 움직이는 것 표현
각색 및 제작방법 구체화하기	그림 동화에 어울리도록 페이지별로 나누어 제시할 수 있도록 각색, 부분적 움직임의 효과를 넣을 부분과 효과적인 표현방법(예: 바퀴가 구르는 부분은 낚시줄이나 자석 이용) 고안
활동 전개 계획서 작성하기 (도입–전개–마무리)	• 도입: 미니자동차 인형 • 전개: 동화 들려주기 • 마무리: 내용과 움직임 관련 질문, 후속 활동으로의 전이
제작 및 시연 후 수정하기	시각적 효과, 내용 구성, 조작 방법과 효과 등 검토하고 수정

지, 동화의 내용을 잘 표현할 수 있는 방법은 무엇인지 등을 생각해야 한다. 즉, 동화책을 스캔하여 편집한 후 파워포인트 동화를 만들어 들려주거나 그림으로 그려 제시할 수 있으며, 테이블 동화로 들려줄 수도 있다. 동화 내용의 특성을 잘 살리려면 자료를 어떻게 제작하면 효과적인지 구체적으로 계획한다. 이 과정에서는 그림책에 있던 이야기를 각색해야 한다. 각색할 때 교사는 그림 동화용인지 테이블 동화용인지 등의 매체 유형과 제시목적(예: 여기서는 '탈것'의 움직임에 초점을 두고 사후 활동으로 신체 표현을 하겠다)을 고려하여 대사나 그래픽을 결정한다. 교수매체의 선정 및 제작이 이루어지는 과정을 순서화하면 〈표 5-8〉과 같다.

⑥ 활동하기

교수매체가 준비되면 적절한 사용 환경을 마련하고 유아에게 제시하기 전에 제시를 연습한다. 이 과정에서 고려할 요소는 다음과 같다.

- 적절한 자료의 배치 위치 선정하기
- 교사의 자료 제시 속도 조절하여 연습하기
- 보조 자료의 사용 여부 검토하고 준비하기
- 언어적 상호작용 내용 및 상호작용방법 계획하기
- 동기 유발이나 분위기 조성을 위한 주변 환경 조성하기
- 필요한 기기 점검하기
- 제시·활용에 용이하도록 자료 정돈하기

그다음으로는 계획한 활동을 실행한다. 주제의 전개과정에서는 다양한 자유선택활동과 집단 활동이 이루어진다. 주제 '탈것'과 관련된 개별 또는 집단 활동과정에서 교사 또는 교사와 유아가 함께 준비한 교수매체들을 다양하게 활용할 수 있다. 이때 하나의 활동이 특정 시간대나 한 영역에서의 활동으로 그치는 것이 아니라 다른 영역이나 시간대의 활동들과 통합되어 전개될 때 더욱 흥미 있고 심도 깊게 진행될 수 있다.

⑦ 평가하기

교수매체를 활용한 후에는 교수매체가 수업의 목표에 적절하였는지, 유아의 반응은 어

떠하였는지 등을 평가한다. 교수매체와 관련된 평가 항목을 제시하면 다음과 같다.

- 자료는 의도한 내용을 교육하기에 적합하였는가?
- 자료는 유아들의 이해 수준 및 조작 수준에 적합하였는가?
- 자료의 크기는 집단의 규모에 적합하였는가?
- 유아들은 자료에 관심을 보이고 탐색하였는가?
- 유아의 흥미가 오랫동안 지속되었는가?
- 자료를 통해 또래 간 상호작용이 증진되었는가?
- 교사는 자료를 능숙하게 활용하였는가?
- 자료가 활동 중 파손되지 않고 견고하였는가?
- 자료를 보완하거나 수정해야 할 부분이 있는가?

(2) 연령별 주제에 따른 교수매체 활용의 실제

실제로 만 2세와 만 4세 유아들을 대상으로 주제와 관련된 교수매체 활용의 예는 다음과 같다.

2세: 우리 가족

- 주제: 우리 가족
- 연령: 만 2세
- 주제 전개

  역할놀이 영역에서 영아들이 엄마, 아빠 역할을 하면서 자연스럽게 넥타이, 앞치마, 젖병 등을 탐색하며 놀이할 때 주제를 전개할 수 있다. 주제 전개 초기에는 '〈곰 세 마리〉 노래 부르기', '가족사진 보며 소개하기' 등의 활동을 하여 영아들이 가족의 명칭을 인식할 수 있도록 한다. 또 청소하기, 식탁 차리기, 아기 돌보기 등의 활동이 이루어질 수 있도록 모형, 가족사진, 가족 인형 등의 교수매체를 제공하여 영아들이 이들 자료를 탐색·활용하여 극놀이를 하는 과정에서 가족구성원에 대한 역할 이해와 가족마다 사용하는 물건이 다르고 할 수 있는 일이 있음을 이해할 수 있게 한다.

표 5-9 만 2세의 주제 '우리 가족'과 관련된 활동 목록

활동 유형		관련 활동(교수매체 유형)
자유선택 활동	대소근육 운동 영역	• 대근육: 〈아기처럼 기어가요〉*(그림 자료) • 소근육: 집 모형 바느질*(입체 자료: 모형), 가족 모습 바느질, 우리 집 그림 맞추기 퍼즐(그림 자료)
	탐색 영역	• 촉감집에서 놀아요(입체 자료: 모형), 엄마 얼굴 퍼즐 맞추기(그림 자료), 가족 물건 분류하기*(융판과 융판 자료)
	쌓기놀이 영역	• 방 만들기(입체 자료: 모형)
	역할놀이 영역	• 가족의 물건 탐색하기*(입체 자료: 실물) • 엄마, 아빠 놀이(요리하기, 청소하기, 회사 가기)하기(입체 자료: 실물, 모형) • 아기 돌보기 놀이*(인형, 입체 자료: 모형) • 가족 머리띠 쓰고 가족의 생일 축하하기*(그림 자료, 입체 자료: 모형)
	언어 영역	• 엄마, 아빠 목소리 듣기(녹음 자료) • 가족 인형으로 이야기 꾸미기*(손인형, 융판 자료) • 가족 인형으로 인사 나누기(인형: 손가락인형) • 우리 아이(엄마, 아빠, 할머니) 무얼 하지? 이야기 책 듣기(그림 자료)
	음률 영역	• 〈닮은 곳이 있대요〉 노래에 맞춰서 악기 연주하기(입체 자료: 실물)
	조형 영역	• 밀가루 반죽으로 엄마(아빠, 할머니) 모습 꾸미기
	실외 활동	• 생일 축하 놀이(모래 영역, 입체 자료: 모형)
대소집단 활동	이야기 나누기	• 우리 가족을 소개해요(가족사진 자료 이용, 그림 자료, 게시판)
	동화 및 동시	• 〈곰 세 마리〉*(입체 자료: 모형) • 〈토끼의 생일잔치〉(그림 자료) • 〈우리 집 대장〉(동시) • 〈그래도 널 사랑한단다〉*(융판 동화)*
	새 노래	• 〈곰 세 마리〉*(입체 자료: 모형) • 〈나/엄마〉(그림 자료, 녹음 자료) • 〈할머니의 자장가〉(녹음 자료) • 〈엄마〉(녹음 자료)

* 사진 자료가 제시된 활동

아기처럼 기어가요

집 모형 바느질

가족 이야기 꾸미기

가족 이야기 꾸미기

가족의 물건 분류하기

〈곰 세 마리〉 노래 부르기

가족의 물건 탐색하기

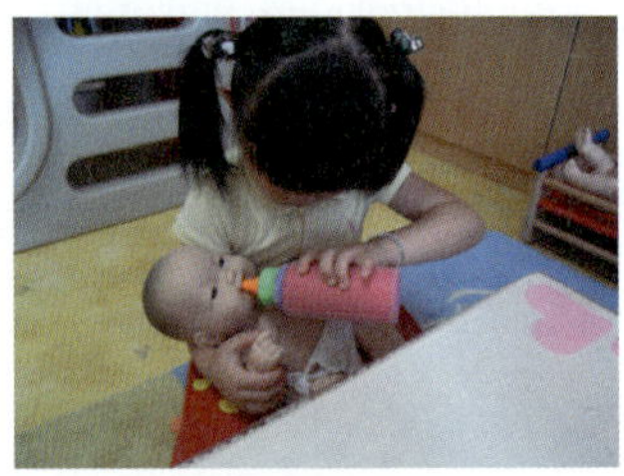

아기 돌보기

가족 머리띠 쓰고 생일 축하놀이

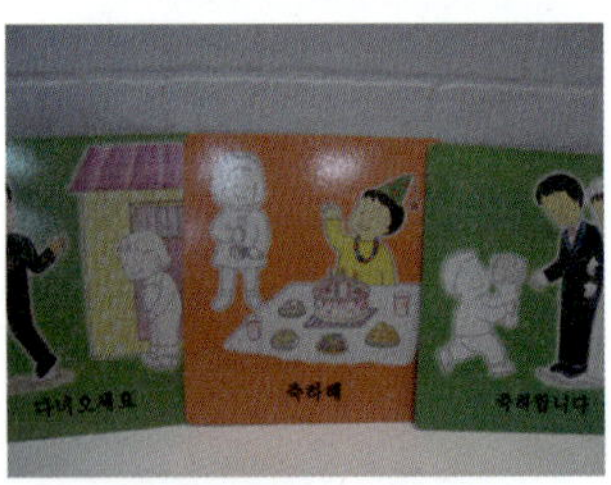

상황에 어울리는 말하기
'어떻게 말해야 할까?'

동시 〈엄마는 아기가 제일 좋아요〉

동화 〈그래도 널 사랑한단다〉

그림 5-19 2세 '우리 가족' 주제에서 활용한 교수매체와 활동의 예

만 4세: 탈것

- 주제: 탈것
- 대상 연령: 만 4세
- 주제 전개

  탈것은 유아의 공통적 관심 주제 중 하나다. 크고 다양한 형태와 빠른 기동력을 가진 탈것에 대한 탐구를 통해 유아들은 생활과 직업에 대한 이해의 폭을 확장하고 커다란 바퀴와 날개 등을 탐색하면서 기계의 구조와 특성에 많은 관심을 갖게 된다. 한편 이 주제를 통해 생활에 필요한 교통 이용규칙과 안전에 대한 지식과 태도를 형성할 필요가 있다. 매력적인 자동차 모형과 시청각 자료뿐만 아니라 교통공원 등에서의 가상적 경험, 지역사회에 대한 탐구를 통해 흥미롭게 주제를 전개해 나갈 수 있다.

표 5-10 만 4세의 주제 '탈것'과 관련된 활동 목록

활동 유형		관련 활동(교수매체 유형)
자유선택 활동	쌓기놀이 영역	• 여러 가지 탈것 그림 게시(그림 자료) • 탈것을 이용하는 사람 모형 자료(입체 자료: 모형) • 도로를 만들어 자동차 놀이하기(탈것 모형, 신호등) • 주유소, 세차장 놀이(그림 자료, 모형) • 대형 탈것 모형(택시, 자동차) • 탈것 디오라마를 만들고 블록과 연결하여 놀이하기(디오라마, 모형)
	역할놀이 영역	• 탈것 관련 역할 의상(운전기사, 주유소, 세차장, 역할 모자 실물이나 모형) • 탈것 장난감 가게 놀이*(실물과 모형)
	수·과학 영역	• 탈것의 속도 비교하기*(모형을 경사로에 굴리기, 모형) • 얼마나 멀리 갔을까 거리 측정(모형) • 자석 탐색하고 자석 기차 만들어 놀이하기*(모형) • 내가 알아보고 싶은 탈것 그래프 만들기*(그림, 도표) • 자동차 구조 관찰하기*(모형과 실물) • 탈것이 다니는 길 알아보고 그려 붙이기*(평면 게시판)
	조작 영역	• 끼우기 블록으로 탈것 만들어 놀이하기(입체 자료: 모형) • 탈것 모양 퍼즐(그림 자료) • 탈것 모양 구멍판에 끈 끼우기(그림이나 입체 자료)

(계속)

활동 유형		관련 활동(교수매체 유형)
자유선택 활동	언어 영역	• 관련 동화책(그림 자료) • 동시 〈신호등〉(그림 자료) • 자동차 모양 종이에 쓰기 • 탈것에 관한 동시 짓기 • 자동차 이름과 그림 카드(그림 자료) • 자동차 사진 이용하여 작은 책 만들기(그림 자료, 컴퓨터) • 탈것 장판 글씨 쓰기(상징과 그림 자료) • 탈것 소리와 영상 자료 본 후, 의성어와 의태어 카드 만들기(비디오, 컴퓨터)
	음률 영역	• 새 노래 〈간다 간다〉 부르기(낚싯줄 그림판과 그림 노랫말, 녹음 자료) • 탈것 가면 만들고 신체 표현(그림 자료, 입체 자료) • 탈것의 소리 듣고 리듬 만들어 연주하기*(녹음 자료, 실물 악기)
	조형 영역	• 여러 가지 자동차 타 본 경험 그리기 • 상자로 바퀴 달린 탈것 만들기*(그림, 모형) • 바퀴 그림 그리기(모형) • 공동 작업: 커다란 자동차 만들기*(입체 자료, 모형), 큰 그림 그리기*(그림 자료)
	실외 활동	• 탈것이 되어 달려 보기(탈것 그림 머리띠) • 교통규칙 놀이(모형 표지판) • 자전거 도로 안전 규칙 정하고 표지판 만들기
대소집단 활동	이야기 나누기	• 자동차를 타 본 경험 이야기 나누기 • 여러 가지 자동차(컴퓨터, 파워포인트 슬라이드) • 내가 알아보고 싶은 탈것(그림 자료) • 유치원 버스 운전기사 초대하여 이야기 나누기 • 탈것을 안전하게 이용하려면(자석판)
	동화 및 동시	• 동화 〈자동차 덜컹이〉(그림 자료) • 동시 〈신호등〉(그림 자료) • 탈것을 주인공으로 테이블 동화 만들기(그림, 입체 자료)
	새 노래 및 신체 표현	• 새 노래 부르기 〈간다 간다〉(낚싯줄 그림 자료) • 색깔 기차가 되어 움직이기(협동 활동)
	게임	• 상자 자동차 쓰고 반환점 돌기(상자 모형 자동차) • 어느 것을 타고 갈까(융판 자료)
	견학	• 주유소(실물) • 세차장*(실물) • 자동차 정비소(실물) • 교통 공원(모형)

* 사진 자료가 제시된 활동

자동차 자료 보며 바퀴 달린 자동차 만들기

탈것 만들어 배경판 꾸미기

탈것 장난감 가게 놀이의 간판, 설명서 만들기

탈것의 소리를 악기로 표현하기

자석 기차놀이

탈것이 다니는 길 따라 게시판 꾸미기

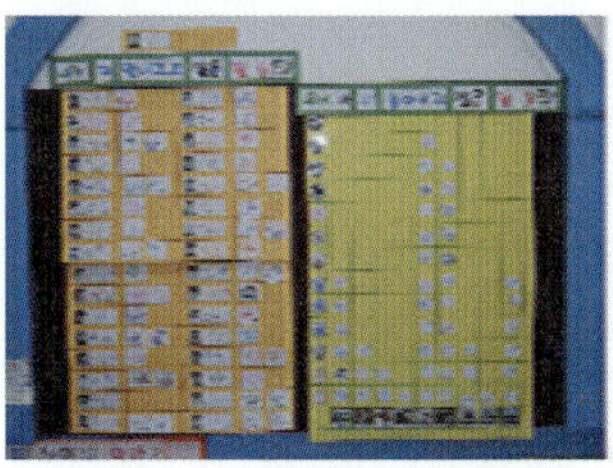

알아보고 싶은 탈것 조사하기

자동차의 구조 관찰하기

세차장 견학

탈것의 구조 게시판

큰 그림 보기

구조를 관찰한 자동차 만들기

그림 5-20 4세 주제 '자동차' 관련 교수매체와 활동의 예

3) 자유선택활동과 집단 활동의 교수매체

영유아교육기관의 일과에서 학습은 대개 자유선택활동 시간과 교사 주도적인 집단 활동 시간으로 구성된다. 자유선택활동은 주로 개별 활동이나 소집단 활동으로 이루어지며 교사주도적 활동 시간은 대집단이나 1/2 집단으로 구성된다. 이렇듯 참여하는 영유아의 수에 따라 교수·학습 유형은 크게 대집단 활동, 개별 활동, 소집단 활동의 세 가지로 구분될 수 있다.

자유선택활동 시간은 영유아교육의 역사적이고 문화적인 이미지를 가장 잘 표현해 주는 교육시간이다. 자유선택활동은 유아가 자유의지나 흥미(관심), 요구(필요)에 따라 자발적으로 놀이를 선택하여 활동하는 것으로 유아교육 특유의 강력한 문화적 특징이다(양옥승 외, 2015). 자유선택활동의 교수·학습 특성은 공간적으로는 '흥미 영역'으로 구성되며 시간적으로는 1시간 정도의 '자유로운 선택'이 이루어진다는 것이다. 유아가 흥미 영역의 놀이 또는 놀잇감을 자유롭게 선택하고 놀잇감, 또래, 교사와 '상호작용'하도록 조성하는 것은 교사의 중요한 역할이다. 자유선택활동의 교수·학습 특성을 요약하면 아래와 같다.

- 첫째, 자유선택활동 시간에는 유아 주도적으로 활동이 이루어진다. 유아는 자신이 흥미를 지닌 놀이에 참여하기 위해 흥미 영역과 놀이 자료를 선택할 수 있어야 한다.
- 둘째, 연령 특성을 반영하여 다양한 흥미 영역을 배치하고 적합한 활동과 자료를 충분히 준비한다.
- 셋째, 유아-교구, 유아-유아, 유아-교사의 다양하고 균형 잡힌 상호작용을 장려한다.
- 유아별 집중과 참여 시간에 반응적인 활동, 유아 간 상호작용을 장려할 수 있는 활동, 교사의 개별적 상호작용이 필요한 활동을 다양하게 준비해 주는 것은 교사의 역할이다.
- 넷째, 흥미 영역의 구성과 놀이 자료는 생활 주제와 계절, 관심의 변화, 발달 수준 등을 반영하여 변화를 준다.
- 다섯째, 영유아를 위한 자유선택활동 영역은 크게 실내 흥미 영역과 실외 흥미 영역으로 구분되며, 영역마다 제공되는 교수매체의 유형이 다르다.

집단 활동은 대집단 또는 소집단의 형태로 이루어지는 활동이다. 주로 동화, 동시, 동극, 노래 부르기, 이야기 나누기, 게임, 신체 표현 등이 이루어지며 대개 교사의 주도로 이루어지는 활동 형태를 지닌다는 점에서 자유선택활동과 차이가 크다. 집단 활동의 주요 교수·학습 특성은 아래와 같다.

- 집단 활동의 집단 구성은 대집단, 중집단, 소집단 등으로 구성될 수 있으며, 집단의 크기는 활동의 종류, 유아 연령, 공간이나 자료 상황을 고려하여 결정된다.
- 교사의 계획에 따라 목표 달성을 위한 활동을 전개하므로 교사가 주도적인 입장이며 유아는 수동적 입장을 갖는 경우가 많다.
- 한 명의 교사가 여러 명의 유아와 상호작용하며 유아-유아 간 상호작용은 교사의 계획에 따라 허용되는 범위에서 제한적으로 이루어진다.
- 다수의 유아의 집중과 동기 유발을 위해 교사는 다양한 전략을 사용해야 하며 교사의 수업 준비와 기술에 따라 원활한 진행 여부가 결정되기도 한다.

(1) 집단의 크기와 교수매체

대집단 활동은 교사주도적 수업이 많이 이루어지며, 영아보다는 유아들과의 교수·학습 시 주로 이루어진다. 이에 비해 개별 활동은 영유아가 자신의 학습속도에 맞추어 개별적으로 활동하는 형태로, 몇 명의 영유아가 공간적으로 함께 활동할 수도 있다. 소집단 활동은 교사와 몇 명의 유아 또는 소집단으로 상호작용하면서 활동이 이루어지는 형태이다. 과거에는 교사주도적 정보 제시 형태의 대집단 활동이 많았으나 영유아의 특성 및 학습방법에 대한 연구 보고 등의 영향으로 영유아의 개별 학습속도에 따른 발달에 적절한 활동이 좀 더 강조되고 있다. 교수·학습 과정이 효과적으로 진행되려면 교수·학습 유형에 따라 적절한 교수매체에 대해 파악하고 선정·제작 및 활용하여야 한다.

① 대집단 활동과 교수매체

대집단 활동에서 교사의 정보 제시 상황은 보통 이야기 나누기 시간에 많이 나타난다. 유아가 듣고 반응하는 기회가 주어지긴 하나 신체적으로 수동적인 자세로 임하게 된다. 또한 교사가 유아의 반응을 보며 조절하지만, 대부분 교사에 의해 제시속도와 전달

대집단 활동(이야기 나누기)

대집단 활동(인형극 감상)

소집단 활동(색 낙하산 놀이)

소집단 활동(요리)

개별 활동(컴퓨터)

개별 활동(도형 맞추기)

그림 5-21 집단 구성과 교수매체

방법이 결정되어 정보 전달이 이루어지며 개별 학습속도와 학습방법 및 자료의 선택에서 융통성이 부여되지 않는 편이다. 그러나 유아교육기관에서 집단 활동은 필수적인 정보를 학급 전체 유아에게 능률적으로 제공하고, 공유한 정보를 토대로 활동 또는 프로젝트를 협의하기 위하여 필요한 교수·학습 유형이다. 이와 같은 대집단 활동에서는 큰 그림, 빔프로젝터, 실물화상기, 비디오 녹화자료 등의 교수매체를 활용할 수 있다. 대집단 활동 유형에 적절한 교수·학습의 상황은 다음과 같다(Kemp & Smellie, 1989).

- 새로운 주제를 소개하고 주제 활동에 대한 오리엔테이션을 제공하는 경우
- 비디오나 빔프로젝터 등을 이용해 영상 자료 형태의 정보를 제공하려는 경우
- 한 주제와 다른 주제의 관계 제시나 통합을 위해 전체 유아와 이야기 나누는 경우
- 학급 전체 유아게게 새로운 자료의 소개가 필요한 경우
- 자원인사를 초청하여 이야기 나누기 등과 같이 여러 번 나누어 활동하기 힘든 경우
- 대집단용으로 제작된 인형극 공연 등

② 개별 활동과 교수매체

영유아교육기관에서는 주로 흥미 영역에서 영유아 스스로 선택한 영역의 교수매체를 활용하여 자신의 학습속도에 맞추어 활동하는 개별 학습이 많이 이루어진다. 오감각을 활용하여 직접 체험하는 자료, 크기가 작은 교재·교구, 컴퓨터, 녹음 자료 등이 사용될 수 있다.

③ 소집단 활동과 교수매체

소집단 교수·학습 활동은 자유선택활동 시 특정 영역이나 별도의 소집단 활동시간에 이루어진다. 교사와 유아가 특정 프로젝트 전개방법을 토의하거나 관찰한 것에 대해 보고하거나 교사 안내하에 여러 명의 유아가 함께 활동해야 할 때 소집단으로 구성하면 교사와 유아들 간에 직접적 접촉이나 상호작용이 가능하다. 대집단 활동이나 개별 활동에서 사용하던 자료는 소집단 활동에서도 사용 가능하다. 소집단 상호작용의 주된 이점으로는 사회화, 지도자 자질 개발, 또래 인식과 관계 형성의 기회 제공을 들 수 있다. 요리 활동, 소집단 토론 활동, 공동의 목표를 위한 프로젝트(공동 작품 만들기, 인형극 준비하기, 대본 녹음하기 등), 신체 표현 활동 등이 소집단 활동으로 적합하다.

(2) 자유선택활동을 위한 교수매체

흥미 영역이란 가림판이나 교구장 등을 이용하여 활동 영역과 영역 간의 경계를 뚜렷이 구분한 교실공간을 의미한다. 영아(만 2세 기준)를 위한 실내의 흥미 영역은 대근육 운동 영역, 조작·탐색 영역, 쌓기 영역, 역할 영역, 표현 영역, 언어 영역 및 휴식공간으로 구분되며(중앙보육정보센터, 2009) 유아를 위한 실내 흥미 영역은 언어 활동 영역,

쌓기놀이 영역, 극화놀이 영역, 수·조작놀이 영역, 과학 영역, 조형 영역, 음률 영역 등으로 구분된다. 각 흥미 영역의 자료들은 영유아들의 발달 수준, 사전 경험 정도, 주제, 유아의 흥미, 계절적인 요인들을 고려하여 제공하거나 교체하여 변화를 주어 영유아들이 활동에 몰두할 수 있도록 한다.

① 대근육운동 영역

영아를 위한 자료로 걷기, 기기 자료 및 팔과 다리 등 대근육을 움직이고 협응을 돕는 자료를 제공하고 유아들을 위해서는 걷기, 뛰기, 비틀기, 꼬기, 균형 잡기 등 정교한 대근육 움직임을 도울 수 있는 자료를 제공한다.

- 영아: 흔들말, 발로 미는 자동차, 끌차, 부드러운 재질의 기어 오르기대, 큰 공, 우레탄 큰 블록, 낮은 미끄럼, 영아용 그네, 영아용 자전거
- 유아: 미끄럼틀, 오르기대, 둥근 사다리, 여러 가지 형태의 터널, 페달 달린 탈것, 공, 트램폴린, 유니바

② 소근육운동 영역과 조작 영역

이 영역에서는 영유아들의 소근육 발달과 눈 및 손의 협응력을 도울 수 있는 자료, 손으로 조작할 수 있는 끼우기 자료들을 제공한다.

- 영아: 큰 구슬 끼우기, 지퍼 올리기, 단추 끼우기, 집게 꽂기 등이 가능한 여러 가지 끼우기 블록류
- 유아: 작은 구슬 끼우기, 젓가락으로 물체 옮기기, 끈 묶기, 단추 끼워 모양 만들기, 바느질하기 등이 가능한 여러 가지 끼우기 블록류

③ 감각 탐색 영역과 수 · 과학 영역

영아들을 위한 감각 탐색 영역에서는 오감각을 발달시킬 수 있는 자료, 물체나 사물의 특성을 탐색할 수 있는 자료와 초보적 수준의 수 활동 자료를 제공한다. 유아를 위한 수학 영역에는 물체와 물체 간 관계를 구성할 수 있는 구체물, 수학적 요소가 포함된 활동 자료를 제공한다. 과학 활동 영역에는 관찰하기, 예측한 것을 실험하고 기록해 볼

수 있는 도구들과 활동 자료들을 제공한다.

- 영아: 오감각 탐색 자료들, 수 활동 자료(분류, 짝짓기, 일대일 대응하기, 물체 세기, 모양 찾아 끼우기 등), 나뭇잎, 꽃, 물고기, 거북과 같은 관찰 탐색 자료, 관찰경
- 유아: 분류, 패턴, 수·조작, 공간, 측정 등과 관련한 수 자료들, 자석, 거울, 확대경 등의 실험도구들, 금붕어 등의 키울 수 있는 동물들, 풀과 나무의 꽃씨와 열매 등

④ 쌓기놀이 영역

영아에서 3~4세 유아들을 위해 제공되는 큰 블록은 손에 잘 잡히고 쌓다가 무너져도 다치지 않는 헝겊(영아)이나 종이, 스폰지, 우레탄 재질로 된 것을 제공하고, 자기 조절력이 증진되는 5세에게는 나무 재질로 된 것을 제공한다. 영아를 위해 제공되는 소품은 유아들에게 제공되는 소품에 비해 좀 더 단순하게 디자인된 것을 제공한다.

- 영아: 큰 벽돌 블록, 우레탄 블록, 레고 빅 브릭스, 와플 블록, 소품들(자동차, 사람 등의 모형)
- 유아: 작은 벽돌 블록(4세 이상), 우레탄 블록(3~4세), 공간 블록, 단위 블록, 소품들(탈것, 동물, 지역사회 인사, 여러 나라 사람들의 모형 등)

⑤ 역할놀이 영역

영유아들이 사물이나 상황을 가작화하거나 극놀이를 일으킬 수 있는 소도구와 의상을 제공한다. 영아들에게 제공되는 소품은 실물과 유사한 형태로 된 것을 제공하고 유아들에게는 사물을 다양한 형태로 변형할 수 있는 자료를 제공한다. 예를 들어 영아들에게는 실물과 유사한 전화기 모형을, 유아들에게는 전화기를 상징하는 형태의 모형을 제공할 수 있다.

- 소꿉놀이: 모형 집, 주방 식기구 모형, 다양한 음식 모형, 가정용품 모형(예: 전화기, 드라이어, 빈 화장품 용기 등), 인형, 포대기, 의상, 신발, 가방 등
- 미장원놀이: 여러 종류의 빗, 모형 가위, 모형 드라이어, 어깨 가운 등
- 병원놀이: 의사 가운, 모형 주사기, 모형 체온계 등

- 다양한 주제 극놀이 용품: 소방서놀이, 우체국놀이, 시장놀이, 아이스크림 가게놀이 자료 등과 관련된 역할 의상, 소품, 그림 자료

⑥ 언어 영역

듣기, 읽기, 말하기, 쓰기 활동이 활발히 일어날 수 있는 교구들을 제공한다. 듣기를 위한 카세트 플레이어는 안전을 고려하고 영유아들이 직접 조작할 수 있는 것을 제공한다. 영아를 위한 책은 헝겊이나 하드보드 같은 재질로 된 것, 일상의 경험과 관련된 내용, 이야기 구조가 단순한 것을 제공한다. 유아들에게는 주제와 관련된 책뿐만 아니라 다양한 장르의 책을 제공한다.

- 영아
  - 듣기: 카세트 플레이어, 다양한 이야기나 운율이 담긴 테이프, 친근한 사람의 목소리가 담긴 녹음 테이프 등
  - 말하기: 다양한 인형류, 교사가 들려준 이야기의 등장인물 인형들, 모형 전화기, 까꿍놀이 자료 등
  - 읽기: 까꿍놀이 책외 다양한 책(그림책, 숫자책, 감각놀이 책, 이야기책 등), 같은 그림 찾기 교구, 그림자 찾기 교구
  - 쓰기: 종이(16절~전지), 화이트 보드, 매직펜 등
- 유아
  - 듣기: 이야기 책과 카세트 플레이어, 이야기나 말놀이가 담긴 CD나 테이프
  - 말하기: 인형류, 융판(자석)과 융판(자석) 자료, 디오라마, 수수께끼 카드
  - 읽기: 다양한 장르(경험책, 환상 그림책, 과학책, 동시, 전래동요 등)의 책, 읽기 교구들, 문장 만들기 교구 등
  - 쓰기: 색연필, 사인펜, 연필(5세), 화이트 보드와 수성펜, 자석 자모음 글자, 부직포 글자, 자모음 이용한 단어 만들기 교구, 이야기 구성용 그림 조각과 통 등

⑦ 음률 영역

영유아를 위한 자료로는 여러 가지 다양한 소리를 탐색·구분하고 리듬을 만들 수 있는 리듬악기를 제공한다. 영아들을 위한 리듬악기는 영아들이 다루기에 안전한 것, 유

쌓기놀이 영역

언어 영역

역할놀이 영역

음률 영역

대근육 활동 영역

수과학 영역

복합놀이대

모래놀이 영역

그림 5-22 실내외 놀이 영역

아들에게 제공하는 것보다 음계가 간단한 것을 제공한다. 만 5세 유아들에게는 같은 종류라도 연주하는 방법이 다른 악기들, 핸드벨이나 소리막대같이 여러 명이 함께 연주할 수 있는 악기류도 제공한다.

- 영아: 리듬악기(실로폰-음계가 적은 것-탬버린, 핸드방울, 북, 우드블록, 심벌즈 등), 국악기(소고), 신체 표현 자료(리본 막대, 스카프, 손목방울) 등
- 유아: 멜로디 악기(피아노, 전자 오르간, 실로폰, 스탭벨 등), 리듬악기(북, 마라카스, 방울, 기로, 탬버린, 트라이앵글, 우드 블록 등), 하모니 악기(오토하프, 우크렐레, 만돌린 등), 국악기(장고, 소고, 꽹과리, 징, 북 등), 여러 가지 소리 나는 물체들, 신체 표현 자료, 색깔 악보, 리듬 악보, 노랫말이 적힌 가사판 등

⑧ 조형 영역

영유아를 위한 조형 영역의 자료들은 그리기, 자르기, 붙이기, 구성 및 꾸미기, 감상하기 등의 자료로 구분하여 제공한다. 이 영역의 자료들은 같은 것이라도 영유아의 수준에 따라 활용방법이 다를 수 있다. 하지만 작은 구슬, 작은 단추, 눈알과 같은 자료들은 영아들이 입이나 코에 넣을 수 있으므로 제공하지 않는 것이 바람직하다.

- 영아: 무독성 크레용, 나무젓가락 크레용(2세 후반 이상), 매직펜, 이젤과 붓(3종), 풀, 종이(모조지, 소포지 등의 전지, 8절지), 다양한 꾸미기 자료, 밀가루 점토, 찍기 틀, 여러 가지 모양과 색의 스티커, 시트지, 안전가위 등
- 유아: 영아용 자료 외 색연필, 사인펜, 붓펜, 굵기와 재질이 다른 종이류, 목공본드, 접착 테이프, 모양 펀치, 반죽틀, 꾸미기 자료들(작은 구슬, 눈알, 스팽글, 단추 등), 여러 화가의 그림들, 그림 감상 책 등

⑨ 실외 놀이 영역

영유아를 위한 실외 흥미 영역에서도 실내 흥미 영역과 마찬가지로 다양한 놀이가 이루어지도록 구성한다. 실외 놀이터에는 대근육운동 영역, 동·식물 기르기 영역, 극화놀이 영역, 그늘 영역, 물·모래 놀이 영역, 자전거 등 탈것 영역 등이 있으며 영유아들의 운동 능력, 안전, 놀이수준, 진행되는 주제 등을 고려하여 활동 자료를 제공한다.

CHAPTER

06 영유아교육 교수매체의 역사

영유아교육에서 교수공학적 접근과 교수매체의 활용은 자연스럽고 당연한 사실로 받아들여진다. 본 장에서는 영유아교육에서 교수매체 활용의 역사적 배경과 우리나라 영유아교육 교수매체의 발전과정을 살펴본다.

1. 영유아교육 교수매체 활용의 역사적 배경

영유아교육에서 교수매체의 역할은 초기 유아교육 개척시기부터 그 중요성이 강조되어 왔다. 영유아교육 교수매체의 고안 및 활용에 영향을 미친 주요 학자를 중심으로 시기별 발전과정을 살펴보면 다음과 같다.

1) 코메니우스

코메니우스(John Amos Comenius, 1592~1670)는 "감각은 인식의 최초의 단계이며 가장 확실한 도구이다. 따라서 모든 사물은 가능한 한 감각에 의해 파악해야 한다"고 주장하였다. 또한 아동은 감각을 통하지 않은 경험으로는 학습이 어렵다고 보고 모든 학습이 감각적 경험을 통해야 한다고 하였다. 그는 자신의 이론에 따라 1658년에 그림

세계(世界)

[1]하늘은 불 즉, 별을 가지고 있습니다.
[2]구름은 높은 하늘을 떠돌고 있습니다.
[3]새는 구름 아래를 날고 있습니다.
[4]고기는 물속을 헤엄치고 있습니다.
대지에는 [5]산, [6]숲, [7]밭이 있고, 그리고 [8]동물과 [9]인간이 있습니다.
이와 같이 세계라는 거대한 체계는 4개의 요소로 이루어졌고
생물과 무생물로 이루어져 있습니다.

그림 6-1 코메니우스의 저서 《세계도회》
자료: 김은권, 이경영 편역, 1998, p. 15.

으로 설명된 언어 교과서 《세계도회(Orbis Sensulalium Pictus)》를 제작하였는데, 책의 서문에서 감각 속에 존재하지 않는 것은 이성 속에도 존재하지 않으며, 사물을 잘 구별하도록 감각을 훈련하는 것이 모든 지혜와 지적 능력, 사고의 기초가 된다고 설명하였다. 책을 매력적으로 사용하기 위해서는 그림을 보여 줌으로써 아이들에게 기쁨을 주며, 그림뿐만 아니라 실물도 제시하고, 원한다면 그림을 베껴 그릴 수 있도록 지도하라고 하였다. 이 책은 세계 최초의 그림책(시각적 교재)으로 오늘날 어린이를 위한 그림책의 기원이라는 평가를 받는다. 그의 실물교육 및 감각교육방법은 후세의 유아교육에 큰 영향을 주었다.

2) 페스탈로치

페스탈로치(John Herinrich Pestalozzi, 1746~1827)는 루소의 교육사상을 계승하였으며 합자연의 원리, 직관교육의 원리, 노작교육 등을 주장하고 몸소 실천하였다. "모든 교육은 감각적 인지에 그 기초를 두고 있으며 적절한 감각적 경험을 통하여 잠재적 가능성을 개발시킬 수 있다"고 믿어 아동교육방법으로 실물교수(object lesson)방법을 주장하였다. 실물교수라는 용어 자체가 의미하듯 페스탈로치는 모든 개념에 세기, 측정하기, 느끼기, 만지기 등과 같은 과정을 포함하는 조작적 경험에 의한 학습이 가장 좋은 학습방법이라고 생각하였다. 페스탈로치는 항상 직접적인 실제 경험과 직결되지 않는 단순히 말을 통한 교육은 공허하고 비능률적이라고 보았다. 또한 세밀한 계획에 의해 유아가 직접조작경험을 할 수 있는 교수매체를 갖춘 물리적 환경과 유아의 활동 특성을 이해할 성인의 지원이 환경의 주요 요소라고 보았다. 주요 저서로는 《백조의 노

래》, 《게르트루트는 어떻게 그의 아이를 가르치는가》 등이 있다.

페스탈로치의 교육사상과 방법은 프뢰벨의 유치원교육으로 이어졌고, 듀이의 교육사상에 영향을 주었으며 활동 중심, 아동 중심 원리 등 근대 교육학의 중심원리가 되었다. 또한, 오늘날 교수매체를 통한 교육의 기초가 되었으므로 시청각 교육의 개척자라고 할 수 있다.

3) 프뢰벨

프뢰벨(Friedrich Frobel, 1782~1852)은 코메니우스의 감각교육, 루소의 자연주의 교육, 페스탈로치의 교육원리에 영향을 받았으며 1840년에 유아를 위한 유치원(kindergarten)을 설립하였다. 프뢰벨은 이상적인 유치원의 교실의 모습을 식물, 동물, 그림, 작은 책상과 의자, 뛰어놀 수 있는 개방적 공간이 갖추어져 있고 근처 공원에 접근 가능한 양지 바른 곳이어야 한다고 제시하였다. 아울러 말과 책에 의존하기보다는 유아의 사고를 자극하는 구체적 물체를 공급하고 미술과 공예 활동을 제공할 것을 요구하였다(Hohmann & Buckleitner, 1992).

프뢰벨에 따르면 유아는 신성을 가지고 태어나며, 프뢰벨은 이 신성을 밖으로 잘 표출하게 해 줄 매개물로 1937년에 은물(恩物)을 고안하였다. 은물은 '신의 선물'이라는 뜻으로 독일어로는 'Gabe', 영어로는 'gifts', 일본에서는 '은물'이라고 이름 붙여 사용하였다. 이외에도 작업(occupations), 게임, 노래 등을 포함한 교육을 훈련받은 교사를 통해 실천하였는데 이러한 프뢰벨의 유치원은 현대 유치원교육과정의 기반이 되었다. 아울러 프뢰벨의 은물은 영유아를 위한 교수매체로 빼놓을 수 없는 블록, 조작 자료, 구성 자료의 기초가 되었다.

프뢰벨은 여러 가지 자료를 사용하여 유아의 자발적인 행동을 통한 교육을 시도함으로써 시청각적 교수매체를 활용한 교육의 교육학적 기초를 이루었다. 한편 1930년대 홀(Hall), 게젤(Gesell) 등의 아동연구운동 결과 은물의 크기나 활용방법 등이 영유아의 발달 특성에 잘 맞지 않는다는 지적을 받았으며, 듀이로부터 프뢰벨의 유치원이 지나치게 상징적이라는 비판을 받기도 하였다.

(1) 은물

초기에 고안된 은물은 단계에 따라 10개의 세트로 구성되어 있었다. 이 은물들을 테이블에 있는 3cm 크기의 바둑판 모양이 그려진 판 위에 놓고 다양한 형태를 만드는 활동이 이루어졌다(Williams & Fromberg, 1992). 프뢰벨은 은물을 테이블 위에서 개별적으로 사용하며 활동 순서를 지키도록 하였는데, 이후 교육가들에게 너무 엄격하고 형식적인 교육방법으로 인해 유아기의 발달적 특징에 부적합한 측면이 있다는 비판을 받기도 하였다. 최근 우리나라에서는 '가베'라는 이름의 상품화된 교구로 사용되기도 하였다. 다음은 초기에 고안된 10가지 세트의 은물 소개로, 3cm 크기의 은물을 기준으로 제시한 것이다.

- 제1은물: 직경 6cm의 빨강·파랑·노랑·주황·초록·보라로 구성된 6개의 색공
- 제2은물: 기본 치수 6cm의 나무로 된 구(球), 입방체(정육면체), 원기둥
- 제3은물: 기본 치수 3cm의 입방체 8개
- 제4은물: 3×6×1.5cm의 직방체 8개
- 제5은물: 기본 치수 3cm의 입방체 21개, 삼각주 6개, 1/2 삼각주 12개

그림 6-2 은물

- 제6은물: 3×6×1.5cm의 직방체 18개, 기본 치수 3cm의 1/2 입방체 12개(3×3×1.5cm), 직방체 6개(1.5×6×1.5cm)
- 제7은물: 색판, 기본 치수 3cm의 정사각형, 직각이등변삼각형, 직각부등변삼각형, 정삼각형, 둔각이등변삼각형, 원, 반원 각각 100개(요즘에는 나무 색고리가 많음)
- 제8은물: 3·6·9·12·15cm의 막대 각각 300개(대나무 또는 스테인리스로 된 것)
- 제9은물: 고리(스테인리스 제품), 3·4.5·6cm의 온고리 각각 100개, 3·4.5·6cm의 반고리 각각 100개(요즘에는 나무로 된 것이 많음)
- 제10은물: 직경 10mm, 두께 5mm의 나무로 된 알갱이 500개

(2) 작업

작업은 10가지 활동으로 구성되어 있다(Kraus-Boelte, M., Kraus, J. 1882).

- 제1작업: 종이에 구멍 뚫기
- 제2작업: 수놓기
- 제3작업: 그림 그리기
- 제4작업: 종이끈 엮기
- 제5작업: 색종이 끈으로 직조하기
- 제6작업: 종이접기
- 제7작업: 종이 자르기와 붙이기
- 제8작업: 완두콩, 코르크 등을 막대로 연결하기
- 제9작업: 두꺼운 종이로 모델 만들기
- 제10작업: 찰흙놀이

4) 몬테소리

몬테소리(Montessori, 1870～1952)는 "교육은 감각을 통하여 이루어질 때 효과적이며 감각기관의 훈련과 발달은 제반 개념의 이해를 위한 기초가 된다"고 주장하였다. 따라서 유아가 직접 감각적으로 경험할 수 있는 자기 교정적 교구(didactive material)를 제작하고 유아 스스로 집중적 활동을 하여 개념 이해가 이루어지도록 시도하였다. 몬테소리는 자기 교정적 교구가 유아 스스로 자신의 실수 또는 오류를 발견하여 자동

교육이 이루어지게 하므로 유아교육기관에서 몬테소리 교구를 갖춘 준비된 환경을 마련해야 한다고 주장하였다(Montessori, 1964). 또한 개방된 선반에 몬테소리 교구가 준비된 환경을 갖추어 유아 스스로 교구를 선택하고 개별적으로 활동하는 것을 장려하였는데, 이는 영유아가 스스로 선택하여 학습하는 개별학습에 교수매체를 활용한 첫 시도라고도 볼 수 있다. 한편 몬테소리 교구는 교사가 시범을 보인 3단계 제시방법대로 사용해야 해서 영유아가 창의적인 방법으로 활용할 수 없다는 한계와 단점을 지닌다.

(1) 일상생활 훈련 교구

- 단추 끼우기(작은 단추 끼우기, 큰 단추 끼우기, 고리단추 끼우기)
- 지퍼 올리기, 똑딱단추 끼우기, 구두단추 끼우기, 안전핀 꽂기
- 리본 매기, 벨트 매기, 구두끈 매기 등

단추 끼우기

벨트 매기

그림 6-3 몬테소리 일상생활 훈련 교구의 예

(2) 감각 교구

- 원기둥 틀 4세트, 손잡이 없는 원기둥, 분홍탑, 갈색 층계

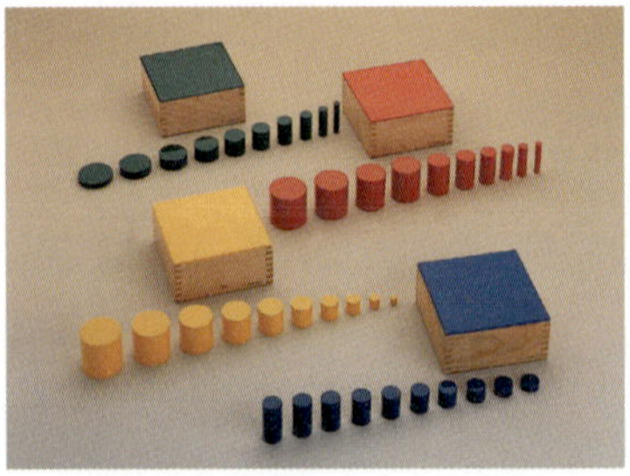

그림 6-4 손잡이가 없는 원기둥

그림 6-5 분홍탑

- 긴 막대, 소리상자, 벨, 색실패
- 무게판, 온도판, 촉각판
- 비닐 주머니, 후각병
- 그림 맞추기 등

(3) 산수 교구

- 수 막대, 셈하기 상자
- 홀수와 짝수, 모래종이 숫자, 덧셈판, 곱셈판
- 구슬줄과 구슬대(bead chain and bead)
- 도형 캐비닛(기하학적 도형 서랍)
- 도형 카드, 기하학적 금속 모형, 분수대
- 그림과 숫자 찾기, 구두단추 끼우기, 색구슬과 나무판
- 구성 삼각형, 구두단추 끼우기
- 100의 숫자판과 숫자 카드 등

그림 6-6 수막대

그림 6-7 구슬줄과 구슬대

(4) 언어 교구

- 모래종이 글자, 그림 카드
- 철판 도형
- 언어상자
- 이동글자 등

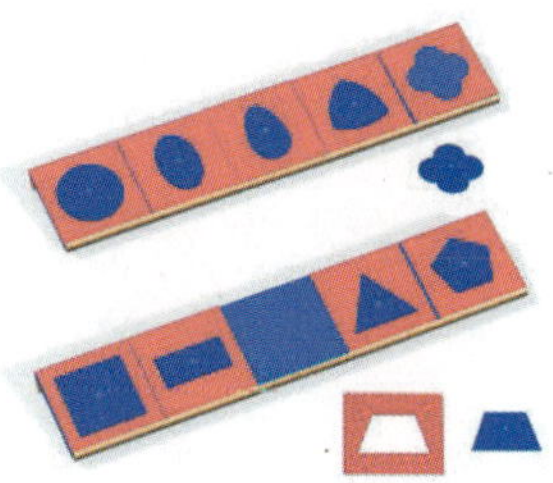

그림 6-8 철판 도형

(5) 지리 교구

- 지구의, 세계지도, 각 나라의 국기
- 시계, 시계 도장
- 나뭇잎 도형 서랍 등

그림 6-9 세계지도 퍼즐 세트

그림 6-10 나뭇잎 도형 서랍

5) 존 듀이

존 듀이(John Dewey, 1859~1952)는 미국의 실용주의를 주장한 대표적 사상가로, 교육이 경험을 통한 끝없는 성장과정이라고 보고 유아의 생활과 밀접한 경험을 유아의 발달과 흥미에 알맞게 재구성한 경험 중심의 교육과정을 제안하였다. 그는 교수매체가 유아의 발달을 도와 줄 뿐만 아니라 문화적으로 기대되는 기본 기술의 습득을 도와준다고 주장하였으며, 일상생활에서 사용되는 도구나 물체와 같이 직접적 경험을 제공하는 교수매체의 제공을 추천하였다. 성장하는 유아는 일상생활에서 사용되는 도구와 물체에 흥미를 보이므로 요리하기, 바느질하기, 목공놀이와 같은 매일의 생활 활동이나 직업적 활동을 위한 교수매체를 제공하는 것이 바람직하다고 하였다. 또한 구성적 작업 활동을 위한 교수매체를 제공하여 유아가 교수매체의 탐구와 발견 기회를 통해 문제를 해결하고, 새로운 사실을 발견할 기회를 갖도록 제안하였다. 이를 위해 교실을 흥미 영역으로 구성하고, 유아들이 자유롭게 돌아다니며 활동하도록 하였다. 프뢰벨의 은물과 작업이 신성 표출을 위한 매개체 역할을 하고 상징적이며 추상적인 데 비하여, 존 듀이는 실생활에 적용되는 구체물들을 제공하여 탐구학습을 조장하였다고 볼 수 있다.

6) 힐

힐(Patty Smith Hill, 1868~1946)은 스승인 안나 브라이언(Anna E. Bryan, 1858~1901)의 블록을 기초로 하여 힐 블록을 고안하였다. 안나 브라이언은 개별 테이블 위에서 상징적으로 다루어지는 프뢰벨의 은물을 큰 블록으로 확대하고 바닥에서 자유롭게 상상력을 발휘하며 사용하도록 시도하였는데, 힐은 그녀의 뒤를 이어 블록에 대한 연구를 거듭하여 힐 블록을 만들어 냈다. 초기의 힐 블록은 6″×3″×1/2″를 기본 단위로 하였으며, 가장 긴 블록이 24″였고 한 세트에 모두 일곱 가지 모양이 포함되어 있었다. 그 후 점차적인 개발과정을 거쳐 길이가 6~36″에 이르는 블록을 고안하였다. 큰 구성물은 못과 구멍, 구리줄 막대, 그리고 도리(girders)를 사용하여 고정할 수 있었다. 이를 통해 유아는 큰 블록으로 창의적인 구성물을 만들어 가정놀이, 우체국놀이, 음식점놀이 등을 할 수 있었다(Williams & Fromberg, 1992).

7) 프래트

프래트(Caroline Pratt, 1867~1954)는 오늘날 영유아교육기관의 교실에서 흔히 볼 수 있는 단위 블록(unit block)을 고안하였다. 1918년에는 기본 단위 블록으로 13/8″×3/4″×5/2″ 크기에 반 단위 블록, 삼각 단위 블록, 2배 단위 블록, 4배 단위 블록(길이 22″)에 이르는 다양한 길이의 블록을 고안하였다(Hunt, 1918). 그 후 필러(pillar) 모양, 원기둥 모양, 커브, 스위치(switches) 등을 추가 고안하였다(Hunt, 1924). 프래트는 이 단위 블록들과 함께 가지고 놀 수 있는 크기의 소품인, 세울 수 있는 사람과 동물을 고안하였다. 이를 통해 유아는 단위 블록과 다양한 소품으로 자신과 자신 주변의 사회적·물리적 세계에 대한 경험과 이해를 상징적으로 표상하고 재구성하는 놀이를 할 수

그림 6-11 단위 블록

그림 6-12 공간 블록

있다. 프래트는 실외 놀이터에서 사용하는 크기 10″×10″ 5″와 10″×20″×5″의 모든 면이 닫힌 공간 블록도 고안하였다. 이 공간 블록은 나무 사다리, 널빤지와 함께 실외 쌓기놀이에서 흔히 사용된다. 이 공간 블록은 실외놀이를 위해 설계되었으나 실내에서도 많이 사용된다(Cuffaro, 1992). 〈그림 6-11〉과 〈그림 6-12〉는 최근 영유아교육기관에서 사용되는 단위 블록과 공간 블록이다.

8) 구성주의와 영유아교육 교수매체

피아제(Jean Piaget, 1896~1980)는 영유아교육 교수매체를 직접 고안하지는 않았으나 영유아교육에서 교수매체 활용의 필요성을 제안한 학자이다. 그는 영유아가 교수매체를 능동적으로 탐색하는 활동을 통해 자율성을 획득하고, 자신의 행동지시기술 및 과제를 끝까지 수행하는 능력 등의 발달을 이룬다고 보았다. 영유아의 사고는 감각운동기, 전조작기, 구체적 조작기, 형식적 조작기의 네 단계를 통해 성인의 사고에 이르며, 사고 발달 단계에 따라 의존하는 교수매체 유형이 다르다고 하였다. 감각운동기는 감각적·반사적 행위를 통해 지식을 형성하는 시기이므로 영유아는 말 또는 그림에 정보를 담은 교수매체보다는 눈으로 관찰하고, 손으로 만져 보고, 입에 넣어 볼 수 있는 구체적 사물을 직접 다루면서 지식을 형성한다. 전조작기의 유아는 말과 같은 표상적 상징을 활용하여 사고하는 능력이 증가되므로 사물 대신 사물의 상징을 교수매체로 사용하여 사고를 발달시킬 수 있다. 그러나 그들은 아직 자기중심적이므로 교수매체를 다른 사람과 공유하기 힘들다. 구체적 조작기의 아동은 물리적·외적 현상이나 구체적 물체에 의존하지 않아도 정신적으로 조작하며 자기중심성에서 벗어나는 능력이 형성되므로 도해 자료, 녹음 자료, 비사실적 구성 자료 등과 같은 교수매체와의 경험을 필요로 한다. 형식적 조작기에는 물체가 없어도 정신적 조작이 가능해지므로 추상적이거나 상징적인 교수매체 활용이 가능하다.

피아제의 이론은 라바텔리 교구, 하이스코프 프로그램, 카미와 드브리스의 물리적 지식 활동 등 많은 유아교육 이론과 실제에 영향을 미쳤다. 라바텔리는 피아제의 과제(Piaget's task)들인 서열, 분류, 수 보존, 면적 보존 등과 관련된 교구를 제작하여 유아들에게 직접 교수를 하였는데 이는 피아제의 이론을 잘못 적용한 것이라는 비판을 받게 된다. 반면 카미와 드브리스가 제안한 물리적 지식 활동은 물체의 움직임과 변화에 초점을 두고 유아가 행동하고 이에 따른 사물의 변화를 관찰할 수 있도록 고안된 것으로 롤러, 목표물 맞추기, 경사, 진자놀이, 물놀이 등의 활동이 제공된다. 유아들은 활동을 하며 여러 가지 시행착오를 거치면서 사고를 수정하고 발달시켜 나갈 수 있다.

비고츠키(Vygotsky, 1896~1934)의 인식론은 피아제의 인지 발달 이론과 다르게 '유아의 사고는 사회적으로 구성된다'는 내용으로, 1970년대 이후 영유아교육의 새로운 패러다임을 제시한 2000년대 교육학의 가장 영향력 있는 이론 중 하나이다. 그의 이론에 바탕을 두고 있는 기본 원리는 다음과 같다(Bodrova & Leong, 1996).

- 유아들은 지식을 구성한다.
- 발달은 사회적 맥락과 분리될 수 없다.
- 학습은 발달을 주도한다.
- 언어는 정신 발달에 핵심적 역할을 한다.

비고츠키는 피아제와 마찬가지로 유아들이 자신의 이해를 구성해 간다고 보았다. 피아제가 인지적 구성이 물리적 대상들과의 상호작용 속에서 생겨나는 것이라고 보았다면, 비고츠키는 이러한 인지적 구성은 사회적으로 매개되는 것이라고 보았다. 즉, 물리적 조작과 사회적 상호작용 모두 발달에 필요하다. 사회적 맥락은 유아가 상호작용하는 사람들뿐 아니라 가정과 학교처럼 영향을 미치는 사회적 구조, 그리고 전반적 문화나 사회적 수준과 그 안에 포함된 언어, 수 체계, 과학과 기술 등을 포함한다. 이러한 사회적 맥락은 정신 발달에 핵심적 역할을 하는데, 비고츠키는 모든 정신과정이 처음에는 서로 공유된 공간 속에 존재하다 나중에 개인 수준으로 옮겨 간다고 보았다. 그의 이론에서 보면 발달은 학습에 영향을 줄 뿐만 아니라 학습이 발달에 영향을 주기도 하는 복잡한 관계이며, 교사는 유아의 발달 수준을 고려함과 동시에 유아를 발달로 이끄는 수준에서 정보와 지식을 제공해야 한다(Bodrova & Leong, 1996).

이 관점에서 볼 때 흥미는 학습과 무관하게 개인의 자발성에 의해 발현되는 개인적 흥미(individual interest)만이 아니라 상황이나 학습에 의해 형성된 상황적 흥미(situational interest)도 포함한 것이다. 유아는 지식을 생산·형성할 수 있는 능력을 가진 존재이기도 하지만 사회·문화적 맥락이나 상황과의 상호작용을 통해 사회적으로 지식을 구성하고 근접발달지대를 형성하는 존재이기도 하다. 근접발달지대에 대한 비고츠키의 논점은 자유선택활동 과정에서 교사의 역할을 설명하는 중요한 기저가 된다.

놀이가 발달을 주도한다고 보는 비고츠키의 관점에서 볼 때, 교사는 자유선택활동을 통해 유아가 자기 조절을 할 수 있도록 교실의 상황을 조성하고 언어적 상호작용과 개입을 통해 놀이가 유아의 발달을 주도하도록 도울 수 있다.

교사는 발달과 학습을 촉진하는 전략으로 매개체를 활용할 수 있다. 매개체는 환경적 자극과 그 자극에 대한 반응 사이의 매개 수단으로 존재하는 그 무엇으로 눈에 보일 수도 있고 내면적일 수도 있으며, 언어적일 수도 있고 시각적일 수도 있다. 중요한 것은 유아들이 성인과 달리 보다 구체적인 매개체를 필요로 한다는 점이다(Bodrova& Leong, 1996). 따라서 매개체는 지각적 범주를 학습하거나 주의집중, 기억, 사고, 자기 조절의 영역에서 유용하게 사용될 수 있다. 이러한 차원에서 볼 때 교수매체는 교사의 상호작용과 함께 유아의 인지 발달을 돕는 핵심 맥락이다. 프로젝트 접근법에서 주제와 연관된 단어지도를 만드는 것도 외적 매개체를 활용하는 예로 볼 수 있다. 비고츠키 이론은 변형의 과정을 강조하는 포만의 구성놀이나 레지오 에밀리아 유아교육의 중요한 이론적 토대가 되었으며, 가상놀이의 인지 발달적 가치를 부각시켰다. 교수·학습 과정에서 물리적 환경과 교수매체는 사회적 맥락으로서 중요한 의미를 지닌다.

2. 우리나라 영유아교육과 교수매체

20세기 초, 우리나라 영유아교육은 미국의 진보적 유치원 혁신에 영향을 받은 유치원으로 출발하였기에(이상금, 1987), 교육과정의 구성 및 교수매체 활용 면에서 미국 유아교육의 영향을 많이 받았다.

미국에서는 1920년에 전국 시(청)각교육학회가 조직되었으며, 1930년대에는 학교교육에 영화를 도입하려는 움직임이 일어났다. 영화기술의 발달로 인한 유성영화의 대두, 라디오와 축음기를 교육현장에 이용하려는 움직임 등에 영향을 받아 1935년부터는 '시청각교육'이라는 용어가 등장하게 되었다. 1957년에는 스푸트닉 쇼크 이래 교육의 제반 문제의 검토와 더불어 교육방법, 특히 여러 가지 교수매체를 활용한 교육에 대한 연구가 본격화되었다. 1964년 초중등교육법(Elementary and Secondary Education

Act)이 미국 의회를 통과하였고, 이 법안의 제1조와 제3조에 의하여 유아교육 프로그램이 강화되고 보조를 받게 되었으며, 이에 의해 헤드스타트(Head start) 프로그램이나 팔로스루(Followthrough) 프로그램이 실시되었다. 이 법안의 제2조에는 유치원, 초등학교 등에서 사용하는 여러 종류의 시청각 자료에 대해서도 보조·육성하도록 규정되어 있으며, 이에 따라 실물을 포함한 여러 가지 시청각 교수매체에 대한 연구·실험·사용이 활발해졌다(이영자, 1981).

또한 1960년대의 새로운 교수공학 등장과 함께 유아교육에서도 교수매체를 활용한 학습 경험을 보다 체계적이고 조직적으로 구성함으로써 유아 학습심리에 부합되는 학습을 마련하자는 활동이 활발히 전개되었다. 1963년 캐나다의 토론토에서 시작된 TV 프로그램인 〈미스터 로저스(Mr. Rogers)〉는 2년 뒤 미국 피츠버그에서의 방영을 시작으로 미국 전역으로 확대되었고, 1969년에는 유아를 위한 TV 프로그램인 〈세사미 스트리트(Sesame street)〉가 시작되어 가정에서도 영상 교수매체를 통한 교육이 이루어지게 되었다. 1970년대 이후 다양한 유아교육 프로그램 출현으로 다양한 교수매체들이 키트(kit)로 상품화되어 나오기 시작하였다. 스몰 원더 키트(Small wonder kit), 피바디 언어발달 키트(Peabody language development kit), 피바디 유아교육 키트(Peabody early experiences kit), GOAL 프로그램 키트 등이 그 예이다. 아울러 다양한 교수매체들이 교구 제작회사들을 통해 개발·보급되었다. 1980년대 후반에 이르러서는 교육기관에 컴퓨터가 일반적으로 활용되기 시작하였고, 1980~1990년대의 교육개혁운동으로 유아의 요구와 능력에 보다 적절한 교수매체를 갖춘 학습환경의 창안이 우선 과제가 되었다(이영자, 1981).

우리나라의 경우 1958년 3월에 중앙시청각교육원이 설립되어 시청각 교육의 질을 향상시키기 위한 개선과 질적 향상, 국제적 교류 등의 업무를 수행함으로써 시청각 교수매체를 활용한 학습지도에 힘썼으나 유아를 위한 교수매체가 특별히 제시되지는 않았다. 이후 시청각교육원의 발족을 계기로 각 시·도 교육위원회 내 시·도 시청각교육원이 독립 기관으로 설치되어 각 지역의 특성에 맞춘 시청각 교육의 진흥에 힘써 왔다. 그 뒤 중앙시청각교육원이 교육연수원과 통합되어 중앙교육연구원이 되었고, 중앙시청각교육원은 중앙교육연구원의 교육자료부에 속하게 되었으며 이에 따라 각 시·도 시청각 교육연구원도 교육연구소와 통합되어 시·도 교육연구원이 되었다(한철규, 1980).

1972년부터 한국교육개발원을 중심으로 TV, 라디오 등의 교수매체를 활용한 교수방법의 연구 및 프로그램 개발이 시작되었고, 1977년 정부와 유니세프(UNICEF)가 초등학교 아동을 위한 교수·학습자료의 보급·활용사업 지원 협정을 맺어 한국교육개발원과 중앙교육원이 교수매체의 제작·보급사업을 시작하였다. 그러나 우리나라의 교수매체 연구·제작·보급사업은 앞에서도 언급하였듯 대부분 초등학교 이상의 학생을 위한 것이었으며, 유아를 위한 사업은 한국어린이교육협회(현 대한어린이교육협회), 각종 유아교육협회 등이 주최한 강습회를 통하여 간접적으로 이루어졌다. 직접적인 시도는 1981년에 이르러서야 본격적으로 시작되었다. 문교부(현 교육부)가 행동과학연구소에 위촉하여 1981년 2월 유치원, 어린이집, 새마을 협동 유아원, 농번기 탁아소 등에 유아를 위한 그림책, 교사가 유아에게 제시할 그림 자료집 등을 제작하고 이들 교수매체에 대한 교사 지도 자료집을 만들어 보급함으로써, 정부 차원에서의 유아를 위한 교수매체의 제작·보급이 시작되었다. 또 1981년부터 가정에서 시청할 수 있는 유아용 TV 프로그램이 방영되었다.

1981년 12월 31일 유아교육진흥법의 제정·공포로 국가가 '유아교육을 위한 교재 및 교구의 연구·개발과 보급'에 관한 시책 마련에 관심을 갖게 되었다. 그리고 1983년 6월 9일 유아교육 진흥법 시행령 발표로 '교재·교구에 대한 장학지도'가 명시화되었다. 이에 교육부는 교사용 《유아교육 지도자료집》과 《교사용 그림 자료집》 그리고 《유아교육을 위한 그림책》 1~4집을 개발하여 전국에 보급하였다. 아울러 교육부 주관 '전국 교재·교구 전시회'에 제시되었던 교재 및 교구의 제작·활용방법을 수록한 책자인 《유아교육 교재·교구의 창작과 활용》도 발간되어 유아교육기관에 제공되었다. 이와 함께 사단법인 한국어린이육영회(1981년에 새세대육영회로 발족)는 영유아교육기관에서 사용할 수 있는 퍼즐, 녹음 자료, 세울 수 있는 동물과 사람, 그림 동화책 등을 개발하였고 교사용 지침서로 《유아교육 자료의 제작과 활용》에 관한 책자를 발간하여 보급하였다. 2008년에는 비영리법인 아이코리아로 개칭되었으며 교재 개발 및 판매, 교사연수 등의 사업을 진행하고 있다. 1982년부터 당시 교육부 주관으로 해마다 전국적으로 실시된 우수 유아교육 교재·교구 선정 및 전시는 유아교육 관계자와 유아교육기관의 원장 및 교사들에게 교재와 교구의 고안·제작 및 활용에 관한 새로운 인식과 관심을 갖게 하는 데 큰 공헌을 하였으며, 지역 교육청별로 우수 유아교육 교재·교구 개발 및 전시가 이루어지기도 하였다.

유아교육기관의 교육과정과 관련된 교수매체 활용의 가이드라인은 유치원의 경우 교육과학기술부, 어린이집의 경우 보건복지부에서 각각 제공해 왔다. 교육과학기술부에서 고시한 유치원 5차교육과정(교육부 고시 제1992-15호)은 유아놀이의 중요성을 강조하여 교실을 흥미 영역으로 구성하고 각 흥미 영역에 비치해야 할 기본 매체들을 제시하였으며, 이를 기반으로 그 이후에 고시되는 6차 유치원 교육과정(교육부 고시 제1998호)과 2007년 개정 교육과정(교육인적자원부 고시 제2007-153호) 관련 교사용 지침서에서는 흥미 영역별 기본 매체를 주제와 관련하여 변화·확장시켜 활용할 것을 강조하였다. 유아교육 및 보육의 공공성을 강화하고 질적 교육 확장을 위하여 교육과학기술부와 보건복지부에서 함께 개발하여 고시한 3~5세 연령별 누리과정(교육과학기술부 고시 제2012-16호, 보건복지부 고시 제2012-82호) 관련 운영 지침서에서는 각 연령별로 차별화된 흥미 영역의 배치와 기본 교수매체들을 제안하였다.

한편 유아를 위한 컴퓨터 교육은 1980년대 후반 대우전자에서 개발한 KOBO와 함께 시작되었다. 교육인적자원부는 1995년 '유치원 교사를 위한 컴퓨터 교육자료', 2004년 '유치원의 교육과정운영을 위한 정보화프로그램' 등을 연구·개발하여 유치원에 보급하였으며, 각 지역 교육청에서는 해당 지역 유치원에 멀티미디어 기자재 및 유아 발달에 적절한 소프트웨어 구입을 지원하였다(이현옥 외, 2010; 홍혜경, 2008). 2007년 개정된 유치원 교육과정에는 컴퓨터 관련 내용요소가 명시되었고(교육인적자원부, 2007) 정보통신부(2007)에서 유치원 인터넷 활용 교재를 각 유치원에 보급하여 정보 검색을 활용한 교재·교구의 제작 활용이 활성화되었다. 2009년에는 '유아교육선진화추진계획'의 일환으로 로봇 기반 교육(r-Learning)을 구축하여 2010년부터 현장에 적용하였다.

2011년에는 교육과학기술부의 '스마트 교육 추진전략 실행계획' 발표와 스마트폰과 태블릿 PC의 확산으로 유아교육기관뿐만 아니라 일반 가정에서의 스마트기기를 활용한 교육이 확산되었으며, 컴퓨터뿐만 아니라 디지털카메라, 빔프로젝터, 프로젝션 TV 모니터를 컴퓨터와 연결한 멀티미디어 수업이 활성화되었다. 요즈음에는 전자 그림책, 전자 칠판, 가상현실, 로봇을 활용한 멀티미디어 교육으로 확장·발전되었다.

이러한 멀티미디어 교육의 확장으로 어린 유아들이 직접 체험하여 발달할 기회가 박탈되지는 않을까 하는 우려가 높았으나 요즈음은 소방서, 교통안전 등과 관련하여 현실에서 일어날 수 있는 실제 상황을 모형화하여 유아들이 문제를 해결해 보는 체험 학습 콘텐츠들이 다양하게 개발·활용되고 있다.

보육정보센터나 유아교육진흥원과 같은 영유아와 보육교사, 유아교사, 학부모를 위한 기관의 설립은 프로그램에 대한 정보 제공뿐만 아니라 각종 자료와 체험시설의 활용을 좀 더 풍부하게 해 주고 있다. '영유아보육법' 제7조에 의해 설립된 보육정보센터는 중앙과 서울 이외에도 지방자치단체 여러 곳에서 보육 관련 정보를 제공하고 시설을 지원하는 다양한 업무를 하고 있다. 홈페이지에 보육교사를 위한 교수·학습 자료도 게시하고 있어 교사가 손쉽게 교수 자료를 얻을 수 있다.

2008년 설립된 서울특별시교육청 유아교육진흥원은 종합적인 유아교육 지원 체제 구축을 위한 전문적인 기관으로 유치원 교원을 대상으로 프로그램 및 교재 개발을 하여 보급하고 연수를 실시하고 있으며, 유아 체험 프로그램을 개발하여 유아교육기관뿐만 아니라 일반 학부모들에게도 자녀와 함께 참여할 기회를 제공하고 있다. 유아교육진흥원은 서울 이외에도 인천, 대전, 대구, 울산, 제주도 등 각 광역시에 설립되어 교재·교구를 개발·보급하며, 교재·교구 제작에 필요한 기기를 대여해 주기도 한다.

요즈음 영유아를 위한 상업용 교재·교구, 멀티미디어 자료들이 매우 다양하게 개발되어 판매되고 있다. 이 자료들은 영아와 유아로 구분되어 있고 누리과정 영역별·주제별로 세분화되어 판매되고 있어 교사가 보다 용이하게 선택할 수 있다. 이렇게 다양한 매체 중에서 어떤 것이 영유아의 건강과 안전을 고려한 제품인지, 어떤 것이 영유아의 발달이나 교육목표에 적합한 것인지, 어떤 것이 교사의 교육관과 교수·학습방법에 적합한 교수매체인지에 대해 총체적으로 판단할 수 있는 지혜가 교사에게 더 많이 요구되는 시점이다.

CHAPTER

07 영유아를 위한 교수매체의 분류

영유아를 위한 교수매체는 기준에 따라 몇 가지로 분류할 수 있다. 여기서는 시각·청각적 동원에 따른 분류, 경험의 구체성과 추상성 정도에 따른 분류, 활동 성격에 따른 분류, 기능의 복합성에 따른 분류, 사실성 정도에 따른 분류로 구분하여 알아보도록 한다.

1. 시각 · 청각적 동원에 따른 분류

영유아교육기관에서 활용할 수 있는 교수매체는 시각·청각적 동원에 따라 시각을 주로 사용하는 것, 청각을 주로 사용하는 것, 시청각을 겸한 것으로 분류할 수 있다. 그러나 매체의 활용방법에 따라 두 매체와 합해져 시청각을 겸비한 매체로 제시될 가능성이 높은 것들도 있다(표 7-1, 그림 7-1).

시청각 교수매체는 말로 설명하는 것보다 인상적인 학습효과를 보여 준다(Flemming, 1977). 예를 들어 유아에게 병아리의 성장과정이나 달팽이의 움직임에 대한 것을 말로 설명하기보다는, 직접 병아리나 달팽이를 기르면서 유아들이 시각적으로 변화를 관찰하게 하면 훨씬 효과적이다. 시각을 주로 사용하는 매체는 영유아의 학습

표 7-1 시각·청각 동원에 따른 교수매체의 분류

시각을 주로 사용하는 것	청각을 주로 사용하는 것	시청각을 겸한 것
게시판, 융판(자석판)과 융판(자석) 자료, 그림, 만화, 신문, 표본, 사진 모형, 인형, 그림책, 디오라마, 실물, 그래프, 지구의, 포스터, 무성 영화, 라이트테이블	녹음 자료, 라디오 방송, 악기, 구연동화 등	실물, 영화, 인형극, 견학, TV, 비디오, 컴퓨터, 디지털캠코더, 모바일폰, 음성로봇 등

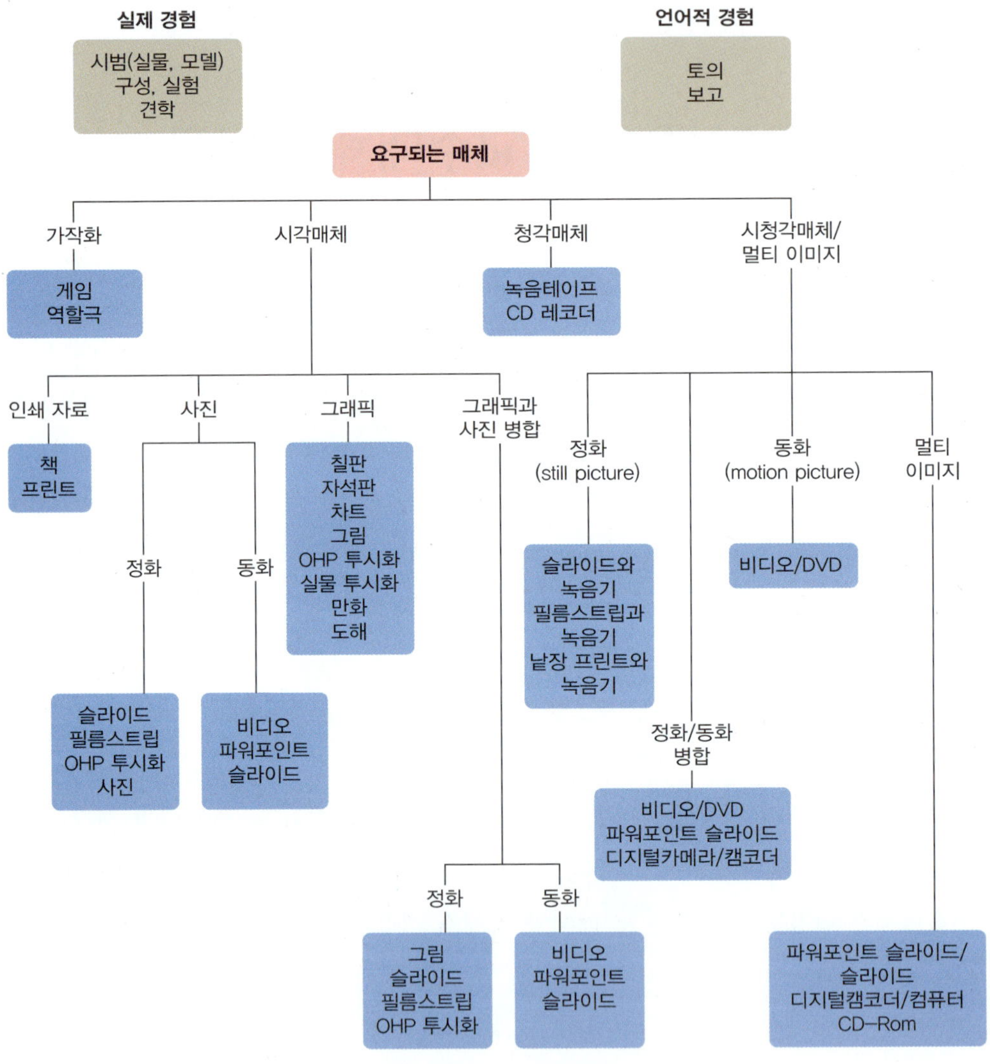

그림 7-1 시각·청각 동원에 따른 분류

자료: Kemp & Smellie, 1989.

및 지각 특성에 알맞게 제시해야 하며 영유아가 이용하도록 할 때는 교사의 창의성이 많이 요구된다. 시각적 교수매체 중 실물은 입체 시각매체이며, 평면적 시각매체에는 그림, 그림책, 사진, 게시 자료, 칠판 등이 포함된다.

청각적 매체인 녹음 자료나 라디오는 유사성이 높지만 라디오는 녹음 자료보다 훨씬 시사성과 동시성이 있어 학습자의 주의 집중이 더 요구된다는 점이 다르며, 녹음 자료보다 활용도가 매우 낮다. 청각매체는 시각적 정보를 제공하지는 않지만 청각 자극 자체에 집중할 수 있고, 특히 소리의 구분이나 기억, 발성 등과 같이 청각적 자극과 관련성이 높은 메시지일 때는 시청각이 결합된 매체보다 효과적이다. 시청각 매체로는 교사가 들려주는 동화, 녹음 자료와 세트인 그림 자료, TV와 컴퓨터 등이 있다. 교수공학의 발전에 따라 많은 시청각매체들이 개발되었으며, 최근에는 대부분의 매체가 컴퓨터와 연결할 수 있는 멀티미디어로 활용되고 있다. 사진기와 사진은 시각매체였으나 최근에는 사진기에 동영상 촬영기능과 녹음기능을 포함시키기도 하여 매체 자체를 시각매체 또는 청각매체로 구분하기 어려워졌다.

일부 영유아교육자들은 공학적 교수매체 활용이 영유아교육에서 인쇄매체와 함께 '다양한 감각적·조작적 매체로 영유아의 직접적 활동을 강조하는 교육철학과 실제'에 위배된다고 반대한다. 반면, 새로운 공학매체 활용의 주창자들은 "공학매체는 이제 영유아들의 문화의 일부가 되었고, 다른 학습도구를 접하는 것과 같은 형태로 다양한 공학매체 유형이 소개되어야 한다"고 주장한다(Williams, 1992). 공학매체는 학습도구로 사용될 수 있다. 영유아교육 프로그램에서 공학매체는 풍부한 교육환경 구성의 필수적인 요소가 될 수 있다. 중요한 것은 공학과 공학적 산물의 질을 인식하고 요구하는 교사의 관점과 활용기술로, 예로는 TV와 비디오의 비판적 시청기술과 컴퓨터를 통한 정보 활용기술 등이 있다. 컴퓨터를 발달에 적절하게 사용하면 효과적인 매체가 될 수 있다는 연구 결과도 많다(Shade & Watson, 1990). 그러나 컴퓨터는 보조적 자료이며 미술 활동, 쌓기놀이, 물놀이, 책 읽기, 쓰기 자료 탐색, 극놀이와 같이 유아교육에서 가치를 크게 인정받는 활동과 자료를 대치할 수 없다는 지적도 있다. 중요한 점은 영유아의 시청각적 특성과 학습 특성에 대한 지식을 기반으로 그에 알맞은 경험을 제공하는 것인데, 이를 위해 교사는 학습 경험의 유형에 따른 특징을 정확히 이해하고 조직할 수 있어야 한다.

2. 경험의 구체성과 추상성 정도에 따른 분류

데일(Dale, 1969)은 학습 경험의 구체성과 추상성의 정도에 따라 교수매체를 분류하였는데, 이는 '경험의 원추(cone of experience)'로 불린다(그림 7-2). 데일은 학습 경험을 행동적 경험(enactive experience), 시청각적 경험(iconic experience), 상징적 경험(symbolic experience)으로 구분하였다. 이 분류는 브루너(Bruner, 1966)의 세 가지 학습 표현 양식인 작동적, 영상적, 상징적 표현과 유사하다. 데일의 구분을 상세히 살펴보면 다음과 같다.

행동적 경험은 직접적 경험(direct experience)이라고도 한다. 행동적 경험은 교수매체 활용 가능성에 비추어 하며 경험의 구체성 정도에 따라 다시 직접 경험(direct experience), 고안된 경험(contrived experience) 그리고 극화 경험(dramatized

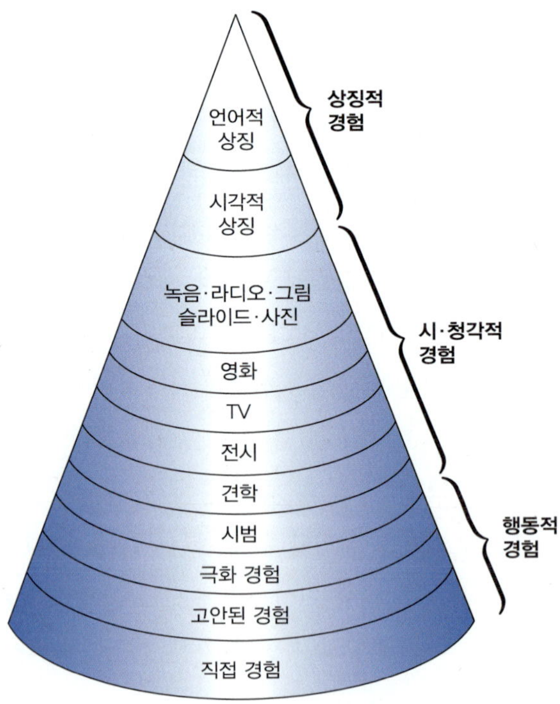

그림 7-2 데일의 경험의 원추

자료: Dale, E., 1969, p. 108.

표 7-2 행동적 경험

분류	특징	영유아의 학습 경험과 활동의 예
직접 경험	• 행동적 경험 중에서도 가장 구체적이고 실제적인 경험으로, 모든 종류의 경험의 기초가 되며 가장 완전하다. • 어느 정도 추상적이거나 개념적인 학습이 이루어진 내용에 대해서도 새로이 직접 경험을 함으로써 더 명확하게 학습할 수 있다.	• 영유아를 위해서는 감각을 통한 직접 경험을 유도하는 교수매체가 많이 활용되는 것이 바람직하다. • 실물과 자연물은 직접 경험을 유도하는 교수매체로 활용될 수 있다(예: 텃밭 가꾸기, 요리 활동).
고안된 경험	• 모든 종류의 모의 사물을 통한 경험을 의미한다. 실제 사태의 편집된 경험이다. • 직접 경험처럼 듣기, 보기, 만지기 그리고 다른 감각을 사용할 수 있다. 직접 경험만큼 실감나고 생생한 경험을 주지 못한다는 단점이 있으나, 주어진 학습 목표에 꼭 필요한 경험만을 골라 주도록 고안될 수 있다는 장점이 있다.	• 영유아가 직접 경험하기에는 상황이나 실물이 너무 방대하고 혼란스럽거나 위험한 경우 또는 실물의 성격이 직접 만질 수 없는 것일 때 오히려 간단 명료하게 고안하거나 축소한 모형으로 고안된 경험을 하게 해 주는 것이 바람직하다(예: 실제 상황과 유사한 설치물로 구성된 교통안전공원에서 직접 횡단보도를 건너며 교통규칙 배우기, 고안된 시설과 상황에서의 재난 대피훈련).
극화 경험	• 역할과 물체, 상황 등을 가상적으로 표현하는 극화된 경험이다. • 직접 경험이나 고안된 경험으로도 학습시킬 수 없을 때 활용된다. 고안된 경험에 의한 학습은 학습현장에서 공간적·물리적으로 쉽게 다룰 수 없는 경우에 활용되지만, 극화 경험의 학습은 학습현장에서 시간적·개념적으로 쉽게 다룰 수 없는 경우 활용된다.	• 유아의 특성상 직접 경험이나 고안된 경험은 한계가 있다. 또 유아기에는 가상놀이가 발달하면서 주변 상황, 역할, 사물을 극화해서 표현하는 것을 즐기게 된다(예: 꽃가게놀이, 소방서놀이, 동극).

텃밭에서 무 재배(직접 경험)

교통공원에서 횡단보도 건너기(고안된 경험)

병원놀이(극화 경험)

인형극 공연(극화 경험)

그림 7-3 행동적 경험의 실제 활동 모습

experience)으로 구분된다. 이들의 특징과 활동의 예는 〈표 7-2〉와 같으며 관련 활동의 실제 모습은 〈그림 7-3〉과 같다.

시청각적 경험은 회화적 경험(pictorial experience)이라고도 하며, 실제 행동이나 실물의 경험은 아니지만 어느 정도 구체성이 깃들어 있다. 경험의 원추에서 나타난 바와 같이 시청각적 경험은 시범, 견학, 전시, TV, 영화 그리고 녹음, 사진, 라디오, 슬라이드 등의 교수매체가 활용되는 경험을 말한다. 이들 모두 시청각에 의한 경험을 유도하는 교수매체이지만 위에 열거된 순서에 따라 추상성이 점차 높아진다(표 7-3, 그림 7-4).

상징적 경험은 추상적 경험(abstract experience)이라고도 하며 시각적 상징과 언어적 상징으로 구분된다(표 7-4, 그림 7-5). 이러한 경험의 원추의 특징은 다음과 같다.

- 첫째, 데일의 경험의 원추는 가장 구체적인 경험부터 가장 추상적인 경험에 이르기까지 여러 가지 경험이 활용되는 교수매체별로 원추 모양으로 나열되어 있으나, 이러한 나열이 실제 수업의 진행순서를 나타내는 것은 아니다. 예를 들어 원추 맨 밑에 있는 행동적 경험의 학습이 가장 쉽고 원추 맨 위에 있는 상징적 경험의 학습이 가장 어렵다고 할 수 없다. 따라서 행동적 경험을 맨 먼저 학습시키고, 상징적 경험을 맨 나중에 학습시키는 것이 좋다고 할 수도 없다.
- 둘째, 경험의 원추는 위로 올라갈수록 추상적 경험을, 아래로 내려올수록 구체적인 경험을 나타낸다. 원추의 모양이 위로 올라갈수록 좁고 내려올수록 넓은 것은 구체적인 경험을 주는 교수매체일수록 많이 활용되고 추상적인 경험을 주는 교수매체일수록 덜 활용됨을 나타낸다.
- 셋째, 어떤 경험이 다른 경험보다 교육적으로 더 유용하다는 것을 암시하지 않는다. 그리고 어떤 종류의 학습에 반드시 어떤 종류의 매체만을 활용할 것을 암시하지도 않는다. 데일의 경험의 원추는 행동적 경험을 가장 중요시하는 인상을 주기 쉬운데, 일선 교사들은 이 점에 특히 유의해야 한다. 영유아들에게 구체적인 경험은 중요하지만 구체적인 경험만 하게 되면 종합·분석하고 추리·판단하는 능력이 발달하지 못하고, 너무 추상적인 경험만 하면 실증적 경험의 기초가 약해져 관념적이고 막연한 지식만 갖게 된다. 우리는 일상생활에서 어떤 경험을 할 때 한 가지 매체의 한 가지 감각을 통해서만 하지 않는다. 따라서 영유아를 위한 학습지도에 있어서도 될 수 있는 한 여러 가지 매체를 통합하여 활용하는 것이 바람직하다.

표 7-3 시청각적 경험

분류	특징	영유아의 학습 경험과 활동의 예
시범	• 어떤 학습을 위하여 특별히 마련된 상황에서 교사(또는 시범자)가 영유아가 학습해야 할 것을 그대로 보여 주는 것으로 동적(dynamic)인 시청각 경험이다. • 시청각적 경험을 유도하는 교수매체 중에서 가장 구체적이고 직접적인 경험을 유도한다. • 교사가 직접 참여할 수 있고 여러 가지 교수매체를 함께 활용할 수 있다는 장점이 있다. 시범에는 실물, 그림, 사진, 슬라이드, 모형 등이 활용될 수 있다.	• 영유아가 행동적으로 학습해야 하는 것은 교사의 직접적인 시범을 봄으로써 더 잘 학습할 수 있다. 이때 사진이나 모형 등을 보조 자료로 활용하면 효과적이다. – 예: 꽃 모종을 바르게 심는 시범, 바르게 손 씻는 시범
견학	• 주변의 실생활이나 실세계를 방문하여 관찰하는 동적인 시청각 경험이다. • 시범과 달리 어떤 학습목표를 위해 상황이나 장면이 인위적으로 조작된 것이 아니라서 학습자 주변의 실생활이나 실세계를 그대로 볼 수 있다는 장점이 있다. 하지만 주어진 학습목표와 관계가 없는 경험을 학습자에게 줄 수도 있으므로 교사의 철저한 사전 계획이 요구된다.	• 영유아가 관심을 가진 또는 학습해야 할 내용이 포함된 실세계를 방문하여 관찰하는 것으로 지역사회 견학 프로그램이 이에 해당된다. – 예: 우리 동네 시장 돌아보기, 우체국 견학
전시	• 실물, 그림, 사진, 도표, 모형, 작품 등을 게시판이나 테이블에 전시하여 보는 것이다. • 게시판이나 테이블의 전시는 시범, 견학과 달리 정적(static)이다.	• 영유아가 직접 참여할 수는 없으나 다양한 매체를 게시함으로써 시청각적 경험을 제시할 수 있다. – 예: 친구들이 만든 작품 전시, 다른 나라의 물건 전시
TV, 영화	• 영상으로 제공되는 동적인 시청각 경험으로 정적인 시청각 경험을 주는 그림이나 사진과 같은 교수매체보다 훨씬 인상적이고 구체적인 경험을 줄 수 있다. • TV는 현재, 지금, 여기서 일어나는 상황을 동시에 전달할 수 있는 것에 비해 영화는 가상의 시나리오에 의해 만들어진 것이어서 TV가 영화보다 직접적 경험에 가까운 교수매체다.	• 영유아에게 뉴스 등 사실성이 높은 TV 자료를 그대로 제공하는 경우는 드물다. 주제와 관련하여 필요한 정보를 녹화, 편집하여 제공한다. – 예: 우리나라 운동선수의 경기 장면, 우주선 발사 장면 • 극화된 경험이 자기 자신이 극화에 참여하는 행동적 경험이라면, 영화는 극화된 경험을 시청각적으로 관찰하는 것이다. – 예: 유아용 영화, 만화영화
사진, 그림, 라디오, 녹음 자료	• 시각 또는 청각적 경험을 제공하는 것으로 사진과 그림은 시각적인 경험을, 라디오와 녹음 자료를 청각적인 경험을 제공한다. • 감각적인 요소가 줄어든 만큼 실제성이 줄고 추상성이 높아진다. 사진, 그림, 라디오, 녹음이 시청각적 경험을 유도하는 교수매체 중에서 추상성이 가장 높다. • 실제성이 낮다고 해서 교수매체로서 적절하지 않은 것이 아니며 교수목표를 달성하는 데 효과적이고 적절한지가 중요하다.	• TV나 영화는 영유아에게 너무 복잡한 시청각적 정보를 한꺼번에 주므로 교수목표에 따라서는 단순한 그림이나 사진, 녹음 자료 등이 더 효과적이다. 사진은 그림보다 사실성이 높지만 주어진 교수목표에 적합하지 않은 요소들이 포함되어 있을 수 있다. 그림은 교수목표에 부적합한 요소를 제거하고 그릴 수 있다. – 예: 운동 경기 사진 게시판, 동물 울음소리 녹음 자료, 영유아용 세밀화 과학 그림책

물 따르기(시범)

슈퍼마켓 방문(견학)

박물관 관람(전시)

유아 프로그램 시청(TV)

만화영화 시청(영화)

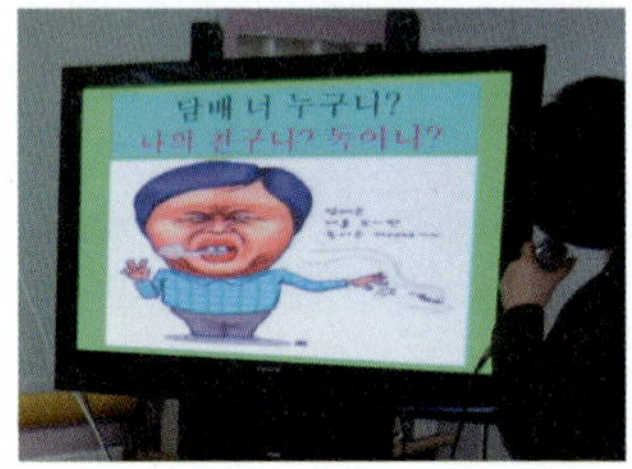

금연교육용 슬라이드(시각 자료),
교사의 설명(청각 자료)

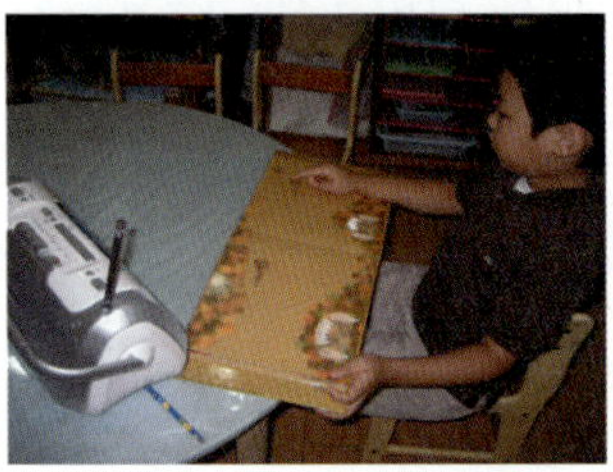

녹음 자료(청각 자료), 도서(시각 자료)

작품 게시(전시)

그림 7-4
시청각적 경험의 실제 활동 모습

표 7-4 상징적 경험

분류	특징	유아의 학습 경험과 활동의 예
시각적 상징	• 지도, 도표, 기호 등 상징화된 시각 경험이 포함된다. 지도에 사용된 기호, 수학 기호 등도 포함된다.	• 시각적인 상징적 기호는 추상성이 높아서 영유아들의 학습 상황에는 많이 활용되지 않으나 생활에서 사용되는 시각적 상징에 대한 학습이 필요하다(예: 공공장소의 여러 가지 표지, 교통 표지판).
언어적 상징	• 경험의 원추의 정점을 이루는 가장 추상적인 경험이다. • 언어에는 말과 글이 있는데, 말은 청각적이고 글은 시각적이다. 언어는 원래 말이고 말을 시각적으로 나타낸 것이 글이다. 따라서 글이 말보다 더 상징적이고 추상적이다. • 언어는 책, 사람 등의 구체적 물체부터 정의, 민주주의 등과 같은 추상적인 개념까지, 그리고 여러 가지 형용사나 문장 구문으로 거의 무한한 사상과 감정의 차이를 표현할 수 있다. 따라서 가장 포괄적인 의사소통의 매체라고 할 수 있다.	• 언어는 가장 추상적인 교수매체이긴 하지만 영유아교육기관에서 많이 활용되고 있다. • 영유아기는 한참 언어 발달이 이루어지는 시기로 연령 및 개인에 따라 언어적 발달 및 인지 발달에 큰 차이가 난다. 따라서 언어적 상징에만 의존한 학습 경험은 한계가 있으므로 구체적 경험과 함께 사용한다(예: 주말에 한 경험 이야기하기, 같은 글자 찾기 게임, 동시 감상하기, 자석 모음 글자).

신호등과 표지판(시각 상징)

치아에 대해 조사한 것 발표하기(언어적 상징)

그림 7-5 데일의 분류에 따른 상징적 경험의 실제 활동 모습

- 넷째, 영유아들의 학습 경험에서 행동적 경험, 시청각적 경험, 상징적 경험들이 서로 관련되도록 하는 것이 바람직하다. 시청각적 경험은 행동적 경험이나 상징적 경험과 연결할 수 있다. 예를 들어 박물관 견학을 하면서 신라 사람들이 만들었던 토우를 본 후 찰흙으로 직접 만드는 행동적 경험을 할 수도 있다. 또한 영유아들이 행동적 경험을 할 때 시청각적 경험이나 상징적 경험을 제공할 수 있으며, 상징적 경험을 할 때 행동적 경험이나 시청각적 경험을 하도록 계획할 수 있다.

3. 활동 성격에 따른 분류

피니와 마가릭(Feeney & Magarick, 1984)은 영유아기에 필요한 교수매체를 활동 성격에 의해 감각적 교재·교구, 대근육 활용 놀이기구, 구성 놀이 자료, 조작적 놀이 자료, 극화놀이 자료, 책과 녹음 자료, 미술 자료로 분류하고 연령별로 필요한 기본 교수매체를 〈표 7-5〉와 같이 제시하였다. 얼핏 보면 활동 영역별 분류인 것처럼 보이나 그것과는 다르다. 활동 성격에 의한 분류에서는 영유아들이 실제 활동을 할 때 주로 활용하는 것이 감각기관인지 대근육인지에 의해 구분되거나, 놀이가 구성놀이인지 조작적 놀이인지 극화놀이인지, 책을 다루는 것인지 미술 자료를 다루는 활동인지에 의해 구분된다.

표 7-5 활동 성격에 따른 연령별 교수매체

구분	2~3세	3~4세	5~6세
감각 자료	• 물놀이, 모래 놀잇감, 컵, 플라스틱 삽 • 밀가루 점토 • 소리 짝짓기 게임 • 벨, 우드블록, 트라이앵글, 북 • 같은 질감 헝겊 짝짓기, 느낌 상자	• 물 놀잇감: 측정컵, 달걀 휘젓기 • 모래 놀잇감: 컵케이크 빵구이 판, 각종 소도구 • 실로폰, 마라카스, 탬버린 • 찰흙	• 물 놀잇감: 식용 색소, 펌프, 깔때기 • 모래 놀잇감: 여러 가지 통들, 각종 소도구 • 찰흙 점토와 함께 사용할 도구들
대근육 활동 놀이 기구	• 낮은 오르기 기구 • 낮은 그네 • 낮은 미끄럼틀 • 웨건, 카트 • 큰 고무공 • 세바퀴차(소형)	• 세바퀴차 • 롤러스케이트 • 오르기 기구 • 로프 그네, 타이어 그네 • 플라스틱 야구방망이, 공 • 여러 크기의 고무공 • 평균대 • 상자, 낡은 타이어 • 볼링대 • 팥주머니와 목표물	• 자전거(두발) • 실외 게임: 공 차기
구성 놀이 자료	• 유닛 블록과 소품: 동물, 사람, 나무 자동차, 나무 트럭 • 끼우기 자료(큰 조각) • 나무 자동차, 나무 트럭 세트	• 여러 개의 유닛 블록 • 블록 액세서리 • 테이블용 블록 • 실제와 비슷한 모델 • 탈것 • 건설 자료 세트	• 보다 많은 수의 유닛 블록과 소품 • 길과 도시를 구성할 수 있는 여러 소품 • 공간 블록 • 나무로 된 나사와 도구 • 목공놀이대, 목공 소품
조작적 놀이 자료	• 나무 퍼즐(4~5조각) • 나무못 판 • 큰 나무 구슬과 끼울 끈 • 바느질 카드 • 쌓기 놀이기구 • 그림 도미노	• 퍼즐, 나무 못판, 작은 구슬 끼우기 자료 • 블록, 분류 자료 • 확대경 • 단순한 카드 게임 • 판 게임 • 융판과 융판 그림 자료 • 글자 • 알파벳 글자와 수	• 보다 복잡한 퍼즐 • 도미노 • 보다 어려운 카드게임 • 털실, 큰 바늘, 헝겊 짜기 자료 • 자석 • 속성 블록
인형과 극화 놀이 자료	• 씻을 수 있는 인형과 옷 • 인형 침대 • 유아용 크기의 테이블과 의자 • 접시, 팬 • 여러 가지 옷, 모자, 구두, 셔츠 • 손인형 • 쇼핑 카트	• 인형과 액세서리 • 인형 운반대 • 유아 크기의 스토브와 싱크대 • 여러 가지 옷들 • 놀이용 음식 • 인형 집과 소품	• 계산대, 놀이 돈, 극화 놀이 소품

(계속)

구분	2~3세	3~4세	5~6세
책과 녹음 자료	• 그림책, 이야기, 시 • 레코드, 테이프(고전 음악, 민속 음악, 유아 노래)	• 단순한 과학책 • 보다 세밀한 그림과 이야기 책 • 견고한 레코트 플레이어 또는 테이프 플레이어 • 다양한 음악 녹음 • 책과 녹음 세트	• 문화에 관한 책 • 이야기 책 • 요리 책
미술 자료	• 굵은 수성 매직 • 큰 종이, 이젤, 붓 • 핑거 페인트 • 끝이 무딘 가위 • 풀	• 이젤, 가는 붓 • 굵은 크레용 • 분필 • 풀과 마스킹 테이프 • 콜라주 자료	• 물감 • 작은 종이 • 스테이플러 • 구멍 뚫개 • 칠판 • 크레용 • 목탄 • 단순한 카메라, 필름

자료: Feeney & Magarick, 1984.

4. 기능의 복합성에 따른 분류

교수매체는 조작 가능성에 따라 단순기능매체, 복합기능매체, 초복합기능매체로 분류할 수 있다. 이는 크리체브스키와 프레스콧(Krichevsky & Prescott, 1977)에 의한 것으로 우리가 교재를 사용할 때의 내적 복합성 정도에 따른 분류이다.

단순기능매체는 기본적으로 한 가지 용도로만 사용되며 다른 즉흥적 변형 활동을 유도하지는 않는다. 예로는 정글짐, 그네, 흔들말, 자전거 등이 있으며 조작놀이 영역에서 공통적으로 나타나는 많은 교재가 다양한 사고보다 한 가지 집중적 사고를 조성해 준다는 점에서 단순한 매체이다. 예를 들어 패턴 블록, 퍼즐 등이 이에 속한다. 단순한 매체라고 해서 격리된 영역에서 혼자 사용하도록 설계된 것은 아니며, 특정한 발달적 목적을 위해 주로 선정된다. 즉, 대근육 발달을 위해 정글짐을 선정하고 눈과 손의 협응력과 인지 발달을 위해서 퍼즐을 선정할 수 있다. 따라서 단순한 매체는 유아교육환경의 통합적 부분이며 모든 영역의 영유아 발달행동을 지지해 주기 위해 필요하다.

복합기능매체는 여러 부속 자료가 포함되거나, 자연스럽게 함께 사용될 수 있는 여

퍼즐(단순기능매체) 물·모래놀이 용기(복합기능매체) 종이 벽돌 블록(초복합기능매체)

그림 7-6 기능의 복합성 정도가 다른 매체

러 매체를 근접하게 놓아 다양한 활동이 가능하도록 제시한 매체이다. 예를 들어 계량컵, 여러 크기의 용기, 스푼, 삽, 깔때기와 같은 기구를 갖춘 모래상자는 유아가 혼자 또는 다른 유아와 다양한 활동을 할 수 있기 때문에 복합기능매체라 할 수 있다. 여러 물체(실물)를 담을 수 있는 쟁반을 갖춘 단순한 천칭저울도 그것으로 유아가 물체의 무게를 비교하거나 양쪽 쟁반의 물체를 더하고 감하는 방법으로 물체 무게의 평형을 이루는 것과 같은 과제를 창안하도록 유도하므로 복합기능매체의 역할을 한다.

초복합기능매체는 조작과 즉흥적 가능성이 아주 극대화한 매체이다. 즉각적 활동을 장려하며 유아들이 어떻게 활동을 전개할지 상당히 예측하기 어려운 요소가 담긴 매체도 여기에 포함되는데, 예를 들어 손가락 물감 그림에 모래를 섞어 사용하기, 여러 종류의 옷을 갖춘 소꿉놀이 영역과 나무상자들, 나무판을 갖춘 정글짐 등이 이에 해당된다. 또 쌓기놀이영역의 블록과 함께 선반의 미니 인형, 소형차, 교통 표지판, 소형 가구 등을 함께 배치한 형태의 단위매체가 이에 속한다. 크리체브스키와 프레스콧에 의하면, 초복합기능매체의 또 다른 중요한 특성은 영유아들의 활동을 쉽게 집단 활동으로 이끈다는 점이다.

5. 사실성 정도에 따른 분류

교수매체의 사실성 정도는 영유아들에게 제공되는 자료가 실물의 형태와 모양 등과 얼마나 유사한지 여부가 기준이 된다. 즉 실물 표시자(signifier)의 속성이 실물과 유사

사실성이 가장 높은 실물(실제 과일)

실물을 본떠 만든 모형(모형 음식)

사실성이 중간 수준으로 핵심적 표식만 포함시킨 모형: 역할놀이 자동차(좌), 과일 모형 자르기(우)

사실성이 아주 낮은 교수매체: 점토(좌), 블록(우)

그림 7-7 사실성 정도가 다른 교수매체

하면 사실성 정도가 높은 매체이며, 이와 반대로 제공되는 자료에 실물의 형체나 특성이 전혀 없다면 사실성 정도가 아주 낮은 비사실성 매체라고 할 수 있다. 〈그림 7-7〉은 사실성 정도에 따른 매체와 유아들의 활동 모습이다. 영유아기에는 연령에 따라 행동과 사고의 특성이 달라지므로 교수매체도 달라지며, 어릴수록 사실적이고 실제에 가까우며 직접적 조작이 가능한 교수매체를 제공한다. 놀이 상황에서 영유아와 물체 간의 영유아-물체 상호작용 행동은 영유아가 실물 표시자의 속성 의존 단계에 있는지, 표시자의 속성으로부터 독립한 단계에 있는지를 나타내는 중요한 지표가 된다(Wagner,

1985). 예를 들어 4세 유아는 자동차놀이 시 자동차 표시자의 속성을 그대로 지니지 않더라도 유사한 모양의 물체이면 자동차로 표상하여 가작화놀이를 하는 데 비해, 2세 영유아는 자동차 표시자의 속성을 그대로 지닌 자동차 복제품이 있어야 자동차로 가작화하는 놀이가 가능하다. 이와 같이 놀이에서 실물 사실주의 효과(object realism effect)는 영유아의 연령에 따라 민감하게 작용한다. 유아가 어릴수록 나이가 많은 유아보다 상징놀이를 장려하고 유지시키기 위한 교수매체로서 표시자의 속성을 지닌 사실적 소품 제공이 필요하다(Fein & Robertson, 1975).

나이가 많은 유아의 경우 실물 표시자의 속성을 그대로 지닌 사실적 소품이 오히려 가작화 놀이를 저지하는 경향이 있다(Olszewski & Fuson, 1982). 예를 들어 만 2세 영아는 자동차 모양의 놀잇감이 있어야 자동차놀이를 하지만 만 5세 유아는 블록을 여러 가지 종류의 자동차로 사용하며 놀이할 수 있다. 자동차 모형이 너무 사실적이라면 유아가 자신의 생각에 따라 다르게 의미를 부여하는 데 방해가 될 수도 있다. 한편, 사실적 놀이 소품이 나이가 많은 유아들 놀이의 창의적 측면을 제한하기는 하나, 놀이 시 교수매체로서 사실적인 소품이 조금은 있어야 가작화놀이에 흥미를 갖고 자주 활동하게 된다. 영아의 역할놀이를 자극하기 위해서는 교수매체로서 사실적인 놀잇감이 필요하고(Federson et al., 1981), 나이가 많은 유아들의 역할극을 지지하고 창의성을 자극하기 위해서는 모래, 물, 쌓기 블록, 헝겊 보자기와 같이 특별한 주제가 내포되지 않은 비사실적 교수매체가 요구된다(Dempsey & Frost, 1993).

한편 사실적인 속성의 표현방법에 따라 영유아의 정서나 이해 수준에 잘 맞지 않을 수도 있다는 점도 유의해야 한다. 예를 들어 지나치게 사실적인 맹수 모형은 어린 영아에게 친근감을 주기 어렵다. 또 지나치게 구체적인 사진 자료는 전달하려는 정보가 너무 많으므로 사실성은 낮아도 단순화된 그림 자료가 학습에 더 효과적일 수도 있다. 그러므로 교사는 영유아의 연령, 학습목표, 자료의 특성 등을 복합적으로 고려하여 교수매체를 선정해야 한다.

Memo

PART 03

유아를 위한 교수매체의 효율적 활용

CHAPTER
08 그림 자료

그림 자료란 책이나 그림 동화와 같이 평면에 그려진 그림 및 사진 등의 평면적이고 정적인 시각 자료를 말한다. 영유아용 교수매체 제작 시에는 그림 자료의 활용도가 매우 높으므로 교사가 그림 자료의 특성, 선택 및 활용, 제작에 대하여 잘 알고 있어야 효과적인 교수 자료를 준비할 수 있을 것이다.

1. 그림 자료의 특성

그림 자료는 손쉽게 구할 수 있고 사용이 편리한 시각 자료이지만, 평면 자료라는 제한도 있으므로 장점과 제한점을 잘 알고 활용해야 한다.

1) 그림 자료의 장점

그림 자료는 수집이 용이하고 제작이 간단하며, 비용이 적게 든다. 또 정적인 상태에서의 시각 경험을 제공해 주는 자료로 교수·학습과정에서 폭넓게 활용될 수 있다. 그림 자료의 장점을 구체적으로 살펴보면 다음과 같다.

- 첫째, 직접 그리거나, 사진 촬영, 인터넷 검색, 잡지 등 다양한 방법을 통해 원하는 이미지를 쉽게 구하거나 수정할 수 있으며, 다른 매체에 비해 제작비도 경제적이다.
- 둘째, 사용이 편리하다. 특별한 설비 없이 영유아에게 제시할 수 있고, 쉽게 옮길 수 있어 활용장소의 제한을 받지 않는 편이다.
- 셋째, 움직이는 장면을 정지된 상태에서 관찰할 수 있다. 예를 들어 말이 달리는 모습은 실제로 무척 빠르기 때문에 다리가 어떻게 움직이는지 자세히 보기 힘들지만, 몇 장의 사진을 제시하면 순간의 모습을 정지된 상태에서 오래 볼 수 있다.
- 넷째, 직접 관찰하기 힘든 장면에 대한 시각 경험을 줄 수 있다. 예를 들어 바닷속의 모습, 땅속의 개미집 등은 영유아의 인지 수준에 적합한 그림 자료로 제시하면 영유아의 관심과 관련된 시각적 정보를 제공할 수 있다.
- 다섯째, 진행과정을 몇 개의 대표적인 과정으로 나타내는 경우에는 여러 장으로 구성된 사진이나 그림 시리즈가 효과적으로 사용될 수 있다. 예를 들어 우유가 생산되는 과정을 보여 줄 때 소의 젖을 짜는 장면, 트럭에 우유통을 싣고 공장으로 가는 장면, 살균된 우유가 병에 담기는 장면, 우유가 가게로 운반되는 장면, 우유를 사는 장면, 우유를 마시는 장면 등으로 구성된 그림이나 사진 자료를 제시하면 유아가 우유의 생산부터 마시기까지의 과정을 쉽게 이해하는 데 도움이 된다.

2) 그림 자료의 제한점

그림 자료는 여러 가지 장점이 있지만, 평면 자료이기 때문에 심도 지각(depth perception)이 어렵고, 이미 제작된 자료는 교사 마음대로 크기를 조절하기 힘들다. 또 단편적인 시각 경험만을 제공하고, 동적인 움직임을 보여 주기 힘들다는 등의 제한점이 있다. 그림 자료가 지닌 제한점을 구체적으로 살펴보면 다음과 같다.

- 첫째, 심도 지각이 요구되는 학습에는 부적절하다. 그림 자료는 평면 자료이므로 정확한 심도의 지각이나 만지고 맛보는 등의 직접적인 감각 경험이 요구되는 개념이나 기술의 학습에서는 효과를 거두기 힘들다. 이러한 경우에는 그림 자료를 주로 사용하기보다는 보조적인 자료로 사용하여야 한다.
- 둘째, 종이로 출력된 그림 자료는 원자료의 크기가 고정되어 있으므로 집단의 크

기에 알맞은 크기를 선정해야 한다. 원자료가 작으면 프로젝터를 활용하여 이미지를 확대하거나 소집단에서 사용하는 것이 바람직하다.

- 셋째, 상황적 단서가 없을 경우에는 의도하는 메시지를 정확하게 전달하기 힘들다. 영유아들은 3차원적인 사물을 상황적 단서 없이 평면적으로 옮겨 놓은 그림을 정확히 이해하기 힘들므로 장면적 단서를 포함시킨 그림을 사용한다. 예를 들어 동그란 보름달의 그림을 보고도 영유아는 '공'이라고 대답할 수 있으므로 산과 같은 배경 그림을 일부 포함시킨다.
- 넷째, 동작의 움직임을 볼 수 없어 움직임, 속도, 연속 동작 등의 동적 요소가 중요한 내용을 다루는 데 제한적이다.

3) 그림 자료의 선택

그림 자료를 이용한 수업이 효과적으로 이루어지려면 의도하는 메시지가 분명하고 단순해야 한다. 또 사실적이고 구성이 잘되어 있으며, 채색이 아름다운 그림을 선택해야 한다. 이를 구체적으로 제시하면 다음과 같다.

- 첫째, 교육목표와 내용에 부합되는 분명한 메시지를 담고 있어야 한다. 필요 없는 부분이 포함되어 있거나 중심 주제보다 다른 부분이 두드러지게 부각되어 있으면 메시지 전달에 혼란을 가져오게 된다. 만일 전달하려는 내용이 여러 가지인 경우에는 부분적으로 여러 장에 나누어 제시하는 것이 바람직하다.
- 둘째, 의도하는 메시지를 표현하는 데 효과적인 수준으로 단순화·명료화시켜 그린다. 지나치게 약화시키거나 추상적으로 그려진 그림은 영유아에게 정확한 개념을 전달하기 어렵고 너무 복잡하면 영유아가 의도한 메시지에 집중하지 못할 수 있다.
- 셋째, 구성이 좋은 그림을 선택한다. 구성이 좋으면 시각적으로 보기가 좋으며 안정감을 줄 뿐만 아니라 영유아가 그림의 의미를 정확히 파악할 수 있어 이해도와 흥미도가 높아진다.
- 넷째, 효과적인 채색법을 사용한 그림을 선택한다. 실제에 가깝게 채색한 그림은 어린 학습자에게 인상적인 메시지를 제공한다. 색채는 영유아가 어디에 집중할 것인지를 결정해 주고, 세부적 사실을 보다 오래 기억하도록 도우며, 실제감을 줄 뿐

만 아니라 흥미 유발에도 도움을 준다. 채색이 서툴면 민감한 영유아의 눈에 저항감을 주며, 색감각의 발달을 무디게 한다. 지나치게 혼란스러운 색의 그림이나 중심 등장인물보다 배경이 강조된 그림 등은 오히려 혼란을 일으킬 수 있다. 교수·학습 내용에 따라 잘 구성된 흑백이나 단색 자료, 환상적인 채색 자료 등도 학습에 효과적으로 이용될 수 있다.

- 다섯째, 한 세트의 그림 자료이거나 동일한 교수·학습 상황에서 세트로 사용되는 자료, 게시판에 게시하는 그림 자료인 경우 이미지의 표현방법, 채색, 구성, 크기 등 일관성이 있는 것을 선택한다.

2. 그림 자료의 활용

그림 자료는 주제와 관련된 환경 구성 자료로 폭넓게 활용되며 동화, 노래 지도, 게임 등과 같은 집단 활동 자료와 자유선택활동 영역에서 개별 또는 소집단 활동 자료로 다양하게 활용된다. 영유아교육기관에서의 그림 자료 활용을 구체적으로 살펴보면 다음과 같다.

1) 전시 및 환경 구성

벽이나 낮은 선반, 가림대, 교구장 옆면이나 뒷면 등의 적당한 공간에 교육 주제를 고려하여 도움이 되는 그림 자료를 게시하면 공간을 미적으로 구성하는 효과와 함께 동기 유발이나 개념학습을 돕고, 영유아 개개인의 관심 정도를 살펴볼 수 있다. 전시하는 그림 자료의 학습효과를 높이기 위해 몇 가지 유의할 사항은 다음과 같다.

그림 8-1 주제 '장승' 진행 시 벽면에 게시한 그림 자료와 유아가 만든 장승

- 첫째, 자료의 손상을 막고 시각적 효과를 높이기 위해 원그림의 색을 고려하여 적

절한 색의 대지를 댄다.

- 둘째, 다른 활동과의 연관성을 고려하여 게시한다. 예를 들어 곤충과 관련된 그림 자료는 과학 영역에 전시하고, 옷차림이나 음식과 관련된 그림 자료는 소꿉놀이 영역에 전시한다.
- 셋째, 영유아가 쉽게 볼 수 있도록 눈높이를 고려하여 붙인다.
- 넷째, 자료 간의 시각적 균형이나 배열을 고려하여 서로 어울리게 붙인다.

2) 자유선택활동용 자료

(1) 언어 영역

영유아기는 새로운 낱말이나 언어 표현이 급속히 증가하는 시기이므로 사물이나 상황을 나타내는 그림이나 사진 자료들이 언어 영역의 활동 자료로 다양하게 활용된다. 여러 가지 도서류 이외에도 새로운 어휘 습득을 위한 그림 카드, 그림을 보고 이야기 꾸미기를 위한 그림 시리즈, 그림과 글자 짝짓기 자료, 수수께끼용 그림 카드 등은 언어 영역에서 자주 사용되는 그림 자료이다. 교육목표에 부합되도록 직접 그린 그림 자료뿐만 아니라 신문, 잡지 등에서 오린 화보들은 이러한 자료 제작 시 유용하게 사용된다. 이 밖에도 개별 또는 소집단 영유아를 위한 게임, 동시 및 동화, 인형극 활동에도 많이 활용된다.

(2) 수 · 과학 영역

그림 자료는 실물이나 입체물과 같이 직접 탐색할 기회를 제공하지는 못하지만 사물의 모양을 관찰하거나 수를 세어 볼 수 있는 시각적 자료를 준비할 때 효율적이다. 보편적으로 사용되는 수학 활동용 자료는 숫자와 그림 짝짓기, 그림의 크기나 모양 비교·분류하기, 사건의 순서 예측하기 등과 같이 시각적 단서가 학습의 주요 수단이 되는 활동들이다. 과학 활동 자료로는 다양한 과학책, 동식물이나 기계류의 사진, 사실적인 그림 자료, '알에서 병아리가 되기까지', '비는 어떻게 오나' 등과 같이 동식물의 변화나 자연현상의 변화과정, 사건이나 활동의 순서에 대한 게시 자료, 요리 순서표 등이 많이 사용된다. 특히 사진 자료는 영유아에게 자연현상과 물리적 세계에 대한 생생한 시각 정보를 제공하는 좋은 매체로 활용할 수 있다.

수학 영역(회전판 게임)

조작 영역(동물 그림 퍼즐)

그림 8-2 자유선택활동용 그림 자료

(3) 쌓기놀이 영역

쌓기놀이 영역과 인접한 벽면이나 교구장, 게시판 등에 주제와 관련된 그림, 사진 자료를 게시함으로써 주제에 대한 동기 유발과 블록 구성에 대한 아이디어 확장을 도울 수 있다. 예를 들어 비행장에서 일하는 사람들의 모습을 담은 사진 자료를 비행기 모형이나 블록 가까이 게시하면 비행장 구성에 대한 정보를 제공하여 아이디어를 확장시켜 줄 수 있다. 이 밖에도 블록 구성 활동에 필요한 사람, 신호등, 표지판 모형 등을 입체 자료로 준비하기 어려우면 그림 자료를 오려 세울 수 있게 만들어 제시할 수 있다.

(4) 조작 영역

조작 영역에서는 그림 자료를 활용한 그림 맞추기 자료, 그림판에 끈 끼우기 자료 등이 활용된다. 이러한 자료들은 제작이 쉬워서 주제나 영유아의 흥미 변화에 따라 적절하게 제공할 수 있다. 예를 들어 주제가 '동물'이라면 상품화된 동물 그림 퍼즐이나 동물 화보를 오려 만든 퍼즐, 동물 모양 카드 보드판에 끈 끼우기 자료 등을 제작할 수 있다. 이 밖에도 소근육 블록 구성 시 동물, 탈것, 기계류 등의 모양을 잘 나타내는 그림 자료나 그림책을 게시해 자세히 살펴보고 참고하도록 할 수 있다.

(5) 음률 영역

사진이나 그림 카드를 이용해 여러 가지 악기의 종류나 연주방법을 알려 줄 수 있다. 또한 농악, 부채춤, 발레, 리본춤 등의 그림과 녹음 자료 및 관련된 악기나 도구를 세트로 준비하여 유아의 움직임을 격려할 수 있다. 특히 그림은 정적인 자료이므로 한 발로 서 있는 체조 선수의 모습, 리본을 회전시켜 소라 모양을 만든 장면, 여러 명이 함께 신체로 모양을 구성한 모습 등을 통해 유아들에게 정지된 동작에 대한 아이디어를 줄 수 있다. 노래 부르기나 악기 연주를 돕기 위해서는 노래의 내용을 그림으로 나타내거나 평면인 막대, 융판, 자석판 자료 등으로 노랫말의 이야기를 꾸며 보도록 할 수 있다. 또 음악의 강약, 느리기·빠르기, 높낮이, 느낌 등을 시각적으로 표현한 그림 카드를 사용할 수 있다. 행진곡, 자장가 등의 여러 가지 음악이나 반복적인 리듬이 표현된 사물의 소리 등과 같은 녹음 자료와 세트로 만든 그림 카드도 영유아들이 소리를 변별하고 음악의 느낌, 리듬 등을 구분하여 감상하도록 돕는 보조 자료로 이용될 수 있다.

(6) 기타

극화놀이 영역, 조형 영역, 대근육운동 영역, 목공 영역 등에서도 그림 자료는 다양하게 활용된다. 극화놀이 영역에서는 여러 가지 직업의 역할, 생활도구들의 사용을 소개하는 그림 자료를 게시함으로써 영유아들이 역할을 이해하고 아이디어를 확장하도록 도울 수 있다. 주제의 변화에 따른 특징을 고려하여 그림 자료를 게시하면 더 효과적인데, 예를 들어 음식점놀이의 경우에는 다양한 음식에 대한 자료를 게시하고, 한복을 소품으로 준비할 때는 한복의 명칭과 입는 방법, 올바른 자세 등에 대해 게시해 주면 좋다. 조형 영역에서는 복잡하거나 설명이 요구되는 미술 활동과정을 소개하거나 아이디어 확장을 위한 정보를 제공하는데, 예를 들어 동물 가면 만들기의 아이디어를 확장시킬 수 있도록 여러 가지 동물 사진을 게시해 주고, 물감 그림 그리기 활동과 같이 자기관리기술이 요구되는 활동은 그림 순서표를 눈에 띄는 곳에 붙여 준다. 또 미술 작품 감상의 용도로 그림 자료를 활용할 수 있다. 대근육운동 영역에서는 유아 신체 크기의 움직이는 모습을 담은 그림을 붙여 신체를 따라 움직여 보게 하거나 대근육운동 기구를 적절히 이용하는 장면의 그림을 게시해서 안전하고 적절한 기구 이용을 안내할 수 있다. 이 밖에도 목공놀이, 물·모래놀이에서 유아의 창의적 사고를 촉진하거나 안전한 놀이방법을 안내하기 위해 그림 자료를 이용할 수 있다.

3) 집단 활동용 자료

(1) 이야기 나누기

그림 자료는 새로운 사물이나 놀이에 대한 동기 유발 자료(예: 새로운 악기 소고를 소개하며 소고를 연주하는 농악대의 사진 자료), 개념이나 과정을 알려 주기 위한 자료(예: 코코아 타는 순서를 나타낸 그림 자료), 특정 상황이 제시된 그림을 이용한 토의자료(예: 친구와 놀이할 때의 갈등 상황에 대한 토의용 자료), 놀이나 활동방법에 대한 소개나 안내 자료(예: 배 밭에 가면 어떻게 지내게 되는지에 대한 그림 자료 시리즈), 상상해서 이야기 꾸미기 자료(예: 꼬리가 달린 사람의 그림을 보며 '우리에게 꼬리가 있으면 어떤 일이 생길까'를 상상해서 이야기하기) 등으로 활용될 수 있다. 사진은 그림 자료 중에서 좀 더 현실적이고 생생한 경험을 주는 시각매체로 이것의 특성을 살려 소집단이나 대집단의 이야기 나누기 시간에 활용하면 효과적이다.

(2) 동화 및 동시

동화 및 동시에 대한 활동은 유아의 흥미가 높다. 그림 자료를 이용한 낱장식 그림 동화, 융판 또는 자석판 자료, 막대 그림 자료, 큰 책 등을 만들어 동화와 동시를 제시하면 다음과 같은 이점을 얻을 수 있다.

- 첫째, 동화나 동시의 내용을 시각화하면 유아들이 내용을 쉽게 이해할 수 있다.
- 둘째, 다양하고 복잡한 내용들을 묘사하기 쉬우므로 동화나 동시에 제시되는 다양한 사물이나 상황, 환상적인 장면 등을 폭넓게 표현할 수 있다.
- 셋째, 그림을 이용하여 동화나 동시를 큰 책, 융판 자료, 자석판 자료, 막대 자료, 테이블 자료, 원판 자료, 비닐 그림 자료, 손가락 자료 등으로 제작하여 폭넓게 활용할 수 있다. 영유아를 위한 동화 및 동시 자료로 많이 사용되는 낱장식 자료의 제작·활용 시에는 다음과 같은 점에 유의해야 한다.

- 보여 주려는 집단의 크기를 고려하여 그림 자료의 크기를 결정한다. 20명 이상의 대집단인 경우에는 4절 크기의 두꺼운 종이에 그려진 그림이 좋다. 너무 작으면 잘 보이지 않으며 내용에 집중하기도 어렵다. 얇은 종이에 그리면 제시 시 화면이 흔들리고 반듯하게 제시하기 어렵다.
- 그림을 너무 높이 제시하면 교사의 입이 가려져 목소리가 잘 들리지 않게 되므로 교사의 얼굴이 가려지지 않도록 한다. 〈그림 8-3〉은 큰 그림 자료를 제시하는 여러 가지 방법이다.

(계속)

- 내용을 충분히 파악한 후 교사가 영유아의 반응을 살펴보면서 자료의 내용을 들려주어야 한다. 그림 자료 뒷면에 구연할 내용을 붙여 두긴 하지만 충분히 연습하지 않아서 내용을 읽느라 글씨만 쳐다보면 영유아들의 반응을 파악할 수 없어 적절한 상호작용을 하기 힘들다.
- 교사 혼자서 여러 역할을 맡게 되므로 목소리에 변화를 주어 흥미를 높이도록 한다. 그림 동화는 입체 자료를 이용한 동화에 비해 정적이므로 교사의 목소리가 영유아의 주의 집중에 중요한 역할을 한다. 교사는 미리 여러 등장인물의 목소리를 연습하여 구연 중에 바뀌는 일이 없도록 일관성 있게 유지한다.

그림 동화

이젤을 이용하여 큰 책 읽어 주기

삼각대에 세운 큰 책

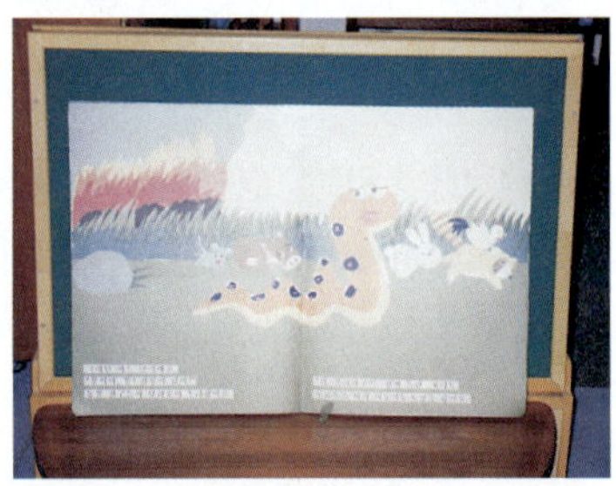
큰 책 형태의 그림 동화

유아가 만든 병풍 동화

그림 8-3 큰 그림 자료의 제시방법

(3) 음률 활동

노래 지도나 동작 활동, 음악 감상과 같은 음률 활동 시에도 그림 자료를 유용하게 활용할 수 있다. 교사는 노래 지도 시 노랫말을 그림과 함께 적어 주어 유아들이 노랫말을 쉽게 익히도록 도울 수 있으며, 노랫말의 내용과 관련된 사진이나 그림을 제시하여 노래의 분위기를 더 쉽게 느끼도록 할 수도 있다. 동작 활동 시에는 동기 유발 및 도입, 신체 표현의 아이디어 제공, 동작 제시 등의 용도로 활용할 수 있다. 예를 들어 팝콘을 요리한 후 팝콘이 되는 과정을 그림 자료로 의인화하여 이야기를 들려주면 영유아의 흥미를 높일 수 있고, 자신의 몸으로 옥수수알을 어떻게 표현할지 생각할 기회를 제공할 수 있다.

그림 자료는 위에서 설명한 것 외에도 다양한 게임 활동 자료로 활용된다. 그림이나 사진은 파워포인트 슬라이드, 투시화, 컴퓨터 그래픽 등의 기초 자료로 다양하게 활용되는데, 이에 대해서는 본 서의 다른 장(11장 컴퓨터와 스마트매체)을 참조하길 바란다.

노래 지도용 그림 노랫말

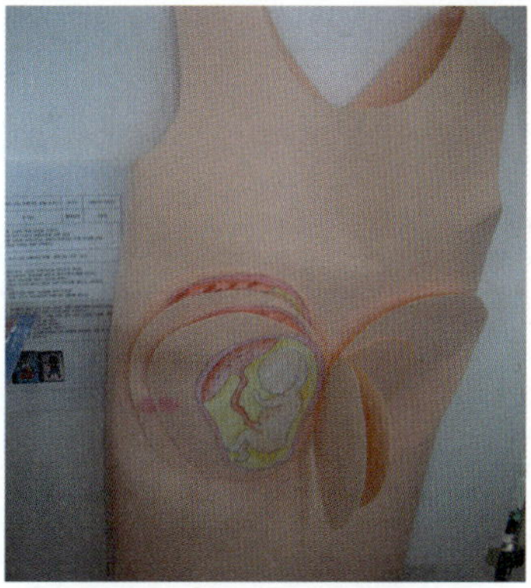

앞치마 그림책 '아기의 성장'

그림 8-4 집단 활동용 그림 자료

3. 그림 자료의 제작

그림 자료는 교사가 직접 그려서 제작하는 방법 외에도 잡지나 달력, 화보의 그림을 오려서 사용하는 방법, 원본 그림을 복사하는 방법, 스캐너나 카메라로 촬영하여 프린터로 출력하는 방법, 컴퓨터를 이용하여 그리거나 수정하여 프린트하는 방법 등이 있다.

- 잡지, 신문, 달력, 카탈로그, 낡은 동화책 등에서 필요한 그림을 잘라서 사용한다. 이러한 그림 자료를 이용할 때는 부분적으로 오린 후 대지를 붙여 견고하게 만든다. 대지 작업의 과정은 〈그림 8-5〉와 같다. 그림 자료를 코팅하면 오래 사용할 수 있으며, 요리나 과학 활동 등 물이 필요한 활동에서 유용하다. 그러나 대집단에 제시하면 반사되어 잘 보이지 않으므로 용도를 고려하여 제작한다.
- 복사기를 이용하여 실제 크기로의 복사뿐만 아니라 축소·확대 및 컬러 복사를 손쉽게 할 수 있다. 그러나 원본의 명도나 채도에 따라 그림 자료를 그대로 복사해서 사용하기 힘든 경우가 있으며, 복사기에 투입할 수 있는 두께와 크기의 종이 외에는 사용할 수 없다는 한계가 있다.
- 컴퓨터를 이용한 그림 자료의 제작은 최근에 가장 많이 활용되는 방법이다. 컴퓨터를 이용해 직접 그리는 방법, 저장된 그림을 출력하는 방법, 웹 통신망을 통해 자료를 제공받는 방법이 있으며, 원본 그림 자료를 그대로 활용하기 어려울 경우 그림 수정 프로그램을 이용하여 수정하여 사용한다. 다운로드한 그림을 사용할 때는 사용에 제한이 있으므로 유의한다(컴퓨터의 활용에 대해서는 11장 참조).
- 작은 크기의 그림 원본을 인형극 배경과 같이 커다란 그림으로 확대해야 할 경우에는 큰 종이를 벽면에 붙인 후 빔프로젝터를 이용해 이미지를 확대하고, 투사된 선을 따라 그린 후 필요한 부분을 채색하여 제작할 수 있다.

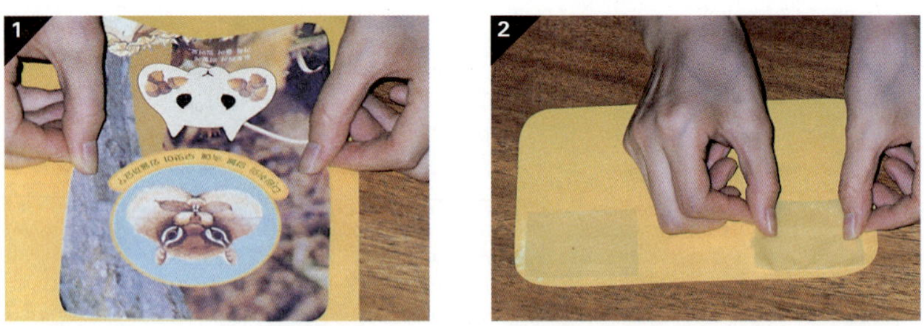

어울리는 대지를 골라 원그림이 들뜨지 않도록 풀이나 양면 테이프로 붙인다.

대지 뒷면 가장자리에 투명 테이프를 붙여 두면 여러 번 사용해도 손상되지 않는다.

그림 8-5 대지 작업의 과정

1) 움직이는 그림 자료

그림 자료는 평면적인 자료이지만 그림을 부분적으로 움직이거나 이동시키고, 입체적 소재를 첨가하여 동적인 느낌과 입체감을 살려 줄 수 있다. 주로 찍찍이(벨크로 테이프)나 자석을 이용하여 부분적으로 덧붙이기, 비닐 주머니 또는 종이 주머니를 이용하여 입·퇴장 표현하기, 칼집이나 낚싯줄 등을 이용하여 이동시키기, 입체적인 재질 덧붙이기, 그림을 세우거나 접기 등의 방법이 사용된다.

(1) 찍찍이나 자석으로 덧붙이기

내용이 동일한 배경 그림판에서 전개되면서 등장인물이나 물건을 첨가하거나 퇴장하는 모습을 표현할 수 있다. 이를 위하여 첨가하거나 퇴장하는 내용물을 별도로 그린 후 뒷면에 찍찍이나 자석을 붙이거나 집게 등을 이용하여 그림판에 덧붙이거나 삭제할 수 있다(그림 8-6). 또한 영아들에게 탈것의 종류에 대해 소개할 때 〈그림 8-7〉처럼 탈것의 그림자를 검은색 부직포로 잘라서 붙이고 그에 해당하는 탈것 그림을 찾아 붙이게 하면서 탈것 모양에 대한 시각적 변별력을 증진시킬 수 있다. 〈그림 8-8〉은 이야기책을 병풍식으로 만들어서 소집단의 유아들에게 들려주고, 숲 배경으로 꾸민 깡통에 자석을 붙여 가며 이야기를 구성할 수 있도록 자석 그림 자료들을 제공하였다.

그림 8-6 집게로 빨랫줄에 그림을 부착한 동시 자료

그림 8-7 그림자 부분에 부직포 그림을 붙이고 떼는 영아용 그림책

그림 8-8 병풍식 그림책과 세트로 구성된 깡통 자석판과 자료

(2) 주머니 이용하기

위치의 이동이나 입·퇴장을 표현하는 방법으로 비닐 주머니나 종이 주머니를 사용할 수 있다. 비닐 주머니의 경우에는 배경 그림이 주머니에 의해 가려지지 않으며 입장이나 퇴장 장면 어느 상황에서나 사용 가능하다. 그러나 비닐이 반사되므로 집단 활동용보다는 주로 영유아들이 개별적으로 조작하는 자료로 활용하는 것이 바람직하다. 종

두더지를 주머니에 끼워 둔다.　　두더지를 주머니에서 꺼내서 찍찍이에 붙인다.

그림 8-9　주머니를 이용한 그림 자료

그림 8-10　서랍식 주머니로 넣었다 뺐다 하는 그림 자료

이 주머니는 배경의 일부가 가려져도 무방하거나 가려지는 것이 효과적인 경우에 사용한다. 예를 들어 땅속에서 두더지가 고개를 내밀고 있다가 밖으로 나오는 장면을 묘사하면 좋다. 이때 두더지를 꺼낸 후 화면의 어디에 붙일지에 따라 자석이나 찍찍이, 또는 비닐 주머니 등의 사용을 고려한다(그림 8-9). 〈그림 8-10〉처럼 서랍식 주머니를 이용하여 그림 자료를 넣었다 뺐다 하면서 움직이는 효과를 나타낼 수도 있다.

(3) 칼집에 끼워 움직이기

부분적으로 완만한 곡선상에서 위치를 이동하거나 배경은 그대로 두고 주인공이나 특정 인물의 움직임을 나타내고자 할 때 사용한다. 예를 들어 〈그림 8-11〉처럼 봄바람이 움직이는 모습을 묘사할 경우 완만한 곡선으로 칼집을 내고 봄바람을 따로 그려 끼운다. 이때 배경 그림판이 너무 얇으면 자료를 조종하기 어려우므로 두꺼운 마닐라지나 하드보드지를 사용하도록 한다. 칼집을 내는 방법은 화면에 칼집으로 인한 손상을 주는 것이 단점이므로, 미적 측면을 고려하여 최대한 손상을 줄이도록 노력한다.

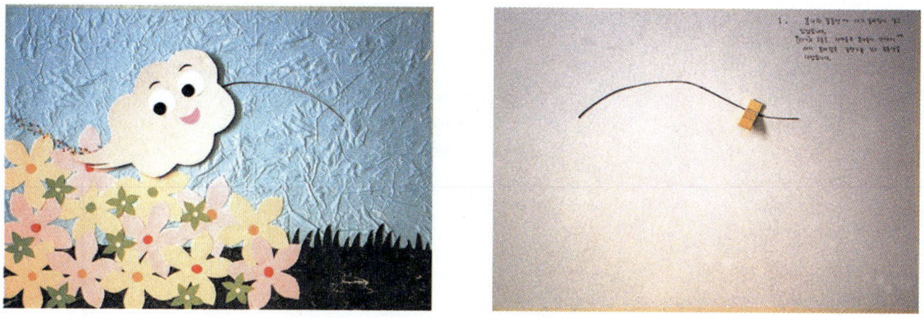

앞면 뒷면

그림 8-11 칼집으로 곡선적 움직임을 표현한 그림 동화

(4) 할핀 이용하기

그네 타기, 팔 흔들기, 넘어졌다 일어서기 등과 같이 어느 부위를 축으로 하여 움직이거나 제자리에서 흔들듯이 움직이는 표현을 할 때는 할핀을 사용한다. 하드보드판에 칼집을 내고 손잡이를 붙여 움직이는 방법을 병행할 수도 있는데, 예를 들어 닭이 목을 드는 움직임을 〈그림 8-12〉와 같이 묘사하면 동시를 들려줄 때 내용과 잘 맞아 아주 효과적이다.

앞면 뒷면

그림 8-12 할핀과 칼집을 이용한 동시 자료

(5) 낚싯줄 이용하기

배경판 위에서 인물이나 물체의 움직임을 수직이나 수평으로 표현하고자 할 때 배경판에 칼집을 내기 어려운 경우 낚싯줄을 이용한다. 움직임을 주고자 하는 부분의 양 끝에 송곳으로 구멍을 뚫은 후 낚싯줄을 끼우고 뒷면에서 팽팽하게 묶는다. 앞면에는 움직이고자 하는 그림을 낚싯줄에 붙인 후 뒷면에서 낚싯줄을 움직인다. 이때 자료를 위에서 아래로 움직이려면 낚싯줄은 반대로 아래에서 위로 당겨야 한다. 낚싯줄을 이

① 배경 그림판의 움직이고자 하는 부분 양 끝에 송곳으로 구멍(㉠, ㉡)을 낸다.
② 구멍 ㉠, ㉡에 낚싯줄을 끼운 후 뒷면 중앙에서 조금 팽팽하게 맞잡아 묶는다.
③ 움직이는 그림을 그려 낚싯줄에 붙인다.
④ 뒷면의 낚싯줄 매듭 부위에 손잡이(단추, 테이프, 클립 등을 이용)를 단다.
⑤ 손잡이를 움직이면서 앞면의 그림(㉢)이 잘 움직이는지 시험해 본다.

그림 8-13 낚싯줄을 이용한 그림판 제작

용하는 방법은 화면에 손상을 주지 않으나 직선 형태의 움직임 외에는 나타내기가 힘들다(그림 8-13).

(6) 팝업북

책이나 접힌 그림 카드를 폈을 때 그림이 돌출되도록 팝업북 형태로 제작하면 주의 집중을 높이고 흥미를 끌 수 있다. 특히 동물이나 탈것 등과 같이 등장인물을 배경과 분

그림 8-14 팝업 그림 자료

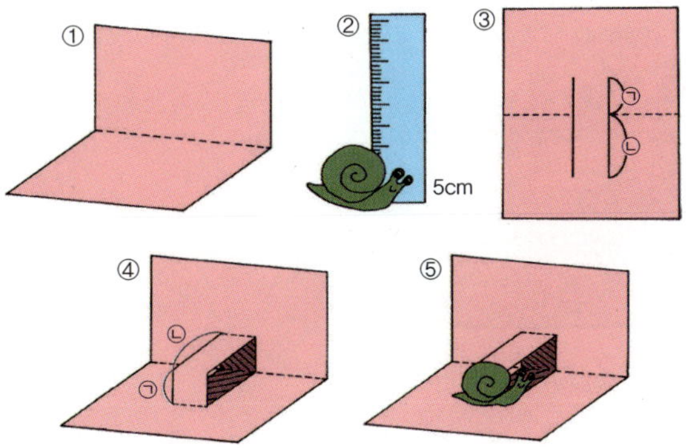

① 그림 자료 두 배 이상 크기의 마닐라지를 준비한다. 마닐라지를 반으로 접은 후 편다.
② 그림 자료(달팽이)의 높이를 잰다(예: 5cm).
③ 마닐라지에 칼집을 낸다(예: ㉠ 3.5cm, ㉡ 7cm). ㉠은 그림 자료 높이의 70% 정도 길이, ㉡은 화면 앞으로 돌출되어야 하는 길이다. 이때 자료가 큰 경우는 ㉡의 길이를 너무 길게 하지 않아야 한다. 너무 길면 그림 자료를 접었을 때 달팽이 그림이 책 밖으로 튀어나온다.
④ 그림과 같이 접는다.
⑤ 그림 자료(달팽이)를 돌출된 면에 붙인다.

그림 8-15 입체그림 제작방법

리하여 나타내어 입체감을 표현할 수 있다. 간단하게 칼집을 내어 붙이는 방법은 〈그림 8-14〉, 〈그림 8-15〉와 같다.

(7) 문 여닫는 방법 이용하기

문을 열고 등장하거나 닫고 퇴장하는 동화의 등장인물, 부분만 보고 전체 알아맞히기, 물체의 속 모양 묘사하기를 하고자 할 때 등장인물을 커튼, 바위, 구름 등의 뒤에 그린 후 여닫게 만들면 효과적이다. 예를 들면 〈그림 8-16〉처럼 문 밖에 먹구름이 찾아와 문을 두드리는 장면과, 주인인 생쥐가 문을 열고 대답하는 모습을 하나의 장면으로 표현할 수 있다.

그림 8-16 문 여닫는 방법을 이용한 그림 자료

(8) 촉감 자료 이용하기

그림 자료의 평면적 특성을 보완하기 위하여 촉감이 느껴지는 재료를 덧붙이면 영유아가 만져 보게 할 수 있다. 예를 들어 〈그림 8-17〉처럼 과일과 이름에 관한 그림책에 과

그림 8-17 글자 부분에 촉감 자료를 붙인 그림책

일 그림을 붙이고 글자는 모래종이, 헝겊, 나무, 비닐 등과 같은 촉감재료를 이용하여 구성하면 유아가 글자를 만지면서 느끼거나 손가락으로 따라 써 볼 수 있다.

(9) 세울 수 있게 만들기

그림 자료에 막대, 삼각대, 필름통, 블록 등을 붙여 자료를 세울 수 있게 만들면 인형극, 동화, 블록 영역 소품 등으로 활용할 수 있다. 손잡이용 막대는 끝이 뾰족하거나 길지 않아야 한다(그림 8-18).

그림 8-18 세울 수 있게 만든 그림 자료

(10) 투시 자료 이용하기

투시 자료의 특성을 이용하면 겹치기 방법으로 인물과 환경에 변화를 주거나 색의 혼합 등의 효과를 낼 수 있다. 투명한 PVC, OHP 필름이나 비닐시트를 이용할 수 있으며 유성매직(반투명), 컬러시트(불투명), OHP용 컬러시트(반투명), 아크릴물감(불투명), 색지(불투명) 등으로 채색한다. 투명 아세테이트지를 이용한 그림책 제작방법은 〈그림 8-19〉와 같다.

그림 8-19 투시 자료를 이용한 그림책 제작방법

(11) 회전판 이용하기

판을 회전시켜서 그림 내용을 바꾸는 회전판은 제작이 간단하고 유아가 높은 흥미를 보이는 자료이다. 회전판을 이용하여 동시, 동화, 소집단 이야기 나누기, 개별 활동용 그림 자료 등을 만들 수 있는데, 자료의 선정 및 제작과정에서 다음과 같은 점을 고려해야 한다.

- 첫째, 회전판 밑판에 6~8개의 그림을 작게 그려 넣으므로 너무 복잡한 내용은 부적절하다.
- 둘째, 위판을 돌리는 자료가 순서대로 나타나므로 차례대로 제시되어야 하는 내용에 적합하다. 예를 들어 《쥐의 결혼》 같은 동화(그림 8-20)나 나비의 성장과정을 나타내는 그림 자료 《나비가 되기까지》처럼 간단한 등장인물이 차례대로 제

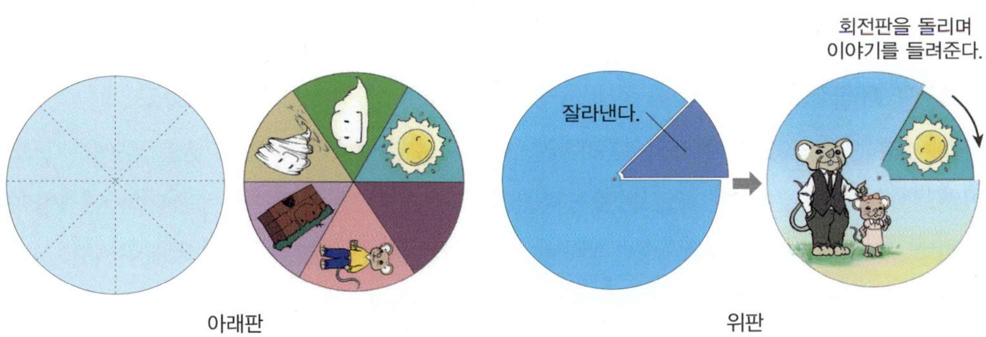

그림 8-20 회전판 동화 《쥐의 결혼》

시되는 내용의 자료 제작 시 활용할 수 있다.

- 셋째, 화면 크기가 회전판의 1/6~1/8 정도로 작으므로 한 장면에 많은 등장인물이 나오거나 배경 표현이 중요한 자료에는 부적절하다.
- 넷째, 회전된 상태에서 그림이 똑바로 보이도록 방향에 유의하여 제작한다.

2) 입체 그림책

그림을 부분적으로 움직이며 조작할 수 있는 입체 그림책은 영유아들의 책에 대한 관심을 높여 준다. 영아를 대상으로 여러 가지 촉감을 느낄 수 있는 입체적 물체를 만져 보거나 직접 조작해 볼 수 있는 입체 그림책(그림 8-21)을 준비하면 책에 대한 흥미를 높이면서 감각 자료로도 활용할 수 있다. 유아의 경우 교사가 준비하는 입체 그림책 외에도 직접 입체 그림책을 만들어 볼 수 있다(그림 8-22).

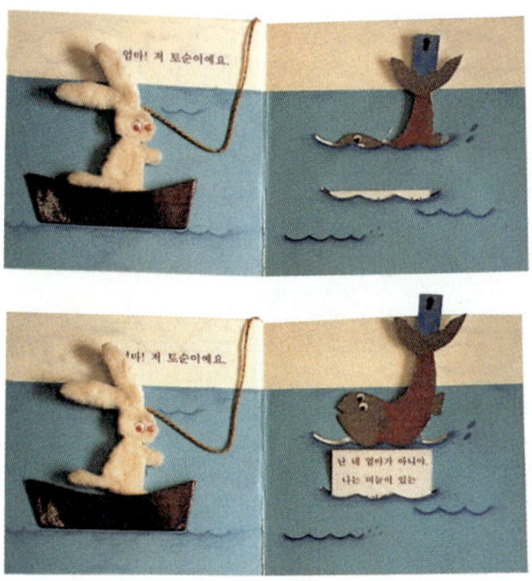

그림 8-21 영아용 입체 그림책 《엄마는 어디 계실까?》

그림 8-22 유아들이 직접 만든 여러 가지 형태의 입체 그림책

3) 사진 자료

사진 자료는 평면 그림 자료의 대표적인 예이다. 오늘날에는 화질이 좋은 카메라가 보편화되어 있으므로 사진 자료를 활용한 교수매체 제작이 손쉬우며 컴퓨터와 연결하여 출력할 수 있어 제작비용에 대한 부담도 적어졌다. 사진 자료는 평면 자료이지만 실제 사물이나 상황을 사실적이고 생동적으로 전달해 주며 그림 솜씨가 서툰 사람도 실제 대상의 모습을 그대로 표현한 자료를 제작할 수 있다. 유아들의 어린 시절, 사계절의

표 8-1 사진의 활용방법과 활용 시 유의사항

사진의 내용	활용방법	활용 시 유의사항
동물, 식물의 사진	• 주제와 관련하여 관심을 가진 동물이나 식물의 사진 자료를 벽면에 게시 • 영유아들이 키우고 있는 동물이나 식물의 사진을 사육장 옆이나 과학 영역에 게시 • 해당 계절을 볼 수 있는 풍경이나 꽃, 나무의 사진 자료를 복도나 벽면에 게시	어린 영유아에게는 사실적인 사진 자료가 공포감을 주는 경우도 있는데, 이러한 경우는 사진 자료보다 세밀하게 표현한 그림 자료를 활용
직업, 생활에 관련된 사진	• 극화 놀이 영역에 직업 소품과 함께 게시 • 이야기 나누기 자료로 활용하지 않도록 사진의 이미지나 분위기를 고려하여 선정	직업의 특성과 가치에 초점을 두어야 하며, 좋은 직업과 나쁜 직업으로 이해하지 않도록 유의하여 지도
영유아 자신이나 가족, 친구의 사진	• 이름표 만들기(언어) • 사진을 붙이고 몸 꾸미기 자료(조형) • 가족 앨범 만들기	가족사진을 받은 경우 비닐을 씌워 깨끗하게 사용하고 돌려보냄
신문의 화보 이야기 나누기	• 운동선수의 사진을 활용한 운동에 대한 이야기 나누기 • 유아가 이해할 수 있는 내용의 기사(예: 환경 오염, 장애, 훌륭한 인물 등)를 이용한 토의 활동	유아가 이해하기 어려운 사회적 현상이나 갈등이 포함된 사진을 신중하게 사용(예: 전쟁, 죽음, 질병, 천재지변, 범죄 등)
유아가 산책이나 견학 시 직접 찍은 사진	• 우리 동네에 있는 것들을 찍고 이야기 나누기 지도로 재구성 • 아름다운 풍경을 찍어 전시(사진작가 놀이)	유아들은 오랫동안 기억하고 지속적으로 관심을 갖는 것이 쉽지 않으므로 촬영 후 바로 활동으로 연결되도록 함

풍경, 동물의 실제 모습, 복잡한 기계와 자동차, 세계 여러 나라 사람, 명화 등의 사진은 유용한 교수 자료로 사용될 수 있다. 또한 짧은 순간을 촬영하거나 연속 촬영이 가능하므로 역동적이거나 복잡한 장면, 시간이 흐르면 사라지는 장면, 순간적인 장면 등을 정지된 상태로 고정시켜 보여 주거나 연속적인 장면을 제공할 수 있다. 확대와 축소도 가능하므로 크기가 작은 대상은 크게, 큰 대상은 작게 제시할 수 있어 편리하기도 하다. 유아들이 관심 있어 하는 물체나 사건의 변화과정, 순간적인 장면을 즉석에서 촬영하고 인화할 수 있으므로 유아의 기억이 사라지기 전에 연결된 학습 경험을 제공할 수 있다는 것도 큰 장점이다.

〈표 8-1〉은 유아교육기관에서의 일반적인 사진의 활용방법과 활용 시 유의사항이다. 〈그림 8-23〉은 사진 자료를 활용한 실제 활동 사례들이다.

사진기는 일안 반사식 카메라(SLR: Single-lens Reflex Camera), 이안 반사식 카메라(TLR: Twin-Lens Reflex), 레인지파인더 카메라(RFC: Rangefinder Camera), 뷰카메라(View Camera) 등으로 나누어진다. 최근에는 콤팩트형 디지털카메라가 널리 보급

사진을 이용하여 '어린 시절'
게시 자료 만들기

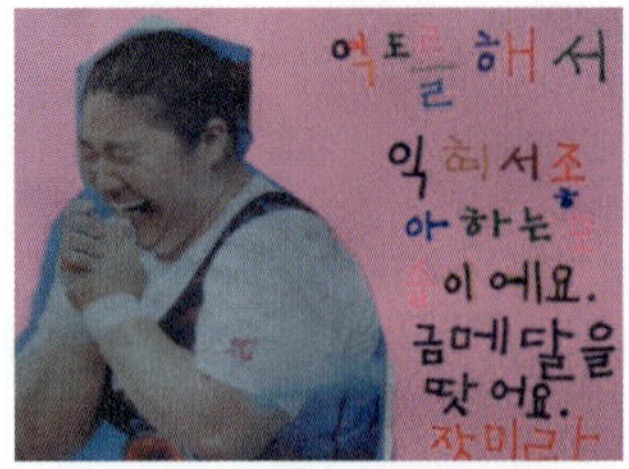

신문기사의 사진 자료를 활용하여
글쓰기(언어 활동)

명화 사진을 활용한 퍼즐

그림 8-23 사진 자료를 활용한 활동

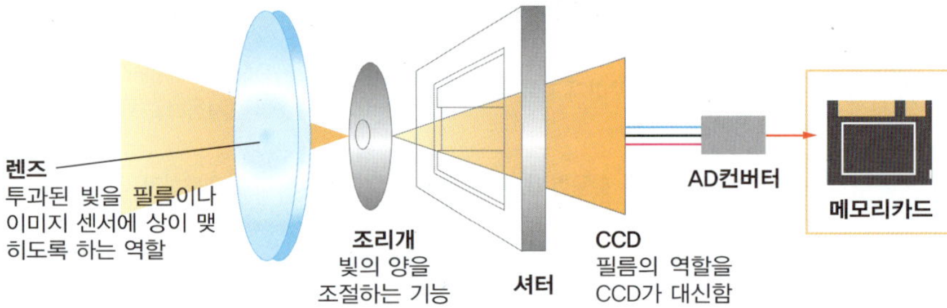

렌즈를 통과한 빛이 조리개와 셔터를 통해 빛의 양과 시간이 조절되어 촬상면에 상이 맺히는 것

그림 8-24 디지털카메라의 구조

되고 있으며, 그 구조는 〈그림 8-24〉와 같다. 디지털카메라는 필름이 필요 없어 손쉽고 경제적으로 사진 자료를 만들 수 있으며, 멀티미디어 활용의 확대로 편집·출력·저장이 용이하여 영유아교육기관의 교수매체 제작에 다양하게 사용되고 있다. 최근에는 개인용 스마트폰에 내장된 카메라의 성능이 우수하고 멀티미디어와 연결되는 기능도 있으므로 이를 널리 이용하는 경향이 있다.

4) TV 동화

TV 동화(그림극)는 연속적인 그림 자료의 제시를 위해 장면의 순서대로 이어 붙인 그림을 TV 모양틀에 끼워 제시하는 그림극 자료이다. TV 동화는 정적인 그림 자료이지만 한쪽 방향으로 화면이 이동하기 때문에 정지된 상태로 제시되는 그림 동화나 그림책보다 유아의 관심을 더욱 많이 불러일으킨다. 그러나 그림 자료를 막대에 감아 가며 들려주므로 화면에 입체 자료를 덧붙이거나 부분적인 움직임을 묘사할 수 없으며 전체 장면을 연결해서 제시하기 때문에 편집이 곤란하다. 낱장식 그림 자료의 경우에는 필요한 장면만 골라 내용을 각색해서 들려줄 수 있지만 TV 동화는 처음 제작한 상태대로

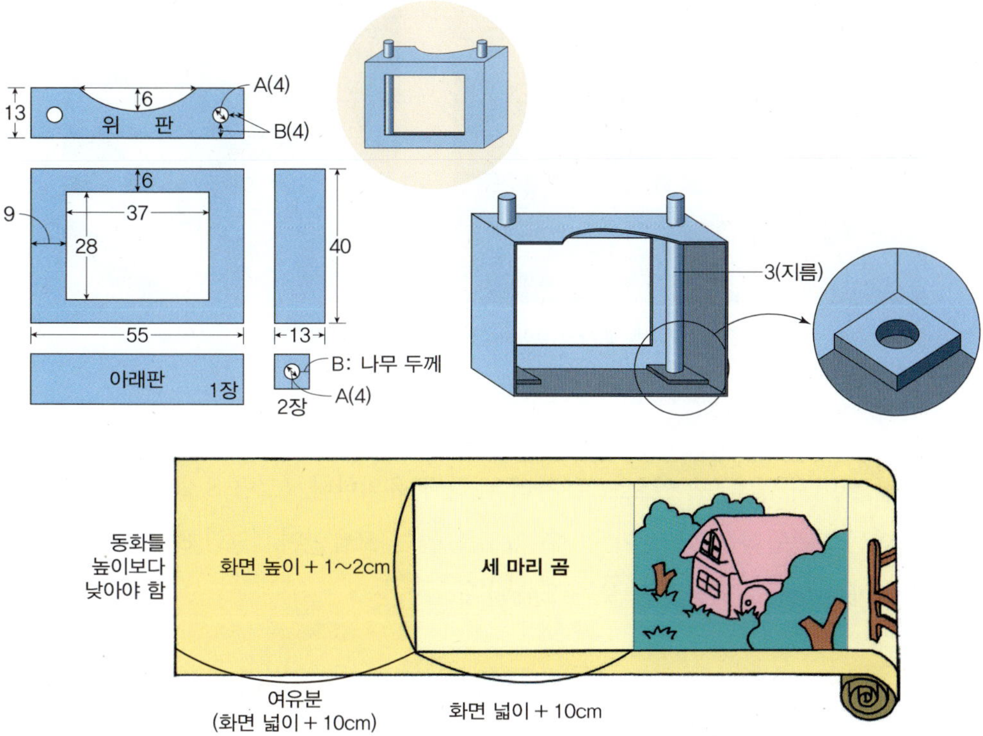

① TV 동화틀의 크기를 측정한 후 동화 그림용 도화지(목탄지)를 자른다. 동화 자료는 TV 동화가 보여지는 화면 크기보다 크고 내부 공간의 크기보다는 작아야 회전이 용이하다.
② 틀에 고정시키기 위해 첫 장과 끝장에 여유분을 남긴다.
③ 그림은 동화틀의 화면 크기보다 사방 1~2cm 정도 크게 그린다.
④ 각 장면 간에 간격을 두지 않고 붙여 그리며, 페이지를 구분하는 선을 긋지 않아야 화면을 넘길 때 시각적으로 자연스럽다. 연결되는 내용은 장면이 자연스럽게 이어지도록 그린다.
⑤ 그림 뒷면 중간에 동화 내용을 적어 붙이고 각 화면의 구분선을 표시하여 교사가 뒤에서도 화면의 중심을 바르게 맞출 수 있도록 한다.
⑥ 화지를 이어 붙일 때는 반듯하게 해야 여러 장을 말았을 때도 비틀어지지 않는다.

그림 8-25 TV 동화 자료 제작방법

제시해야 한다. 또한 그림극 틀의 크기에 맞게 만들어야 제시가 가능하다. 교사가 제시하는 TV 동화의 제작방법은 〈그림 8-25〉와 같다.

영유아들은 화면이 움직이는 것에 많은 흥미를 느껴 TV 동화를 처음 볼 때 동화틀 자체에 더 관심을 갖는다. 그러므로 교사는 영유아들에게 그림 동화를 처음 보여 줄 때 동화틀의 생김새를 함께 살펴보고, 동화를 다 본 후 돌려 볼 기회를 주어 영유아들이 동화 제시 중 보이는 호기심을 충족시켜 방해되는 행동을 하지 않도록 배려한다. 화지가 화면보다 약간 안으로 들어가 있으므로 대집단 활동 시 양끝에 앉은 영유아는

그림 8-26 유아가 만든 TV 동화를 교사와 유아가 함께 들려주는 모습

그림 8-27 개인용 TV 동화

화면이 잘 보이지 않을 수 있으므로 자리 배치에 유의한다. 〈그림 8-26〉은 교사가 유아들이 만든 TV 동화를 다 같이 볼 수 있도록 돕는 모습이며, 〈그림 8-27〉은 언어 영역에서 유아가 만든 TV 동화를 보는 모습이다.

CHAPTER
09 융판·자석판 자료

융판과 자석판 자료는 판에 붙이거나 떼어 내면서 제시한다는 측면에서 유사한 점이 많아 이 장에 함께 제시하였다.

융판은 일명 펠트 보드(felt board), 플란넬 보드(flannel board)라고 하며 폼보드나 하드보드지에 라이넥스와 같이 약간의 보풀이 있는 헝겊을 씌워서 만든 판이다. 그리고 이러한 판에 부착하는 부직포나 펠트 천, 종이로 제작한 그림 뒤에 까슬이를 붙인 평면 그림을 융판 자료라고 한다. 시각 자료에 해당되는 융판 자료는 제작이 용이하고 조작이 간단하며, 교사와 영유아 모두 쉽게 활용할 수 있어 영유아교육기관에서 자주 사용되는 교수매체 중 하나이다.

자석판은 자석의 붙는 성질이나 자력이 통과하는 성질을 이용하여 만든 판이다. 자석판은 함석이나 고무자석, 자력이 통과하는 하드보드지, 아크릴 등에 천이나 종이 등을 씌워 활용할 수 있으며 자석이 붙는 통을 이용할 수도 있다. 자석판 자료는 자력을 이용하여 자석판이나 자석통에 붙이거나 이동시키면서 이용할 수 있다. 자석판 자료를 사용하면 유아들에게 동적인 움직임을 보여 줄 수 있으며, 유아가 직접 조작해 보면서 흥미를 느낄 수 있으므로 보다 높은 학습효과를 낼 수 있다.

1. 융판 · 자석판 자료의 특성

1) 융판 자료

융판 자료는 부분이나 전체를 떼었다 붙일 수 있는 속성이 있으며, 구체적으로는 다음과 같은 특성이 있다.

- 첫째, 자료 제시의 순서나 속도에 융통성이 있다. 영화나 비디오테이프 등은 이야기나 등장인물의 순서가 정해져 있는 반면, 융판 자료는 교사가 영유아들의 반응에 따라 자료의 순서를 바꾸어 제시하거나 생략하며 제시할 수 있어 제시 순서와 속도를 조절할 수 있다. 예를 들어 여름을 시원하게 보내는 방법에 대해 이야기를 나눌 때 유아의 반응에 따라 자료를 선택하며 붙일 수 있다. 또 영유아의 연령에 따라 이야기 내용의 자료를 간단하게 또는 복잡하게 제시할 수 있으며, 같은 자료를 가지고 유아가 새롭게 이야기를 꾸미도록 활용할 수 있다.
- 둘째, 위치 이동이나 인물의 등장과 퇴장 등을 표현할 수 있으므로 이야기의 동적 표현이 가능하다. 너무 많은 인물의 잦은 등장과 퇴장은 유아를 혼란스럽게 할 수 있으나, 유아들은 교사가 제시하는 시각 자료가 움직일 때 더 잘 집중하는 경향이 있다. 따라서 교사는 이야기 나누기나 새 노래 지도 시, 동화를 들려주어 등장인물이나 동물 등의 자료를 붙이거나 떼어 내면서 영유아들이 내용을 더 잘 이해하도록 자료를 제시하도록 한다.
- 셋째, 제작 및 활용방법이 간단하여 사용하기 편하다. 융판만 준비되어 있으면 특별한 조작기술 없이 교사와 영유아 모두 손쉽게 이용할 수 있고, 그림 자료에 벨크로즈를 붙이기만 하면 되므로 제작도 비교적 간단하다.

그러나 융판 자료는 평면 자료여서 동적 움직임을 상세히 묘사하기는 어렵다. 또한 그림 자료에 비해 배경 묘사가 어렵고 배경이 자주 바뀌는 내용에는 부적절하며, 등장인물이 많거나 내용이 복잡하게 구성된 이야기를 한꺼번에 제시하는 데는 제한적이다.

2) 자석판 자료

자석판 자료는 융판 자료와 비슷하나 자석의 성질을 이용한 효과를 표현할 수 있다. 자석판 자료의 특성을 구체적으로 살펴보면 다음과 같다.

- 첫째, 자석판에 붙인 채 밀어서 이동시킬 수 있으므로 미끄러지듯 부드럽게 이동하는 효과를 낼 수 있다. 예를 들어 융판 자료는 단순한 입·퇴장을 표현하지만 자석판 자료는 헤엄치는 물고기, 스케이트 타는 어린이 등의 동적 장면 등을 표현할 수 있다.
- 둘째, 자석의 붙는 성질을 이용하여 자석판 자료를 겹쳐 붙일 수 있다. 예를 들어 양탄자를 붙이고 그 위에 등장인물들을 덧붙인 후 양탄자가 하늘로 부드럽게 날아가는 장면을 묘사할 수 있다.
- 셋째, 융판 자료보다 다양한 배경 표현이 가능하다. 자력이 종이를 통과하므로 자석판 위에 배경 그림을 붙인 후 그 위에 자석판 자료를 붙일 수 있다.
- 넷째, 자석판을 여러 가지 형태로 제공할 수 있다. 융판과 같이 삼각 자석판뿐만 아니라 깡통 자석판, 수평 자석판, 수직 자석판 등 자석이 붙거나 통과하는 성질의 재료를 이용하여 다양한 형태를 만들 수 있다.

교사가 융판 자료를 제시하는 모습

대집단용 삼각 자석판에 전체 배경 그림을 붙인 후 자석판 자료를 붙이며 동화 들려주기

그림 9-1 융판 자료와 자석판 자료를 활용한 동화 들려주기

2. 융판 · 자석판 자료의 활용

융판 자료와 자석판 자료 모두 자유선택활동과 집단 활동의 다양한 활동에서 교수·학습 매체로 유용하게 활용할 수 있다.

1) 자유선택활동

(1) 언어 영역

융판이나 자석판 자료는 그림이나 글자를 떼었다 붙이며 짝짓기, 이야기 구성하기, 순서 재구성하여 이야기 꾸미기 등의 활동을 하기에 적합하다. 이야기 꾸미기 자료는 영유아들의 이야기 구성능력 정도를 고려하여 자료의 수를 제시하도록 한다.

① 융판 자료

- 융판의 크기와 색을 고려하여 자료의 색과 크기가 조화를 이루도록 준비한다.
- 대집단 활동 시간에 유아에게 들려준 융판 동화의 자료나 유아가 즐겨 읽는 동화의 인물과 배경을 융판 자료로 제공하면 유아가 자료를 이용하여 이야기를 회상하거나 재구성해 볼 수 있다.
- 이야기 꾸미기 자료 이외에도 유아들의 읽기나 쓰기능력 향상을 위하여 주제와 관련된 그림과 글씨 카드와 함께 자모음 부직포 글자들을 제공하여 유아들이 글

동물 이야기 꾸미기
(부직포 융판 자료)

얼굴 구성하며 명칭 말하기
(얼굴 모양 융판)

탈것 이름 쓰기
(부직포 자·모음)

그림 9-2 언어 영역의 융판 자료

자를 구성하면서 글자에 호기심이 생기도록 지도할 수 있다.

- 융판 자료들은 내용별로 상자나 접시에 담아 제공하여 유아들의 이용 후 정리가 용이하도록 한다.

② 자석판 자료

- 융판과 마찬가지로 이야기 구성하기나 글자-그림 짝짓기 활동 자료 등에 다양하게 사용될 수 있다.
- 같은 유형의 활동이라도 자석판의 형태와 자석판 자료들을 달리 제공하면 유아들이 지속적인 흥미를 갖고 활동하여 언어표현능력 및 이야기 구성능력이 증진될 수 있다.
- 자석이 붙는 재질(예: 깡통)을 자석판으로 구성하여 흥미로운 이야기 꾸미기 자료를 제시할 수 있다.
- 아크릴, 하드보드지 등과 같이 자석이 통과하는 성질을 이용한 자석판과 자료를 제공하면 유아들이 직접 등장인물을 움직이며 이야기를 구성하므로 보다 흥미를 갖고 참여할 수 있다.

공룡 이야기 꾸미기 (아크릴 수평 자석판) | 바닷속 이야기 꾸미기 (깡통 자석판) | 이름 쓰기 (자석 자·모음 글자)

그림 9-3 언어 영역의 자석판 자료

(2) 수 · 과학 영역

융판과 자석판 자료의 떼었다 붙이는 성질을 이용하여 수 세기, 패턴 활동, 일대일 대응하기, 분류하기, 공간 구성 활동 자료 등으로 활용할 수 있다. 과학 영역에서는 유아들의 여러 가지 관심 주제와 관련된 과학적인 개념이나 아이디어를 제시하고 성장과정, 사건의 순서, 사물의 작성 순서 등을 제시하는 자료로 쓰기에 적합하다.

동물이 사는 곳(피자판 융판)

도형으로 모양 구성하기

과일의 겉과 속

그림 9-4 수·과학 영역의 융판 자료

수만큼 포도알 붙이기

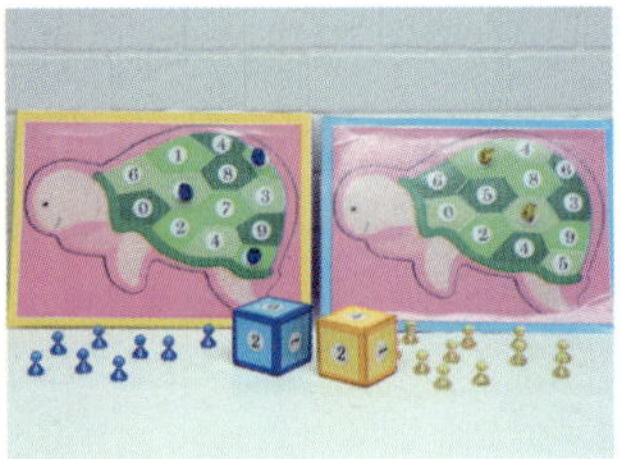
체스형 자석을 이용한 게임판

이에 좋은 음식과 해로운 음식
(철가루 자석판)

그림 9-5 수·과학 영역의 자석판 자료

(3) 음률 영역/기타

유아들의 박자, 리듬, 패턴, 강약 등과 관련된 활동 자료를 음률 활동 영역에 제공하여 유아들의 음악적 감각능력을 발달시킬 수 있다.

2) 집단 활동

융판 자료와 자석판 자료는 집단 활동 시 게시판에 자료를 제시하고 떼어 내기가 용이하여 빈번하게 쓰인다. 이야기 나누기, 동화 및 동시 들려주기, 노래 배우기, 편게임 등의 활동에서 폭넓게 사용된다.

(1) 이야기 나누기

손을 씻는 방법, 소풍이나 견학 시의 주의사항, 화장실 사용방법 등과 같이 일련의 순서가 있거나, 여러 가지 장면을 한꺼번에 제시해야 하는 경우 융판 자료나 자석판 자료를 이용하면 편리하다. 이때 유아의 반응에 따라 자료를 융통성 있게 붙일 수 있으며, 순서가 있다면 유아들이 재배열해 보도록 할 수 있다. 그뿐만 아니라 이야기 나누

그림 9-6 여러 장의 자료를 제시하는 이야기 나누기

기 활동 시 융판 자료를 활용하면 교사가 자료를 손에 들고 있지 않아도 되어 유아들과의 상호작용이 용이하다는 장점이 있다.

(2) 동화/동시

융판 자료로 이용할 수 있는 동화는 배경이 고정되어 있고 등장인물들이 점점 첨가되거나(예: 《커다란 무》) 인물들이 등장 및 퇴장하는 내용의 동화(예: 《개집을 팝니다》, 《쥐의 결혼》), 배경은 고정되어 있고 등장인물이 바뀌는 동화(예: 《개구리의 예쁜 옷》, 《토끼의 재판》) 등이 적절하다. 융판의 배경을 변화시킬 때는 배경을 나타내는 자료를 바꾸어 붙이거나, 삼각 융판의 앞면과 뒷면에 미리 다른 배경을 꾸민 후 융판을 돌려서 유아들에게 이야기를 들려줄 수 있다(그림 9-7).

융판 동화와 동시에 알맞는 내용은 자석판 자료로 만들기에도 적합하지만 자석판 자료는 부드러운 이동을 표현할 수 있으므로 내용에 따라 융판 또는 자석판 자료를 선

앞배경(임금님의 방)

뒷배경(거리)

그림 9-7 삼각 융판의 앞면과 뒷면을 이용한 동화 제시

금붕어

어항 속에 금붕어
헤엄을 치네
빵 돌고 위로
빵 돌고 아래로
어항 속에 금붕어
헤엄을 치네

그림 9-8 자력이 통과하는 성질을 이용한 어항 모양 동시판과 손잡이가 달린 자석

택하여 제작한다. 예를 들어 동시 〈금붕어〉는 '어항 속의 금붕어 / 헤엄을 치네 / 빵 돌고 위로 / 빵 돌고 아래로…'와 같은 움직임을 표현해야 하므로 자석판 자료로 제시하면 효과적이다. 제시할 때는 어항 모양 동시판 뒤에서 만들어 둔 손잡이 달린 자석 금붕어를 움직여 헤엄치는 장면을 표현하면 된다(그림 9-8).

(3) 게임

융판 자료는 편게임 운영 시 반환점에서 붙이거나 떼어 내는 게임 자료로 활용할 수 있다(예: 주사위를 던져서 나온 '이 모양 붙이고 돌아오기'). 자석판 자료는 손을 대지 않아도 자석의 힘만으로 붙는 특성이 있으므로 〈그림 9-9〉처럼 낚시 게임의 자료로 이용하면 흥미로울 수 있다. 이때 유아들이 미술 활동 영역에서 만든 것을 물고기로 이용하면 의미 있는 학습이 될 수 있다.

그림 9-9 자석판 자료를 이용한 물고기 낚시 게임

(4) 새 노래 지도

새 노래를 지도할 때 노랫말에 나오는 내용을 융판 자료나 자석판 자료로 구성하여 이야기처럼 들려주면 노랫말을 쉽게 이해하고 기억하게 할 수 있다. 한 예로 노래 〈씨앗〉

의 내용을 융판 자료나 자석판 자료로 꾸미고, 씨를 심고 물을 주고 꽃이 피는 과정을 동화 형태로 들려주어 노랫말을 전달할 수 있다. 이때 주목적은 노랫말의 이해이므로 노랫말의 언어 표현이나 내용을 중심으로 자료를 제시하면 유아들이 노랫말을 쉽게 기억할 수 있다.

3) 활용 시 고려사항

융판 자료나 자석판 자료를 사용할 때는 다음과 같은 점을 고려한다.

- 첫째, 대집단 활동인 경우 자료의 제시 순서에 따라 정리해 둔다. 융판 자료는 서로 엉겨 붙을 수 있고, 자석판 자료는 자극의 방향에 따라 서로 당기거나 밀어내기도 하므로 미리 순서대로 정돈해 두지 않으면 제시 순서가 뒤엉킬 수 있다. 이렇게 되면 제시 중간에 교사가 자료를 찾게 되고 이 과정에서 순간적으로 유아들이 산만해지며, 교사 또한 당황해서 학습효과가 떨어질 수 있다.
- 둘째, 집단 활동 시 집단의 크기 및 융판이나 자석판의 크기를 고려한다. 또한 자료와 유아 간의 거리를 고려한다. 융판·자석판은 제시하는 내용을 유아가 잘 볼 수 있도록 교사의 오른쪽(오른손을 사용하는 교사인 경우) 중앙부에 배치한다. 이렇게 하면 몸을 돌리지 않고도 영유아들의 반응을 보면서 자료를 제시할 수 있다. 왼손을 사용하는 교사의 경우에는 융판을 교사 왼쪽에 두고 앉은 후 왼손으로 자료를 제시하면 된다. 자료를 붙이고 떼는 동작은 명료하고 짧게 하며, 손으로 자료를 가리지 않도록 주의한다.
- 셋째, 자료를 한꺼번에 너무 많이 붙여 제시하면 정보 전달에 혼란이 오므로 중심 주제가 분명하도록 필요한 자료만 제시하고 지나간 자료는 떼어 정리해 둔다. 동화와 같이 등장인물의 위치가 내용 전개에 중요한 자료는, 사전에 어디에 붙이고 언제 퇴장을 표현하며 떼어 낼지 계획하고 연습한다.
- 넷째, 자석판 자료의 경우 자력의 세기와 붙이는 위치에 유의한다. 자석막대로 자료를 움직일 경우에는 자석판 자료보다 자석막대의 세기가 약하면 자료가 잘 움직이지 않아 당황하게 된다. 자료의 자력이 너무 강하면 순간 서로 엉겨 붙으므로 적정한 세기의 자석을 사용해야 한다. 자석을 등장인물의 하단에 붙이면 자료의 무게 때문에 자료가 기울어지기도 하므로 자석을 무게중심보다 윗부분에 붙인다.

3. 융판 · 자석판 자료의 제작

1) 융판 자료

대집단용 융판은 주로 상품화된 것을 이용하며, 작은 융판은 교사가 직접 제작하여 사용하는 경우가 많다. 삼각대 형태의 융판은 자유선택놀이 시간에 개별 또는 소집단의 유아들이 책상이나 낮은 교구장 위에 올려놓고 활용할 수 있다. 한쪽 면에 함석판을 붙이면 자석판으로도 활용할 수 있다.

융판 위에 제시할 자료는 평면 자료에 까슬이를 붙여 제작한다. 기본적으로 평평한 판 위에 붙이는 자료이므로 평면 형태로 제작하거나 약간의 입체감만 표현한다. 너무 입체적으로 표현하면 평면 융판 위에 붙였을 때 오히려 부자연스럽다. 융판의 색과 크기를 고려하여 자료의 색상과 크기를 조화롭게 만든다. 요즈음 나오는 까슬이는 뒷면에 접착 테이프가 있어 원하는 만큼 오려서 붙이면 된다(그림 9-10).

그림 9-10 뒷면에 까슬이를 붙인 융판 자료

2) 자석판 자료

상품화된 자석판은 융판 겸용이나 하얀 칠판 겸용인 것이 많다. 동화나 동시, 이야기 꾸미기 등의 용도로 다양한 자석판과 자료를 만들어 이용하면 유아의 흥미가 높아져서 유용하게 활용할 수 있다. 자석판은 자석이 붙는 재질을 이용한 것과 자력이 통과하는 성질을 이용하여 제작할 수 있다. 자료 일부분에 자석이 붙도록 한 부분 자석판 자료도 유용하게 사용된다.

하드보드지를 이용한 삼각 융판(자석판)

자료

하드보드 4절지(54×39cm) 2장, 하드보드지(30×54cm) 1장, 골판지(54×39cm) 2장, 함석판(53.6×38.6cm) 1장, 라이넥스, 양면 테이프, 종이 테이프, 가위

만드는 방법

1. 하드보드지를 삼각대 모양으로 접을 수 있도록 종이 테이프로 붙인다(㉠).
2. 하드보드지 앞면에 골판지를 붙인 후 삼각대 모양으로 접는다(㉡, ㉢).
   ※ 하드보드지 대신 냉장고용 골판지로 제작할 때는 골판지를 덧대지 않아도 된다.
3. 함석판의 가장자리를 둥글게 오린 다음 양면 테이프를 이용하여 융판의 한 면에 붙이고 삼각대 형태로 접히는지 확인한다(㉣~㉥).
4. 라이넥스를 바닥에 평평하게 깐 다음 3을 올려놓고 사면의 가장자리가 떨어지지 않도록 뒤에서 종이 테이프로 붙여 완성한다(㉦~㉨).

㉠ 종이 테이프로 붙이기

㉡ 골판지 붙이기

㉢ 삼각대로 접기

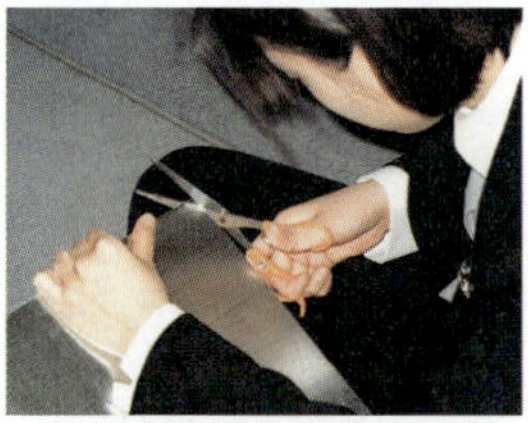
㉣ 함석판의 끝 둥글게 하기

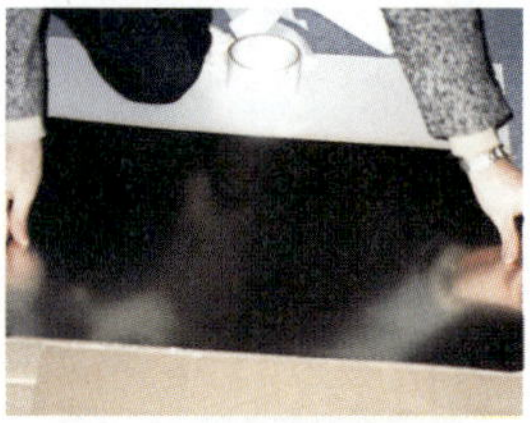
㉤ 함석판 붙이기

㉥ 삼각대로 접기

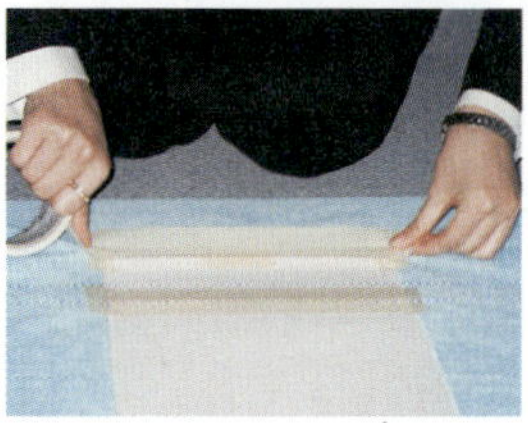
㉦ 라이넥스 오리기

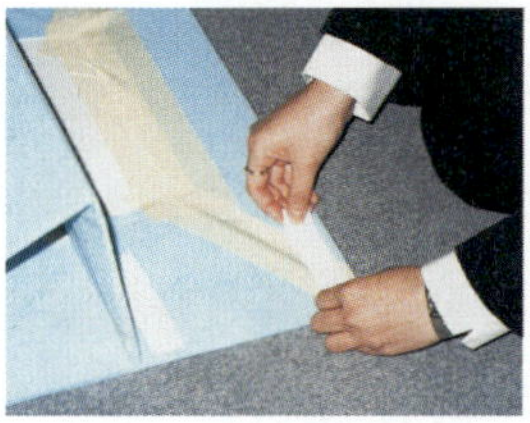
㉧ 종이 테이프로 붙이기

㉨ 마무리하기

색지를 붙여 꾸민 배경　　　등장인물

그림 9-11　자석 그림 동화

그림 9-12　깡통 자석판 자료
(개미집 모양 주사위 게임판)

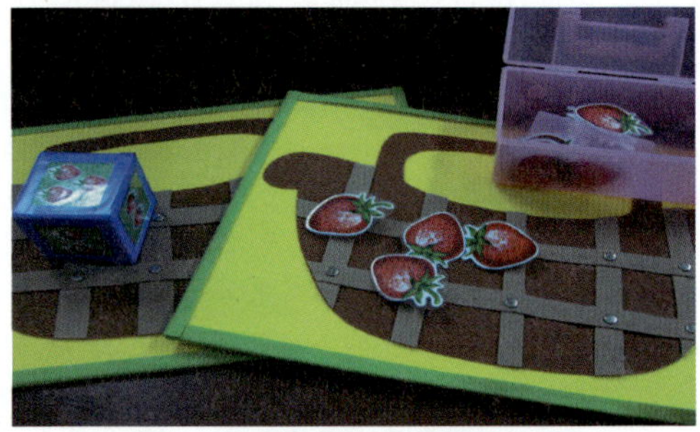

그림 9-13　할핀을 이용한 부분 자석판
(일대일 대응 수학 활동)

(1) 자력이 통과하는 재질을 이용한 자석판

자력이 통과하는 재질의 판은 여러 가지가 있겠으나, 판이 흔들리면 자석이 떨어지므로 아크릴판이나 하드보드지를 주로 이용한다 .아크릴의 색은 투명한 것, 불투명한 것 등 다양하므로 활용목적에 따라 적절한 것을 선택한다. 투명 아크릴은 유아들이 손 움직임에 따른 자료의 움직임을 볼 수 있다는 장점이 있는 반면, 집단용으로 사용할 때는 교사의 손 움직임뿐만 아니라 옷 등이 보이므로 자료가 산만하게 제시될 수 있다. 아크릴판 위에 이야기에 어울리는 배경 그림을 붙이고 사용할 수도 있다. 자석판의 두께가 두꺼우면 제시 중 자료가 자꾸 떨어지고 얇으면 판이 잘 고정되지 않으므로 제작 전 자석이 통과되는 정도를 확인한다. 특히 수직형 자석판을 만들 때는 자력이 잘 통과할 수 있는 두께의 아크릴을 선정하고 자석판 자료와 조종자석에 자력이 강한 자석을 붙인다(그림 9-14, 그림 9-15). 판을 분리할 수 있도록 제작하면 보관이 용이하다.

그림 9-14 자력이 통하는 아크릴을 이용한 수평 자석판

고추잠자리
살랑살랑
빨간 꼬리 고추잠자리
이리저리
바람과 춤을 추어요
빙글빙글
우리하고 춤을 추어요.

그림 9-15 하드보드지를 이용한 수직 자석판

(2) 자석판에 붙이는 자석판 자료

자석판에 붙이는 자석판 자료는 판의 형태에 따라 평면 자료, 입체 자료 등으로 구분된다. 부분 자석판과 원통 자석, 수직 아크릴 자석판에는 단면 자료를 활용할 수 있으며, 수평 아크릴 자석판에는 입체 자료를 활용할 수 있다. 이들 자료를 제작할 때는 활용목적에 따라 자석의 극을 고려하며, 자석판 자료가 너무 무겁거나 자료 중앙에 자석이 제대로 붙지 않은 경우 자석판에서 자석판 자료가 흘러내리거나 쉽게 떨어질 수 있음에 유의해야 한다. 자석판 자료의 크기와 색 등은 사용되는 자석판이나 자석통에 어울리도록 제작하여야 한다.

평면 자석판 자료를 제작할 때는 다양한 형태의 자석을 이용할 수 있지만 일반적으로 코팅한 그림 자료나 부직포로 만든 인물이나 사물 뒷면에 둥근 자석을 붙이거나(그림 9-16), 등장인물의 주머니에 넣고 꿰매어 제작한다(그림 9-17). 이때 작은 그림에 둥근 자석을 붙이면 자석이 자료 밖으로 튀어나오므로 이러한 경우에는 자석 테이프나 스티커형 고무자석, 고무자석을 이용한다. 고무자석은 색상이 다양하여 원하는 모양과 크기로 자른 후 네임펜과 스티커 등으로 장식하여 사용할 수 있다는 장점이 있

철가루를 이용한 재미있는 글자놀이

재료

철가루 상자(29.6×21.5×5cm), 함석 상자(27.7×20.5×3cm), 고무자석 음소글자들

만드는 방법

1. 철가루 상자를 준비한다.
2. 함석 상자를 준비한다.
3. 함석 상자를 철가루 상자에 서랍처럼 넣을 수 있게 만든다.
4. 가위로 고무자석을 가늘게 잘라 자모음을 만든다(철가루가 붙으면 글자가 두꺼워 짐).

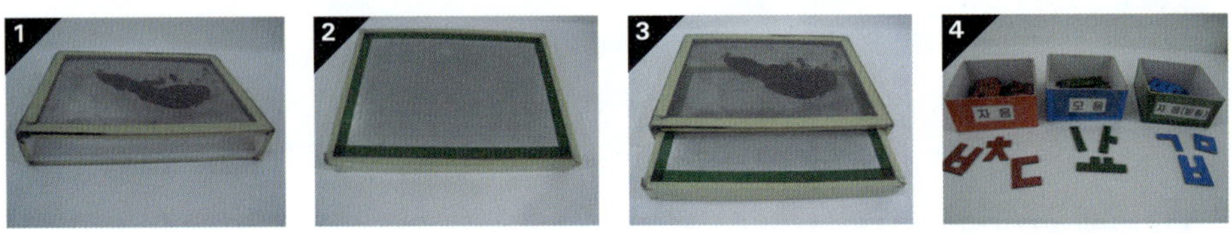

활동방법

1. 함석판 위에 고무자석 자모음 글자를 붙인다.
2. 함석 서랍을 닫고 흔든다.
3. 글자에 철가루가 묻은 모양을 보고 읽어 본다.
4. 함석 서랍을 열어 붙인 자모음과 비교해 본다. 같은 방법으로 다른 글자를 만들어 본다.

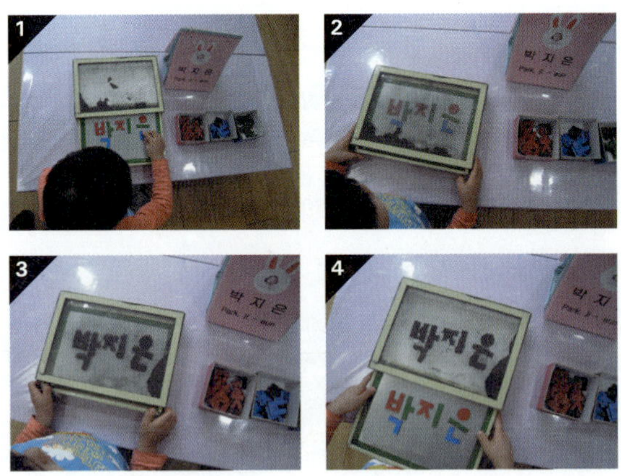

그림 9-16 뒷면에 자석을 붙인 단면 자석판 자료

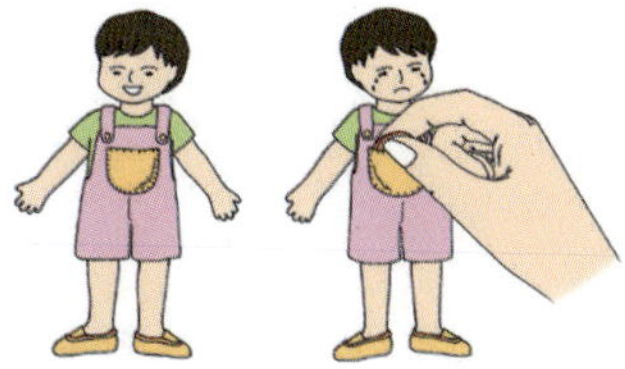

그림 9-17 주머니에 자석을 넣은 양면 자석판 자료

그림 9-18 밑면에 자석을 붙인 세우는 자석판 자료

다. 세우는 자석판 자료는 수평 자석판이나 반원형 자석통에 올려놓거나 조종자석으로 움직이면서 자료를 이동할 수 있다. 세우는 자석판 자료는 자석 홀더나 집게 등으로 만들 수 있으며 〈그림 9-18〉처럼 자료 밑면에 자석을 부착하여 제작한다.

조종 자석은 풀뚜껑, 나무토막, 플라스틱통 등에 원형 자석을 붙여 만들 수 있다. 조종 자석에 붙이는 자석은 움직이려고 하는 자석판 자료에 붙어 있는 것보다 자력이 더 강한 것을 사용해야 자료를 원하는 방향으로 쉽게 이동시킬 수 있다.

CHAPTER 10

입체 교수매체

입체 교수매체는 평면 자료와 달리 길이, 넓이, 두께로 이루어진 3차원의 공간을 차지하는 자료로 오감각을 이용하여 탐색·탐구·활용할 수 있는 영유아의 교육 자료로 폭넓게 활용되고 있다. 영유아들은 입체 자료를 이용하여 구체적이고 직접적·감각적 경험을 함으로써 환경을 탐색하고 사물의 특성을 파악하며 새로운 경험이나 정보를 습득한다. 영유아를 위한 입체 교수매체에는 일반적으로 일상생활에서 사용되는 물건이나 자연물 등의 실물(realia)과 이들의 일부를 활용한 표본(specimen), 실물을 본떠 만든 모형(model), 실세계나 상상의 세계를 확대 또는 축소한 디오라마(diorama)로 구분된다. 인형은 모형에 포함되나 분리하여 살펴보도록 한다.

1. 실물

실물은 기존의 물체 그 자체를 의미하며, 학습 상황에서 사용되는 실제 사물들이 이에 포함된다. 실물을 통한 학습은 영유아들에게 실제적이고 구체적인 경험을 제공할 뿐만 아니라 오감각을 통한 직접적인 경험을 제공한다는 점에서 큰 가치가 있다.

1) 특성

영유아들은 오감각을 사용하여 실물 자료를 직접 관찰·탐색하는 과정에서 보다 많은 개념을 학습할 수 있다.

- 감각적인 경험을 제공할 수 있다. 영아뿐만 아니라 유아들도 오감각을 활용한 학습을 경험하면서 실제적인 개념들을 형성할 수 있다. 예를 들어 솜과 모래종이를 번갈아 만져 보면서 부드럽고 거친 느낌의 차이를 이해할 수 있으며, 여러 가지 과일이나 음식의 맛을 보면서 달콤한 맛과 새콤한 맛 등을 알 수 있다.
- 생생하고 구체적인 학습 경험을 제공한다. 실물을 이용한 학습 시에는 자연 상태나 본래의 모양을 관찰하거나 조작이 가능하기 때문에 보다 구체적인 상황에서 개념이나 아이디어를 얻을 수 있으며 어휘력을 발달시킬 수 있다. 예를 들어 영아의 경우, 그림 카드를 보면서 과일의 이름을 익히는 것보다는 과일을 직접 보고 만지고 먹어 보면서 과일의 이름을 익히는 것이 보다 더 구체적이고 실제적인 학습일 수 있다. 유아의 경우 과일의 형태나 색을 비교하고 자르는 방향에 따라 다른 형태의 과일 속을 비교해 보는 활동을 할 수 있다.
- 사물에 대한 심도 있는 지각을 하면서 개념을 습득할 수 있다. 영유아에게 그림 자료로 '공'을 보여 주기보다는 여러 종류의 공을 제공하여 스스로 만져 보고 굴려 보게 하면서 공의 형체와 특성을 파악하게 할 수 있다.
- 관찰능력과 탐구능력을 신장시킬 수 있다. 영유아들은 주변에서 볼 수 있는 것들을 수집하고, 그것이 무엇인지 알아보는 경험을 누적시키면서 자기 주변의 돌, 개미, 나뭇잎, 꽃의 변화 등에 대해 민감하게 반응하고 관찰능력을 증진시킨다. 또 직접 병아리나 올챙이를 기르거나, 씨앗을 심어 변화과정을 확인·기록하거나, 자석에 붙는 물체를 알아보고 찾아내는 경험 등을 하며 탐구하려는 태도를 형성할 수 있다.

그러나 모든 실물을 학습 상황에 가져올 수는 없으며 시간적·공간적 제한도 존재한다. 과거에 살던 공룡, 계절에 맞지 않는 동식물 등은 유아들이 관심이 가진다고 해도 제시할 수 없다. 너무 크거나 멀리 있는 것을 교실로 가져올 수도 없다. 따라서 이러한 자료들은 견학, 시청각 매체, 모형 등의 방법으로 제시하게 된다.

2) 활용

영아들은 오감각을 이용하여 실물의 명칭을 언어화시키며 물체 간의 차이를 비교하고 느끼게 된다. 유아들은 실물을 수집하거나, 오감각을 이용한 관찰과 조작 활동을 한 후 토의하고 일반화시키는 과정에서 새로운 정보와 지식을 구성할 수 있다. 영유아 교육현장에서 실물은 자유선택활동이나 대·소집단 활동, 견학 등의 활동에서 다양하게 활용되며 주제와 관련된 관찰 자료나 활동 자료로 제공될 수 있다.

(1) 자유선택활동

- 감각 탐색 영역에서는 수 세기, 크기나 길이 비교하기, 색깔이나 촉감 비교하기 등의 활동 등이 가능한 자료들을 제공할 수 있다. 유아들도 실물을 수집할 수 있으며 관찰하기, 비교하기, 수 세기, 기록하기, 토의하기, 측정하기 등의 학습 활동을 이끌 수 있는 것을 제공한다. 〈그림 10-1〉은 '아기돼지 삼형제'가 지은 집의 재료들로 유아들이 직접 만져 보고 비교해 볼 수 있게 한 것이다. 과학 영역에서 유아들이 기르는 달팽이, 금붕어 등은 생물의 특성과 소중함을 경험하게 해 주는 훌륭한 실물이다. 이때 유아들이 좀 더 자세히 관찰하고 궁금증을 해결할 수 있도록 관련 책과 확대경 등을 함께 놓아 준다(그림 10-2).
- 요리 활동에서 이용되는 여러 가지 음식과 플라스틱칼(유아), 도마 등의 도구들은 모두 실물에 속한다. 유아들은 실제로 요리를 하면서 음식의 맛을 느끼고, 각 재료가 가진 물리적 특성을 알 수 있으며 요리하기 전과 후의 변화과정을 알 수 있다. 또한 요리에 사용되는 여러 가지 도구나 기계 등을 직접 다루면서 안전하게 사용하는 방법도 터득하게 된다.

그림 10-1 '아기돼지 삼형제'가 집을 지을 때 사용한 재료들

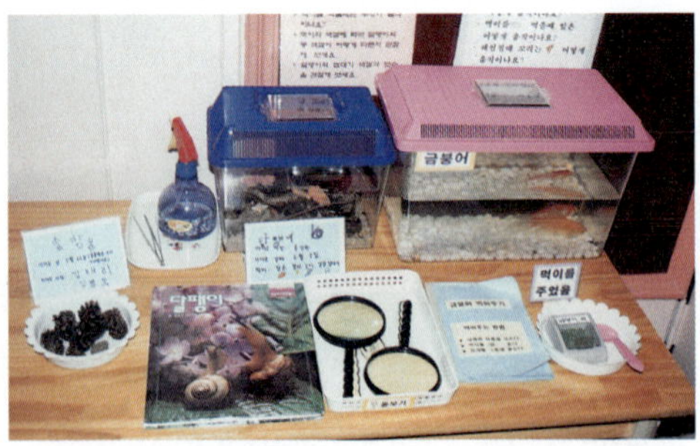

그림 10-2 과학 영역에서 제공할 수 있는 실물들

그림 10-3 고장 난 휴대전화를 이용한 역할놀이

그림 10-4 실물을 재활용한 악기

- 역할놀이 영역에서 제공되는 여러 가지 옷, 전화기, 구두, 가방, 보자기 등의 실물은 영유아들이 역할을 수행하고 가작화하는 데 이용된다. 특히 실물 표시자의 속성에 의존하여 가작화놀이를 하는 영아들에게 실물은 실제적인 상황적 맥락에서 역할놀이를 할 수 있게 도와 준다. 예를 들어 엄마나 아빠 놀이를 하면서 휴대전화로 전화를 거는 척하며 친구를 초청할 수 있으며, 아빠처럼 넥타이를 매고 면도하는 흉내를 낼 수도 있다(그림 10-3).
- 악기는 소리를 탐색하고, 리듬감을 기를 수 있게 해 주는 실물이다. 여러 가지 소리를 낼 수 있는 물체들도 영유아들에게 훌륭한 악기가 될 수 있다(그림 10-4).
- 조형 영역에서 영유아들은 다양한 물체로 그림 그리기, 구성하기, 콜라주 등의 활동을 할 수 있다. 이때 영유아들이 사용하는 자연물(나뭇잎, 나뭇가지 등), 노끈, 털실, 헝겊, 상자, 플라스틱통, 풀, 투명 테이프 등은 모두 실물이며, 유아들은 이러한 자료를 탐색하고 활용하여 창의적인 표현을 하게 된다.

(2) 집단 활동

- 영유아들은 집에서 가져온 물건이나 자유선택놀이 시간에 알아낸 것들을 다른 유아들에게 보여 주면서 이야기를 나눌 수 있다. 예를 들어 주말에 가족과 함께 등산을 가서 주워 온 돌이나, 과학 활동 영역에서 몇몇 유아들이 완두콩에 대해 알아낸 것을 다른 유아들에게 이야기할 수 있으며, 실외놀이를 하면서 발견한 개미에 대해서도 이야기 나눌 수 있다. 실물의 크기가 작은 것은 유아들이 자유선택놀이 시간에 충분히 탐색하고 관찰하게 하며, 조작했을 때의 변화를 발견하게 한 후 대집단이나 중집단으로 그룹을 구성하여 이야기를 나누어 볼 수 있다.

딱따구리가 곤충을 잡아먹기 위하여 파 놓은 구멍 관찰하기

나무의 겨울눈 관찰하기

그림 10-5 나무 관찰하기

- 견학은 시공간적 제약으로 교실에 가져다 놓을 수 없는 것들을 영유아들이 관찰할 수 있는 기회를 제공한다. 예를 들어 코끼리, 사자, 거북이 등의 동물, 비행기, 소방차 등의 여러 가지 탈것들, 가마나 솥 등 과거에 사용하던 도구 등 시공간의 제약으로 영유아의 교실에 가져다 두기 어려웠던 것들은 주제와 관련된 현장학습을 하여 영유아들이 직접 관찰하거나 조작하도록 배려함으로써 보다 구체적이고 생동감 있는 학습을 할 수 있다.
- 동식물 키우기 활동, 숲 체험 활동 등은 인간과 자연의 순환관계에 대한 이해를 도모할 수 있는 실물을 활용한 생태교육이다(그림 10-5). 토끼, 닭, 기니피그, 달팽이, 물고기, 잉꼬 등은 영유아에게 친숙하여 교실이나 실외에서 키우기에 적절하다. 유아들은 씨앗과 모종 심기를 하면서 날씨의 변화에 따른 사람들의 활동과 자연의 변화에 관심을 가질 수 있다. 그러나 씨앗은 심은 후 일정 기간을 기다려야 싹이 나오기 때문에 영아들보다는 4세 이후의 유아들에게 적절한 활동이다. 하지만 상추, 쑥갓 등의 모종은 심은 후 어느 정도 성장하면 유아들이 직접 따거나 교사가 따는 것을 볼 수 있으므로 2세의 영아들에게도 적절한 활동이 될 수 있다.

(3) 활용 시 고려할 점

교사는 실물을 이용하여 영유아들이 어떤 개념을 학습할지, 어떤 장면을 관찰할지 등을 교육목표와 관련시켜 고려해야 한다. 이를 구체적으로 살펴보면 다음과 같다.

- 첫째, 적합성을 고려한다. 실물이라고 다 좋은 자료는 아니다. 실물 자료 사용 시

위험한 요소가 있는 것, 공룡이나 문화재처럼 시공간의 제약으로 영유아들에게 보여 주기 힘든 것은 그림 자료와 모형을 활용하는 것이 더 효과적일 수 있다. 동식물을 키우는 활동의 경우, 알레르기나 전염병 예방을 철저히 하여 영유아의 건강을 해치지 않게 한다.

- 둘째, 실물의 특성이 잘 나타나도록 제공한다. 예를 들어 유아나 교사가 수집한 조개껍데기를 단순히 그릇에 담아 책상에 놓기보다는 유아들이 바다를 연상할 수 있도록 배경을 만들고 모래를 준비하여 그 위에 올려놓은 후, 갖고 온 유아의 이름, 주워 온 곳, 갖고 온 날짜를 유아가 적도록 도와 주고 보다 세밀히 관찰할 수 있도록 확대경과 함께 관찰할 내용을 제공해 준다.
- 셋째, 효과적인 자료로 활용할 수 있도록 한다. 예를 들어 극화 활동 영역에 드라이어와 면도기를 제공할 경우 가동되지 않는 것을 확인하여 유아들이 다치지 않게 해야 하며, 과학 활동 영역에서 자주 사용되는 확대경은 세워서 보관할 수 있는 상자가 없다면 아웃라인을 그려 접시에 담아 제공하면 유아들이 자료를 효과적으로 이용할 수 있다.
- 넷째, 다른 매체와 병행한다. 실물의 제시와 함께 관련된 책, 화보, 그림, 녹음 자료, 게시판 등의 자료들을 함께 활용하면 활동을 좀 더 심화시킬 수 있다. 또한 실물의 크기가 작거나 좀 더 자세하게 관찰하고자 할 때는 확대경을 이용할 수 있으며, 소수 유아의 경험을 대집단으로 공유하고자 할 때는 카메라를 이용하여 즉석에서 확대해 볼 수 있다.
- 다섯째, 동식물을 키우면서 이러한 것들을 사랑하는 마음을 갖는다. 영유아에게 제공되는 실물에는 동식물이 많은데, 이를 유아들이 직접 키우면서 과학적 지식이나 개념을 형성하는 것과 함께 이들을 보호하고 사랑하는 마음을 갖게 하는 것이 중요하다. 또 교사도 학습을 위해 자연을 훼손하지 말아야 한다. 영유아들과 봄이나 가을, 동산을 견학할 때는 땅에 떨어진 꽃잎이나 낙엽을 줍게 하고 곤충을 잡았다면 그들이 잘 살도록 환경을 마련하여 키워 보게 하거나, 활동을 마친 후 잡았던 곳에 다시 놓아 주면 영유아들에게 동식물을 사랑하고 보호하는 마음과 자세가 형성될 것이다.

2. 표본

표본(specimen)이란 실물의 모습을 그대로 유지하도록 인위적으로 가공한 것으로, 물체의 전부 혹은 부분일 수 있다. 동식물 표본, 곤충 표본, 광물 표본, 생산품 표본 외에도 박제한 새, 곤충 표본과 알코올병에 담긴 물고기 등이 이에 속한다.

1) 특성

인공적으로 가공한 표본은 시각적으로 실감이 나기 때문에 유아의 흥미를 불러일으키고 관찰능력을 증진시켜 그림으로 보는 것보다 생생한 경험을 제공한다. 그러나 표본은 생물체를 자연 상태에서 벗어나게 하여 인위적으로 처리한 것이므로 영유아들에게 생명체에 대한 혐오감이나 공포감을 줄 수 있으며, 자연물을 다루는 것에 대한 잘못된 생각을 갖게 할 수 있다. 이에 교사는 표본의 특성 및 제한점을 잘 파악해서 활용해야 한다. 표본의 특성은 다음과 같다.

- 첫째, 장시간 관찰할 수 있다. 예를 들어 영유아들이 주워 온 꽃잎은 시간 경과에 따라 모양이나 색이 변하기 때문에 하루나 이틀 정도의 관찰로 그칠 수 있으나, 가공한 여러 가지 꽃잎의 표본은 변함이 없어 장기간 관찰할 수 있다.
- 둘째, 구체적인 학습 기회를 제공할 수 있다. 표본은 구체물이어서 그림이나 사진 자료를 제공할 때보다 유아들에게 구체적인 학습 기회를 제공할 수 있다. 특히 동식물이나 광물의 특징에 대한 세부적인 사실을 알게 할 수 있다.
- 셋째, 비슷한 사물 간의 비교가 가능해진다. 유아들은 꽃, 조가비, 우표, 동전 등의 여러 가지 물체를 수집하길 좋아한다. 따라서 유아가 수집한 것을 표본으로 만들어 같은 것끼리 모으고 특성이나 유사점, 차이점 등에 관해 토의하면서 사물을 비교할 기회를 제공할 수 있다(그림 10-6).

한편 표본에는 동적인 움직임을 볼 수 없다는 제한점이 있다. 예를 들어 나비나 개구리, 새 등의 움직임이나 바람의 방향 및 세기에 따라 달리 움직이는 나뭇잎의 동적인

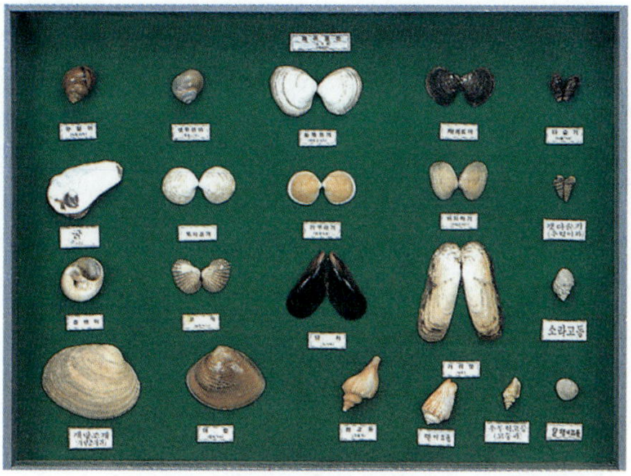

그림 10-6　조개 표본

모습을 자세하게 관찰할 수 없다. 또 표본만 별도로 제시하면 원래의 환경이나 맥락과 연관지어 생각하기 어렵다.

2) 활용

영유아들은 표본의 제작과정이나 목적을 이해하기 힘들기 때문에 교사는 동물, 곤충, 식물의 표본을 이용하고자 할 때 숙고해야 한다. 표본은 영아들보다 유아에게 제공하는 것이 더 바람직하다. 영아 시기에는 단순히 관찰만 하는 표본을 제공하는 것보다는 관찰 및 탐색하고 오감각을 활용하여 지각할 수 있는 실물을 제공하는 것이 학습효과를 더 끌어올릴 수 있다. 유아기에는 동식물에 대한 과학적 지식을 보다 많이 얻기보다는 생명을 존중하고 동물을 사랑하는 태도, 환경을 보호하려는 마음을 갖게 하는 것이 더 중요하다. 따라서 영유아교육기관에서는 동물이나 곤충의 표본보다는 식물이나 광물, 우표, 그림엽서 등의 사물을 표본으로 활용하는 것이 바람직하다.

식물 표본을 만들 때는 유아들과 함께 견학이나 산책 시 주워 온 꽃잎이나 나뭇잎 등을 이용한다. 유아들이 직접 주워 온 꽃잎이나 나뭇잎을 보존하고 싶어한다면 책갈피에 넣어 잘 말린 후 교사가 코팅해 줄 수 있다. 이렇게 코팅한 꽃잎이나 나뭇잎은 계속 과학 활동 영역에 놓고 관찰·비교할 수 있으며, 목걸이로 만들거나 교실 문에 붙여 꾸미거나 게시 자료로 활용할 수 있다(그림 10-7). 유아들의 경우 우체국놀이를 하며 우체국을 견학하고, 편지를 써서 부치는 경험을 할 때 우표를 모을 수도 있다. 수집한 우표는 수학 활동 영역에서 활용하며 유아들이 비슷한 종류끼리 모아 종이에 붙이게

네잎클로버 표본 교사가 만든 애기똥풀 표본 박물관의 광물 표본

그림 10-7 식물 표본과 광물 표본의 예

하고, 가져온 사람의 이름과 날짜를 적게 한 후 교사가 코팅해 주면 훌륭한 표본이 된다. 우표에 그려진 그림의 모양이나 크기 등을 비교하는 자료로도 활용할 수 있다. 유아가 교실에서 죽은 곤충을 계속 관찰하길 원한다면, 이미 죽은 것을 표본으로 만들면 된다. 그러나 기르던 곤충이 죽은 경우에는 생명 존중의 차원에서 땅에 묻어 주는 것이 바람직하다.

3. 모형

모형(model)은 실물의 형태를 본뜨거나 약간의 변화를 주거나 가감하여 만든 입체 자료이다. 모형은 지구와 같은 거대한 대상, 세포 조직처럼 아주 미세한 것, 문화재나 건축물과 같은 무생물에 이르기까지 영유아 주변에서 흔히 접할 수 있는 사람, 동물, 사물 등을 관찰하거나 조작하기 쉽게 크기를 변형하여 만든 것이다. 예를 들어 지구본은 지구를 축소한 모형이라 할 수 있다. 영유아교육기관에서는 이미 제작된 모형을 영유아에게 제공할 수도 있지만 유아들이 직접 모형을 만들게 할 수도 있다. 예를 들면 레고 블록과 같은 끼우기 자료들을 조작하여 집, 사람, 동물, 탈것류를 모형화할 수 있으며 상자곽을 이용하여 자동차나 동물의 모형을 만들 수 있다.

1) 특성

모형의 특성은 다음과 같다.

단순화시킨 모형

사실적인 모형

그림 10-8 주제 '여러 가지 탈것'과 관련된 모형

블록에 끼울 수 있는 모형

직업을 나타내는 사실적인 모형

그림 10-9 주제 '우리 이웃'과 관련된 모형

그림 10-10 여러 가지 음식 모형

- 첫째, 교육의도에 따라서 크기를 조절할 수 있다. 실제 비행기나 자동차 등의 탈것은 너무 커서 영유아들이 교실에서 활용하기에 적합하지 않다. 따라서 이러한 경우 크기를 작게 하여 제공할 수 있다. 이들 모형은 주제마다 교체하여 유아들의 구성놀이나 극화놀이를 활성화시킨다(그림 10-8~10).
- 둘째, 시공간을 초월할 수 있다. 과거에 살던 공룡이나 바닷속의 생물들, 옛날 집 등의 모형들은 계절이나 시기에 관계없이 유아들의 흥미나 진행되는 주제에 맞추어서 제공할 수 있다.
- 셋째, 의도하는 부분만을 강조하여 관찰할 수 있다. 예를 들면 이의 구조를 확대한 치아 모형은, 이의 구조 및 이 닦는 방법에 대한 이해를 도모할 수 있다.

- 넷째, 유아들의 의도에 따라 구성하거나 직접 제작·활용할 수 있다. 예를 들면 집, 동물원, 교통공원, 박물관 등을 유아들의 경험, 개념 수준, 활동 몰입 정도에 따라 구성한 후 극놀이 시 활용할 수 있다.

모형에는 다음과 같은 제한점이 있다.

- 첫째, 실물의 물리적 특성을 파악하는 학습에는 적절하지 않다. 예를 들어 거북 모형을 가져다 놓고, 거북의 걷는 모습이나 등껍데기의 딱딱한 정도를 이야기한다면 영유아들이 이해하기 어려울 것이다. 이러한 경우에는 거북을 실제로 키우면서 비디오나 책, 그림 자료 등의 매체와 함께 활용하는 것이 바람직하다.
- 둘째, 제작이 어렵다. 실물의 모양, 크기, 비율, 색채 등을 입체적으로 그대로 묘사하기 어려울 뿐만 아니라 전문적인 제작기술이 요구된다. 교사가 제작하는 데 시간이 많이 소요되므로 실제와 비슷한 비율로 축소되거나 확대된 모형을 구입하여 제공할 수 있으나 비용이 든다는 단점이 있다.

2) 활용

영유아들은 실제 상황에서 직접 경험할 때 학습을 가장 잘할 수 있다. 하지만 안전과 관련된 학습이나 시공간적 제약이 있는 학습 내용은 실제 상황에서 직접 경험하기 어렵다. 따라서 이러한 경우에는 모형관, 박물관 등을 견학하여 영유아들이 고안된 경험을 하도록 계획할 수 있다. 예를 들면, 교통 교육을 실제 도로에서 실시한다면 위험하므로 교통공원을 견학하여 모형 표지판을 읽게 하고, 모형화된 횡단보도에서 길을 건

그림 10-11 교통공원에서 표지판에 대한 설명을 듣는 모습

그림 10-12 실제 크기로 모형화한 공룡의 모습

너 보는 등의 고안된 경험을 제공하여 실제 상황에 대처할 수 있는 능력을 형성하게 도울 수 있다(그림 10-11). 또 실제 크기의 공룡 모형이 있는 공원을 방문하여 공룡의 크기와 형태를 관찰하게 할 수 있다(그림 10-12).

- 다양한 블록과 모형들은 영유아의 대근육의 발달, 공간 구성능력, 표상능력의 발달을 도모할 수 있다. 이를 위한 모형으로는 벽돌 블록, 우레탄 블록, 유닛 블록이 있다. 나무로 제작된 공간 블록은 신체 조절이 미숙한 영아와 유아 초기 단계에 사용하기에는 위험하므로 만 5세 이후 제공하는 것이 바람직하다. 영아는 주변의 친숙한 사물 모형을 이용하여 놀이할 수 있으며, 3세 이후의 유아들은 개념화했거나 경험 또는 상상한 것을 직접 모형으로 재구성한 후 역할놀이로 확장시킬 수 있다.
- 음식, 도구나 기계 모형은 영유아들의 가작화놀이를 도우며, 유아끼리 공유하고 협의한 상황에서 극놀이를 할 수 있게 돕는다. 따라서 유아들의 극놀이 내용에 따라 모형을 제공해 준다.
- 교사는 영유아들이 모형을 잘 구성하도록 책이나 그림, 사진, 화보 등을 제공할

자동차 모형에서
운전하는 1세 영아

찻길을 만들고 자동차로
놀이하는 2세 영아

상자로 만든 미륵사지 5층 석탑
(5세반)

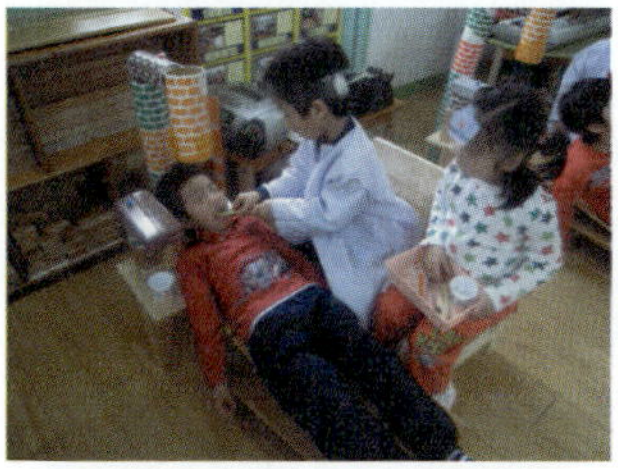

블록으로 만든 치과 진료실에서
놀이하는 5세 유아

블록으로 구성된 세차장(4세반)

그림 10-13 쌓기 영역에서 모형을 활용한 사례

수 있다. 영유아가 만든 모형은 정리시간에 분해하게 하기보다는 만든 사람과 모형의 이름을 적어 책상에 전시하거나 구성해 놓은 모형으로 이야기를 구성해 보고, 극화된 놀이로 확장할 수 있도록 한다(그림 10-13).

- 유아들은 경험한 것을 표상하여 모형을 만들 수 있다. 예를 들어 '동물'이라는 주제와 관련하여 동물원을 견학한 후, 조형 영역에서 다양한 재료로 사자나 기린 등의 모형을 만들 수 있다. 이때 교사는 유아가 자신의 아이디어를 구체적으로 표상할 수 있도록 책, 그림 화보 등을 제공해 주고 완성된 모형을 게시판에 게시하여 다른 유아와 아이디어를 함께 나눌 수 있게 하거나 쌓기놀이 영역과 연계하여 활용하게 유도할 수 있다.
- 이야기 나누기 시간에 치아 모형을 가지고 동시 〈이 닦기〉를 들려준 후 치아의 구조나 이를 닦는 방법에 대해 설명하면 그림 자료를 이용할 때보다 훨씬 쉽게 내용을 이해시킬 수 있다.

4. 디오라마

디오라마(diorama)란 실제 장면이나 상황적 배경을 확대 또는 축소하여 만들어 놓은 것으로, 영유아교육기관에서는 축소시킨 형태가 많이 사용된다. 전시 자료의 일종이나 영유아교육기관에서는 전시 자료로 활용하기보다 영유아들이 모형이나 소품을 움직여 볼 수 있게 제공하여 능동적으로 이용할 수 있도록 한다.

1) 특성

디오라마는 실세계를 모형화한 것으로 영유아들에게 실제 상황과 유사한 경험을 제공할 수 있다. 디오라마의 특성은 다음과 같다.

- 첫째, 실제 장면이나 상황을 한눈에 볼 수 있다. 집의 구조를 단순화시킨 디오라마의 경우 부엌, 거실, 방, 욕실 등을 총체적 시각으로 바라보면서 인형이나 가구를

옮겨 놓으며 실제 상황과 비슷한 경험을 하거나 자신의 경험을 재구성할 수 있다.

- 둘째, 시간을 초월한 입체적 자료 제시가 가능하다. 이를 이용하면 영유아들이 경험한 세계뿐만 아니라 경험하지 못한 세계를 제시할 수 있다. 예를 들어 바닷가나 산, 집 등 영유아들의 현재 경험에 기초한 배경과 소품을 제공할 수 있고 우주, 공룡 시대, 초가집 등 유아들이 직접 경험하지 못한 곳을 구체적으로 표현할 수 있어 경험의 폭을 넓혀 줄 수 있다.
- 셋째, 목적에 따라 구입하거나 제작하여 활용할 수 있다. 교사가 직접 제작할 경우 영유아의 발달과 관심, 흥미 정도에 따라 디오라마의 배경과 소품을 세밀하거나 단순하게 할 수 있으며 제작과정에 유아를 참여시킬 수 있다.

디오라마에는 다음과 같은 제한점이 있다.

- 첫째, 보관 시 자료의 배치 상태를 그대로 유지해야 하므로 그림이나 융판 자료와 같은 평면 자료보다 공간을 많이 차지한다.
- 둘째, 디오라마의 배경판에 있는 모형을 영유아들이 직접 움직이며 활동할 수 있도록 견고하게 제작하려면 기술과 시간, 노력이 요구된다.

2) 활용

영유아교육기관에서 활용할 수 있는 디오라마는 대부분 축소형이므로 대집단 활동보다 소집단 활동에 많이 활용된다. 따라서 집단 활동보다는 자유선택활동 시간에 많이 쓰인다.

〈그림 10-14〉는 자유선택활동 시 언어 영역, 과학 영역, 조작놀이 영역에서 활용된 디오라마 활동 사례이다. 디오라마의 배경과 소품은 주제와 관련된 것으로 교체해 주어 유아들의 활동이 심화·확장되도록 도울 수 있다. 유아들이 조형 영역에서 디오라마의 배경과 소품을 직접 만들거나 조작 영역의 끼우기 블록 등으로 직접 구성하여 활용할 수도 있다.

〈그림 10-15〉는 주제 '집' 전개 시 유아들이 협동학습으로 디오라마를 만들고 쌓기 영역에서 놀이한 예이다. 유아들이 '우리가 사는 집'에 관심을 가지고 활동을 하는 과정에서 교사가 준비한 '여러 가지 집'에 대한 디오라마를 활용한 활동들이 다른 영역

교실 배경의 디오라마와 유아들이 만든 인형들(언어 영역)

농장 디오라마(과학 영역)

초가집과 옛날 풍경의 디오라마(언어 영역)

유아들이 집의 내부 모습을 꾸민 디오라마(조작 영역)

그림 10-14 자유선택활동 시 활용된 디오라마의 예

집에 대한 주제 전개망 짜기

집 모형을 탐색하는 유아들

집을 짓는 재료에 대해 알아보는 유아들

디오라마를 쌓기놀이 영역에 배치

유아들이 만든 디오라마 소품

유아들이 만든 인형과 소품을 디오라마 안에 배치

그림 10-15 주제 '집' 전개 시 확장된 디오라마 활동 사례

과 연계되면서 심화·확장되었다. 쌓기놀이 영역에서는 단위 블록과 벽돌 블록 등으로 집을 만들어 극놀이를 하거나, 집에 관한 동시나 이야기를 지어 친구들에게 들려주는 등의 활동으로 확장시켰다.

3) 제작

일반적으로 디오라마는 섀도박스형(shadow box type), 톱뷰형(top-view type)으로 구분하는데, 유아들이 직접 조작해 보는 경험을 제공하고자 할 때는 개방형(open type)을 많이 사용한다(그림 10-16). 개방형은 입체감이 적으나 천장이나 벽면이 없어서 영유아들이 소품을 움직이고 조작하기가 훨씬 용이하다. 십자형으로 구분하여 사방에 모형을 배치하는 형태로도 만들 수 있다. 〈그림 10-17〉은 섀도박스형 디오라마와 소품의 제작과정이다. 디오라마의 소품들은 모형을 구입하거나 필름통에 그림 자료를 붙여 제공할 수 있다.

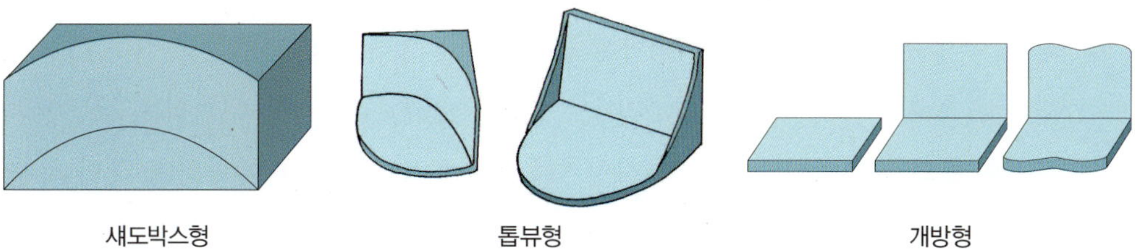

그림 10-16 디오라마의 유형

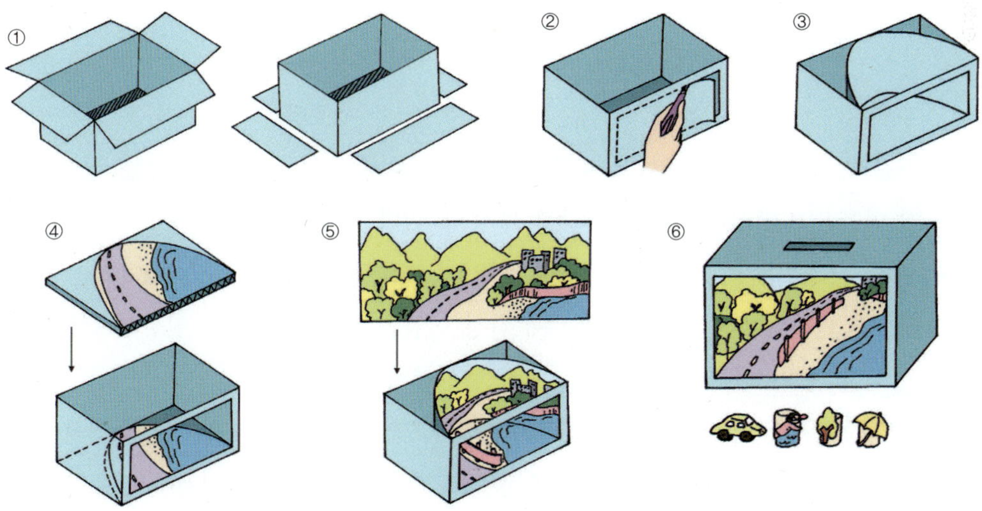

그림 10-17 섀도박스형 디오라마의 제작과정

5. 인형

인형은 영유아들에게 매력적인 자료로, 정서적인 안정감을 갖는 매개체 역할을 하며 유아가 일상생활에서의 경험을 표현하고 상상의 세계 속으로 몰입할 수 있게 돕는다. 교수·학습 상황에서는 영유아들의 흥미와 집중을 지속시킬 수 있게 해 준다.

1) 특성

인형은 다른 매체보다 영유아들을 사로잡는 힘이 강하며, 제작방법에 따라 여러 종류의 인물 표현이 가능하여 주제와 관련된 다양한 인형을 영유아들에게 제공할 수 있게 해 준다. 인형의 특성을 좀 더 살펴보면 다음과 같다.

- 첫째, 영유아들에게 정서적 안정감을 줄 수 있다. 영유아들은 인형을 안고 다니면서 심리적 친근감과 정서적 안정감을 느낄 수 있고, 일상생활에서 겪는 갈등이나 어려움 등의 경험이나 느낌을 투사하거나 그것을 인형에게 이야기하며 해결할 수 있다. 인형은 유아가 혼자 있을 때도 대화의 대상이 되어 주며, 수줍거나 부끄러워서 다른 친구들과 어울리지 않는 영유아도 인형을 매개로 친구들과 쉽게 어울려 놀이하는 경험을 할 수 있다.
- 둘째, 상상의 세계로 몰입하게 해 준다. 영유아는 인형을 가지고 놀이하는 동안 무서운 도깨비나 공룡이 되기도 하며, 숲속에 사는 호랑이나 아름다운 마음씨를 가진 요정이 되어 보면서 실생활에서는 경험하지 못한 가상의 세계를 경험하고, 그 역할을 수행하며 상상의 나래를 펼칠 수 있다.
- 셋째, 교육효과가 크다. 영유아들은 교사가 지속적으로 교훈적인 이야기를 하는 것보다 인형으로 내용을 들려줄 때 감정 이입을 잘하기 때문에 일상생활에서 지켜야 할 규칙이나 생활습관을 보다 잘 형성할 수 있다.
- 넷째, 영유아들의 흥미와 관심을 지속시킬 수 있다. 인형은 영유아들이 매력을 느끼는 교수매체 중 하나로 교사가 인형으로 학습 활동을 전개하거나 영유아가 인형을 가지고 놀이하는 과정에서 흥미를 유지하면서 학습 활동에 집중할 수 있다.

- 다섯째, 감상능력을 키울 수 있다. 인형을 이용하여 교사가 들려주는 동화나 여러 형태의 인형극을 보고 들으면서 바르게 감상하는 능력 및 태도를 형성할 수 있다.

2) 활용

인형은 어느 문화권에서나 영유아가 정서적으로 교감하며 심리적 안정감을 갖도록 돕고 또래와 소꿉놀이하게 해 주는 보편적 놀잇감이다. 영유아교육기관에서는 자유선택활동과 대소집단 활동에서 의도적인 교수매체로 활용된다.

- 극놀이를 할 때 인형을 활용하면 영유아들이 자신감을 가지고, 극놀이에 보다 적극적으로 참여할 수 있다. 여러 가족 구성원의 인형이나 아기 및 동물 인형을 제공하면 영유아들이 엄마나 아빠가 되어 인형을 업거나 우유 먹이기, 목욕시키기, 유모차에 태우고 산책하기, 응가시키기 등의 아기 돌보기 활동을 하면서 역할을 잘 수행할 수 있다(그림 10−18).
- 주제에 따라 다양한 인물과 인형에 변화를 주면 영유아들이 실생활의 경험을 다른 유아들과 함께 지속적으로 나눌 수 있다. 예를 들어 주제가 '가족'일 때는 가족구성원을 막대인형으로 제공할 수 있고, 주제가 '동물'일 때는 여러 동물을 손인형이나 손가락인형으로 제공할 수 있다.
- 인형을 가지고 수수께끼를 내어서 이야기 나누기의 주제를 제시하거나, 손가락인형이나 손인형, 막대인형 등을 이용하면 유아들이 오랫동안 집중하며 대화에 참여하고 싶은 충동을 느끼게 된다. 특히 '주말 동안의 이야기 발표하기'나 '경험 이야기하기'를 할 때, 인형을 손에 들거나 끼면 수줍어 하던 유아도 자신이 이야기하는 것이 아니라 인형이 이야기하고 있다고 여겨 자신의 경험을 친구들 앞에서

손가락인형으로 이야기하기

인형 옷 갈아입히기

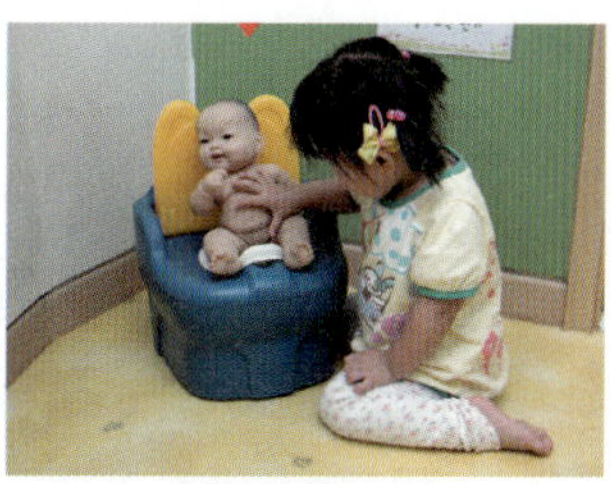
인형 아기 돌보기

그림 10-18 인형놀이에 참여하는 유아

손가락인형으로 동화 〈토끼네 집에 있는 게 누구냐〉 이야기 구성

손인형으로 이야기 꾸미기

막대인형으로 동화 〈금도끼 은도끼〉 이야기 구성

그림 10-19 인형으로 이야기 재구성하기

잘 이야기할 수 있다.

- 여러 가지 인형으로 영유아들에게 동화를 들려주거나 인형극을 보여 주면 유아들이 상상과 동화의 세계로 몰입할 수 있다. 이때 내용에 따라 〈그림 10-19〉처럼 등장인물을 손가락인형, 손인형, 막대인형으로 제공하여 유아가 들은 이야기를 재구성할 기회를 준다. 동화책에 나오는 등장인물이나 교사가 들려준 이야기, 유아가 창작한 이야기의 주인공을 조형 영역에서 직접 만들어 극화하도록 도우면 유아가 활동에 보다 적극적이고 즐겁게 참여할 수 있다.
- 노래를 지도할 때는 노랫말에 등장하는 등장인물을 인형으로 제시하여 소개하면 활동에 대한 흥미가 높아지고 노랫말을 쉽게 외우고 부를 수 있다. 이는 음률 영역에서 유아끼리 활동할 때도 유용하게 사용된다. 〈그림 10-20〉은 동요 〈오리는 꽈악꽈악〉에 등장하는 동물을 막대인형으로 제시한 것이다.

인형을 이용한 교수·학습 시에는 다음의 사항을 고려한다.

- 첫째, 상품화된 인형을 활용할 때는 교육적 가치가 있는지, 문화적 편견이나 상업적 요소가 지나치지 않는지, 공격적 행동을 유발하는 캐릭터는 아닌지 등을 평가하여 선정한다. 공격적 성향이나 상업적 요소가 강한 인형을 영유아 교실에서 사용하는 것은 지양한다. 여성이나 남성에 대한 왜곡된 이미지를 갖게 하는 인형도 바람직하지 않다.
- 둘째, 영유아들의 연령을 고려한다. 영유아들은 인형을 좋아하지만 쉽게 조작할 수 없으면 흥미를 잃기 쉽다. 따라서 연령에 따라 잘 조작할 수 있는 인형을 제공

그림 10-20 동요 〈오리는 꽈악꽈악〉의 악보와 등장인물 막대 자료

해야 한다. 예를 들어 손을 넣어 입을 벌렸다 닫았다 하는 손인형은 정교한 손동작이 필요하므로 영아보다는 유아에게 제공하는 것이 적절하다. 영아와 초기 유아에게 제공하는 손인형은 영아가 손을 모두 넣고 쉽게 조작할 수 있는 형태가 바람직하다. 막대인형의 손잡이에는 부드러운 재질(예: 백업)을 사용하여 유아가 다치지 않게 해야 한다.

- 셋째, 활용목적에 부합하는 인형을 선택한다. 앞서 언급했듯 인형은 노래나 동화, 이야기 나누기 등에 활용된다. 따라서 교사는 영유아들에게 전달하고자 하는 메시지나 내용을 잘 표현할 수 있는 적절한 인형을 선정해야 한다. 손가락인형이나 손인형을 교사 혼자 조작하는 경우, 한 번에 등장하는 인물의 수가 적고 특별한 배경이 없어도 이해하기 쉬운 내용의 노래나 동화를 고르는 것이 적절하다. 이때 등장인물이 둘 이내여야 전달에 무리가 없다. 손가락인형 동화의 등장인물 수는 5~10명 이내가 적절하다.
- 넷째, 인형의 크기에 따라 집단의 크기를 조절한다. 손가락인형은 작으므로 5~12명 정도의 집단에게 보여 주기 적절하며, 12~20cm 정도의 막대인형은 대집단 유아들에게 보여 주기에도 적절하다.
- 다섯째, 영유아들이 인형을 잘 볼 수 있도록 자리를 배치한다. 영유아들에게 테이블 동화를 들려줄 때는 바닥에 앉은 영유아들보다 테이블인형 무대의 높이를 낮

게 하여 모든 영유아가 배경과 등장인물을 잘 볼 수 있도록 높이를 조절한다.

- 여섯째, 내용을 충분히 파악하여 등장인물에 따라 목소리에 변화를 준다. 그림 동화와 달리 내용이나 등장 순서를 메모할 수 없으므로 교사가 내용을 완전히 익히고 자연스럽게 표현하도록 연습한다.

3) 종류 및 제작

인형의 종류에는 막대인형, 손가락인형(finger puppet), 손인형(hand puppet), 줄인형(marionettes, string puppet), 테이블인형(table puppet), 그림자인형(shadow puppet), 블랙라이트 인형(black light puppet) 등이 있다. 이들 인형의 특징과 제작방법은 다음과 같다.

(1) 막대인형

막대인형은 인형에 막대를 달아 조작하는 인형으로, 움직임이나 대사를 표현한다. 그림 인형에 막대를 붙여 손쉽게 만들거나 헝겊이나 부직포를 이용하여 입체감을 줄 수도 있다. 종이컵이나 병, 상자 등으로 쉽게 제작할 수도 있다. 영유아도 자신이 그린 그림이나 사진을 오려서 손쉽게 막대인형을 만들어 놀이할 수 있다. 조작방법이 서로 다른 막대인형의 예는 〈그림 10-21〉과 같다.

또한 인형을 팔, 다리, 목 등의 움직임을 표현할 수 있게 만들면 등장인물의 이야기나 움직임을 더 실감나게 표현할 수 있으며, 한 인형의 앞뒤에 서로 다른 감정이나 옷차림 등을 표현할 수도 있다(그림 10-22).

영아용 백업 막대인형
(백업을 잡고 조작)

부직포 막대인형
(아래에서 조작)

종이컵인형
(위에서 조작)

그림 10-21 다양한 조작방법의 막대인형

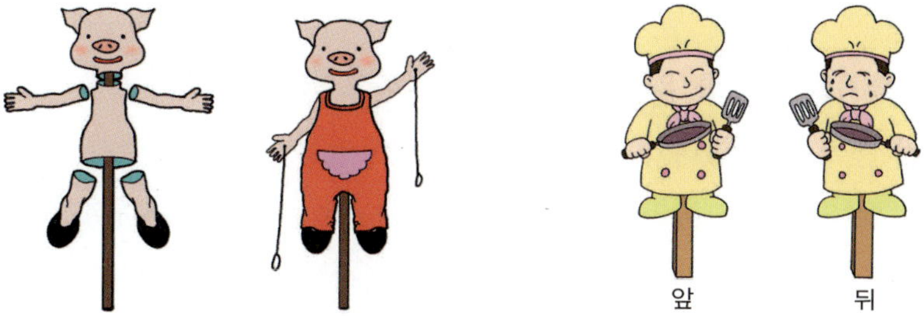

그림 10-22 손을 움직이는 막대인형(좌)과 앞뒤 모습이 다른 막대인형(우)

막대인형은 이야기의 내용에 어울리는 배경과 함께 제시하면 동화, 이야기 꾸미기, 동시, 노래 지도 등의 자료로 유용하게 사용된다. 막대인형의 무대는 막대를 꽂을 수 있게 만들거나, 인형을 무대의 아래나 위에서 조작하는 형태로 제작한다. 막대의 색을 무대의 색과 비슷하게 하거나 투명한 아크릴 막대를 이용하면 막대의 시각적 거슬림을 완화할 수 있다(그림 10-23~24).

그림 10-23 바닥에 꽂아서 제시하는 막대인형(좌)과 위에서 제시하는 막대인형(우)

그림 10-24 배경과 같은 색의 막대(좌)와 투명아크릴 막대(우)

(2) 손가락인형

손가락인형은 손가락에 끼워 움직이는 인형으로, 작고 귀여워서 유아들을 매료시킨다. 교사가 주머니 등에 쏙 넣었다가 꺼내서 제시하면 주의집중 효과가 높게 나타난다. 단, 크기가 작으므로 유아와 교사의 거리가 먼 경우에는 사용이 부적절하다. 유아의 손가락 크기에 맞게 제시하면 언어 영역이나 음률 영역에서 매력적인 자료로 사용할 수 있다.

손가락인형은 골무나 고리에 손가락을 끼워 제시하는 손가락골무인형, 손가락 두 개로 다리를 표현하는 손가락다리인형, 손가락장갑에 붙여서 제시하는 손가락장갑인형으로 나누어진다(그림 10-25).

손가락골무인형　　손가락다리인형　　손가락장갑인형

그림 10-25　손가락인형의 유형

(3) 손인형

손인형은 손을 끼워 움직이는 인형으로, 조작이 간단하여 교사뿐만 아니라 영유아들도 쉽게 사용할 수 있다. 다양하게 상품화되어 있으며 부직포, 양말, 봉투, 상자 등으로 간단하게 만들어서 사용할 수도 있다(그림 10-26). 2~3세의 영유아용은 손 전체를 벙어리 장갑처럼 끼워서 조작하는 간단한 형태가 바람직하며, 보다 큰 유아들에게

부직포로 만든 손인형　　양말로 만든 손인형　　종이봉투로 만든 손인형　　종이접시로 만든 손인형

그림 10-26　다양한 재료로 만든 손인형

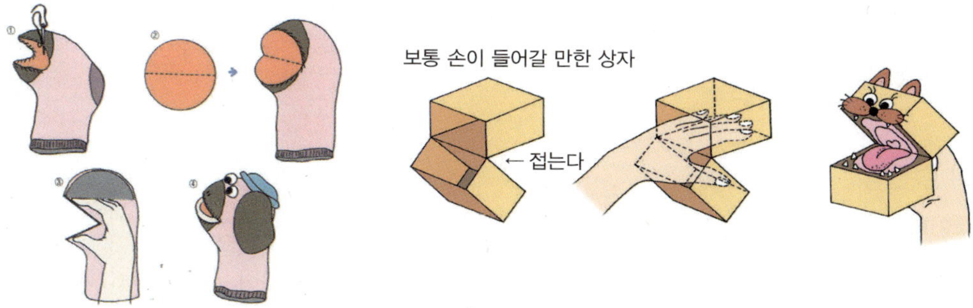

양말로 만든 손인형　　　　상자로 만든 손인형

그림 10-27 손인형을 만드는 방법

는 엄지와 손가락 네 개로 입을 벌렸다 오므릴 수 있는 것을 사용한다. 양말과 상자곽으로 손인형을 제작하는 방법은 〈그림 10-27〉과 같다.

(4) 테이블인형

테이블인형은 테이블 위에 세울 수 있는 형태로 제시한다. 그림인형 뒤에 블록이나 음료 캔을 붙여 세우거나, 병이나 상자에 인형을 꾸며 세울 수 있게 만든다. 등장인물의 위치를 이동시키기 쉽고 배경과 함께 제시하므로 이야기가 전개되는 장소와 시점에 대한 이해를 도모할 수 있다. 배경이 되는 테이블은 상자나 작은 상을 꾸며서 만들거나, 이동할 수 있는 판에 구성할 수도 있다. 배경의 앞뒤를 다르게 꾸미면 동화의 배경이 바뀌는 것을 표현할 수 있다. 〈그림 10-28〉은 스티로폼과 한지를 이용하여 꾸민 산 배경판과 플라스틱병을 안에 넣어 세운 테이블인형이며, 〈그림 10-29〉는 여름 풍경의 배경판과 코르크통에 고정하여 서 있도록 만든 테이블인형이다. 이들을 가지고 동화를

그림 10-28 플라스틱병을 안에 넣어 세운 손인형 겸용의 테이블인형

그림 10-29 동화 〈개미와 베짱이〉의 여름 배경판과 테이블인형

들려준 후 배경판과 인형을 언어 영역에 제공하면 유아들이 스스로 이야기를 재구성해 볼 수 있다.

(5) 줄인형

줄인형은 줄을 이용하여 조종하는 것으로, 조작 난이도가 높은 편이다. 숙련된 전문가는 다양한 움직임을 표현할 수 있기에 공연용으로 많이 사용된다. 유아를 위해서는 간단하게 한 줄 혹은 두 줄만 사용한 인형을 만들어 제공할 수 있다(그림 10-30). 이때 발 부분에 둥근 자석이나 고무 점토 덩어리를 매달아 안정감 있게 움직일 수 있다. 주제와 관련하여 교사가 조작할 수 있는 줄인형의 예는 〈그림 10-31〉과 같다.

그림 10-30 간단하게 만들 수 있는 줄인형

그림 10-31 상품화된 줄인형

(6) 그림자인형과 블랙라이트 인형극

그림자인형은 반투명 스크린 뒤에서 슬라이드 환등기와 오버헤드 프로젝터, 무대용 라이트로 빛을 쏘아 그림자를 만들어 유아들에게 보여 주는 것이다(그림 10-32). 반면

그림 10-32 그림자인형

그림 10-33 블랙라이트 인형극과 형광색지로 만든 꽃

블랙라이트(black light, 짙은 청색 형광 조명) 인형극은 스크린 없이 불이 꺼진 깜깜한 무대에서 형광물질의 빛을 발산시켜 인형들의 움직임을 보여 주는 것이다. 블랙라이트는 흰색 장갑이나, 흰색 옷과 형광 색지, 형광펜에 반응하므로 인형극의 제목을 적거나 등장인물을 만들 때 이러한 점에 유의한다(그림 10-33). 그림자인형과 블랙라이트 인형극을 할 때는 인형을 다루는 숙련된 기술이 필요하기 때문에 많은 준비와 연습이 필요하다.

CHAPTER 11

컴퓨터와 스마트매체

다양한 소프트웨어와 주변기기의 발달로 컴퓨터가 핵심적인 교육매체로 일반화되었다. 교육공학적 측면에서 컴퓨터를 매개로 디지털화된 영상, 음성, 문자 등의 다양한 매체를 복합적으로 처리할 수 있는 멀티미디어는 기존의 영화, TV, 오디오 등의 매체에 비해 정보 처리능력과 표현능력이 우수하여 유아교육현장에서 널리 활용되고 있다.

1. 컴퓨터와 스마트매체의 특성

개인용 컴퓨터는 1970년대 중반에 등장하였고, 1981년 IBM의 PC 등장 이후 본격적으로 대중화되었으며, 콤팩트디스크(CD)의 보급과 자료의 디지털화로 멀티미디어의 개념이 일반화되었다. 퍼스널 컴퓨터는 중앙처리장치(CPU)의 발전에 따라 그 성능이 비약적으로 향상되어 1990년대에는 종전의 텍스트 위주의 소프트웨어가 아닌 윈도라는 그래픽 환경의 소프트웨어가 등장하여 윈도 호환 기종이 확산되었으며 소형화·고성능화·컬러화가 급속히 진전되었다. 요즘에는 대용량화, 고속화, 소형화와 통신 및 네트워크 기능이 빠르게 발전하고 있으며 인공지능형 매체의 개발도 활발하다.

멀티미디어는 동영상이나 오디오 데이터의 양이 많으므로 대용량 저장매체인 CD-

Rom(Compact Disc-Read Only Memory)이 등장하였다. 1990년대 중반부터는 우리나라에서도 CD-Rom을 사용한 디스크 책이 대중화되기 시작하였다. 최근에는 고속통신망을 이용한 인터넷 발달로 컴퓨터만 있으면 손쉽게 대용량 콘텐츠를 선택하여 수업에 활용할 수 있게 되었다. 또 학습의 통제권을 학습자에 대폭 이양한, 한 차원 확장된 멀티미디어 표현기능으로 하이퍼미디어가 발달하였다. e-러닝, u-러닝의 발달로 교실에서 교사-학습자 중심으로 진행되는 교수·학습방법 이외에도 다양한 접근이 일반화되었다. 대부분의 교수·학습 상황에서 컴퓨터와 스마트기기는 중심매체가 되었으며 유아 교실에서도 그 비중이 점점 높아지고 있다.

그러나 컴퓨터와 관련 미디어 기능이 진화하였다고 해서 컴퓨터를 활용한 수업의 질이 우수해졌다는 것은 아니다. 교사는 유아를 위한 교수매체로서 컴퓨터의 특성과 제한점을 파악하고, 이를 교육목표와 유아의 특성에 알맞게 활용해야 한다. 교수매체로서 컴퓨터와 스마트매체의 특성은 다음과 같다.

- 첫째, 영유아교육은 영유아의 사회·인지·정서·신체·언어 발달의 모든 측면을 자극하는 경험을 포함하는데, 컴퓨터는 이러한 발달 영역을 자극할 수 있는 활동을 제공하는 융통성(flexibility)을 지닌다. 컴퓨터 사용에서 늘 문제의 초점이 되어왔던 사회성 발달에 대한 비판에 대해서도, 최근에는 연령에 적합한 질 높은 소프트웨어를 사용할 경우 오히려 컴퓨터를 교대로 사용한다든지 하면서 경쟁이 감소하며 돕는 행동이 증가하는 등의 사회적 능력이 증진되었다는 반론이 나오고 있다. 즉, 컴퓨터 사용 자체가 문제가 아니라 영유아기 발달에 필요한 사회적 활동을 다양한 형태로 제공하지 않는 것이 사회성 발달 저해의 원인이라고 볼 수 있다.
- 둘째, 좋은 소프트웨어는 유아의 흥미가 높으며 자료 간에 활발한 상호작용을 불러일으키는 능동적 매체로 활용될 수 있다. 유아들은 컴퓨터 앞에 앉아 자료와 의사소통하며, 컴퓨터를 이용하여 다른 유아와 상호작용할 수도 있다. 잘 구성된 프로그램은 유아들에게 문제를 협동적으로 해결하는 경험을 제공하게 된다.
- 셋째, 대부분의 컴퓨터 프로그램은 선택 및 결정의 기회를 제공할 뿐만 아니라 선택과 결정에 대해 빠르게 반응하므로 학습자가 흥미를 가지고 활동을 지속할 수 있게 만든다. 또 사용자의 의도에 따라 내용 구성, 제시 속도 등을 변화시키기 편리하다.

- 넷째, 컴퓨터 통신망을 이용하면 다양한 교육 관련 정보를 빠르고 손쉽게 얻을 수 있다. 융통성과 발현성을 강조하는 영유아교육과정의 특성상 교사는 영유아의 활동과 반응에 따라 새로운 주제의 자료를 준비해야 하는데 별도의 교과서를 이용하는 것이 아니므로 대부분의 교수 자료를 교사가 고안해야 한다. 이때 인터넷이 연결된 컴퓨터가 교실 안팎에서 유용하게 활용된다.
- 다섯째, 컴퓨터는 디지털카메라와 캠코더, TV, 스마트폰 등 다른 매체와 연결하여 다채롭게 활용할 수 있다. 예를 들어 유아들이 언어 영역에서 소집단으로 손가락 인형극을 할 때, 교사는 이 장면을 디지털캠코더로 찍은 후 컴퓨터와 연결된 대형 TV 화면이나 빔프로젝터를 이용하여 다른 유아에게 보여 줄 수 있다. 유아들과 산책하며 본 꽃을 스마트폰으로 촬영하고 TV나 컴퓨터로 연결하여 볼 수도 있으며, 스마트폰으로 낯선 동식물에 대한 정보를 바로 검색할 수도 있다. 마트 견학 시 스마트폰으로 상품 바코드를 읽어 해당 제품의 정보를 즉석에서 알아볼 수도 있다.
- 여섯째, 교사가 파워포인트, 그림판, 동영상 편집기 등 다양한 기능을 활용하여 그림 자료, 영상 자료, 음성 자료 등을 손쉽게 제작할 수 있다. 또 다양한 색과 크기의 그림과 글자 자료를 출력하여 교수 자료와 문서를 제작할 수 있다.

2. 컴퓨터와 스마트매체의 활용

컴퓨터 프로그램은 영유아의 학습과정에 직접 활용하는 프로그램과 영유아교육 관련 업무나 교재 제작에 도구적으로 활용하는 프로그램으로 구분된다. 영유아가 직접 활용하는 프로그램으로는 컴퓨터용 소프트웨어나 스마트폰 앱을 이용한 언어·인지 활동, 조사 활동, 그림 그리기, 음악 감상 및 영상 자료 감상하기 등이 있으며, 박물관이나 체험공간의 가상체험 프로그램이나 놀이 프로그램도 개발되어 있다.

학습의 보조 자료로 사용되는 경우에는 오락용 프로그램과 구분하여 CAI(Computer Assisted Instruction) 프로그램이라고 부르는데, 최근에 제작되는 프로그램들은 교육적 가치와 오락적 요소들을 함께 포함한 것이 많다. 교육 문서를 작성하는 데 컴퓨터가 필수적인 것은 물론이고, 수업에 필요한 정보를 검색하고 글자, 그림 자료를 다운로드하며 파워포인트나 그림, 영상 편집 프로그램을 이용하여 동영상 자료 등을 제작하는 데 다양하게 활용할 수 있다. 사실 컴퓨터 활용 활동의 가치는 컴퓨터 자체보다는 프로그램의 종류와 질에 좌우된다.

최근에는 다양한 활동을 스마트 교수 활동 프로그램으로 제작한 상품화 자료가 늘고 있다. 교사의 이야기 나누기 수업용 자료에 증강현실 기능을 포함시키거나 전용 태블릿 PC를 활용하여 개별 활동을 전개하는 자료, 가정 연계학습용 스마트 앱을 지원하는 자료 등이 개발되어 있다. 유아교사는 무엇보다도 영유아 학습자의 특성에 적합하며 질 높은 프로그램을 선정하고, 이를 이용한 개별 또는 소집단 학습이 효과적으로 이루어지도록 물리적인 환경을 준비하며, 효과적으로 상호작용해야 한다.

1) 소프트웨어의 선정 기준

유아용 컴퓨터 프로그램은 CD-Rom의 형태로 보급되는 것이 많다. CD-Rom은 많은 자료를 거의 영구적으로 저장하면서도 제작비용이 저렴한 편이어서 이를 이용한 학습용 타이틀이 많이 상품화되어 있다. CD-Rom은 정보를 쉽게 읽고 프린터를 이용해 복사할 수 있으나 내용을 편집하기가 어렵다는 단점이 있다.

자료의 형태보다 더욱 중요한 것은 소프트웨어의 질인데, 컴퓨터 활동이 유아의 학습 경험으로 적절하려면 컴퓨터를 이용한 활동이 즐겁고 정서적 만족을 제공하며, 유아의 이해도나 조작기술의 발달 수준에도 적절해야 한다. 유아 발달에 적합한 질 좋은 소프트웨어를 선택하려면 유아들이 컴퓨터를 사용할 때 협동적으로 놀이할 수 있으며, 단순히 정답을 찾기보다는 변인을 조작하고 변화를 탐색하는 반성적 사고를 조장하는 프로그램인지 살펴야 한다. 소프트웨어는 제시하는 문제의 유형 및 특징에 따라 개방적인 것과 폐쇄적인 것으로 구분되는데, 개방적 소프트웨어(open-ended software)는 유아 자신이 선택의 가능성을 가지고 조절할 수 있거나 최소한의 선택의 여지를 제공하는 소프트웨어이다. 이에 비해 답이 정해져 있어 유아가 그것을 맞추기 위해 단순하게 반응하는 연습지 같은 프로그램을 폐쇄적 소프트웨어(close-ended software)라고 한다. 유아에게는 개방적 소프트웨어가 적절하며, 유아를 위한 소프트웨어가 갖추어야 할 몇 가지 기준을 살펴보면 다음과 같다.

- 유아가 사용하기 쉬워야 한다. 즉, 그림 메뉴가 있어야 하고 몇 개의 키만으로 사용하여 혼자 활동할 수 있어야 한다. 요즈음 많이 쓰이는 터치식 화면은 어린 유아들도 쉽게 사용할 수 있어 효과적이다. 커서를 이용할 때는 그것을 마음대로 움직여 유아들이 관심 있는 그림 가까운 곳을 클릭하면 반응을 얻을 수 있어야 한다. 커서로 좁은 범위를 정확히 클릭해야 하는 프로그램은 어린 유아에게 부적절하다.
- 연습지처럼 주어진 문제에 수동적으로 정답을 찾아 반응하는 식의 프로그램을 주로 제공하는 것은 바람직하지 않다. 자기 표현을 격려하는 개방적 프로그램이 바람직하다.
- 유아와 프로그램 간 상호작용이 활발히 이루어지도록 조장하는 내용이어야 한다. 유아가 선택하고 결정하며 빈번히 반응할 수 있고, 창의적으로 입력할 수 있는 것이 좋다.
- 내용이 충실해야 한다. 발달 단계에 적합한 교육적 내용을 포함한 것이 바람직하다. 좋은 내용을 담고 있더라도 지루하면 활동이 지속되기 어려우므로 구성도 흥미로워야 한다. 그러나 흥미롭다고 해서 무조건 좋은 프로그램은 아니며, 프로그램 사용이 유아에게 유익한 결과를 초래하는지 평가해야 한다.
- 시작하기, 다른 화면으로 넘어가기, 끝내기가 용이해야 한다. 다른 내용으로 넘어가거나 활동을 그만 두고 싶을 때 금방 끝낼 수 있는 그림 단서가 화면에 있고 유아 스스로 활동의 진행과 종료를 조절할 수 있어야 한다.
- 유아 스스로 자신의 수준에 맞추어 난이도를 조절하거나 선택할 수 있어야 한다. 따라서 여러 수준의 프로그램을 준비해야 하며, 한 프로그램이 여러 수준으로 구성되어 있을 때는 수준별로 단계를 거쳐 나가야 하는 고정된 스타일보다 각 수준으로 쉽게 선택해서 들어갈 수 있도록 제작된 것이 좋다.
- 재미있는 효과음이나 정보음이 있어 유아의 흥미를 끌어야 하는데, 너무 소란스럽지는 않은 것이어야 한다.
- 컴퓨터 그래픽이 아름답고 컬러도 선명하여 인식이 쉬워야 한다. 최근에는 동화뿐만 아니라 명화 감상 자료나 박물관 자료같이 그래픽의 질이 주요 요소인 프로그램들이 많이 보급되고 있으므로 구입 전에 그래픽을 평가하도록 한다.
- 유아 간 상호작용을 조장하거나 두 명 이상의 유아가 협동하는 경험을 제공하게

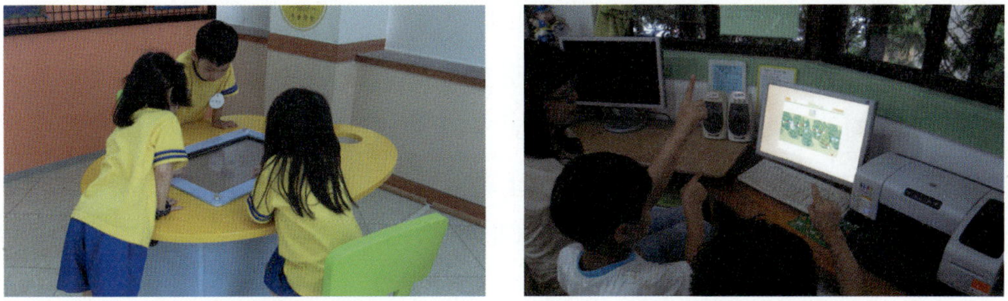

서울특별시 유아교육진흥원 체험 활동　　　　만 5세반의 컴퓨터 영역

그림 11-1　컴퓨터 활동을 하며 상호작용하는 유아들

끔 설계된 것이 좋다.

- 유아의 일상 경험이나 관심, 학습주제 등과 연결되어야 한다. NAEYC(1996)는 폭력적인 장면이 포함된 것을 피하고 다양한 문화, 가족, 연령이 포함된 프로그램의 선정을 권고한다. 그러나 좋은 프로그램을 선정하는 것만으로는 부족하고, 유아의 상호작용이 활발하게 일어나도록 컴퓨터 영역을 효과적으로 배치·운영해야 한다.

2) 컴퓨터 영역의 준비와 지도 원리

교실에 컴퓨터 영역을 두고 유아가 개별적으로 활동하게 하면, 유아는 안정감을 갖고 활동하며 교사는 유아를 관찰하고 지도하기 용이하다. 교사는 그림판이나 동물 모형 자료 등과 마찬가지로 컴퓨터도 일상의 교수매체로 인식하고, 유아의 일과 속에서 여러 가지 활동과 상호 연관되도록 지도하는 것이 바람직하다. 따라서 컴퓨터 활동이 다른 영역과 상호 관련을 맺으면서 효율적으로 이루어지려면 좋은 소프트웨어 선정 및 컴퓨터 영역 배치와 기기 설치가 잘 이루어져야 한다.

컴퓨터를 특별한 학습도구로 생각하여 일상 경험과 분리되는 별도의 시공간에서 관련 활동을 하기도 하는데, 이는 유아를 위한 활동방법으로는 바람직하지 않다. 학급에서의 경험과 분리하여 컴퓨터를 별도로 일정 시간 학습하면 교사와 유아, 유아와 유아 간에 새로운 기술과 개념을 배우는 데 필요한 개별 또는 소집단의 사회적 상호작용을 할 수 없을 뿐만 아니라 유아별 주의 집중력 및 흥미를 고려할 수 없고, 학급에서의 경험과 통합하여 활용하기 힘들다.

컴퓨터는 사용의 이점이 많지만, 영유아기에는 구체물을 통한 놀이가 발달에 적절하다. 따라서 너무 일찍부터 학급에서 개인용 컴퓨터 활동을 제시할 필요는 없으며, 만

4～5세반 유아가 자신이 계획한 놀이나 또래 간 협력적 활동을 지원하기 위한 보조매체로 사용하도록 한다. 또 컴퓨터가 주는 강렬한 시각적 자극이나 빠른 피드백에 지나치게 몰입하지 않도록 다른 활동을 균형 있게 제공한다. 컴퓨터로 얻는 정보는 유아가 실제 경험하는 세계가 아니므로 그들이 가상과 실제를 구별하게 돕고, 가정에서도 보호자와 함께 컴퓨터를 사용하는 것을 생활화하도록 도와 준다.

(1) 컴퓨터 영역의 준비

- 컴퓨터 영역은 전원 연결이 가능하며 건조한 공간에 배치한다. 컴퓨터, 스캐너, 스피커, 프린터 등 여러 개의 플러그를 꽂아야 하므로 전용 멀티탭을 설치하고 전원 연결선이 바닥에 늘어지지 않도록 한다. 사용하지 않을 때는 전원을 끌 수 있도록 연결선에 ON/OFF 버튼이 있는 것을 쓰는 것이 좋다. 전원을 사용하고 인터넷 연결선도 필요해서 위치를 자주 옮기기 어려우므로 신중하게 배치해야 한다.
- 프로그램에 따라 차이가 있으나 대개 음성 자료가 포함되어 있으므로 다른 유아를 방해하지 않으면서 작동 중인 유아가 소리를 잘 들을 수 있게 해야 한다. 따라서 음률 활동 영역이나 쌓기 영역처럼 소리가 많이 나는 영역 또는 책 읽기 영역처럼 조용한 영역과는 떨어뜨려 배치한다.
- 유아 간의 상호작용을 격려하며, 유아들이 기다리는 시간을 소모하지 않도록 유아 열 명당 한 대 정도의 컴퓨터를 준비하고, 한 학급에 최소 두 대 이상을 설치하는 것이 바람직하다. 이때 유아들이 활동하면서 서로의 화면을 보거나 얼굴을 쳐다보며 이야기 나눌 수 있도록 자리를 배치하는 것이 좋다.
- 프린터는 두 대의 컴퓨터와 연결 후 가운데 배치해도 무방하며, 자료를 원본에 가깝게 출력할 수 있는 컬러프린터를 준비하는 것이 좋다. 스캐너 겸용 제품을 준비하면 다양한 활동을 할 수 있다.
- 유아가 편안하게 활동하려면 컴퓨터와 키보드, 마우스의 높이가 유아의 신체에 적절해야 한다. 따라서 유아용 컴퓨터 책상을 설치하고, 부득이하게 일반 유아용 책상을 사용해야 한다면 모니터와 눈의 거리가 너무 가깝지 않도록 큰 책상을 사용하거나 두 개의 책상을 붙인다. 유아들이 알아서 거리를 유지하는 것은 무리가 있으므로 책상의 크기와 모니터의 배치로 거리를 조절하는 것이 좋다.
- 컴퓨터는 유아의 개별 활동에만 사용하는 것이 아니라 교사 주도의 집단 활동 시

에도 대형 TV나 빔프로젝터와 연결하여 사용하므로 배치 시 이를 고려하면 편리하다.

(2) 컴퓨터 활동지도 원리

- 컴퓨터 활동 시작 전에 교사는 유아의 연령, 발달수준, 학습 준비도 등을 고려하여 컴퓨터 활동을 준비하고 흥미를 불러일으키기 위한 활동을 마련한다. 예를 들어 컴퓨터 영역 설치, 컴퓨터 관련 이야기 나누기, 컴퓨터 관련 그림 전시, 컴퓨터 용어 소개, 컴퓨터 관련 그림 그리기, 컴퓨터 전시장 견학, 컴퓨터 사용 경험이 있는 유아의 이야기를 듣거나 프로그램 작동에 대한 시범을 보여 줄 수 있다.
- 컴퓨터 사용 기술을 발달시키는 데 도움을 주는 여러 활동을 시도해 본다. 활동카드를 사용하여 컴퓨터를 켜고 끄는 것을 연습하거나, 키보드에 대한 지식을 배우기 위한 활동, 선택 화면(menu)을 다루는 기술을 익히는 활동을 해 보고 그림의 지시 따르기를 돕는 준비 활동을 그림, 책, 게임 자료, 시범 보이기, 직접 연습하기 등의 방식으로 실행해 본다.
- 컴퓨터 영역을 배치한 후 소개한다. 컴퓨터 영역의 배치는 다른 흥미 영역의 활동이 활발하게 이루어진 후에 하는 것이 적절하다. 교사는 유아와 영역의 이름, 관련 기기의 명칭, 사용방법 등에 대해 이야기 나누고 사용 규칙 등을 의논한다.
- 컴퓨터를 처음 조작해 보는 유아가 개별적으로 사용방법에 익숙해지도록 지도한다. 이때 익숙하게 다루는 유아와 협력학습이 일어나도록 그룹을 구성할 수 있다. 또 웹사이트를 검색하는 경우 바탕화면에 아이콘을 만들거나 즐겨찾기 등의 형태를 제공하여 유아가 마우스를 스스로 조작하여 원하는 정보를 탐색할 수 있도록 한다.
- 컴퓨터 영역의 활동이 다른 영역의 활동과 연계되도록 한다. 예를 들어 '동물'을 주제로 할 경우, 컴퓨터로 동물 가면을 그려 프린트한 후 이를 미술 활동 영역에서 꾸민 후 동작 활동 시간에 활용할 수 있다.
- 전개되는 주제와 관련된 활동 또는 개념을 풍부하게 해 줄 만한 소프트웨어나 관련 사이트를 선정하여 제시한다. 예를 들어 '우리나라'라는 주제가 진행될 때 역사 노래 CD와 국립중앙박물관 등의 사이트를 소개할 수 있으며, 견학하기로 예정된 곳의 사이트를 검색하여 정보를 수집하고 이야기 시간에 그것을 다른 유아들

과 공유하게 할 수 있다. 박물관의 물건이나 유물을 프린트하여 게시하거나 책을 만들어 보도록 지도할 수도 있다.

- 교사는 유아와 컴퓨터 간의 상호작용을 매개하는 역할을 한다. 유아는 마우스를 클릭하여 컴퓨터 아이콘을 조작할 수 있지만 논리적으로 이러한 상징을 이해하지는 못한다. 따라서 교사는 유아의 이해 정도를 파악하여 수준에 적절하게 설명하거나 질문하기, 모델 보이기, 격려하기 등의 방법으로 개입한다.
- 컴퓨터 영역 활동 시 지켜야 할 몇 가지 기본규칙을 의논하고 결정하여 유아들이 자발적인 분위기에서 활동할 수 있게 한다. 소수의 인원이 하는 활동이므로 순서표와 활동 영역 이름표 등을 사용하면 교사의 지시나 유아 간 갈등 없이 질서 있게 진행할 수 있다.

> 나무반 컴퓨터 영역의 규칙
> - 활동 순서표에 이름 적기
> - 손에 물기를 닦은 후 키보드와 마우스 만지기
> - 바른 자세로 앉고 모니터를 가까이에서 보지 않기
> - 친구가 컴퓨터를 할 때 키보드를 마음대로 만지지 않기
> - 소리가 나는 활동은 헤드폰을 사용하기
> - 다음 친구가 놀이할 수 있도록 정리하기

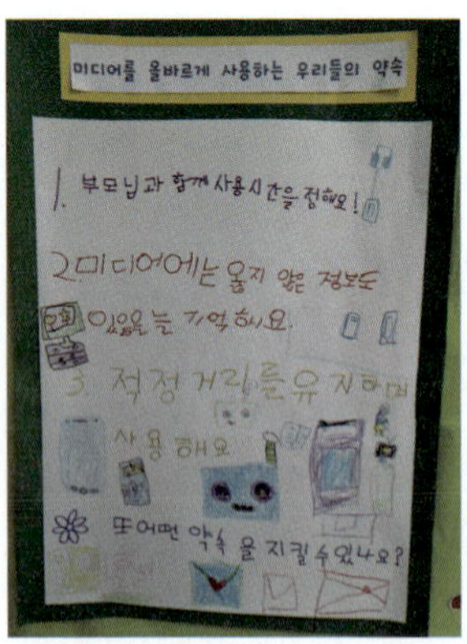

그림 11-2 유아가 정한 미디어 사용 약속

- 유아기에 필요한 인터넷 윤리와 사이버 폭력 예방 교육을 실시해야 하며 스마트매체에 중독되지 않도록 관찰과 예방 교육을 한다. 〈표 11-1〉은 유아동 스마트폰 중독 관찰자 척도이고, 〈표 11-2〉는 여러 부처에서 이루어지는 스마트폰·인터넷 과의존 예방·해소사업에 대한 안내이다.

표 11-1 유아동 스마트폰 중독 관찰자 척도

번호	항목	전혀 그렇지 않다	그렇지 않다	그렇다	매우 그렇다
1	스마트폰 앱에 빠져서 다른 활동을 하지 않으려고 한다.				
2	다른 어떤 놀이보다 스마트폰을 갖고 노는 것을 좋아한다.				
3	항상 스마트폰을 가지고 놀 궁리를 한다.				
4	학교 또는 유치원(어린이집)에 다녀오자마자 스마트폰부터 찾는다.				
5	스마트폰 때문에 과제나 공부를 할 때 좀처럼 집중하지 못하고 산만하다.				
6	짜증이 나면 스마트폰부터 찾아서 켜려고 한다.				
7	심하게 울고 있다가도 스마트폰만 보면 금방 그친다.				
8	새 장난감을 사 줘도, 금새 흥미를 잃고 다시 스마트폰을 사용한다.				
9	하루라도 스마트폰을 사용하지 못하게 하면 억울해 한다.				
10	스마트폰을 쓰다가 배터리가 나가면 심하게 짜증을 낸다.				
11	스마트폰을 그만 쓰라고 말하면 반항적으로 화를 낸다.				
12	아이에게서 스마트폰을 빼앗으려 하면 욕을 한다.				
13	아이에게서 스마트폰을 빼앗으려 하면 폭력을 행사한다.				
14	스마트폰을 사용하지 않아도 초조하거나 불안해 보이지 않는다.				
15	스마트폰을 사용하는 시간이 점점 늘어난다.				
16	아이에게 스마트폰을 그만 사용하라고 잔소리하는 횟수가 늘었다.				
17	아이에게 스마트폰을 회수하는 것이 점점 더 어려워진다.				
18	스마트폰을 달라고 조르는 횟수가 점점 늘어난다.				
19	스마트폰을 빼앗지 않아도 어느 정도 사용하고 나면 스스로 그만 둔다.				
20	스마트폰 사용에 대해 부모에게 거짓말을 한다.				
21	스마트폰 사용으로 인해 눈이 아프다고 한다.				
22	스마트폰을 오래 들고 있어서 손목이 아프다고 한다.				
23	스마트폰을 쓰느라 잠이 부족하다.				
24	스마트폰을 사용하면서 아이가 예전보다 난폭해졌다.				
25	스마트폰 사용으로 목이나 등이 아프다고 한다.				
26	스마트폰 사용 때문에 아이와 자주 싸운다.				
27	스마트폰을 하느라 가족행사(외출이나 외식 등) 참가를 꺼린다.				
28	스마트폰을 볼 때는 말을 걸어도 전혀 반응을 하지 않는다.				
29	스마트폰으로 인해 아이가 가족들과 눈을 마주치며 대화하는 시간이 줄었다.				
30	다른 사람이 스마트폰을 쓰는 모습을 보아도 스마트폰을 달라고 떼를 쓰지 않는다.				

(계속)

<table>
<tr><th colspan="3">채점과 해석</th></tr>
<tr><td rowspan="3">채점
방법</td><td>[1단계]
문항별</td><td>전혀 그렇지 않다: 1점, 그렇지 않다: 2점, 그렇다: 3점, 매우 그렇다: 4점
※ 단, 문항 14번, 19번, 30번은 다음과 같이 역채점 실시
〈전혀 그렇지 않다: 4점, 그렇지 않다: 3점, 그렇다: 2점, 매우 그렇다: 1점〉</td></tr>
<tr><td>[2단계]
총점 및
요인별</td><td>총 점 ▶ ① 역문항(1, 19, 30번)을 제외한 27문항 합계
요 인 별 ▶ ② 금단(10, 11, 12, 13번) 합계
③ 내성(15, 16, 17, 18번) 합계
④ 문제(20, 21, 22, 23, 24, 25번) 합계</td></tr>
<tr><td>[3단계]
역문항–순문항
짝계산</td><td>* 앞에서 계산한 역문항 값에서 짝을 이루는 문항 값을 뺀 후 절댓값을 구하여 합산한다.
|14번(역)–11번|+|19번(역)–17번|+|30번(역)–29번|이 7점 이상인 경우
→ 검사에 성실하게 응답하지 않았을 가능성이 높으므로 검사 재실시를 권고</td></tr>
<tr><td rowspan="3">고위험
사용자군</td><td colspan="2">총 점 ▶ ① 77점 이상
요인별 ▶ ② 금단 12점 이상 ③ 내성 14점 이상 ④ 문제 17점 이상</td></tr>
<tr><td colspan="2">판정: ①에 해당하거나, ②~④ 모두 해당되는 경우</td></tr>
<tr><td colspan="2">스마트미디어 사용으로 인하여 일상생활에서 심각한 문제를 보이면서 내성 및 금단 현상이 나타난다. 가족과 소통하기보다는 스마트미디어에만 몰입하며 부모님을 속이거나 반항적인 행동을 많이 하기도 한다. 발달 연령에 비해서 훨씬 스마트미디어를 많이 사용하고, 스마트미디어를 못 쓰게 하면 공격적인 모습을 보이는 등 과도하게 반응하는 특징을 지닌다. 스마트미디어 사용으로 인하여 책 읽기나 장난감 놀이 등 연령에 맞는 놀이나 학습을 제대로 수행할 수 없으며 부모님이 보기에도 스마트미디어 중독이라고 보인다. 또한, 심리적으로 불안정하고 우울한 기분을 느끼며, 대인관계에서 곤란해하는 모습이 자주 관찰된다. 자기 조절에도 심각한 어려움을 보이며, 충동성도 높은 편이다.
▷ 스마트미디어 중독 경향성이 매우 높으므로 관련 기관의 전문적 지원과 도움이 요청된다.</td></tr>
<tr><td rowspan="3">잠재적
위험
사용자군</td><td colspan="2">총 점 ▶ ① 71점 이상~76점 이하
요인별 ▶ ② 금단 11점 이상 ③ 내성 13점 이상 ④ 문제 15점 이상</td></tr>
<tr><td colspan="2">판정: ①~④ 중 한 가지라도 해당되는 경우</td></tr>
<tr><td colspan="2">고위험 사용자군에 비해 경미한 수준이지만 일상생활에서 문제를 보이며, 다른 활동보다 스마트미디어 사용에 집착을 보이며, 사용시간이 점점 늘어나게 된다. 필요 이상으로 스마트미디어 사용시간이 늘어나고 집착을 하게 된다. 스마트미디어를 사용하는 것 외에 다른 어떤 일에 집중하는 것이 어려우며, 심리적 불안정감을 보이기도 한다. 다분히 계획적이지 못하고 자기 조절에 어려움을 보이며 자신감도 낮다.
▷ 스마트미디어 과다 사용의 위험이 있으므로 유아동이 스마트미디어 사용을 스스로 조절할 수 있도록 보호자의 관찰 및 지도가 필요하다.</td></tr>
<tr><td rowspan="3">일반
사용자군</td><td colspan="2">총 점 ▶ ① 70점 이하
요인별 ▶ ② 금단 10점 이하 ③ 내성 12점 이하 ④ 문제 14점 이하</td></tr>
<tr><td colspan="2">판정: ①~④ 모두 해당되는 경우</td></tr>
<tr><td colspan="2">대부분이 스마트미디어 중독문제가 없다고 느낀다. 심리적 정서문제나 성격적 특성에서도 특이한 문제를 보이지 않으며, 자기 행동을 관리한다. 주변 사람들과의 대인관계에서도 자신이 충분한 지원을 얻을 수 있다고 느끼며, 심각한 외로움이나 곤란감을 느끼지 않는다.
▷ 때때로 스마트미디어의 건전한 활용에 대하여 자기 점검을 지속적으로 수행한다.</td></tr>
</table>

자료: 한국정보화진흥원(2014). S-척도(스마트폰중독 척도) 유아동 관찰자용. 스마트쉼센터(http://www.iapc.or.kr)

표 11-2 여러 부처에서 이루어지는 스마트폰·인터넷 과의존 예방·해소사업 안내

부처	구분	프로그램(명)	주요 내용	대상
과기정통부	교육	레몬교실	스마트폰 과의존 예방교육 기본과정	유·초·중·고교생, 학부모, 교원
		WOW 건강한 멘토링	스마트폰 과의존 예방교육 심화과정	초·중·고교생
		다 함께 꿈 톡톡!!	체험형 ICT 진로교육 프로그램	중학생
		온라인 콘텐츠	스마트폰 과의존 예방 온라인 학습	유·초·중·고교생, 학부모, 교원
		온라인 교원직무연수	스마트폰 과의존 예방 상담 교육	중·고등학교 교원, 교육전문직
	상담	개인·집단·가정방문 상담	과의존 문제상담, 예술·놀이치료, 대안활동	유·초·중·고교생, 학부모, 교원
문체부	교육	학부모 게임문화 인식 제고 교육	게임 인식 제고, 게임 이용 지도 교육	초·중교생 학부모
		게임리터러시 교사직무연수	게임 리터러시 직무연수 및 선도 교육 지원	초·중·고등학교 교사
	캠프	게임문화 가족캠프	게임 과몰입 예방, 게임 제작 체험 통한 진로탐색	청소년, 학부모
산자부	앱서비스	세모달 앱서비스	스마트폰 바른 사용 학습 기능 제공	초등 저학년·학부모, 교사, 상담사
복지부	교육	중독예방교육	뇌의학 기반 예방교육 콘텐츠 활용 방법 교육	보건교사, 상담교사
여가부	상담·치료 연계	공존질환 검사	공존질환(우울증, ADHD 등) 보유 선별검사	청소년
		과의존 위험 수준별 상담	대상 특성, 과의존 위험 정도에 따른 맞춤형 개인·집단 상담	청소년
		의료기관 치료비 지원	종합심리검사, 병원 연계·치료 지원	청소년
	캠프·기숙 치유	국립청소년 인터넷드림마을	과의존 고위험군 청소년 대상 상설 치유기관 운영	청소년
		인터넷치유캠프·가족치유캠프	치유 활동, 체험 활동, 대안놀이 등을 결합한 기숙치유캠프	청소년, 가족
	교육	스마트폰 과의존 청소년 부모교육	위험군 청소년 학부모 대상 예방 가이드 교육	학부모
	조사	인터넷·스마트폰 이용습관 진단조사	인터넷·스마트폰 과의존 경향성 및 위험도 파악	초 4, 중 1, 고 1 학생
방통위	교육/SW보급	사이버안심존(스마트안심드림)	중독 상담 관리 및 불법 유해 정보 차단 SW 보급	초·중·고교생, 학부모, 교사
			유해정보 차단 SW 활용 및 스마트폰 역기능 교육	학부모, 교사

(계속)

<table>
<tr><th>부처</th><th>구분</th><th>프로그램(명)</th><th>주요 내용</th><th>대상</th></tr>
<tr><td rowspan="4">방통위</td><td rowspan="4">교육/
SW보급</td><td rowspan="3">사이버안심존
(스마트안심드림)</td><td rowspan="2">스마트폰 중독 상담관리 프로그램 활용법 및 상담 교육</td><td>학부모, 교사</td></tr>
<tr><td rowspan="2">교사</td></tr>
<tr><td>건전한 미디어 교육</td></tr>
<tr><td>그린아이넷</td><td>불법 유해 정보 차단 소프트웨어 보급</td><td>초·중·고교생, 학부모, 교사</td></tr>
<tr><td rowspan="3">사감위</td><td rowspan="3">예방
교육</td><td>도박문제 예방교육</td><td>대상별 맞춤형 예방교육</td><td>유·초·중·고교생, 학부모, 교원</td></tr>
<tr><td>문화 콘텐츠</td><td>영화, 애니메이션 형식의 예방교육 콘텐츠</td><td>중·고교생, 학부모, 교원</td></tr>
<tr><td>청소년 도박문제
예방 연극</td><td>문화 콘텐츠(연극)를 통한 도박문제 예방</td><td>중·고교생</td></tr>
</table>

자료: 과학기술정보통신부, 문화체육관광부, 산업통상자원부, 보건복지부, 여성가족부, 방송통신위원회, 사행산업통합감독위원회, 2018, p. 1.

3) 컴퓨터와 스마트매체의 활용 실제

교실에서 컴퓨터를 어떻게 활용하는가는 소프트웨어의 종류와 질에 따라 달라진다. 일반적으로 컴퓨터는 동화·동시 감상, 이야기 나누기, 특정 주제와 관련된 정보 검색, 음악 감상 및 노래 부르기 활동에 많이 활용되며 이 밖에도 그림 그리기, 글자 자료 만들기, 상품화된 프로그램을 활용한 인지적 학습, 어학 활동 등의 자료로도 활용된다. 최근에는 컴퓨터를 활용한 가상체험 프로그램이 많이 나와 유아들에게 흥미로운 활동으로 제공되고 있다.

(1) 동화 · 동시 · 동극 감상

컴퓨터를 이용한 동화나 영화 자료는 풍부한 편이다. 상품화된 CD-Rom 자료를 이용할 수 있으며, PPT 슬라이드 동화를 제작하거나 다양한 동영상 자료를 손쉽게 접할 수 있다. 유아용 사이트에서 제공하는 동화 자료 중 우수한 것은 목록을 만들어서 활용할 수도 있다. 동화를 보고 난 후에는 해당 책을 제공하고, 주인공이나 등장인물을 점토로 만들어 보거나 디오라마를 구성하고, 입체 책 만들기 등의 관련 활동을 하여 다른 영역과의 연계를 도모할 수 있다. 또한 기존 동화의 내용이나 지어낸 이야기를 기반으로 한 유아들의 동극을 동영상으로 촬영하고 편집하여 반에서 감상하거나 학부모 참여수업에서 보여 줄 수도 있다(그림 11-3).

동화 책을 스캔하여 만든 동화

유아의 사진과 동화 등장인물을 합성하여 만든 동화

그림 11-3 파워포인트 슬라이드 동화를 듣기

(2) 주제와 관련된 정보 검색

다양한 주제가 유아의 관심과 발달에 적절하게 상호작용하려면 교사가 여러 분야에 대한 지식을 갖추어야 한다. 하지만 교사가 주제와 관련된 내용과 유아들이 궁금해 하는 것을 모두 알기란 불가능하다. 따라서 유아들과 함께 인터넷 사이트나 CD-Rom 백과사전 등을 검색하며 관련 내용 및 글, 그림을 저장하고 필요한 자료는 프린트하여 책을 만들거나 게시판 자료, 이야기 나누기 자료로 이용할 수 있다(그림 11-4).

이러한 과정을 통해 유아는 필요한 정보를 찾고 선별하여 친구들과 공유하면서 필요한 지식을 재구성해 볼 수 있다. 컴퓨터로 인터넷 검색을 할 뿐만 아니라 스마트폰 애

유용한 인터넷 사이트

- 농촌진흥청 어린이홈페이지 http://www.rda.go.kr/children/
- 법무부어린이마당 http://www.moj.go.kr/HP/KID/
- 보건복지부어린이 http://www.mohw.go.kr/kids/
- 도로교통공단 KoROAD 사이버 교통학교 http://cyedu.koroad.or.kr/
- 어린이·청소년 문화재청 http://kids.cha.go.kr/
- 케미스토리 어린이 환경과 건강포털 http://www.chemistory.go.kr/
- 기상청 어린이 기상교실 http://www.kma.go.kr/child/
- 여성가족부 어린이 http://www.mogef.go.kr/kids/
- 중앙 육아종합지원센터 http://central.childcare.go.kr/
- 즐거운 과학세상 사이언스올 https://www.scienceall.com/

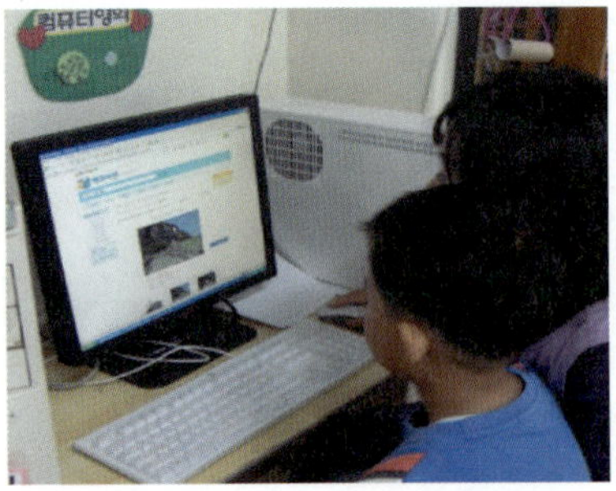

그림 11-4 관심 있는 위인의 유적지와 문화재를 검색하는 만 5세 유아와 교사

플리케이션을 통해 정보를 빠르고 손쉽게 얻을 수도 있다. 예를 들어 '우리나라'라는 주제 전개 시 우리나라 유적지나 문화재를 검색할 수 있고, 미술품과 음악에 대해 알아보기 위해 '신윤복 화첩', '유명 화가별 갤러리', '전통음악 감상', '우리나라 전통춤' 관련 애플리케이션을 이용할 수 있다. 또 미러링(mirroring)을 통해 스마트폰 검색 내용을 TV나 컴퓨터 화면으로 볼 수 있다.

(3) 이야기 나누기

컴퓨터를 활용하면 대집단용 자료를 손쉽게 제작할 수 있고, 자료의 원천이 많아 다양한 주제 관련 사진을 제작하여 활용하기 좋다. 이러한 이점 때문에 컴퓨터와 주변기기를 활용한 이야기 나누기가 많이 이루어진다. 특히 사진 자료는 시공간을 초월하여 시각적 경험을 제공해 주는데 바닷속 또는 다른 나라의 문화나 역사처럼 시공간의 제약으로 직접 경험하기 어려운 내용, 병원과 같이 직접 견학하기 부적절한 장소와 관련된 내용을 학습하고자 할 때 목표로 하는 내용을 잘 설계하여 슬라이드 자료로 제시하면 효과적이다. 예를 들어 직접 관찰하기 어려운 지구의 모습을 슬라이드 화면으로 제시하여 커다랗고 동그란 지구에 대한 유아의 흥미도를 높일 수 있다(그림 11-5, 좌). 그러나 유아가 직접 경험할 수 있으며 손쉽게 구할 수 있는 자료라면 오감각으로 체험할 수 있도록 하는 것이 바람직하다. 예를 들어 과일의 속 모양에 대한 학습을 한다면 〈그

지구의 사진 자료

사과의 겉모양과 속 모양

그림 11-5 파워포인트 슬라이드로 만든 이야기 나누기 자료

림 11-5〉의 우측 사진과 같은 자료만으로 학습하기보다는 직접 관찰하고 요리하는 등의 활동을 하는 것이 바람직하다.

(4) 그림 그리기

유아용 그림 그리기 프로그램은 자유롭게 그림을 그리고 채색할 수 있는 것, 그려진 그림을 변형시켜 조합할 수 있는 것, 색칠만 할 수 있는 것 등으로 나누어진다. 이러한 활동은 유아들이 간단한 조작기술만 익히면 다양한 그림을 만들어 낼 수 있으며, 도화지에 그릴 때와 달리 모양과 색을 쉽게 변형·대칭시키고 다양한 기하학적 모양을 만들고 패턴을 구성·복사할 수 있어 유아의 창의적인 아이디어를 쉽게 그래픽으로 만들어 볼 수 있다는 장점이 있다.

만 3세경에는 마우스를 움직여서 원하는 위치를 클릭할 수 있을 정도로 손가락 사용이 능숙해지므로 손의 움직임에 따라 마음대로 선을 긋고 색을 바꿀 수 있는 프로그램을 사용하여 그림을 그리게 할 수 있다. 만 5세 유아는 마우스를 이용하여 간단한

그림 11-6 어린이용 그림 툴과 유아의 그림으로 만든 막대인형

그림 11-7 터치식 화면을 이용한 그림 그리기
자료: 서울특별시 유아교육진흥원

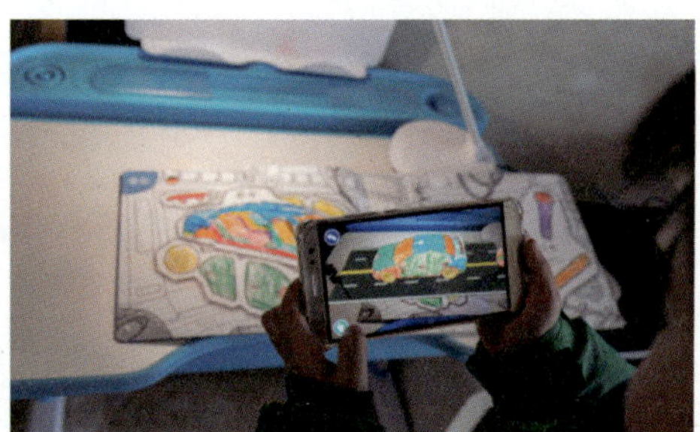

© Freer/Shutterstock.com

그림 11-8 그리기 활동을 증강현실로 표현한 활동

그림을 그릴 수 있게 되며, 원하는 색을 자유자재로 선택하여 채색할 수 있고, 그림에 설명이나 제목을 덧붙일 수도 있다. 또 도형이나 대칭을 이용하여 그리는 방법도 쉽게 익힐 수 있어 여러 가지 기하학적 무늬를 접할 수도 있다. 처음에는 컴퓨터를 이용한 그림 그리기 자체를 신기해하지만 익숙하지 않은 활동이므로 교사는 유아에게 기본적인 사용방법만 알려 준 후 충분히 탐색할 시간을 제공해야 한다. 특히 컴퓨터로 그림을 그리는 활동 초기에는 완성된 형태를 그리기보다는 좌우, 위아래 등의 방향으로 손을 마음껏 움직이며 손의 움직임과 모니터에 나타난 그림의 관계를 파악하게끔 돕는다. 유아가 그린 것을 프린트하여 벽면에 게시하거나 막대 자료, 융판 자료, 가면 등으로 만들어 다른 영역의 활동과 통합적으로 연결하게 도울 수도 있다.

(5) 수와 글자의 인식을 돕는 활동

컴퓨터를 활용한 활동은 유아의 초기 문해나 수학적 경험을 강화시켜 줄 수 있어 비교적 많은 자료가 상품화되어 있다. 이러한 기초 개념이나 기술 학습을 돕기 위한 프로그램을 선택할 때는 다음과 같은 사항을 신중하게 고려해야 한다.

- 첫째, 정해진 정답을 찾아 반응해야 하는 훈련식 프로그램인지, 유아가 다양하게 반응하거나 상호작용을 빈번히 할 수 있고 창의적으로 입력할 수 있는 프로그램인지 고려한다.
- 둘째, 유아의 수준에 따라 반응할 수 있는 프로그램인지 고려한다. 특히 정답을 찾아야 다음 단계로 넘어가는 프로그램인 경우, 유아의 개인차를 수용하지 못하여 유아가 금방 싫증을 내거나 좌절할 수 있다.
- 셋째, 즐겁게 놀이하는 과정에서 자연스런 학습이 이루어지도록 유도하는지 고려한다. 문해 자료의 경우 주어진 낱말을 기계적으로 조합해야 하는 학습지 형태의 프로그램보다는 그림을 우연히 클릭하면 글자와 음성이 나타나거나 노래와 글자가 조합되는 등 재미있는 게임 형태의 프로그램이 자연스러운 학습을 유도할 수 있다.
- 넷째, 중간에 다른 수준의 활동으로 쉽게 옮겨 갈 수 있는지 고려한다. 한 단계를 완수해야 다음 화면으로 넘어갈 수 있는 폐쇄적인 교수형 프로그램은 유아에게 심리적 부담을 주고, 창의적 사고를 제한한다.

이와 같이 컴퓨터를 이용한 활동이 유아의 일상적 경험과 자연스럽게 통합되려면, 융통성을 지닌 프로그램을 이용하는 것이 바람직하다. 유아가 컴퓨터를 이용한 쓰기에 관심을 보인다면 유아용 한글 프로그램이나 애플리케이션으로 직접 글자나 문장을 만들어 볼 수도 있다.

(6) 가상 체험 활동의 제공

컴퓨터의 발달로 유아 및 성인 학습자를 위한 다양한 시뮬레이션 프로그램이 개발되었다. 이를 통해 유아가 직접 경험하기 힘든 내용을 컴퓨터를 이용한 가상 체험 활동으로 제공할 수 있게 되었으나, 이러한 시뮬레이션 프로그램은 교사가 직접 제작하기는 어려우며 상품화된 프로그램이나 체험학습장의 프로그램을 이용해야 한다. 예를 들어 소방서의 화재 진압 프로그램은 유아의 행동에 반응하고 상호작용을 유발하므로 흥미도와 학습효과가 높다(그림 11-9). 〈그림 11-10〉은 증강현실 프로그램으로 구현된 공룡의 모습에 관심을 보이며 탐색하는 유아의 모습이다.

그림 11-9 소방서의 화재 진압 가상체험
자료: 노원소방서.

그림 11-10 스마트 교육 프로그램의 증강현실 콘텐츠 활동
자료: 토모노트의 증강현실 콘텐츠 활용수업.

(7) 노래 감상 및 음악 활동

컴퓨터용 DVD나 CD를 이용한 음악 감상이나 노래 부르기 같은 음악적 활동을 할 수 있으며 인터넷 검색을 통해 다양한 영상이나 음원을 교육 자료로 이용할 수 있다. 〈그림 11-11〉은 유아들이 뮤직맵 영상 자료로 음악을 감상하며 리듬에 맞춰 인형을 조작하는 장면으로 컴퓨터로 지원되는 프로그램은 속도를 조절하거나 전후 이동이 쉬워 유

그림 11-11 CD를 활용한 '뻐꾸기' 뮤직맵 활동

아 반응에 따른 융통성이 높다.

(8) 기타

디지털카메라나 캠코더, 스마트폰 카메라를 활용하면 신체 표현이나 동극 등의 장면을 촬영하고 편집하여 여러 가지 영상을 만들 수도 있다. 사진 편집 프로그램을 활용하면 재미있는 사진도 제작할 수 있다(그림 11-12). 〈그림 11-13〉은 유아들의 동극 장면을 찍어 제작한 자료를 부모 참여 수업에서 활용하는 모습이다. 이 밖에도 여러 가지 편집 프로그램을 활용하면 교사나 유아가 필요한 자료를 손쉽게 제작할 수 있다.

- 동영상 편집기 '무비메이커': 비디오, 카메라로 기록한 영상을 편집하는 동영상 편집 프로그램이다. 무료로 제공되며 사용방법이 간단하여 디지털카메라 혹은 휴대전화로 담은 사진 및 동영상 편집에 용이하다.
- 디지털 사진으로 동영상을 제작하는 '알씨': 디지털카메라로 찍은 사진을 동영상으로 쉽게 제작하여 감상할 수 있다. 무료로 이용할 수 있는 프리웨어로 인터넷에서 알씨로 검색해 다운로드한 후 설치하면 된다.
- 초간단 전자앨범 제작기 '플립앨범': 쉽고 빠르며 편리하게 책, 앨범을 만들 수 있다. 만들어진 책, 앨범은 실제로 넘겨볼 수 있으며, 앨범에 넣고 싶은 이미지가 든 폴더를 선택하기만 하면 목차에서 색인, 앨범 주석까지 전 과정을 자동으로 만들어 준다.

그림 11-12 컴퓨터를 이용한 사진 편집 프로그램
자료: 서울특별시 유아교육진흥원.

그림 11-13 노트북과 빔프로젝터, 간이 스크린을 활용한 학부모 참여 수업

3. 파워포인트 슬라이드 제작

인터넷을 이용하여 주제와 관련된 그림이나 사진 이미지를 활용하거나 직접 디지털카메라나 스마트폰의 카메라로 찍은 이미지를 이용하여 다양한 교수매체 자료들을 제작·활용할 수 있다. 여기서는 파워포인트 슬라이드 제작방법을 중점적으로 살펴보기로 한다.

1) 파워포인트 슬라이드 자료의 특성

파워포인트 슬라이드 자료를 가지고 개별 활동이나 소집단 활동을 할 때는 개인용 컴퓨터를 이용할 수 있다. 대집단 활동을 할 때는 슬라이드 자료를 빔프로젝터나 대형 TV에 연결하여 제시할 수 있다. 파워포인트 슬라이드의 교수매체로서의 특성은 다음과 같다.

- 슬라이드는 사진이나 그림과 같이 정적 화면이지만 크기를 확대하여 제시할 수 있어 대집단 활동 자료나 커다란 그림 제시가 필요한 활동 자료로 사용하기에 효과적이다. 유아용뿐만 아니라 학부모 교육용으로도 폭넓게 사용된다.
- 슬라이드 자료는 연속적으로 제시할 수 있어 빠르게 이루어지는 동작을 나누어 순서대로 보거나, 사건이 이루어지는 복잡한 과정을 몇 개의 대표 장면으로 나누어 이해하는 것이 목적인 경우 유용하게 사용된다. 예를 들어 편지가 배달되는 과정, 알에서 개구리가 되기까지의 과정, 소방 대피 훈련방법 등에 대한 이해를 돕는 자료로 사용할 수 있다.
- 한 장면을 정지된 상태로 오랫동안 투시할 수 있으므로 영유아의 흥미, 이해도에 따라 속도를 조절하면서 보여 줄 수 있다.
- 슬라이드 자료는 편집이 간단하므로 수업목표나 해당 영유아의 관심, 연령에 따라 재배열하여 보여 줄 수 있다.
- 자료의 제작과 조작이 용이하여 교사 스스로 만들 수 있으며 수업 중 제시하기에 어려움이 적다.

- 녹음 자료와 함께 사용할 수 있다. 특히 파워포인트 슬라이드 장면마다 음향효과를 삽입하여 제작할 수 있으므로 별도의 녹음 자료로 만들어 녹음기로 제시하는 것에 비해 만들기가 편리하다. 또한 녹음 자료를 이미지와 분리하고 새로 삽입하는 등의 편집이 용이하다.
- 파워포인트 슬라이드 자료는 한 장에서도 여러 개의 그림이나 글자가 순서대로 나타나도록 제시할 수 있고 동영상도 삽입할 수 있다. 내용에 따른 정교한 제시가 가능하여 영유아의 흥미를 높일 수 있다.
- 원본 그림의 완성도가 높고 복잡해서 따라 그리기가 어렵다면 그림을 스캔하거나 촬영하여 파워포인트 자료로 만들면 원본과 같은 이미지를 제공할 수 있다. 유명 화가의 작품이나 그래픽이 멋있는 작은 동화책을 대집단 유아에게 제시하고 싶거나 세계 여러 나라의 아름다운 문화재 엽서를 원본으로 가지고 있다면, 파워포인트 슬라이드로 만들면 효율적으로 활용할 수 있다.

이처럼 슬라이드 자료에는 여러 가지 이점이 있는데, 다음과 같은 몇 가지 제한점도 지니고 있다.

- 슬라이드 자료는 교실에 반암막 장치를 하고 보아야 하므로, 영유아 수업에 활용할 때 신중하게 계획해야 한다. 어린 영아나 유아의 경우 어두운 방에 공포 반응을 보이기도 하기 때문이다.
- 영화나 동영상 자료에 비해 동적인 메시지가 약하다. 동영상 삽입을 통해 부분적인 자료를 제시할 수는 있으나, 정적 자료의 성격을 더 많이 지닌다.

그림 11-14 주변에서 볼 수 없는 옛날 생활용품 관련 이야기 나누기 자료

그림 11-15 그림책을 스캔하여 만든 슬라이드 동화
자료: 엔서니 브라운, 돼지책, 2001.

- 크게 보여 줄 수 있다는 장점이 있으나 내용에 따라 확대된 시각 자료가 영유아들에게 공포감을 일으키기도 한다. 예를 들어 '곤충', '우리 몸의 병균' 등과 같은 내용에서 스크린에 크게 비추어진 곤충이나 기생충의 모습을 보여 주면 유아가 공포감을 느끼므로 자료 선정에 유의한다.
- 화면으로 제시된다는 특성상 교사가 손으로 가리키며 상호작용하기 어렵다. 따라서 유아들이 화면을 통해 중심 메시지를 찾아내기 쉽도록 한 화면을 구성하고 한 페이지에 너무 여러 가지 내용을 담지 않아야 한다.

2) 파워포인트 슬라이드 시리즈 제작

초보 수준에서도 간단한 파워포인트 슬라이드 시리즈를 만들 수 있다. 자료 제작 시 일반적으로 다음과 같은 절차를 거친다.

(1) 목표 설정

슬라이드 시리즈를 제작하려는 이유와 목표를 설정한다. 목표가 분명해야 내용이 분명하고 조리 있게 제시될 수 있으며 여러 가지 목표를 하나의 슬라이드 시리즈에 모두 포함하기보다는 하나 또는 두 개의 주된 목표로 제한한다. 한 슬라이드 시리즈에 너무 많은 것을 포함시켜 복잡하거나 광범위하게 제작하면 오히려 활동이 효과적으로 진행되지 못할 수 있다.

(2) 내용 구성

목표를 달성할 수 있는 내용의 아웃라인을 작성한다. 필요한 교육 내용을 메모하고 산발적으로 작성한 내용을 슬라이드 자료로 만들 수 있도록 간추리거나 재구성하여 아웃라인을 작성한다. 선정한 내용을 슬라이드 페이지당 하나의 제목으로 나열한 후 순서를 조직한다. 이때 어떤 내용을 자세히 다루고 어떤 내용을 제외시킬지는 중심목표, 영유아의 연령·경험, 수업 소요 시간 등을 고려하여 결정한다. 목표와 내용 구성의 예는 다음과 같다.

- 우체국의 역할과 편지가 배달되는 과정 소개하기(편지 쓰기, 우체통에 넣기, 우체국에서의 편지 수합·분류·배달 과정, 편지를 받는 모습): 만 5세반 이야기 나누기

자료

- 그림책 《무지개 물고기》를 스캔하고 슬라이드 동화로 제작하여 부분적으로 등장인물의 움직임 표현하기: 만 4세용 동화
- 신입생의 학부모가 유치원에서의 하루 생활을 이해할 수 있도록 영유아의 하루 일과(등원 → 가방 정리 → 자유선택활동 → 정리 정돈 → 간식 → 집단 활동 → 실외놀이 → 손 씻기 → 점심 → 휴식 및 낮잠 → 놀이 → 귀가 준비) 소개하기: 신입 학부모 오리엔테이션 자료

(3) 콘티 작성

내용의 아웃라인을 기초로 실제 촬영을 위한 콘티를 작성한다. 자료를 조직화하기 위해 필요한 각 장면을 스케치하고 제작방법, 내용에 대한 안내 등을 기록한다. 콘티 작성 시 다음과 같은 사항을 고려한다.

- 각 장면에 어떤 내용을 포함시킬지 결정한다. 이때 한 장면에 여러 가지 내용이 나타나도록 하기보다는 주로 의도하는 핵심 내용에 초점을 맞춘다. 정지된 한 가지 장면을 보여 주면서 설명은 여러 가지 상황을 포함한다면 유아가 이해하는 데 어려움을 느끼게 된다.
- 총 몇 장면으로 구성할지 결정한다. 장면 수는 유아의 연령과 자료의 내용에 따라 다르다. 자료의 내용이 순서와 관계없이 나열식인 경우(예: 여러 가지 탈것의 종류)에는 많은 장면을 계획한 후 촬영 시 첨가 또는 삭제하거나, 보여 줄 때 편집하여도 무방하다. 그러나 순서가 중요한 개념의 경우(예: 편지가 전해지는 과정)에는 핵심적인 과정을 골라내어 의도하는 개념이 명확히 전해질 수 있도록 시리즈를 계획해야 한다. 그림책으로 슬라이드 동화를 만드는 경우, 그림책의 전체 장면을 그대로 사용할 수도 있으나 페이지를 재조직하거나 내용을 줄일 수도 있다. 이때 내용을 어떻게 줄이고 장면을 통합할지 결정한다. 전체 장면 수는 연령과 내용을 고려하되 보통 10～20장 정도로 구성하면 적절하다. 다양한 연령의 학급이나 주제에 따라 편집해서 사용할 수 있도록 장면 수를 넉넉하게 계획하는 것도 좋다.
- 의도하는 내용을 잘 반영할 수 있는 이미지의 형태를 결정한다. 장면을 직접 촬영해서 사실적인 영상을 넣어야 할 경우도 있지만, 간략화된 그림을 넣는 것이 더 적합

한 경우도 있다. 어떤 장면에서는 영상 없이 글자나 상징적 기호만 제시할 수도 있다.

- 유아에게 자료가 최대한 매력적으로 보일 수 있는 제작방법이나 장면을 선택한다. 예를 들어 공룡에 대한 자료를 만들 때 교사가 작은 공룡 모형이나 사실적인 그래픽 자료를 가지고 있다면 이것을 활용할 수 있다. 작은 공룡 모형이지만 정원의 돌멩이, 풀, 나뭇가지 사이에 놓고 근접 촬영하면 유아에게 슬라이드 자료로 제시할 때 커다란 공룡이 숲속을 걷는 모습으로 보인다. 교사가 가진 과일 막대 자료를 이용하여 슬라이드 동화를 만들 때는, 자료를 채소밭이나 잔디밭에 꽂아 연출해 가며 촬영하면 그림으로 그려 제작하는 것보다 효과적이다.

콘티가 완성되면 차례로 두고 자세히 검사하여 빠진 내용이 없는지, 중복되는 내용은 없는지, 순서는 제대로 되어 있는지 등을 확인하고, 콘티상의 그림 장면을 실제 슬라이드로 구성했을 때 메시지가 시각적으로 잘 전달되는지, 지루하거나 번잡해 보이지 않는지 등을 검토한다. 장면을 미리 결정할 수 없는 상황, 예를 들어 지방 문화제의 일환으로 거리 축제가 열리는 곳을 방문하여 촬영하고자 한다면, 내용과 장면을 미리 세밀하게 결정하기 힘들 수도 있다. 이러한 경우에는 사전에 정보를 검색하여 꼭 담고 싶은 장면을 계획 촬영하고 그 외의 장면은 촬영된 것을 보고 편집한다.

(4) 그래픽 디자인

슬라이드 자료에서 영유아들을 가장 강렬하게 자극하는 것이 바로 시각적 메시지이다. 따라서 그래픽 디자인이 메시지의 전달과 흥미 유지에 매우 중요한 요소가 된다.

- 슬라이드의 제시 화면이 아름다우려면 색채나 구도가 좋아야 한다. 특히 원본이 그림인 경우 큰 슬라이드 화면으로 제시했을 때 매력적이려면 원본 그림의 완성도가 높고 이미지가 뚜렷한 것을 선정해서 촬영하거나 스캔해야 한다. 원본의 특성을 그대로 살펴서 사용할 수도 있지만, 컴퓨터로 만드는 슬라이드 자료의 장점을 살려 제작자의 의도에 따라 그래픽을 수정할 수도 있다.
- 가로와 세로의 비율이 슬라이드 화면 비율에 적합해야 한다. 물론 파워포인트 슬라이드의 장점은 그림을 자르고 줄일 수 있다는 것이지만, 이러한 과정에서 자연스러운 구도가 깨지는 경우가 많다. 동화책을 촬영할 경우 글자와 그림이 혼재되어

책의 접착면이 그대로 나온 이미지 　　　 여백이 적어 답답해 보이는 이미지

그림 11-16 부적절한 슬라이드 이미지

자료: 야시마 타로, 까마귀소년, 1996.

있다면 한 장면에 원하는 메시지를 담으면서 안정적인 구도로 제작하기가 쉽지 않다. 〈그림 11-16〉과 같이 좌우로 나누어진 그림 한 장을 그대로 스캔하면 책의 접착면이 나타나서 보기가 좋지 않고, 두 장으로 나누면 이야기와 잘 맞지 않으며 원본 이미지가 손상된다. 슬라이드에서는 편집과 애니메이션 기능을 사용할 수 있으며, 초보자라면 가급적 원본 상태로 스캔하여 사용하기 용이한 자료를 선택한다.

- 큰 화면으로 보여 줄 때 영상미가 있는 장면을 선택해야 한다. 농장 풍경, 바닷속 모습, 그래픽이 뛰어난 그림 동화 등은 커다란 화면으로 보면 인상적이지만 주변에서 쉽게 관찰하고 직접 만져 볼 수 있는 물체 또는 확대해서 혐오감이나 공포심이 들 수 있는 이미지는 슬라이드 자료로 만드는 것이 불필요할 수 있다.
- 전달하려는 중심 내용이 통일성 있게 제시되도록 구성한다. 중심 메시지와 거리가 멀거나 오히려 방해가 되는 내용이 포함될 수도 있으니 말이다. 사진 자료의 가장 큰 장점이 사실성인데 그로 인해 때로 불필요한 메시지가 너무 많이 포함될 수도 있다. 컴퓨터 프로그램으로 이미지를 수정할 수는 있지만, 이 경우 시간이 많이 소요되므로 교수매체 제작시간이 부족한 영유아 교사에게는 부담스러울 수 있다.
- 평면적인 그래픽 자료라도 메시지 전달과 학습자의 흥미도를 높이기 위해 순서적인 등장, 부분적 움직임, 동영상 삽입 등의 방법으로 자료에 동적 특성을 부여할 수 있다. 전체 그래픽 및 각 장면에 대한 디자인이 끝나면 콘티에 기록하고, 촬영을 준비한다.

(5) 사진 촬영 또는 스캔 및 편집

같은 내용의 자료라도 어떻게 촬영하느냐에 따라 유아의 학습효과에 차이가 생길 수 있다. 질 좋은 슬라이드 자료를 만들려면 자신이 사용할 카메라나 캠코더, 스마트폰 카메라의 여러 기능을 잘 알고 능숙하게 사용할 수 있어야 하며, 촬영에 대한 기본 지식도 갖추어야 한다. 슬라이드 촬영 시 고려할 요인은 다음과 같다.

- 촬영 전에 찍으려는 장면이 콘티 내용과 일치하는지 확인하고 어떻게 하면 효과적인 장면을 찍을 수 있을지 생각한다. 직업과 관련된 자료로 농부의 모습이 필요하다면, 농부가 서 있는 모습보다는 땅을 파거나 씨를 뿌리거나 가래질하는 장면을 찍는 것이 더 효과적이다. 영유아용 자료는 의도하는 메시지가 정확히 전달되도록 화면 구성을 단순하게 하고, 배경이 필요 없다면 가까이에서 찍는 것이 바람직하다. 디지털카메라 촬영 이미지는 편집이 가능하므로 초점과 구도를 잘 맞춘 후 근경과 원경을 모두 찍어 두는 것이 좋다.
- 장면에서 나타내고자 하는 주제에 적절한 화면을 구성한다. 이를 위해 강조하고자 하는 메시지가 영유아의 눈에 잘 띄도록 피사체를 적절한 거리에서 찍어야 한다. 물체를 근접 촬영할 때는 화면에 너무 꽉 들어차거나 너무 작아 보이지 않도록 여백과 물체가 차지하는 공간의 미적 구성을 고려한다. 원거리 촬영을 할 때는 자칫 영유아에게 무엇을 보여 주고자 하는지, 즉 장면이 목표로 하는 내용이 무엇인지 파악되지 않는 경우가 있으므로 유의한다. 예를 들어 민속촌에서 전통 혼례 장면을 촬영할 경우, 화면에 구경하는 관광객이 가득하고 가운데에 조그맣게 신랑·신부가 보인다면 의도하는 혼례의 장면을 표현할 수 없다. 또 키가 큰 기린의 특성을 강조할 때는 화면을 세로로 구성하고 옆에 비교 대상(예: 사육사, 큰 나무 등)이 보이게 촬영하면 가로 화면에 기린만 있는 것보다 더 강하고 정확한 메시지를 전달할 수 있다.
- 초점과 노출, 피사체 거리 등을 잘 맞춘다. 일반적으로 교사들은 자동 디지털카메라나 스마트폰으로 원하는 이미지를 어렵지 않게 얻을 수 있으나 이 경우에도 초점, 손떨림, 빛의 방향 등을 고려하지 않으면 좋은 이미지를 얻기 힘들다. 같은 장면을 여러 번 찍거나 움직임이 있는 피사체는 연속 촬영 기능으로 촬영하고 편집 시 가장 좋은 장면을 고르는 것이 좋다. 실내 사진의 경우 플래시를 잘못 사용하

면 반사, 적목현상(red eye: 피사체의 눈이 빨갛게 나오는 것), 일부분 노출 부족 등의 문제가 생기기도 한다. 이를 방지하려면 유리, 거울, 코팅 재료 등의 반사되는 소재가 없는지, 실내가 너무 어둡지는 않은지 등을 고려해야 한다.

- 그림책을 근거리에서 촬영하여 슬라이드를 제작할 경우, 책의 접착면 부분이 반듯하게 놓이지 않게 된다. 요즈음 그림 자료는 코팅 처리된 것이 많아 촬영 시 반사되기도 한다. 따라서 접사대나 삼각대를 이용하여 그림 자료의 균형이 깨지지 않고 화면이 반듯하게 나오게끔 찍는다. 사진이 반듯하게 잘 찍히면 잘라내기 기능을 이용하여 가장자리의 필요 없는 부분을 정리할 수 있으므로 원본보다 작게 찍지 않도록 한다. 원자료가 평면적인 그림이나 사진이라면 스캐너를 사용할 수 있는데 원본이 작은 크기여도 스캔 후 크기를 확대할 수 있으며 고정 상태에서 스캔하는 것이므로 카메라로 직접 찍는 것보다 더 깨끗하고 원본 그대로의 이미지를 얻을 수 있다.
- 입체 자료나 모형물 등을 찍을 때는 바닥이나 벽 뒷면에 잘 어울리는 컬러의 넓은 배경지를 깔고 촬영하면 화면 가장자리에 불필요한 부분이 지저분하게 찍혀 나오지 않고 시리즈물에 통일감을 줄 수 있다.
- 인터넷에서 구한 이미지를 사용하려 하는 경우, 우선 사용이 허가된 이미지인지 확인한다. 이때 이미지를 다운받아 저장하거나, 모니터상의 화면을 캡처하는 프로그램을 가지고 원하는 부분만 저장할 수도 있다.

(6) 파워포인트의 기능 활용

사진 촬영 및 스캔이 끝나면 파워포인트 슬라이드를 제작한다. 파워포인트 프로그램 상단에는 〈그림 11-17〉과 같이 여러 가지 기능이 표시되어 있다.

- 삽입: 촬영한 사진, 동영상, 녹음 자료, 텍스트 등을 집어넣을 수 있다.
- 디자인: 슬라이드 디자인을 선택하고 색조, 글꼴, 효과 등의 디자인을 결정할 수 있다.
- 애니메이션 효과: 화면 전환, 소리 효과 등을 결정할 수 있다. 사용자 지정 애니메이션 기능을 통해 시작과 끝, 강조하기 등 제시방법을 결정한다.

그림, 동영상, 소리, 도형,
도표 등의 삽입

슬라이드 쇼 설정, 설명 녹음,
예행연습 등의 기능

슬라이드 보기 설정, 컬러 또는 회색조
보기, 유인물 마스터 등의 기능

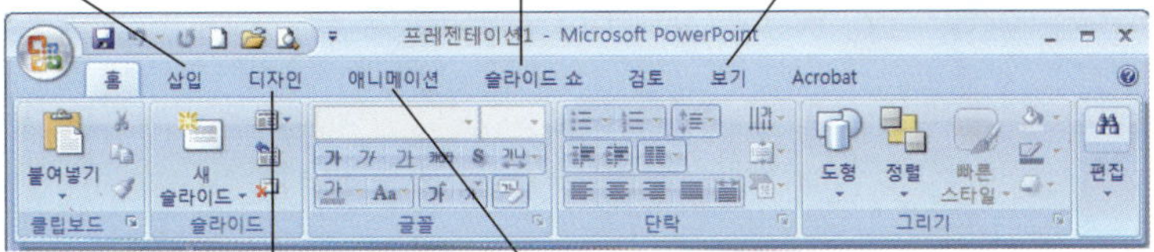

슬라이드의 디자인, 색,
효과, 방향 등을 선택

애니메이션·화면 전환·소리·속도 등을 설정,
사용자 지정 애니메이션 설정 가능

그림 11-17 파워포인트의 기능 버튼

삽입한 그림에 투명 색칠하기(그림 자료: 데이비드 밀, 소는 못 날아, 2002)

동극 활동 사진에 말풍선 넣어 제작한 슬라이드 동화

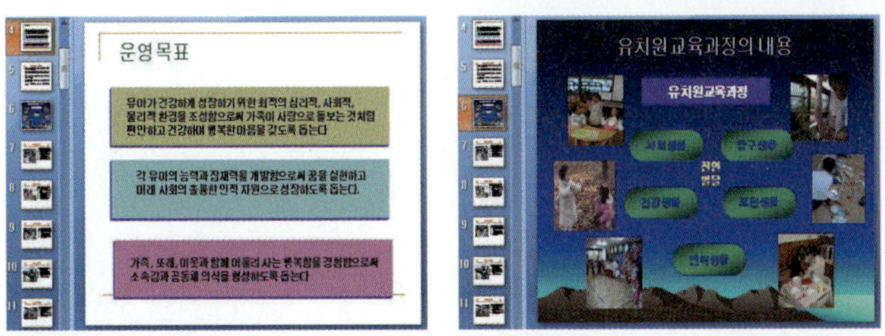

학부모 오리엔테이션 자료

그림의 부분만 보고 알아맞히기

그림 11-18 다양한 파워포인트 효과를 활용한 교수 자료

CHAPTER 12 청각 자료와 투시 자료

이 장에서는 청각 자료와 투시 자료의 특성과 활용에 대해 알아본다. 청각 자료는 소리를 저장하고 재생할 수 있도록 구성된 학습 자료로, 주로 여러 가지 소리 자료, 노래 등 음원 자료, 유아와 교사가 직접 녹음한 자료 등을 의미한다. 투시 자료는 빛을 투시하는 효과를 이용한 자료로 OHP(Over Head Projector, 오버헤드 프로젝터)와 라이트 테이블(light table)을 중심으로 살펴보고자 한다.

1. 청각 자료

청각 자료는 동화 듣기와 음악 감상 자료로 빈번하게 활용되며, 유아들의 노래나 목소리를 녹음하여 활용하는 용도로도 종종 쓰인다. 유아들이 사용하기 편리한 CD 플레이어는 음악 감상용으로 자주 활용되며, 교사는 컴퓨터나 휴대전화의 녹음기를 가지고 간편하게 수업 자료를 제작하기도 한다.

1) 청각 자료의 특성

영유아교육기관에서 청각 자료는 주로 소리가 녹음된 자료를 의미하며, 청각적 단서가 학습의 주요 수단이므로 소리가 주요 개념인 활동에 사용하기에 적절하다. 청각 자료의 구체적인 특성은 다음과 같다.

- 첫째, 소리가 학습의 주요 개념이나 단서가 되는 활동에 유용하다. 예를 들어 새로 배울 노래에 내해 동기를 유발한 후 노레의 음과 멜로디를 녹음하여 들려주면 노래를 쉽게 익힐 수 있다. 소리를 변별해야 하는 학습의 경우에도 효과적이다. 동물원 견학 후 여러 가지 동물 소리를 듣고 어떤 동물의 소리인지 그림 카드를 찾아보는 활동을 할 수 있다. 이때 영유아는 동물의 모습(시각 자극)과 소리(청각 자극)를 한꺼번에 경험하기보다는 소리의 변별에 더 주의를 기울일 수 있게 된다.
- 둘째, 전하려는 소리 메시지를 동일하게 여러 번 반복해서 들려줄 수 있다. 예를 들어 교사가 영유아에게 동화책을 읽어 준 후 교사의 목소리가 녹음된 자료와 동화책을 듣기 영역에 비치하거나, 새로운 노래를 반복 녹음하여 음률 활동 영역에 노래 자료와 함께 준비해 주면 반복해서 듣게 할 수 있다.
- 셋째, 개별학습의 도구로 사용할 수 있다. 녹음 자료의 종류에 따라 언어 활동 영역, 음률 활동 영역, 과학 활동 영역 등에 녹음 자료와 함께 녹음기 및 헤드폰을 준비해 두면 영유아가 개인적인 흥미에 따라 자료를 사용할 수 있다. 이렇게 개별적인 학습도구로 활용하면 개개인의 학습능력에 차이가 있을지라도 개인적인 수준에 맞게 학습 활동이 이루어지며, 개인의 관심에 따라 여러 번 반복해서 들음으로써 이해도를 높일 수 있어 심화된 학습을 돕게 된다.
- 넷째, 다른 매체의 보조 자료로 사용하여 다양한 학습 분위기를 조성하고 학습의 흥미를 높일 수 있다. 예를 들어 슬라이드로 우주선이 발사되는 장면을 보여 줄 때 녹음 자료를 함께 틀어 주면, 유아들이 우주선 발사 소리나 관제탑의 소리를 함께 들을 수 있어 생동감이 생긴다. 또는 우주인놀이를 하는 유아들을 위해 쌓기놀이 영역 한쪽에 녹음 자료를 준비해 주면, 유아들이 블록으로 우주선을 만든 후 발사하는 장면을 극화하고 싶을 때 녹음 자료를 사용할 수 있다.

영유아교육기관에서 많이 사용하는 CD 플레이어는 비교적 조작이 간단하여 유아가 직접 작동해 보게 할 수 있다. 따라서 교사의 도움 없이 언어 활동 영역에서 동화를 듣거나 음률 활동 영역에서 노래를 듣는 등의 다양한 개별 활동이 이루어질 수 있다. 컴퓨터를 활용하면 다양한 녹음 자료를 손쉽게 녹음 및 편집하여 사용할 수도 있다. 어학 교육용으로는 카드형 녹음 자료나 터치스크린과 볼펜형 오디오 자료 등도 활용된다. 이들 모두 조작이 간단해서 2~3세의 어린 유아도 사용할 수 있으며 개별 학습용으로 유용하지만 이것을 교사가 직접 제작하기는 어렵다. 전자펜 형태의 녹음 자료나 전자칠판은 대부분 어학용으로 개발되어 있어 영유아 교육과정에 맞게 다양한 용도로 활용하기에는 한계가 있다.

녹음 자료는 그 특성상 몇 가지 제한점이 있으므로 다음을 고려하여 활동을 계획하도록 한다.

- 사물에 대한 다양한 활동을 통해 사전에 개념을 형성한 학습자가 아닌 경우, 소리만으로 메시지를 이해하기 어려울 수 있다. 또 언어적인 설명으로 전달하려는 내용을 이해할 수 있어야 녹음 자료를 활용한 활동이 가능하다. 예를 들어 영아에게 동물 소리가 담긴 녹음 자료로 들려줄 때, 호랑이와 강아지에 대한 사전 지식이 없다면 자료만으로 동물을 구분하는 활동을 하기는 어려울 것이다.
- 녹음 자료는 청각을 주요 학습수단으로 활용하므로 모양이나 질감 등과 같이 시각이나 촉각 사용이 요구되는 내용을 학습하기에는 적절하지 않다. 예를 들어 '동물들의 무늬'를 탐구하는 데는 녹음 자료가 부적절하며 이때는 실물이나 사진, 비디오, 슬라이드 같은 시각적 자극을 제공하는 매체를 사용해야 한다.
- 원하지 않는 학습자에게도 소리가 들리므로 의도하지 않은 결과를 초래하거나 다른 영유아의 활동을 방해할 수 있다. 따라서 녹음 자료를 이용하는 영역에서는 활동을 원하는 유아만 조용히 들을 수 있는 환경을 구성하고, 별도 영역을 배치하기가 어렵다면 질 좋은 헤드폰을 이용하도록 한다.

2) 청각 자료의 활용

녹음 자료가 효과적으로 사용되려면 무엇보다 영유아가 자료를 잘 들을 수 있게 해야 한다. 교실의 환경은 듣기를 방해하는 요인이 없는 상태여야 한다. 또 영유아의 청각 능력이 정상적으로 발달하고 있는지도 관찰해야 한다. 청각 자료를 이용한 학습이 효과적으로 이루어지려면 교사는 다음과 같은 요인에 유의해야 한다.

- 첫째, 교실의 환경이 청각 자료를 이용하기에 적절해야 한다. 언어 영역이나 음악 감상을 위한 코너에는 기능이 좋은 플레이어와 유아에게 맞는 크기의 헤드폰을 준비해 둔다. 소리가 많이 발생하는 영역에 인접해서 배치하면 녹음 자료를 제대로 들을 수 없으므로 가림대 등을 이용하여 다른 소리로부터 방해받지 않도록 한다.
- 둘째, 자료가 영유아의 연령, 흥미, 어휘, 청각적 경험 등에 적절해야 한다. 여러 가지 동물에 관심을 가진 상태에서 동물의 소리를 듣고 그림 자료를 찾아보는 활동을 한다면 소리의 차이에 주의를 기울이겠지만, 사전 학습이나 경험이 부족한 경우에는 어렵거나 지루한 활동이 될 수 있다.
- 셋째, 듣기 자료는 청각에 주의를 기울여야 하므로 영유아가 오랜 시간 집중하거나 기억하기가 어렵다. 따라서 자료의 길이가 너무 길거나 제시 속도가 빠르지 않게끔 준비한다. 짧은 소리 자료인 경우, 여러 번 반복 녹음하여 제시하는 것도 효과적이다. 예를 들어 동물의 목소리 녹음 자료를 듣고 그림 카드를 찾아보는 활동을 할 때, 한 번씩만 듣고 카드를 고르기는 어려우므로 같은 소리가 2~3번 반복되도록 편집할 수 있다.
- 넷째, 녹음 자료를 들려주기 전에 교사가 영유아에게 미리 어떠한 점에 귀를 기울여서 들어야 할지 이야기해 주는 것이 바람직하다. "여러 동물 친구의 소리가 들어 있으니까 잘 듣고 어떤 동물의 소리인지 맞춰 보자", "노랫말을 잘 듣고 동물들이 무엇이라고 대답하는지 알아보자", "음악을 듣고 느낌을 도화지에 그려 보려고 해. 음악을 듣고 어떤 느낌이 드는지, 그림으로 그리면 어떤 모양이 될지 생각하며 들어 보자. 그런데 이번 음악에서 어떤 부분은 아주 강하고 어떤 부분은 약한 소리를 들을 수 있어"와 같이 유아들이 녹음 자료를 들을 때 어떤 것에 주의를 기울여야 하는지 안내한다.
- 다섯째, 청각 자료로 구성하는 것이 효과적인 학습 활동에 사용한다. 청각 자료는 새로운 노래 지도나 동물의 소리 비교, 악기의 소리나 자연의 소리같이 소리의 특성이 강조되는 학습에 효과적이다. 만약 유아가 동물의 생김새에 주목하길 원한다면 녹음 자료만으로는 부족하다. 또 자료가 너무 많은 내용을 담고 있으면 영유아들이 지루해 할 뿐만 아니라 기억력의 한계로 효과적인 학습을 지속하기 어렵다. 따라서 교사는 강조할 요인에 따라 적절한 형태의 학습 경험을 제공해야 한다.
- 여섯째, 개별 활동 시 유아 스스로 녹음 자료를 다룰 수 있도록 준비해 둔다. 조

작이 간단한 녹음기의 조작 단추에 색깔 표시를 하고 사용법을 가까이 적어 두어 유아들이 사용할 때 참조하도록 한다.

- 일곱째, 보조 자료를 함께 활용하면 학습효과가 높아진다. 가령 새 노래 지도 시에는 녹음 자료만 준비하기보다는 그림 노랫말이나 손가락인형 등을 준비하면 노랫말을 이해하기 쉬워 더욱 재미있는 활동이 될 것이다. 동물의 소리를 변별하는 자료로 이용할 때는 동물의 그림이나 사진, 그림책, 동물 머리띠 등을 함께 준비하여 동물의 소리를 듣고 그림 자료를 골라 보도록 하거나 동물 머리띠를 쓰고 음악에 맞추어 움직여 보도록 할 수 있다.
- 여덟째, 영유아 간 상호작용이 이루어지도록 설비를 갖추거나 자료를 구성한다. 한 가지 자료를 영유아 한 명만 이용하게 하기보다는 같은 자료를 두 명 이상 들을 수 있게 준비하면 서로의 느낌이나 생각을 나눌 수 있어 개념 발달 및 사회성 발달에 효과적이다. 따라서 듣기 자료는 벽면을 향해 배치하기보다는 서로 얼굴을 볼 수 있게끔 배치하고, 연결 잭을 사용하여 두세 명이 같은 자료를 들을 수 있도록 하며 자료나 보조 자료도 두세 명이 같이 사용할 수 있게끔 준비한다.
- 아홉째, 녹음 자료가 영유아의 다른 경험과 연결되거나 확장되게끔 한다. 다른 자료를 이용할 때와 마찬가지로 녹음 자료 역시 단지 소리를 듣고 반응하는 수동적 학습 자료가 아니라, 듣기 경험을 능동적으로 확장시키거나 다른 영역에서의 활동을 듣기 활동으로 연결할 수 있는 것이어야 한다. 예를 들어 언어 활동 영역에 녹음 자료를 준비하여 녹음된 이야기를 듣고 그림으로 표현해 보게 하거나, 여러 가지 이야기 꾸미기 자료를 이용하여 만들어 낸 이야기를 녹음해 보게 할 수 있다. 과학 영역에서 유아가 발견한 사실을 그림으로 그려 보거나 녹음하여 친구에게 들려 줄 수도 있고, 반대로 교사가 필요한 내용을 녹음해서 과학책이나 자료와 함께 제시할 수도 있다. 음률 영역에서는 녹음 자료를 듣고 새로운 노래나 음악을 감상할 수 있고, 유아가 여러 가지 악기를 연주하며 녹음해 보거나 음악 동화를 만들어 볼 수도 있다. 이러한 활동 간의 연결 및 확장은 유아 스스로 시도할 수도 있지만, 교사가 적절한 도움을 줄 때 더욱 활발히 이루어진다.

3) 청각 자료 활용의 실제

청각 자료는 여러 가지 소리의 탐색과 비교, 노래 지도, 음악 감상, 동화 듣기 등의 활동에서 주로 사용된다. 게시판, 파워포인트 슬라이드 동화 등의 보조 자료로도 다양하게 활용될 수 있다.

(1) 소리 듣고 변별하기

언어·과학·음률 활동 영역 등에서 친숙한 생활 주변의 소리, 동물 소리, 악기 소리, 자연의 소리 등을 녹음하여 소리를 변별하고, 의성어로 표현해 보는 활동을 할 수 있다(그림 12-1). 또한 그림 자료나 모형을 보조 자료로 함께 준비해 두어 소리를 듣고 찾아보게도 할 수 있다.

소리 변별용 녹음 자료를 제시할 때는 음질이 좋은 것을 선택하고, 음색이 너무 비슷한 소리는 영유아가 구분하기 어려울 수 있으므로 차이가 쉽게 구분되는 내용을 선정해야 한다. 또 CD 한 장에 여러 가지 주제의 녹음 자료를 저장하기보다는 활동 주제별로 나누어 저장하고 겉면에 자료명과 그림 단서를 붙여 두도록 한다. 소리 변별용 녹음 자료로는 다음과 같은 것들을 준비할 수 있다.

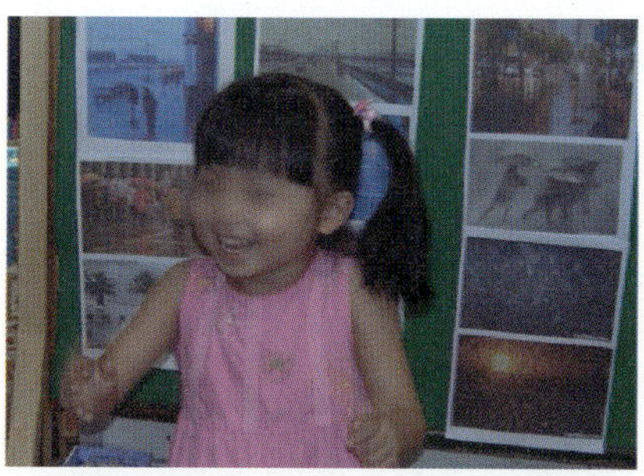

빗소리 녹음 자료를 듣고 느낌 표현하기

빗소리 녹음 자료 듣고 빗방울 그리기

자연의 소리 녹음 자료 듣고 의성어로 표현하기

유아의 의성어 표현(5세)

그림 12-1 소리 듣기와 확장 활동의 예

- 친숙한 동물의 울음소리(예: 개, 고양이, 말, 돼지, 새 등)
- 탈것들이 움직일 때 나는 소리(예: 기차, 자동차 경적, 뱃고동 소리, 자전거 벨소리 등)
- 집 안에서 들을 수 있는 소리(예: 초인종, 도마질 소리, 시계 소리, 전화 벨소리 등)
- 자연에서 들을 수 있는 소리(예: 비, 천둥 번개, 시냇물 소리, 바람 소리 등)
- 여러 가지 악기 소리(예: 피아노, 북, 트라이앵글, 바이올린 등)
- 생활 주변에서 들을 수 있는 소리(예: 시장에서 물건을 사라고 외치는 소리, 교회 종소리, 농악대의 행진 소리, 지하철역의 안내 방송 등)

(2) 음률 활동

음악 감상이나 노래 지도, 신체 표현과 같은 음률 활동에서는 청각 자료가 주요 교수 자료로 활용된다. 음악 감상은 개별 또는 집단 활동으로 이루어질 수 있다(그림 12-2). 개별적인 감상 활동의 경우에는 음률 활동 영역에 양질의 헤드폰과 감상을 도울 수 있는 그림책, 그림 자료를 함께 준비해 준다. 집단으로 음악을 감상할 경우에는 감상

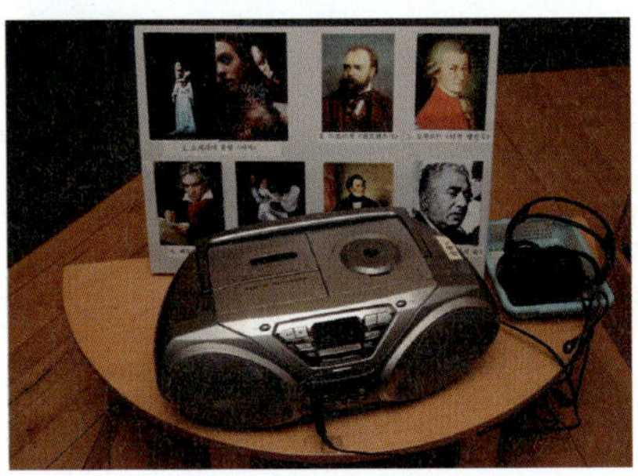

음악가별 명곡 감상하기

전자펜을 활용한 음악 활동(아이코리아)

음악에 따라 풍선 움직이기

음악 빠르기에 따라 걷기

그림 12-2 음원을 활용한 음률 활동

할 노래의 제목이나 주제를 소개해 주고, 소리 크기를 처음부터 적절하게 조절하여 중간에 음악의 흐름이 깨지지 않도록 한다. 음악 감상 시간을 별도로 마련하지 않더라도 활동의 분위기 조성을 위해 음악을 준비할 수 있다. 예를 들어 영유아들이 핑거페인팅을 할 때, 속도나 느낌이 다른 부드러운 음악을 준비해 두면 음악을 들으며 자연스럽게 손가락을 움직일 수 있다. 등원 시간에 음악을 틀어 줄 경우에는 경쾌하고 밝은 음악이 좋으며, 놀이 시간에는 음악이 오히려 방해될 수 있으므로 필요한 공간에만 틀어 준다.

새로 소개할 노래의 녹음 자료를 노래 지도 전날의 정리·정돈 시간이나 간식 시간 등에 배경음악으로 틀어 주면 영유아들이 노래에 친숙해지므로 노래를 쉽게 배우게 된다. 노래 지도 시 교사의 음이 부정확하거나 다소 어려운 노래여서 반주가 필요한 경우에도 녹음 자료를 준비하면 효과적이다. 반주가 서툰 경우 중간에 잘못된 연주로 오히려 노래를 배우는 데 방해를 받을 수 있으므로 미리 녹음하여 4~5번 복사해 놓는 것이 좋다. 이때 처음 2~3번은 음만 정확히 연주하고, 나머지 2~3번은 반주를 함께 녹음해도 좋다. 노래 지도 시 사용한 녹음 자료와 노래 지도 자료를 음률 활동 영역에 준비해 두면 개별 또는 소집단의 영유아가 그것을 들으며 노래해 볼 수 있다.

(3) 동화 · 동시 · 인형극 활동

영유아의 연령과 흥미에 알맞은 동화나 동시를 교사가 직접 읽어 주는 것도 좋겠지만, 언어 영역에서 녹음 자료로 제시할 수도 있다. 이렇게 하면 같은 내용을 영유아가 원할 때마다 반복해서 들을 수 있다. 그러나 듣는 중간 상호작용이 어렵고 속도를 조절하기 힘든 단점이 있으므로 교사는 영유아의 수준에 적합한 녹음 자료를 선택해야 한다.

인형극용 녹음 대본을 준비하는 유아

전자펜을 이용하여 동화 듣기

그림 12-3 녹음 자료를 이용하는 모습

직접 녹음 자료를 만들 때 고려할 점

- 녹음할 그림책이나 동시 자료, 성능이 좋은 마이크와 녹음기(또는 스마트폰이나 컴퓨터의 녹음 기능 이용), 신호음 악기(책장을 넘기는 신호용)를 준비한다.
- 녹음할 자료에 익숙해지도록 읽는 연습을 한다.
- 제목을 녹음하고, 2초 후 신호음 악기를 짧게 쳐서 신호음을 넣는다. 이때 '○○ 소리가 나면 책장을 넘기세요'라는 안내말을 녹음한다.
- 유아가 그림을 보며 책장을 넘길 시간적 여유(2~3초)를 준 후 다음 페이지를 읽는다. 페이지가 바뀔 때마다 신호음을 넣는다.
- 대화가 나오는 부분은 목소리를 꾸며 재미있게 읽어 준다.
- 짧은 문장으로 된 이야기책이라도 유아들이 그림을 보며 이야기를 상상할 시간을 준다.
- 글자가 있는 그림책은 유아가 글자와 소리를 연결 지을 수 있도록 책에 나오는 글자를 정확히 읽고 다른 설명은 덧붙이지 않는 것이 좋다.
- 이야기가 끝나면 신호음을 넣어 끝나는 것임을 알린다.
- 짧은 동화나 동시는 2~3회 연속 복사하여 영유아들이 반복해서 들을 수 있게 한다.

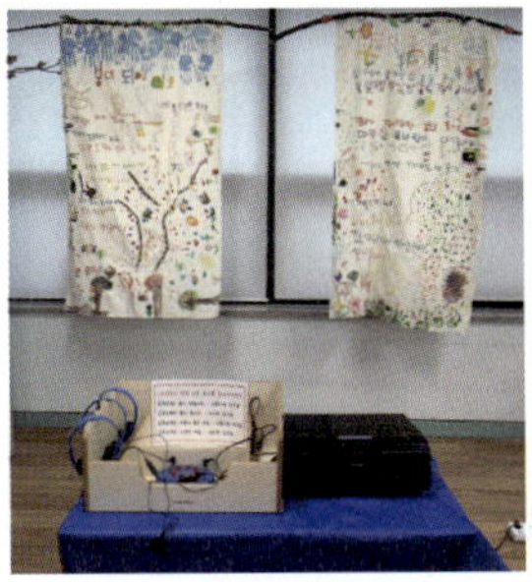

유아가 만든 동시 커튼과 녹음 자료

간단한 인형극의 경우 교사나 유아가 인형을 직접 조작하며 대사를 할 수 있지만, 등장인물이 많거나 줄인형이나 그림자인형처럼 조작이 복잡한 인형의 경우에는 조작과 구현을 동시에 하기가 힘들기 때문에 녹음 자료를 미리 준비하는 것이 바람직하다. 이때 배경음악이나 효과음을 이용하면 더욱 효과적인 청각 자료를 제시할 수 있고, 인형 자료와 녹음 자료를 인형극놀이 영역에 준비하여 유아가 직접 조작해 보게 할 수도 있다.

(4) 이야기 나누기

지역사회 인사의 음성을 들려주거나 그들을 유아교육기관에 초대하고, 유아가 방문하기 힘든 사람들의 말을 간단히 녹음하여 들려주는 것도 특별한 교육적 의미가 있는 일이다. 예를 들어 유아들이 좋아하는 동화 작가나 동시 작가, 소방서 대원이나 경찰관 등과 같이 유아들이 관심을 가진 기관 사람들의 말을 녹음하여 들려줄 수 있다.

2. 투시 자료

영유아교육기관에서 비교적 많이 사용되는 투시 자료로는 OHP(Over Head Projector)와 라이트 테이블이 있다. OHP는 벽이나 스크린에 빛을 투시하여 이미지를 구현하는 영상 기구로, 투명판 위에 투명필름(TP: Transparency)을 올려 놓고 스크린에 콘텐츠를 제시하게 된다. 라이트 테이블은 책상 아래쪽에서 빛을 비추어 자료를 투시하면서 얻어지는 효과를 활용한 시각매체이다.

1) OHP

(1) OHP의 특성

OHP는 교실에서 손쉽게 사용할 수 있는 기기로 빔프로젝터가 일반화되기 전 주요 교육기기로 활용되었으나 최근에는 콘텐츠의 제시보다 빛을 투시하는 효과를 활용하는 보조적 매체로 사용된다. OHP 투시 자료의 특성을 간략히 설명하면 다음과 같다.

- 첫째, 투시 그림 자료를 다양한 방법으로 보여 줄 수 있다. 학습 내용에 따라서 겹치기, 가리기, 그림자 표현, 등장하고 퇴장하기, 움직이는 효과 내기 등의 다양한 제시를 할 수 있어 유아의 관심과 흥미, 학습의욕을 고취시킬 수 있다.
- 둘째, 교사와 영유아가 같은 방향으로 앉아 스크린을 보며 수업할 수도 있고 마주 보고 앉아 학습을 진행할 수도 있다. 따라서 교사는 영유아들의 반응에 따라 학습의 속도를 융통성 있게 조절할 수 있다.
- 셋째, 교실의 암막 장치가 완전하지 않은 상태에서도 자료의 투시가 가능하여 너무 어두운 것을 두려워하는 영유아가 있는 교실에서도 큰 불편 없이 사용할 수 있다.
- 넷째, 기기 사용이 간단해서 소집단이나 개별 활동용으로 설치하고 유아들이 투시 자료를 이용하여 활동할 수 있다.

스크린의 전면에서 투시

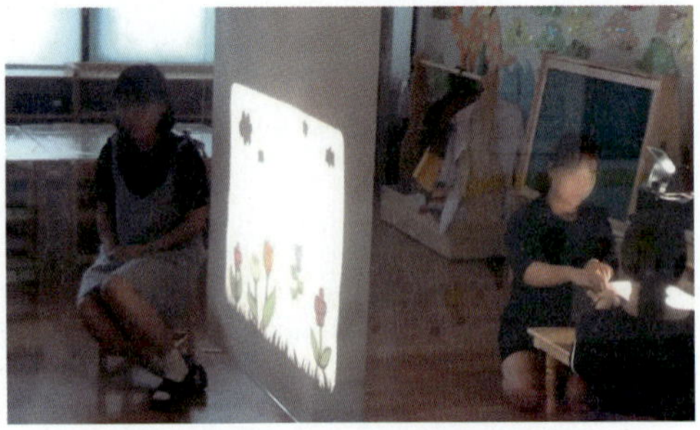

스크린의 뒷면에서 투시

그림 12-4 OHP 자료의 제시방법

교사가 앞에 나와 OHP 자료를 제시하는 장면과 스크린 뒤편의 교사가 기기와 자료를 조작하고 앞에 앉은 교사가 동화 구현을 하는 예는 〈그림 12-4〉와 같다.

(2) OHP의 활용

OHP 투시 자료는 색의 투시와 겹치기 효과가 필요한 동화, 그림자나 빛의 투사를 경험하는 과학 활동에 주로 이용된다. 색의 혼합과 관련된 동화(예: 〈색깔 도깨비〉, 〈파랑이와 노랑이〉 등), 날아다니거나 입퇴장을 표현하는 환상적인 동화(예: 〈피터 팬〉, 일정 배경에 등장인물이 입퇴장하는 동화(예: 〈황금거위〉, 〈빗물 웅덩이〉) 등에 효과적이다. 이는 자유선택활동 영역에서도 다양하게 활용된다. 이를 이용하면 빛의 투시와 그림자 만들기, 색과 겹치기 효과에 의한 색의 혼합, 거리에 따라 크게 혹은 작게 이미지를 만드는 활동이 가능하므로 이를 응용하여 다양한 활동을 고안할 수 있다. 〈그림 12-5〉는 자유선택활동 시간에 OHP를 활용하는 모습들이다.

(3) OHP의 제작

투시용 아세테이트지에 유성펜으로 유아가 직접 그린 동화를 투시기에 비추어서 만든다. 이때 여러 색상의 셀로판지를 이용하기 때문에 색의 혼합에 대한 학습 경험에 유용하게 활용할 수 있다. 이러한 자료는 OHP용 전용펜이나 유성매직으로 원하는 그림을 아세테이트지에 직접 그리고 색칠하여 만들거나, 전용 컬러시트를 붙여서 만들 수 있다. 또 필요한 원본 그림을 스캔하여 수정 후 프린터용 아세테이트지에 컬러 출력하면 직접 그리는 것보다 손쉽게 양질의 이미지를 만들 수 있다(그림 12-6).

OHP 탐색

각색 셀로판지로 빛의 투시와 혼합 경험

확대된 그림자 따라 그리기

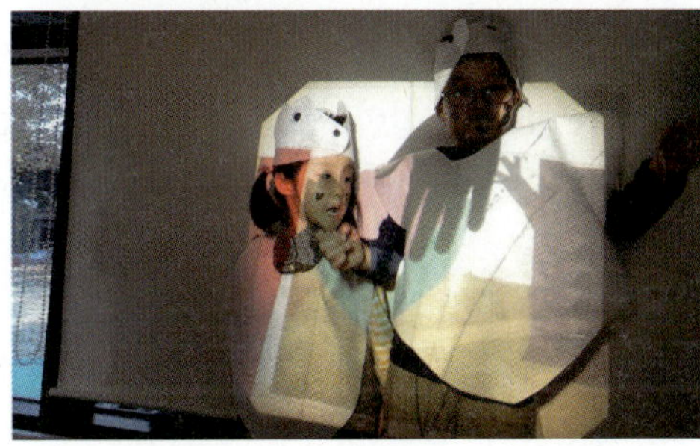

셀로판지 투시로 카멜레온 되어 보기

그림 12-5 OHP 투시기의 다양한 활용

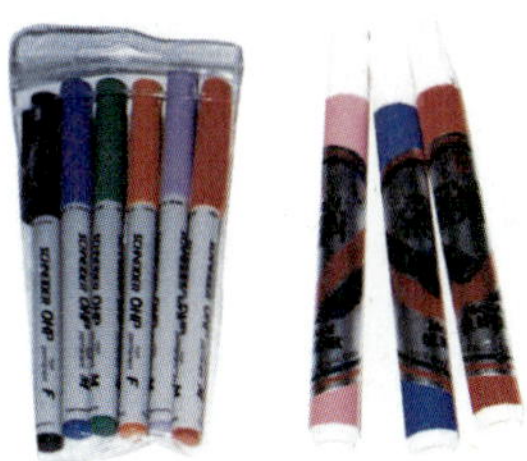

펜으로 그리기

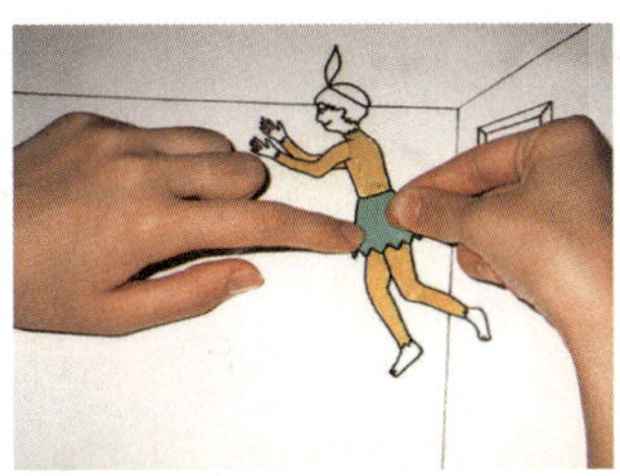

전용 컬러 시트 붙이기

프린터용 OHP 필름에 출력하기
자료: 양희성, 단비는 욕심쟁이가 아니에요, 2001.

그림 12-6 제작 도구와 만드는 방법

2) 라이트 테이블

라이트 테이블(light table)은 젖빛 유리 내부에 전등을 달아 그 빛을 이용할 수 있게 한 작업용 테이블이다. 유아교육기관에서 주로 미술 활동용이나 샌드아트용으로 사용된다.

(1) 라이트 테이블의 특성

빛으로 사물을 투시하며 나타나는 다양한 효과를 경험하는 매체로, 영유아교수·학습에 활용 시 다음과 같은 특성을 갖는다.

- 첫째, 빛이 투사되며 나타나는 효과로 인해 환상적인 느낌을 제공하여 유아의 흥미도와 몰입도가 높다.
- 둘째, 라이트 테이블에 올려놓고 구성하거나 표상할 수 있는 자료가 다양하다. 기존 자료도 라이트 테이블 위에서는 다른 느낌을 준다. 색채가 있는 반투명 제품은 물론이고 계절마다 볼 수 있는 자연물, 단추, 리본, 빨대, 컬러 블록, 리본, 색 물병, 모래와 흙, 여러 가지 두께의 종이, 비닐, 플라스틱병 등 유아가 일상에서 접하는 일상용품들을 자료로 활용할 수 있다.
- 셋째, 라이트 테이블에 형태를 구성하거나 그리는 활동을 하면 도화지에 그리는 것보다 손쉽게 형태를 변경할 수 있어 유아들이 심리적 부담 없이 활동을 즐길 수 있다.
- 넷째, 빛을 이용한 활동이기에 빛과 어우러지는 구성물의 아름다움을 감상할 수 있다. 이는 유아의 사고를 확장하고 창의적 심미감을 증진시킨다.

라이트 테이블에는 위와 같은 교육적 특성이 있지만, 밝은 빛을 오래 쳐다보면 눈이 쉽게 피로해지므로 활동 시간이 너무 길지 않아야 하며, 완성 상태의 작품을 원본 그대로 보관하기 어려우므로 사진이나 동영상으로 기록해야 하는 제한점이 있다.

(2) 라이트 테이블의 활용

라이트 테이블은 〈그림 12-7〉과 같이 주로 조형 영역이나 과학 영역에 배치하며, 샌드용 라이트 테이블은 별도의 공간을 마련하기도 한다. 라이트 테이블은 교사와 유아의 아이디어에 따라 다양한 재료를 활용할 수 있으며, 주제에 따른 변화도 가능하다. 라이트 테이블에서 이루어질 수 있는 활동의 유형은 다음과 같다.

- 라이트 테이블판 위에 수성보드 마커펜 등으로 직접 그림 그리기
- 원본 그림 위에 트레이싱지나 OHP 필름 또는 얇은 종이를 얹고 베껴 그리기

라이트 테이블이 배치된 조형 영역

샌드용 라이트 테이블(모래랑 빛이랑 체험 활동)

그림 12-7 라이트 테이블의 배치와 체험 활동

보드마커펜으로 자유화 그리기

멀티미디어 색모래 그림 그리기(유아교육진흥원 체험 활동)

자연물로 구성하기

곤충 모형과 색판 블록으로 곤충집 구성하기

그림 12-8 라이트 테이블을 이용한 다양한 활동

- 빨대, 단추, 색깔판, 리본 등 빛이 투사되는 재료를 이용하여 색깔·모양의 변화 관찰하기
- 빛의 투사 정도가 다른 다양한 재료, 자연물 등으로 구성하기
- 주제 관련 소품과 색판이나 미니 블록으로 구성물 만들기
- 모래 그림이나 흙 그림을 그리고 관찰하기
- 그림자인형, 색 셀로판지 인형을 만들어 극놀이하기

CHAPTER 13 전시와 게시

학습자의 관심거리와 관련된 다양한 자료를 게시하면 정보를 전달하고 특정 주제에 대한 관심을 유발하며 탐구학습을 조장할 수 있다. 특히 영유아는 외부 환경에 민감하게 반응하므로 게시 자료를 적절히 활용하면 주제에 대한 관심을 확장하고 새로운 개념이나 기술, 태도를 공유하는 데 유용하게 활용할 수 있다. 이 장에서는 영유아교육기관에서 활용되는 게시판과 주제 관련 결과물의 전시를 중점적으로 알아본다.

1. 전시와 게시의 특성

게시는 글, 그림, 사진 자료를 붙이거나 걸어서 여러 사람이 두루 보게 하는 것을 뜻하며 전시는 여러 가지 물품이나 실물, 표본, 디오라마 등을 영유아들이 서로 아이디어를 공유하는 시청각적 매체를 활용한 교수·학습방법의 하나이다. 잘 계획하여 전시·게시되는 자료들은 영유아교육기관의 학습 분위기 조성뿐만 아니라 유아에게 새로운 학습을 하고자 하는 내적 동기를 불러일으킨다. 또 학습주제나 개념에 관한 이해를 돕고 새로운 아이디어를 제공하는 데 도움이 된다. 그러나 일부 교육현장에서는 게시판이 환경미화용으로 사용되어 장식에 치우치거나 한 번 구성해 놓은 것을 주제나 계절이 바꿔었음에도 그대로 방치하는 경우도 많다. 따라서 아래와 같은 게시판의 특성을 고려하여 교수·학습과정에서 게시판을 교육적으로 가치 있게 활용하도록 한다.

- 첫째, 게시물을 쉽게 볼 수 있도록 전시하므로 특정한 정보나 지식에 효과적으로 주의를 집중시킬 수 있다.
- 둘째, 학급 전체 또는 특정 영역에서 활동하려는 모든 영유아를 대상으로 자료를 전시하므로 많은 영유아에게 동일한 정보를 제공할 수 있다.
- 셋째, 자료를 활동 중에만 일시적으로 보여 주거나 들려주는 것이 아니므로 영유아의 관심에 따라 개별적으로 탐색할 수 있는 충분한 시간을 제공한다.
- 넷째, 주제나 교육 내용의 흐름에 따라 자료를 다양하게 변화시켜 게시할 수 있다.
- 다섯째, 특별한 설비 없이 크기나 모양이 다양한 게시판을 제작할 수 있으며, 제작비도 경제적이어서 크게 부담되지 않는다.
- 여섯째, 다양한 자료를 여러 가지 방법으로 게시할 수 있다. 게시방법에 따라 그림, 사진, 책과 같은 평면 자료뿐만 아니라 모형, 실물 같은 입체 자료, 멀티미디어를 활용하면 동영상이나 음향 자료도 게시할 수 있다.

2. 게시판의 활용

게시판은 교사의 의도에 따라 다양한 용도로 활용된다. 일반적으로 활용되는 작품 게시용이나 부모용 알림판 외에도 개별학습, 새로운 주제의 인식과 흥미 유발, 학습주제에 대한 보조적인 정보 제공, 일과 운영에 필요한 정보 제공, 부모교육 및 정보 제공 등의 목적으로 활용될 수 있다(그림 13-1).

1) 영유아의 작품 전시

게시판은 영유아의 작품 전시용으로 가장 많이 활용된다. 교사가 영유아의 작품을 미적으로 아름답게 구성하여 게시하기도 하지만, 영유아들이 자신의 작품을 직접 게시

벽면에 게시한 유아 미술작품
(전시)

우리 동네에 관한 게시판
(협동학습)

아프리카 문화재
(주제에 대한 동기 유발)

좋아하는 동물에 대한 조사
(가정 협력 활동)

학부모용 게시판

토론 후 각자의 생각을 그리거나
적어서 공유하는 게시판

그림 13-1 여러 가지 용도의 게시판

하는 적극적 참여를 통해 작품을 조화 있게 놓으려는 생각이 촉진될 수 있다. 작품 전시용 게시판은 작품의 주제나 소재에 따라 다양하게 마련할 수 있다. 예를 들어 바다의 경우에는 색지나 비닐 등으로 기본 배경을 꾸민 후 유아들이 바닷속 생물을 만들어 붙이고, 우리 동네의 경우에는 도로 모양을 구성하고 유아의 작품을 배치할 수 있다. 사각형 게시판 외에도 낡은 커다란 그물이나 문발, 나뭇가지 등을 이용하여 작품 게시를 위한 공간을 마련할 수 있다. 매달 수 있는 작품의 경우에는 모빌 형태로 게시할 수도 있다. 어린 유아나 영아의 경우, 교사가 만든 기본 모양판에 종이를 구기거나 찢어 붙여 게시판을 구성하게 해도 재미있다. 이렇듯 교사는 미적이면서도 다양하고 창의적인 방법으로 영유아의 작품을 게시할 수 있다.

2) 주제의 인식 및 동기 유발

자료의 전시와 게시는 새로운 주제를 인식시키고 관심을 끄는 데 활용할 수 있다. 새로운 주제와 관련된 그림이나 신문, 사진, 모형, 실물 등을 벽면에 게시하거나 선반에 전시하면 영유아의 관심과 흥미를 불러일으켜 새로운 주제에 대한 인식을 도울 수 있다. 예를 들어 '아프리카'라는 주제 전개 시 게시판에 관련 문화재나 생활 및 자연환경에 관한 사진 자료를 게시하여 관심을 끌 수 있다. 이러한 게시 자료는 영유아의 관심 변화, 아이디어에 따라 달라질 수 있다.

3) 개별적인 관찰과 탐색

게시판은 학습 자료의 개별적인 관찰과 탐색을 통해 개별학습에 활용될 수 있다. 교사가 모임시간에 자료를 제시하면 모든 영유아가 동시에 볼 수 있지만, 영유아들의 관심과 자료를 받아들이는 속도에 따라 개별적으로 탐색하기는 어렵다. 이때 자료를 교실의 적절한 장소에 게시하면 영유아들이 개별적으로 자유선택활동을 하며 살펴볼 수 있으므로 개별학습과 유아 간의 상호작용이 조성되며, 필요한 경우 교사가 영유아와 개별적으로 이야기를 나눌 수도 있다. 가령 교사가 '짚신'을 영유아들에게 보여 주며 이야기를 나누는 것으로 끝낸다면 짚신의 모양이나 질감, 크기 등을 살펴볼 수는 없을 것이다. 반면 짚신을 여러 가지 신발을 신은 모습이 담긴 그림이나 사진 자료와 함께 게시하거나 극놀이 영역에서 제공한다면, 유아들이 짚신에 대해 더 많이 탐색할 수 있게 된다. 대집단 영유아에게 제시하기에 너무 작은 자료라면 개별적으로 관찰하게끔 선반이나 벽에 게시하고, 가까이에서 살펴보거나 확대경을 이용하여 볼 수 있게 한다. 이렇게 하면 한층 심화된 학습이 이루어질 수 있다.

4) 정보 제공

게시판에는 진행 중인 학습주제 관련 자료나 유아의 관심주제와 관련된 보조 정보를 담은 자료를 게시할 수 있다. 또 학급 전체가 알아야 할 내용, 일과를 원활하게 진행하는 데 필요한 정보를 제공할 때 날짜, 생일, 날씨, 간식 도우미 활동게시판 등을 이용할 수 있다.

5) 부모용 게시 자료

부모용 게시판은 행사나 공지사항을 알리는 알림용, 자녀교육과 관련된 지식·태도·기술 등과 관련된 교육용, 부모와 교사 간의 의사소통용 등으로 활용된다. 부모용 게시판은 월간 일정이나 도서 소개, 학부모와 교사 간의 정보 교환, 자녀교육에 필요한 정보 게시 등이 목적이며, 현관이나 교실 출입구 가까이에 배치하여 접근성을 높일 수 있다. 부모는 영유아와 달리 글자로 정보를 제공받으므로, 영유아용 게시판처럼 내용을 그림으로 표현하느라 에너지를 소모할 필요는 없다.

3. 게시판의 제작

게시판이 학습에 효과적으로 이용되려면 게시하는 목적이나 게시 자료의 내용, 게시물의 양, 크기 등을 고려함과 동시에 미적인 구성과 조화를 갖추어야 한다. 게시판을 제작할 때 고려해야 할 제작 원리와 게시판을 계획하고 디자인하는 방법, 그리고 적절한 크기와 모양을 살펴보면 다음과 같다.

1) 게시판 제작 원리

게시판은 영유아의 흥미를 자극하고 호기심을 불러일으켜 학습 경험에 도움을 주어야 한다. 학습 상황별로 효과적인 게시판을 만들기 위해서는 다음과 같은 사항을 고려한다.

- 첫째, 영유아가 게시물에 관심을 갖고 게시 자료를 흥미롭게 탐색하게 하려면, 게시판의 내용이 영유아교육기관의 학습주제 또는 영유아의 현재 흥미와 연결되어야 한다.
- 둘째, 게시된 자료의 내용이 하나의 주제로 연결되어야 한다. 한 게시판에 여러 개의 아이디어 또는 여러 개의 주제를 구성하거나 너무 복잡하게 밀집해서 게시하면 오히려 영유아의 혼란을 초래하며 학습효과도 떨어진다.
- 셋째, 전달하고자 하는 메시지를 분명히 하여 영유아가 게시판을 보고 개념, 사실을 알고 아이디어를 얻을 수 있도록 한다. 간단·명료하면서도 의도하는 메시지를 정확히 반영하고 시각적으로 혼란스럽지 않도록 구성한다.
- 넷째, 미적 구성을 고려한다. 게시하고자 하는 자료들의 전체적인 배열, 색상의 조화를 고려하여 자료가 매력적으로 보이도록 한다.
- 다섯째, 게시판의 제작 및 활용과정에 영유아가 직접 참여할 기회를 제공한다. 게

시 내용에 따라서는, 교사가 능숙한 솜씨로 구성해서 일방적으로 정보를 전달하는 게시판보다 영유아의 관심 내용을 토대로 교사가 기본적인 형태를 구성하고 영유아와 함께 구성해 나가는 것이 학습효과가 높다. 만 4~5세반의 경우 유아들이 협력하여 게시 자료들을 전시할 수 있으며, 2~3세반에서도 교사가 기본 틀을 구성하고 영유아가 첨가하는 형태로 게시판을 구성할 수 있다. 이러한 과정은 양질의 능동적 학습기회를 제공하게 된다.

- 여섯째, 게시 자료들은 한 번에 제공할 수도 있지만 주제의 흐름이나 영유아의 흥미, 개념이나 아이디어의 전개, 개별 또는 집단 활동을 통한 조사 등에 따라 내용을 첨가해 나가며 제공할 수도 있다. 예를 들어 유아가 자기 동네에 관심을 가지고 동네를 견학하며 사진을 찍어 와 게시하였다고 하자. 여기에 유아들이 동네 견학 시 또는 등·하원 시 본 여러 기관을 그림으로 그린 후 게시하여 우리 동네 지도를 구성해 볼 수 있다. 이후 며칠 동안 유아들이 스스로 조사한 자료로 게시판을 구성해 보게 하면 능동적인 탐구 태도뿐만 아니라 자신이 무엇을 알고 싶은지, 알아낸 것이 무엇인지 더욱 명확히 알 수 있게 된다. 이렇게 하면 교사가 미리 게시판을 완성하여 제시하는 것보다, 유아들에게 더 의미 있는 자료가 될 수 있다.

2) 게시판 제작의 절차

게시 자료의 교육적 효율성을 높이기 위해서는 다음과 같이 게시판을 제작한다.

(1) 주제 정하기

전시 목적에 따른 주제를 정한다. 너무 광범위한 주제를 선택하면 통일성 있는 전시를 만들기 어렵고 정보를 효과적으로 전달하지 못할 수 있다. '모자'와 같이 너무 막연한 주제보다는 '우리가 만든 모자', '세계 여러 나라의 모자', '직업에 어울리는 모자' 등과 같이 주제를 구체화하는 것이 바람직하다.

(2) 세부 내용 선정하기

주제가 정해지면 게시판의 구체적인 내용을 정한다. 예를 들어 '직업에 어울리는 모자'에 대한 게시판에는 어떤 직업인의 모자를 게시할지, 그림과 사진을 게시할지, 실물 모자를 게시할지, 관련 직업인의 일하는 장면을 포함시킬지 등을 정해야 한다.

(3) 게시 자료를 수집하고 준비하기

결정된 소주제에 적합한 자료 중 현재 구비하고 있는 것은 무엇인지, 교사 또는 유아가 제작하거나 수집해야 할 것은 무엇인지 등을 검토하고 전시할 자료를 준비한다.

(4) 효과성과 심미성을 고려하여 배치하기

다양한 게시 자료들이 유아에게 보다 시각적으로 돋보이도록 전시 또는 게시하면 교육적 효과를 높일 수 있다. 게시판에 전시할 수 있는 자료는 그림, 사진, 모빌, 실물, 표본, 지구의, 융판 자료, 유아 작품, 자연물 등 다양하다. 이들을 어떠한 형태로 전시하거나 배치할지, 크기나 비율은 어떻게 할지, 무엇을 강조하거나 삭제할지 등을 정하고 스케치한다.

(5) 완성하기

스케치에 따라 배치하고 완전히 부착하기 전에 가배치하여 수정할 사항이 있는지 살펴본다. 배치가 확정되면 부착하고 필요하다면 설명 자료나 이름 카드도 부착한다.

3) 게시판의 디자인 원리

게시판을 스케치할 때는 명료성, 단일성, 균형, 강조, 역동성 등 몇 가지 디자인 원리를 알고 이러한 원리를 실제로 적용할 수 있어야 한다.

(1) 명료함

게시판은 설명보다 제시된 시각 자료가 메시지를 대신하므로, 메시지를 간단 명료하게 설정한다.

(2) 단일성

단일성은 그래픽 자료의 시각적 요소가 모두 같은 기능을 발휘할 수 있는 관계에 있을 때 생겨난다. 이러한 단일성을 표현하기 위해서는 화살표로 표시하거나 서로 겹쳐 놓기 등으로 선, 형태, 색, 공간 등을 변경하여 디자인할 수 있다. 흔히 단일성을 띤 디자인을 구성할 때는 O형 또는 Z형으로 배치하는 방법이 자주 사용된다(그림 13-2).

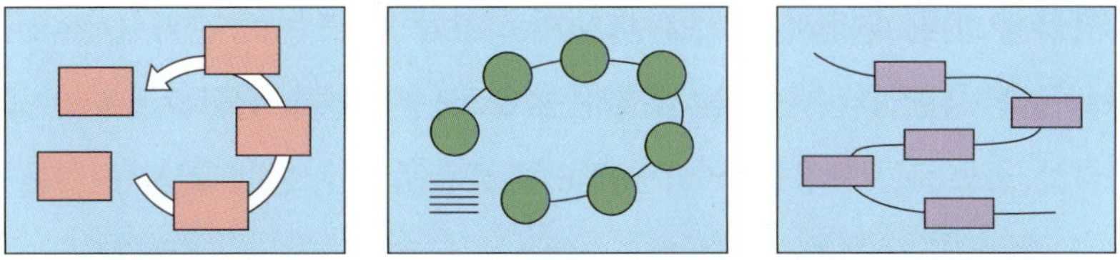

나비의 성장과정

아이들의 생일 달력

그림 13-2 단일성을 띤 디자인

(3) 균형

균형에는 형식적 균형과 비형식적 균형이 있다. 형식적 균형은 대체로 가운데 축을 중심으로 양쪽이 대칭을 이루고 정적이다. 비형식적 균형은 가운데 축을 중심으로 양쪽이 다르지만 평형을 이루고 동적이며, 보다 주의를 끌 수 있도록 배치되므로 디자인하는 사람의 창작력이 요구된다(그림 13-3).

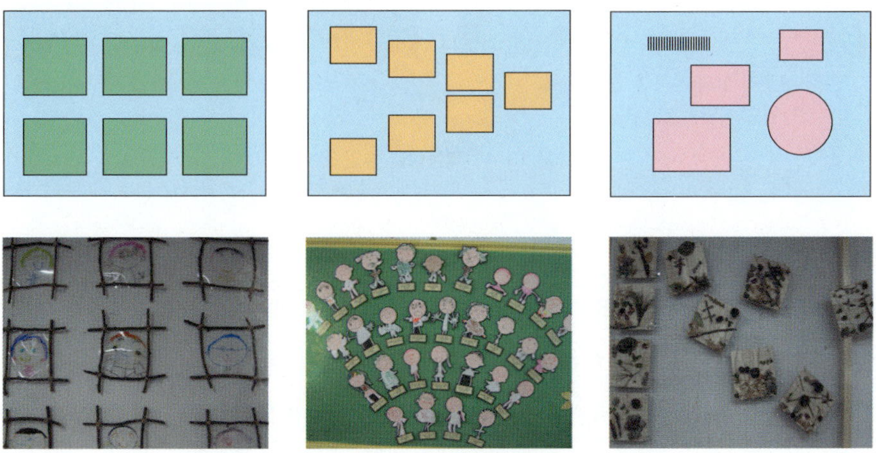

그림 13-3 형식적 균형과 비형식적 균형

(4) 강조

시각 자료가 단순하고 단일성을 띠더라도 흥미나 주의를 끌려면 어떤 한 가지 요소에 강조점이 있어야 한다. 따라서 크기를 다르게 하거나 색 또는 공간과 같은 시각적 도구로 중요한 부분을 강조할 수 있다. 강조하는 요소는 특별히 주의를 끌어야 하는 내용을 선택한다.

(5) 역동성

게시판은 자칫 평면적이며 지루하게 구성되기 쉽다. 따라서 게시물의 내용에 따라 동적인 느낌을 줄 수 있는 전시방법을 사용한다. 게시 자료의 역동성을 높이려면 움직이는 자료나 입체 자료를 사용하고, 영유아가 조작하거나 변화시킬 수 있고 상호작용이 가능한 요소를 포함시켜(그림 13-4), 게시 공간을 흥미롭고 매력적으로 만든다. 멀티미디어를 가지고 동영상과 음향을 첨가하여 학습자와의 상호작용적 요소를 증가시킬 수도 있다.

곤충 사진과 실제 곤충을 함께 전시
(강원도 자연환경연구공원)

블록으로 만든 마을 전시물을 재구성하는 유아

그림 13-4 역동성을 높인 전시

4) 게시 및 전시 방법

영유아 대상 자료는 영유아의 흥미 유발은 물론이고 신체 크기와 눈높이, 영유아의 이해 수준에 알맞게 게시해야 한다. 영유아는 무엇이든 만져 보고 탐색하므로, 오감으로 탐색하고 체험할 수 있게끔 하는 것이 바람직하다. 만지면 안 되는 전시물에는 덮개나 가림대를 설치해 둔다.

여기서는 게시 및 전시 방법을, 수직이나 수평적인 게시 공간을 활용하는 평면적 게시와 모빌이나 입체물, 퍼포먼스 등을 전시하는 입체적 전시, 멀티미디어를 활용하여 영상 및 음향 등을 보여 주는 멀티미디어를 이용한 전시로 나누어 설명하도록 한다.

(1) 평면적 전시

① 수직 게시판

게시 자료가 평면 자료이거나 평면에 걸어 제시할 수 있는 입체물인 경우, 수직 게시판을 많이 사용한다. 이동식 게시판, 벽걸이식 게시판이나 가림대, 융판, 교구장 뒷면, 교실이나 복도의 벽면 등을 이용할 수 있다. 삼각대 형태로 만들어 선반이나 교구장에 세우거나 작은 하드보드지에 게시 자료를 구성한 후 액자 받침대 등에 세워 놓을 수도 있다(그림 13-5).

벽면 게시판

이동식 게시판

그림 13-5 수직 게시판의 예

② 수평 게시판

게시 자료가 실물이나 모형 입체물인 경우에는 수평 게시판을 활용하면 편리하다. 가을에 유아들이 수집한 열매들을 플라스틱 접시에 담아 책상에 전시하거나 유아들이 점토나 상자로 만든 모형물을 책상에 전시하는 것, 여러 가지 기계류를 분해하여 전

세계 여러 나라의 인형과 모형

종이 작업으로 만든 디오라마

그림 13-6 책상과 교구장 위에 게시한 입체 자료

영유아의 참여를 증진시키기 위한 게시판 만들기

- 게시판의 주제에 따라 게시판의 모양이나 배경에 변화를 준다.
  (예: 자동차 모양 게시판)
- 들춰 보거나 문을 열면 게시 자료를 볼 수 있도록 궁금증을 유발한다.
  (예: 동물이 우리에게 주는 도움 – 동물 그림을 들추면 생산물을 볼 수 있음)
- 일부 자료를 유아가 붙였다 떼거나 이동할 수 있도록 만든다.
  (예: 동물들이 사는 곳 – 동물 그림 자료를 떼어 이동할 수 있음)
- 게시판의 완성 과정에 영유아가 직접 참여할 수 있다.
  (예: 우리 동네에서 볼 수 있는 가게 만들어 붙이기)

시하는 것 등이 여기에 해당된다. 수평 게시판은 무언가를 단순히 올려놓는 용도로만 사용하기보다는 자료의 내용에 따라 영유아들이 재구성해 볼 수 있게 사용한다(그림 13-6).

상자로 만든 여러 가지 집을 게시할 때는 게시판을 건물을 놓을 수 있는 공간과 도로, 공원 등으로 나누어 밑그림을 붙여 놓는다. 이렇게 하면 유아들이 자신이 만든 집을 적절한 공간에 배치하고 사람이나 나무를 더 만들어 구성해 보려는 아이디어를 가질 수 있다. 여러 동물 모형을 게시할 경우에는 과학 영역의 게시공간을 사용할 수도 있지만, 쌓기 영역에 게시공간을 마련할 수도 있다. 이렇게 하면 유아들이 모형을 게시판에 놓고 관찰하기도 하고 꺼내어서 블록 구성에 사용할 수도 있다. 이때 벽면에 동물 그림을 게시하거나 책을 한쪽에 게시하면 유아들의 놀이가 더욱 심화될 수 있다.

③ 수직 · 수평 게시판

게시 자료에 입체물이 포함된 경우에는 수평·수직면을 모두 활용하여 게시하면 효과적이다. 이때 게시 자료의 내용과 게시 공간, 입체 자료의 크기나 무게 등에 따라 게시하는 방법을 적절히 고안해야 한다. 그림 자료와 입체 모형물을 함께 게시하려면 그림 자료 옆에 작은 선반을 만들어도 좋을 것이다. 좀 더 커다란 게시물의 경우 L자형 게시판의 바닥 면에 입체물을 게시하고 수직면에는 평면 자료를 게시할 수 있다(그림 13-7).

세계 여러 나라의 전통의상

돌멩이 인형으로 꾸민 가을 정원

우리나라 전통 생활용품

갯벌에 사는 생물의 표본과 그림 전시

그림 13-7 수직과 수평면을 동시에 활용한 게시판

(2) 입체적 전시

자료의 성격에 따라 벽이나 바닥에 평면적으로 게시하는 것보다 모빌 형태로 게시하거나 입체적으로 설치하는 것이 더 어울릴 수도 있다. 여러 가지 비행기나 우주의 별, 곤충, 새 등은 공간적으로 하늘에 있는 것이 어울린다. 또 나뭇가지나 휘어지는 철사 등과 같이 선을 많이 사용하거나 빛이 투사되는 재료도 모빌로 게시하면 적절하다. 일상의 자연물도 좋은 배경판이 될 수 있다. 마당의 나무에 유아들이 쓴 카드나 장식물을 게시하는 것, 낡은 그물을 펼쳐 걸고 여러 가지 바다생물이나 환경오염 관련 게시물을 전시하는 것이 그 예이다. 주제의 분위기에 따라 입체적으로 설치할 수 있는 모양 게시판에 전시할 수도 있다. 〈그림 13-8〉은 우주선 모양판 두 장으로 자료를 사방에서 볼 수 있게 전시하는 방법으로 주제에 따라 게시판을 다른 모양으로 만들 수 있다.

또한 주제 전개 상황에 따라 유아들이 만든 블록 구성물, 미술 작품 등을 이용하여 다양한 형태의 입체적 전시를 할 수 있다. 〈그림 13-9〉의 '세계 여러 나라 건축물'은 유아와 교사가 함께 놀이하며 만들어 전시한 것이며, '평면 미술 작품'은 천장, 바닥,

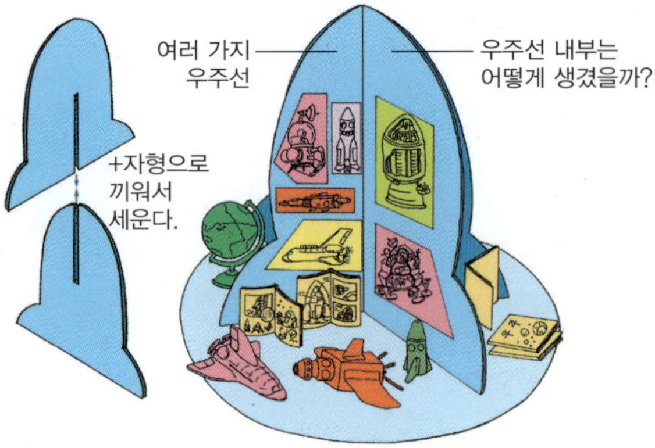

그림 13-8 우주선 모양 게시판

벽 등에 그림을 붙여 유아들이 앉거나 서서 또는 누워서 작품을 감상해 보게 전시한 것이다. 〈그림 13-9〉의 '모자와 모자 모빌'은 모빌과 입체작품을 함께 전시한 예이다.

창문에 걸어 둔 자연물 모빌 작품

유아가 만든 세계 여러 나라 건축물

벽, 천장, 바닥에 게시한 평면 미술 작품

유아가 디자인한 모자와 모자 모빌

그림 13-9 공간을 활용한 입체적 전시

(3) 멀티미디어를 이용한 전시

전시를 직접 할 때는 시간적·공간적 제한을 받지만, 멀티미디어를 활용하면 그림·사진·도표·동영상·소리 등 다양하고 풍부한 내용의 메시지를 반복 제시하거나 상호작용하도록 제시할 수 있다. 박물관 및 전시관에서는 멀티미디어를 보조 또는 메인 전시물로 두는 것이 일반화되었다. 유아들도 동영상이나 슬라이드 기능을 이용하여 사진이나 그림, 유아들이 만든 동화, 동극, 공익광고 동영상 등을 멀티미디어를 활용하여 전시할 수 있다. 〈그림 13-10〉의 좌측은 5세반 유아들이 자신이 만든 자연물 액자에 대한 작품 설명을 녹음하고, 스마트폰으로 QR코드를 스캔하여 들어 볼 수 있도록 만든 스마트 게시판이다.

스마트폰을 이용해 QR코드로 유아의 작품 설명을 들을 수 있는 미술작품 전시

박물관에 모형과 함께 게시된 멀티미디어 자료

그림 13-10 멀티미디어를 이용한 전시

REFERENCE
참고문헌

강양자(2016). 유아교사의 발달단계에 따른 교직적응 모형 개발. 중부대학교 대학원 박사학위논문.

강원도교육청(2018). 2018학년도 강원도 유치원교육과정 편성·운영 지침.

강원도춘천교육지원청(2017). 지진 VR 콘텐츠 활용을 위한 신청서 제출. 시행공문(교육안전과-21438, 2017. 12. 8).

강정주(2004). 음성인식 S/W를 활용한 유아의 한글지도 CAI 프로그램의 설계 및 구현. 세명대학교 교육대학원 석사학위논문.

게리 D. 보리치 저, 박승배 외 공역(2006). **효과적인 교수법(5판).** 서울: 아카데미프레스.

계보경, 이지향(2017). 교육에서의 모바일 미디어 활용. 한국교육학술정보원(KERIS), 전자자료.

고재희(2008). **통합적 접근의 교육방법 및 교육공학.** 파주: 교육과학사.

과학기술정보통신부, 문화체육관광부, 산업통상자원부, 보건복지부, 여성가족부, 방송통신위원회, 사행산업통합감독위원회(2018). 2018년도 전국 유·초·중·고교 대상 스마트폰·인터넷 과의존 예방·해소사업 통합안내문.

곽향림, 안경숙(2010). 교사 주도적 교수학습에 대한 반성적 재고: 교사와 유아의 삶의 관점에서. **유아교육연구, 30**(2), 309-337.

교육과학기술부(2015). 유치원교육과정. 교육과학기술부 고시 제2015-61호.

교육과학기술부, 보건복지부(2012). 3~5세 연령별 누리과정. 교육과학기술부 고시 제2012-16호. / 보건복지부 고시 제2012-82호.

교육부(1992). 유치원 5차교육과정. 교육부 고시제 1992-15호.

교육부(1995). 유치원 교사를 위한 컴퓨터교육 자료. 교육부.

교육부(1998). 6차 유치원 교육과정. 교육부 고시 제1998호.

교육인적자원부(2004). 유치원의 교육과정운영을 위한 정보화프로그램. 교육인적자원부.

교육인적자원부(2007). 2007년 개정 교육과정 교사용 지침서. 교육인적자원부 고시 제2007-153호

국가정보화전략위원회, 교육과학기술부(2011). **스마트교육 추진 전략: 인재대국으로 가는 길.** 서울: 국가정보화전략위원회.

권장희(2012). 스마트 교육 추진에 따른 정보통신윤리교육의 현안 진단 및 제언. 강원도교육연구원. **교육연구정보, 62.** 67-78.

금잔디(2014). 유아의 지능과 문제행동의 관계. 울산대학교 교육대학원 석사학위논문.

금혜정(2016). 질문이 있는 교실을 위한 유치원 교원 연수 자료: 의사소통 능력을 키우는 토의활동. 서울특별시북부교육청 장학자료실.

김경미(2012). 유아 교사 발달단계에 따른 현장 문제 인식의 차이. 중앙대학교 교육대학원 석사학위논문.

김경숙(2006). 유비쿼터스 컴퓨팅을 이용한 교육 환경 연구. 한남대학교 교육대학원 석사학위논문.

김경철, 김안나(2010). 국가수준 유치원평가를 통해 평가위원이 보게 된 국·공립유치원 현실이야기. **미래유아교육학회지, 17**(1), 147-176.

김기예(2009). 유아의 주의집중력, 문제행동 및 정서능력과 사회적 능력. **극동사회복지저널, 8**. 81-101.

김수이(2010). 듀이의 반성적 사고의 교육적 의미. 한남대학교 교육대학원 석사학위논문.

김영희, 허희옥, 계보경, 김혜정, 김민정, 이현영(2015). **유아교육에서의 교육방법 및 교육공학.** 서울: 학지사.

김인숙(1989). 학업우수아와 학업부진아의 정의적 특성. 연세대학교 교육대학원 석사학위논문.

김재복(2000). **통합교육과정.** 서울: 교육과학사.

김정권(1979). 정신지체아 개별화 학습효과. 한국사회산업대학교 대학원 박사학위논문.

김정욱(2014). 스마트러닝접근에 기초한 과학탐구활동이 유아의 과학개념이해와 과학과정기술에 미치는 영향. 중앙대학교 석사학위논문.

김종서, 이영덕, 정원식(2009). **교육학 개론.** 파주: 교육과학사.

김진호, 최철용, 박혜경, 강병재(2001). **교육방법의 기초.** 서울: 문음사.

김채연(2015). 유아의 정서적 실행기능과 주의력 결핍, 기관적응, 그리기표상능력간의 관계분석. 중앙대학교 대학원 석사학위논문.

김현경(2009). 발달단계에 따른 유아교사 관심사와 교사효능감과의 관계분석. 아주대학교 교육대학원 석사학위논문.

김혜원(2008). 만성 정신분열병 환자의 주의집중력 향상 훈련이 실행기능에 미치는 효과. 덕성여자대학교 대학원 석사학위논문.

데이비드 밀(2002). **소는 못 날아.** 파주: 문학동네.

로버트 하인리히 외 공저, 설영환 외 공역(2002). **교육공학과 교수매체.** 서울: 피어슨 에듀케이션 코리아.

류경민(2015). 유아의 인지능력과 문제행동 간의 관계. 울산대학교 교육대학원 석사학위논문.

류민영(2014). 유아교사의 자아개념과 교사효능감이 교사-유아 상호작용에 미치는 영향. 성신여자대학교 대학원 석사학위논문.

릴리언 캐츠 외 저, 이윤경·석춘희 역(1995). **유아들의 마음 사로잡기.** 서울: 이화여자대학교출판부.

맹주연(2017). 손끝놀이 활동이 유아의 소근육 운동기능 발달과 주의집중력에 미치는 영향. 덕성여자대학교 교육대학원 석사학위논문.

문미선(2007). 보육교사의 이직의도와 근무환경 및 직무만족도와의 관계 연구. 덕성여자대학교 대학원 석사학위논문.

문혜원(2017). 가정과 연계한 언어전달활동이 만 3세 유아의 주의집중력 및 언어표현력에 미치는 영향. 중앙대학교 교육대학원 석사학위논문.

민용성(2000). 발문유형이 사려성-충동성 인지 양식에 따라 학업성취에 미치는 효과. 한국교원대학교 대학원 석사학위논문.

박경단(1999). CAI가 정신지체유아의 그림과 문자 변별력 향상에 미치는 효과. 우석대학교 교육대학원 석사학위논문.

박미선(2015). 중학생의 주의집중력 척도 개발 및 타당화 연구. 국제신학대학원대학교 박사학위논문.

박미화(2006). 그림동화와 멀티미디어동화가 유아의 주의집중 및 친사회적 행동에 미치는 반응 연구. 동국대학교 교육대학원 석사학위논문.

박선경(2014). 스마트러닝 환경에서 인포테인먼트 요소의 활용 방안에 관한 연구: 유아 교육을 위한 알파벳 애플리케이션을 중심으로. 홍익대학교 대학원 석사학위논문.

박선미(1999). 구성주의 교수-학습 원리에 따른 지리 수업 및 평가: Bruner의 탐구 학습에 대한 비판적 재고찰. **교육과**

정평가 연구, 2(1).

박성덕(2014). 전자미디어를 활용한 유아교육활동의 효과에 대한 메타분석. 한국교원대학교 대학원 박사학위논문.

박소영(2015). 3-5세 유아의 실행기능과 지능 간의 관계. 울산대학교 대학원 석사학위논문.

박숙희, 염명숙(2001). **교수-학습과 교육공학.** 서울: 학지사.

박숙희, 염명숙(2007). **교수-학습과 교육공학.** 서울: 학지사.

박숙희, 염명숙, 이경희(1998). **교육방법 및 교육공학.** 서울: 학지사.

박인영(2017). PBL(Problem Based Learning) 접근에 기초한 과학활동이 유아의 과학적 문제해결력과 대인 문제해결력에 미치는 영향. 중앙대학교 대학원 석사학위논문.

박정환, 김형준, 조정원(2007). **알기 쉬운 유러닝.** 서울: 학지사.

박현일(2012). **아동미술 용어사전.** 파주: 이담북스.

백성아(2016). 영유아교사의 의사소통능력과 교사효능감이 유아교육기관 조직효과성에 미치는 영향. 수원대학교 교육대학원 석사학위논문.

백영균(2010). **가상현실공간에서의 교수-학습.** 서울: 학지사.

백영균, 박주성, 한승록, 김정겸, 최명숙, 변호승, 박정환, 강신천, 김보경(2003). **교육방법 및 교육공학.** 서울: 학지사.

백영균, 박주성, 한승록, 김정겸, 최명숙, 변호승, 박정환, 강신천, 김보경(2010). **유비쿼터스 시대의 교육방법 및 교육공학.** 서울: 학지사.

백영균, 정재엽, 윤성철(2006). **교육매체 제작의 이론과 실제.** 서울: 문음사.

변영계(1999). **교수·학습 이론의 이해.** 서울: 학지사.

변영계, 김영환, 손미(2000). **교육방법 및 교육공학.** 서울: 학지사.

변영계. 김영환, 손미(2007). **교육방법 및 교육공학.** 서울: 학지사.

보건복지부(2013). 제3차 어린이집 표준보육과정. 보건복지부 고시 제2013-8호.

보건복지부(2015). 3~5세 연령별 누리과정. 보건복지부 고시 제2015-45호.

블로서 저, 송용의 역(2000). **효율적인 교사의 발문 기법.** 교육신서.

사유정(2014). 스마트 러닝 학습의 모션그래픽 요소가 유아의 학습태도와 선호도에 미치는 영향. 홍익대학교 광고홍보대학원 석사학위논문.

서울특별시교육청(2016). 서울특별시 유치원교육과정 편성·운영 지침-총론.

서준경(2006). 구성주의 관점에서의 개념적 학습지도가 성취도 및 태도에 미치는 영향. 강원대학교 교육대학원 석사학위논문.

서희전(2014). U-러닝 통합 생태체험활동이 유아의 환경 친화적 태도와 정서지능에 미치는 효과. **열린유아교육연구, 19**(2), 447-472.

손희진(2015). 어린이집 재원기간과 재원시간에 따른 만 5세 유아의 주의집중력 연구. 덕성여자대학교 석사학위논문.

송연경, 김민진(2010). 멀티미디어 수학동화 읽기활동이 유아의 수학개념 및 수학적 태도에 미치는 영향. **열린유아교육연구, 15**(5), 89-112.

심희경(2014). 길포드의 창의성을 적용한 유아 미술교육 프로그램에 관한 연구-전도식기(4~7세) 유아를 중심으로. 홍익대학교 교육대학원 석사학위논문.

스티븐 M. 알레시 외 공저, 김동식, 박인우 공역(2003). **멀티미디어와 학습: 설계 및 개발.** 서울: 피어슨 에듀케이션 코리아.

실비아 C. 차드 저, 지옥정 역(1995). **프로젝트 접근법: 교사를 위한 실행 지침서.** 서울: 창지사.

안범희(1995). 창의성의 본질과 창의적 문제해결 과정. **교육연구정보, 19,** 15-26.

앤서니 브라운(2001). **돼지책.** 파주: 웅진주니어.

야시마 타로(1996). **까마귀 소년.** 서울: 비룡소.

양병석, 임영모, 조태훈(2017). 가상현실/증강현실 기술발전 방향과 시사점. SPRi Issue Report, 2016-014호. 소프트웨어정책연구소.

양옥승(2008). 이론적 탐구분야로서의 유아교육과정 이해(II):1928-1969년 미국의 교육과정 이론을 중심으로. **열린유아교육연구, 13**(1), 425-440.

양옥승, 최경애, 이혜원(2011). **영유아교육과정.** 서울: 학지사.

양옥승, 최경애, 이혜원(2015). **영유아교육과정.** 서울: 학지사.

양희성(2001). **단비는 욕심쟁이가 아니에요.** 서울: 새샘.

오남영(2009). 탐구를 통한 도덕과 교육 방법 연구: 존 듀이를 중심으로. 경상대학교 대학원 석사학위논문.

오문자(2010). **레지오 알아가기: 한국에서의 레지오 교육의 재구성.** 서울: 정민사.

오연주, 조복희(2001). 유아의 주의집중과 운동능력 관계연구. **한국유아체육학회지, 2,** 19-32.

오지선(2016). 일상생활에서의 영유아 멀티미디어 사용 양상 및 부모의 생각. 성신여자대학교 대학원 석사학위논문.

요하네스 아모스 코메니우스 저, 남해승 역(1999). **세계 최초의 그림교과서.** 서울: 씨앗을 뿌리는 사람.

우순기(2017). 다도 명상프로그램이 유아의주의집중력 및 정서지능에 미치는 효과. 동국대학교 불교문화대학원 석사학위논문.

원혜민, 이경미(2011). 유아의 논리력 향상을 위한 켈러 교육공학 기반의 상호작용적인 CAI 프로그램 설계. **한국컴퓨터게임학회논문지, 24**(2), 63-72.

유구종, 강병재, 박선희(2013). **영유아교육에서의 교육방법 및 공학.** 서울: 창지사.

유아교육자료사전편찬위원회(1996). **유아교육자료사전.** 서울: 한국사전연구사.

유혜령, 강은희, 박지영(2009). **유아 교수공학과 교수·학습 방법.** 서울: 창지사.

윤정욱(2012). 유아 체력 향상 프로그램이 유아의 주의집중력과 자기 조절력에 미치는 효과. 동국대학교 교육대학원 석사학위논문.

윤지혜(2016). 유아 음악 통합활동이 유아의 주의집중력에 미치는 영향. 한국외국어대학교 교육대학원 석사학위논문.

이경애(2010). 유아교사의 행복과 직무관련변인의 관계분석. 동의대학교 대학원 박사학위논문.

이명희(2017). 만 5세 유아의 동시 읽기활동이 정서조절력과 주의집중력에 미치는 효과. 강남대학교 교육대학원 석사학위논문.

이상금(1987). **한국 근대 유치원 교육사.** 서울: 이화여자대학교출판부.

이성흠, 이준(2009). **교육방법 및 교육공학.** 파주: 교육과학사.

이승헌(2004). 존 듀이의 경험이론에 비추어 본 탐구학습. 부산교육대학원 석사학위논문.

이승희(2012). 유치원교사의 발달단계에 따른 원장과의 갈등수준과 갈등관리 전략에 관한 연구. 건국대학교 교육대학원 석사학위논문.

이영덕(1976). **교육의 과정.** 서울: 배영사.

이영덕(1978). **교수공학이론.** 서울: 교육출판사.

이영수(2017). 유아교사의 정서노동과 교수효능감이 유아-교사 관계에 미치는 영향. 광주대학교 대학원 석사학위논문.

이영자(1974). 교수공학과 교수설계(이영덕). **교육공학이론, 교육과학신서 10,** 121-144. 서울: 교육출판사.

이영자(1981). **유아를 위한 교수매체.** 서울: 교문사.

이영자, 박미라, 정주원, 오애순(2017). **영유아프로그램 개발과 평가.** 파주: 양서원.

이영자, 박미라, 최경애(1999). **유아교육 교수매체.** 서울: 교문사.

이영자, 박미라, 최경애(2009). **영유아교육 교수매체.** 파주: 교문사.

이영자, 박미라, 최경애(2012). **영유아교육 교수매체.** 파주: 교문사.

이영자, 이기숙, 이정욱(2009). **유아 교수학습 방법.** 서울: 창지사.

이영철, 박경단(1999). CAI가 발달장애유아의 문자변별력 향상에 미치는 효과. **발달장애학회지, 3,** 57-71.

이영희(2002). 탐구활동을 통한 미술지도 방법 탐색과 방안 연구: 듀이의 탐구학습을 중심으로. 대구대학교 교육대학원 석사학위논문.

이용길, 강경희(2009). 실생활 중심의 PBL 문제 설계 및 프로그램 개발: 7학년 생명 영역을 중심으로. 성신여자대학교 교육문제연구소. **교육연구, 46.** 5-27.

이은화, 배소연, 조부경(1995). **유아교육론.** 서울: 양서원.

이정림, 도남희, 오유정(2013). 영유아의 미디어 매체 노출실태 및 보호대책. 육아정책연구소 연구보고 2013-15.

이지륜(2015). PBL을 활용한 과학활동이 유아의 과학관련태도와 문제해결력에 미치는 영향. 중앙대학교 대학원 석사학위논문.

이진민(2009). 교사의 발문이 유아의 창의성에 미치는 효과. 인제대학교 교육대학원 석사학위논문.

이창숙(2006). 유치원교사의 발달단계별 직무능력과 직무만족도간의 관계 연구. 공주대학교 교육대학원 석사학위논문.

이칭찬, 간진숙, 김미연(2012). **교육방법 및 교육공학.** 서울: 태영출판사.

이현숙(1996). 유아대상의 한글교육용 CAI 프로그램 개발에 관한 연구. 연세대학교 교육대학원 석사학위논문.

이현옥, 박정선, 김지영, 김연진(2010). **유아 컴퓨터 교육.** 파란마음.

이화진, 오은순, 송현정, 전효선, 조일수, 강대현, 권점례, 곽영순, 유정애, 이경언, 양윤정, 이윤, 김명화, 오상철, 홍선주, 김완수(2005). 교수·학습 상황 및 주요 변인 분석 연구. KICE 연구리포트, 31-36.

임미숙(2015). 학습자와 교육용 앱 특성이 모바일 러닝 사용의도에 미치는 영향 연구. 단국대학교 정보·지식재산대학원 석사학위논문.

임선영(2013). 가정에서 유아 스마트폰 사용실태와 어머니의 허용과 인식: 계양구 유아를 대상으로. 중앙대학교 교육대학원 석사학위논문.

임지연(2017). 관찰 기록지 작성 활동이 유아의 과학 활동에 대한 자신감과 주의집중력에 미치는 영향. 중앙대학교 교육대학원 석사학위논문.

임희정(2014). 교사발달단계에 따른 유아교사의 현직교육에 대한 인식 및 요구. 아주대학교 교육대학원 석사학위논문.

장소영(2015). 존 듀이의 반성적 사고를 활용한 입체조형교육에 관한 연구. 국민대학교 교육대학원 석사학위논문.

전경원(2006). **창의성 교육의 이론과 실제.** 서울: 창지사

전남련, 김기선, 성은숙, 이은임, 엄은옥, 이경선, 강은숙(2011). **영유아 교수학습방법.** 서울: 신정.

전성연, 송선희, 이옥주, 이용운, 김수동, 고영남, 허창범, 오만록, 이병석(2007). **현대 교수학습의 이해.** 서울: 학지사.

정금자(2002). CAI 시각변별훈련에 따른 유아의 주의집중과 학습준비도. **아동교육, 11**(2). 193-205.

정다인(2017). 부모의 양육태도에 따른 유아의 실행기능 발달 및 스마트기기 사용. 영남대학교 대학원 석사학위논문.

정보통신부(2007). 바른 인터넷 첫걸음.

정선아, 김희연(2011). 국가 수준 유치원 교육과정 '교수·학습 방법'의 개정 방향: 유치원의 고유성과 초등학교와의 연계 강화를 위한. **유아교육연구, 31**(1), 289-307.

정순복(2002). 존 듀이의 논리학에서 탐구와 예술의 문제. **미학, 33.** 277-320.

정영림(2007). 초등학생의 인지적 능력과 주의집중이 한글 및 영어 읽기에 미치는 영향. 경남대학교 교육대학원 석사학위논문.

정위섭 편저(1994). **논리학입문.** 서울: 학문사.

정태연 역(1999). **심리학 용어사전.** 서울: 끌리오.

제임스 매슈 베리(2015). **피터팬.** 서울: 삼성출판사.

조보미(2015). 유아용 영어단어학습 모바일 어플리케이션 GUI디자인 작품 연구. 성균관대학교 석사학위논문.

조복수(1997). 학업우수아와 학업부진아의 정의적 행동특성 비교. 경성대학교 교육대학원 석사학위논문.

조성선(1993). **OHP 활용과 TP의 자작.** 성남: 지성의 샘.

조연순(2006). **문제중심학습의 이론과 실제: 문제로 시작하는 수업.** 서울: 학지사.

존듀이 저, 이홍우 역(1987). **민주주의와 교육.** 서울: 교육과학사.

중앙보육정보센터(2009). 평가인증-조력프로그램.

채유정(2015). 유아교사의 스마트매체 활용 현황 및 인식. 중앙대학교 교육대학원 석사학위논문.

최미순(2016). 전래동요놀이를 활용한 u-Learning 가정연계에 대한 실행연구. 성신여자대학교 대학원 박사학위논문.

최봉선(2009). PBL 기반 구성주의적 유아 교육 프로그램의 개발 연구. **아동교육, 18**(1), 267-283.

최성규, 이효신(2000). 발달장애유아 언어행동 발달 컨텐츠 개발을 위한 CAI 프로그램 분석. **정보학습장애연구, 16**(2), 31-52.

최윤정(2008). 창의성 구성요소에 따른 미술지도 방안 연구. 공주대 교육대학원 석사학위논문.

최은아(2013). 유아의 발달적 변화에 따른 인지적 실행기능 및 정서적 실행기능과 자기조절 간의 관계. 성균관대학교 대학원 석사학위논문.

최의경(2004). CAI를 이용한 언어훈련이 발달지체유아의 의사소통기능 및 사회적 기술에 미치는 영향. 단국대학교 특수교육대학원 석사학위논문.

최지운(1974). 교육문제 해결을 위한 전략 · 이영덕 저, **교수공학이론, 교육과학신서 10,** 41-120. 서울: 교육출판사.

최현미, 김성민, 권정심, 이경옥(2009). 유아교사의 역할수행과 관련 변인들 간의 구조모형 분석: 교사의 정서지능, 조직풍토, 직무만족도를 중심으로. **유아교육학논집, 13**(6), 323-343.

코메니우스, J. A. 저, 김은권, 이경영 편역(1998). **세계도회.** 서울: 교육과학사.

티머시 J. 뉴비(2008). **교수학습을 위한 교육공학.** 서울: 학지사.

파트리시아 E. 블로서 저, 송용의 역(1996). **효율적인 교사의 발문 기법.** 서울: 배영사.

하인리히 외 저, 설양환 외 공역(2002). **교육공학과 교수매체.** 서울: 피어슨에듀케이션코리아.

하영미(2007). 초등학생의 주의집중력, 인지-언어적 능력이 한글·한자·영어 읽기 및 문장이해력에 미치는 영향. 경남대학교 교육대학원 석사학위논문.

한경임, 김선미(2005). 컴퓨터 보조 수업이 발달장애 유아의 사물변별력과 학습태도에 미치는 효과. **특수아동교육연구, 7**(1), 71-90.

한국교육개발원(2012). 유아교육 선진화 정책의 추진현황과 과제. 현안보고 OR 2012-05-20-13. 제9권 제20-13호.

한국어린이육영회(1998). 1998 한국어린이육영회 도서안내. 한국어린이육영회.

한국유아교육학회 편(1996). **유아교육사전.** 서울: 한국사전연구사.

한국정보통신기술협회(2018). TTA정보통신용어사전. http://word.tta.or.kr/dictionary.

한국정보화진흥원(2014). S-척도(스마트폰 중독 척도) 유아동 관찰자용. 스마트쉼센터 홈페이지 콘텐츠 · 자료실, http://www.iapc.or.kr.

한림성심대학교 부속 한림유치원(2018). 5세 교육계획안. 미발행.

한정선, 김영수, 주영주, 강명희, 정재삼, 박성희(2008). **미래사회를 위한 교육방법 및 교육공학.** 파주: 교육과학사.

한철규(1980). 우리나라 시청각 교육의 변모-교수. 학습자료 개발사업 중간보고서. 한국교육개발원.

한태인, 곽덕훈(2007). **이러닝 유러닝.** 서울: 한독산학협동단지.

허경철(1990). 사고력 신장을 위한 프로그램 개발연구. **교육개발, 69,** 44-52.

홍석영(2014).혼합형 교수매체를 활용한 자연체험학습이 유아의 창의성과 자연친화능력에 미치는 영향. 중앙대학교 대학원 박사학위논문.

홍성훈(2013). 교사용 유아 주의집중력 척도 개발 및 타당화. **열린유아교육연구, 18**(1), 1-18.

홍순정(1999). **지능과 창의성,** 서울: 양서원.

홍혜경(2008). **유아 컴퓨터교육.** 서울: 학지사.

황재훈, 김동현(2005). 성공적인 m-learning 구현을 위한 핵심 요인에 대한 연구. 한국정보기술응용학회. **정보기술과 데이타베이스 저널, 12**(3). 57-80.

AECT Definition and Terminology Committee(2008). Definition. In A. Januszewski & M. Molenda(Eds.) *Educational technology: A definition with commentary*(pp.1-16). New York: Lawrence Erlbaum.

AECT(1977). *Educational Technology: Definition and glossary of terms.* Washington, DC: Association for Educational Communications and Technology.

Alessi, M. S., & Trollip, R. S.(2001). *Multimedia for learning-methods and development.* Allyn & Bacon.

Allen, W. H.(1973). Research in educational media. In J. W. Brown(Ed.), *Educational media yearbook.* New York: R. R. Bowker.

Anderson, T., & Dron, J.(2011). Three generations of distance education pedagogy. *IRRODL, 12*(3), 80-97.

Bandura, A.(1977). *Social learning theory.* Oxford, England: Prentice Hall.

Bandura, A.(1986). *Social foundations of thought and action: A social cognitive theory.* Englewood Cliffs, NJ: Prentice-Hall.

Barrows, H. S., & Myers, A. C.(1993). Problem-based learning in secondary schools. Unpublilshed monograph. Springfield, IL: Problem based Learning Institute Lanphier School, and Southern Illinois University Medical School.

Barrows, H. S.(1985). *How to designe poblem-based curriculum for the preclinical years.* NY: Springer Publishing Company.

Barrows, H. S.(1994). *Practice-based learning: Problem-based learning applied to medical education.* Spring field, IL: Southern Illinois University School of Medicine.

Becker, H. J.(1985). *How schools use microcomputers: Summary of a 1983 national survey.* ERIC Document Reproduction Service, ED 257448.

Bednar, A. K., Cunningham, D., Duffy, T. M., & Perry, J. D.(1991). *Theory into practice: Past, present, and future.* Englewood, CO: Libraries Unlimited.

Bodrova, E., & Leong, D. J.(1996). *Tools of the Mind: The Vygotskian approach to early childhood education.* Englewood Cliffs, NJ: Prentice-Hall.

Borich, G. D.(2004). *Effective teaching methods.*5th Edition. New York: Prentice-Hall.

Bovy, R. C.(1981). Successful instructional methods: A cognitive information processing approach. *ECTJ, 29*(4), 203–217.

Bower, T. G. R.(1980). *The perceptual world of the child.* Cambridge, MA: Harvard University Press.

Branch, R. M., & Kopcha, T. J.(2014) Instructional design models. In J. M. Spector, M. D. Merrill, J. Elen, & M. J. Bishop(Eds.). *Handbook of research in educational communication and technology*(pp. 77–87). New York: Springer. DOI:10. 1007/978-1-4614-3183-5_7.

Branch, R.(2009). *Instructional design: The ADDIE approach.* New York: Springer.

Bright, R. L.(1968). Educational technology as an approach. *Educational Technology, 8*(1), 8.

Bruner, J.(1966). *Toward a theory of instruction.* Cambridge, MA: Harvard University Press.

Bruner, J.(1990). *Acts of meaning.* Cambridge, MA: Harvard University Press.

Bruning, J. L.(1983). An information processing approach to a theory of instruction. *ECTJ, 31*(2), 91–101.

Carpenter, H. M.(1964). Study skills: Developing picture reading skills. *The Instructor, 74,* 37–38.

Clark, R.(1983). Reconsidering research on learning from media. *Review of Educational Research, 53*(4), 445–459.

Cuffaro, H. K.(1992). Block. In L. R. Williams, & D.P. Fromberg(Eds.). *Encyclopedia of early childhood education.* New York : Garland Publishing, Inc., pp. 356–357.

Dale, E.(1969). *Audio visual methods in teaching.* New York: Holt, Rinehart, and Winston, Inc.

De Cecco, John P.(1968). *The psychology of learning and instruction: Educational psychology.* Englewood Clifts, NJ: Prentice Hall.

Dempsey, J. D., & Frost, J. L.(1993). Play environments in early childhood education. In Bernard Spodek(Ed). *Handbook of research on the education of young children.* New York: Macmillan Publishing Company, 306–321.

Dewey, J.(1916). *Democracy and education.* New York: Macmillan.

Dick, W.(1996). The Dick and Carey models: Will it survive the decade? *Educational Technology and Development, 44*(3), 55–63.

Dick, W., Carey, L., & Carey, J. O.(2001). *The systematic design of instruction(5th Edition).* Addison-Wesley Educational Publishers, Inc.

Dick, W., Carey, L., & Carey, J. O.(2005). *The systematic design of instruction(6th ed.).* New York, NY: HarperCollins.

Dorin, H., Demmin, P. E., & Gabel, D.(1990). *Chemistry: The study of matter(3rd ed.).* Englewood Cliffs, NJ: Prentice Hall, Inc.

Driscoll, M. P.(2000). *Psychology of learning for instruction(2nd ed.).* Needham Heights, MA: Allyn & Bacon.

Duke, B., Harper, G., & Johnston, M.(2013). Connectivism as a digital age learning theory. *The International HETL Review, Special Issue,* 4–13.

Eberle, Bob(2008). *Creative games and activities for imagination development: Scamper.* Waco, TX: Prufrock Press.

Ertmer, P. A., & Newby, T. J.(1993). Behaviorism, cognitivism, constructivism: Comparing critical features from an instructional design perspective. *Performance Improvement Quarterly, 6*(4), 50–72. doi: 10.1111/

j.1937-8327.1993.tb00605.x

Federson, D. R., Rook-Green, A., & Elder, J. L.(1981). The role of action in the development of pretend play in young children. *Developmental Psychology, 17,* 756-759.

Feeney, S., & Magarick, M.(1984). Choosing good toys for young children. *Young Children, 39,* 21-25.

Fein, G. G., & Robertson, A. R.(1975). *Cognitive and social dimensions of pretending in two-year-olds.* Detroit: Merrill-Palmer Institute.(ERIC Document Reproduction Service No. ED 119806).

Fleming, M., & Levie, W. Howard(1978). *Instructional message design: Principles from the behavioral science.* Englewood Cliffs, NJ: Educational Technology Publications.

Fleming, M.(1977). The picture in your mind. *AV Communication Review, 25*(1), 43-62.

Flynn, J. L.(1992). Cooperative learning and Gagne's events of instruction: A syncretic view. *Educational Technology, 32*(10), 53-60.

Fogarty, R.(1991). *The mindful school: How to integrate the curricula.* Palatine, Ill.:Skylight Publishing, Inc.

Fogarty, R.(1997). *Problem based learning and other curriculum models for the multiple intelligences classroom.* Australia: Hawker Brownlow Education.

Forest, E.(2014). The ADDIE model: Instructional design. Educational Technology: Frameworks and Theories. Retrieved from: Fuller, F. F.(1969). Concerns of teacher: A developmental conceptualization. *American Educational Research Journal, 6*(2), 207-225.

Frost, J. L., & Wortham, S. C., & 7 Reifel, S.(2005). *Play and Child Development(2nd Edition).* NJ: Prentice Hall.

Gagne, R. M.(1968). Educational technology as technique. *Educational Technology, 8*(21), 5-13. http://educationaltechnology.net/the-addie-model-instructional-design.

Galbraith, J. K.(1967). *The new industrial state.* Boston: Houghton Mifflin Company.

Gibson, S., & Dembo, M.(1984). Teacher efficacy: A construct validation. *Journal of Educational Psychology, 76*(4), 569-582.

Gioia, G. Isquith, P., Guy, S., & Kenworthy, L.(2000). *Bebavior rating inventory of executive functioning.* Psychological Assessments, Inc. Lutz, FL.

Gropper, G. L.(1987). A lesson based on a behavioral approach to instructional design. In C. M. Reigeluth(Ed.), *Instructional theories in action*(pp. 45-112). Hillsdale, NJ: Lawrence Erlbaum Associates.

Guilford, J. P.(1950). Creativity. *American Psychologist, 5,* 444-454.

Guilford, J. P.(1967). *The nature of human intelligence.* New York: McGraw-Hill.

Guilford, J. P.(1968). *Intelligence, creativity, and their educational implications.* San Diego: California, Robert R. Knapp.

Gustafson, K. L., & Branch, R.(1997). *Instructional design models.* Syracuse, NY: ERIC Clearinghouse on Information.

Heinich, R., Molenda, M., & Russell, J. D.(1989). *Instructional media and the new technologies of instruction.* New York: Macmillan Publishing Company.

Heinich, R., Molenda, M., Russell, J. D., & Smaldino, S. E.(2002). *Instructional media and technologies for learning.* NJ: Prentice Hall.

Hillman, W.(2003). Learning How to Learn: Problem Based Learning. *Australian Journal of Teacher Education, 28*(2).

Hoban, C. F., & Van Ormar, E. B.(1950). Instructional film research, 1918–1950. Technical Report No. SDC 269-7-19. Port Washingron, NY: U.S. Naval Special Devices Center.

Hohmann, C., & Buckleitner, W.(1992). *Learning environment.* Ypsilanti, MI: High/Scope Press.

Huberman, M.(1989). The Professional life cycle of teachers. *Teacher College Record, 91,* 31–57.

Huberman, M.(1992). Teacher Development and Instructional Mastery. In A. Hargreaves & M. G. Fullan(Eds.). *Understanding teacher development*(122–142). New York: Teachers College Press.

Hunt, J. L.(1918). *A catalogue of play equipment.* New York: Bureau of Educational Experiments.

Hunt, J. L.(1924). *A catalogue of play equipment(3rd edition, revised).* New York: Bureau of Educational Experiments.

Johnson, D. W., & Johnson, R. T.(1994a). *Leading the cooperative school.* Edina, MN: Interaction Book Co.

Johnson, D. W., & Johnson, R. T.(1994b). Professional development in cooperative learning: Short-term popularity vs. long-termeffectiveness. *Cooperative Learning, 14*(2), 52–54.

Jonassen, D. H., & Reeves, T. C.(1996). Learning with technology: Using computers as cognitive tool. In D. H. Jonassen(Ed.), *Handbook of research for educational communications and technology*(pp.693–719). New York: Macmillan.

Jonassen, D. H.(1991a). Context is everything. *Educational Technology, 31*(6), 35–37.

Jonassen, D. H.(1991b). Evaluating constructivistic learning. *Educational Technology, 31*(9), 28–33.

Jonassen, D. H., Peck, K. L., & Wilson, B. G.(1999). *Learning with technology: A constructivist perspective.* Upper Saddle River, NJ: Prentice Hall.

Joyce, B. R., & Weil, M.(1972). *Models of teaching.* Englewood cliffs, NT: Prentice Hall.

Joyce, B. R., & Weil, M.(1973). The teacher-innovator: Models of teaching as the core of teacher education. *Interchange, 4*(2–3), 47–60.

Katz, L. G.(1972). Developmental stages of preschool teachers. *Elementary School Journal 73*, 50–54.

Katz, L. G., & Chard, S. C.(1989). *Engaging children's minds: The project approach.* Ablex Publishing Coporation.

Katz, L. G.(1985). Research Currents: Teachers as learners. *Language arts, 62*(7), 778–782.

Kearsley G.(2000). *Online education: Learning and teaching in cyberspace.* Belmont, CA: Wadsworth.

Kemp, J. E., & Smellie, D. C.(1989). *Planning, producing, and using instructional media.* New York: Harper & Row.

Kraus-Boelte, M., & Kraus, J.(1882). The kindergarten guide. An illustrated handbook, Designed for the self-Instruction of kindergartners, mothers and nurses, Vol.II: *The Occupations*(New York: E. Steiger and Company, 1882)

Krichevsky, S., & Prescott, E.(1977). *Planning environments for young children-physical space.* Washington, DC: NAEYC.

Maley, D.(1978). *The industrial arts teacher's handbook.* Boston: Allyn & Bacon. Inc.

Martin, J.(1983). *Mastering instruction.* Toronto: Allyn and Bacon.

McNeil, J. D., & Wiles, J.(1990). *The essentials of teaching: decisions, plans, method.* New York: Macmillan.

Minnis, P. L., & Shrable, K.(1970). *Improving questioning strategies, Teachers Mannual Level I,* California: Search Models.

Mishra, S., Yadav, M., & Choudhary, K.(2013). Ubiquitous learning: Future of e-learning. Conference proceeding of the First International Conference on Emerging Trends in Engineering and Applied Sciences at Jaipur. Research Gate GmbH.

Montessori, M.(1964). *The Montessori method.* New York: Schocken Books.

Morrison, G. R., Ross, S. M., Kemp, J. E., & Kalman, H.(2010). *Designing effective instruction.* John & Wiley & Sons.

NAEYC(1996). NAEYC position statements; Technology and young children-ages 3 through 8. Washington, DC: NAEYC.

NAEYC(2012). Technology and interactive media as tools in early childhood programs serving children from birth through age 8. A joint position statement of the NAEYC & Fred Rogers Center. http://naeyc.org.

Newby, T. J., Stepich, D. A., Lehman, J. D., & Russell, J. D.(2006). *Educational technology for teaching and learning*(3rd Edition). Prentice Hall.

Norman, D. A., & Rumelhart, D. E.(1970). A system for perception and memory. In Donald A. Norman(ed.). *Models of human memory*(p. 19). New York: Academic Press.

O' Loughlin, M.(1992). Rethinking science education: Beyond piagetian constructivism toward a sociocultural model of teaching and learning, *Journal of Research in Science Teaching, 29*(8), 791-820.

Ogata, H., & Yano, Y.(2003). Supporting Knowledge Awareness for a Ubiquitous CSCL. In A. Rossett(Ed.), *Proceedings of E-Learn 2003-World Conference on E-Learning in Corporate, Government, Healthcare, and Higher Education*(pp. 2362-2369). Phoenix, Arizona, USA: Association for the Advancement of Computing in Education(AACE).

Olszewski, P., & Fuson, K.(1982). Vervally expressed fantasy play of preschoolers as a function of toy structure. *Developmental Psychology, 18*, 57-61.

Parette, H. P., & Peterson-Karlen, G. R.(2010). Assisted technology & educational practice. In P. Peterson, E. Baker, & B. McGaw(Eds.). *International encyclopedia of education(3rd ed).*, vol.2, pp. 537-543. Oxford, England: Elsevier.

Parette, H. P., & Blum, C.(2013). Including all young children in the technology supported curriculum: A UDL technology integration framework for 21st-century classrooms. In Chip Donahue(Eds.), *Technology and digital media in the early years: Tools for teaching and learning*(chapt. 10, 129-149). Routledge & NAEYC.

Parette, H. P., Blum, C., & Quesenberry, A. C.(2013). The role of technology for young children in the 21st century. In Howard P. Parette,Jr., & Craig Blum, *Instructional technology in early childhood: Teaching in the digital age*(pp. 1-28). Baltimore, MD: Paul H. Brookes Publishing Co.

Parette, H. P., Peterson-Karlan, G. R., & Blum. C.(2013). Integrating technology in early childhood classrooms. In Howard P. Parette, Jr., & Craig Blum, *Instructional technology in early childhood: Teaching in the digital age*(pp. 29-50). Baltimore, MD: Paul H. Brookes Publishing Co.

Park, Y.(2011). A Pedagogical framework for mobile learning: Categorizing educational applications of mobile technologies into four types. *International Journal on E-learning, 10*(1), 5–26.

Piaget, J.(1977). *The development of thought: Equilibrium of cognitive structures.* New York, NY: Viking.

Reay, D.(1994). *Selecting training methods.* London: Kogan Page.

Reigeluth, C. M.(1983). Instructional design: What is it and why is it? In C. M. Reigeluth(Ed.), *Instructional theories in action*(pp. 13–36). Hillsdale, NJ: Lawrence Erlbaum Associates.

Rumelhart, D. E., McClelland, J. L., & The PDP Research Group.(1986). Parallel distributed processing: Explorations in the microstructure of cognition: Vol. 1. *Foundations.* Cambridge, MA: MIT Press/ Bradford Books.

Saettler, P.(1990). *The evolution of American educational technology.* Englewood, CO: Libries Unlimited, Inc.

Schlechter, T. M.(1990). The relative instructioal efficiency of small group computer-based training, *Journal of Educational Computing Research, 6*(3), 329–341.

Schramm, W.(1954). How communication works. In W. Schramm(Ed,), *The process and effects of mass communication.* Urbana, IL: University of Illinois Press.

Seaman, D., & Fellenz, R.(1989). *Effective strategies for teaching adults.* Columbus: Merrill.

Seels, Barbara B., & Richey, Rita C.(1994). *Instructional technology: The definition and domains of the field.* Washington, DC: Association for Educational Communication and Technology.

Shade, D. D., & Watson, J. A.(1990). Computers in early education : Issues put to rest, theoretical links to sound practice, and the potential contribution of microworlds. *Journal of Educational Computing Research, 6*(4), 375–392.

Shannon, C., & Weaver, W.(1949). *The mathematical theory of Communication.* Urbana, IL: The University of Illinois Press.

Siemens, G., & Downes, S.(2009). elearnspace. Retrieved from http://www.elearnspace.org/blog/

Siemens, G.(2005). Connectivism: A learning theory for the digital age. *International Journal of Instructional Technology and Distance Learning, 2*(1), 3–10.

Skinner, B. F.(1954). Science of learning and the art of teaching. *Harvard Educational Review, 24,* 86–97.

Slavin, R. E.(1990a). *Cooperative learning: Theory, research, and practice.* Englewood Cliffs, NJ: Prentice Hall.

Slavin, R. E.(1990b). Research on cooperative learning: Consensus and controversy. *Educational Leadership, 47*(4), 52–54.

Smaldino, S. E., Lowther, D. L., Russell, J. D., & Mims, C.(2015). *Instructional technology and media for learning(11th ed.).* Upper Saddle River, NJ: Prentice Hall.

Srivastava, M., Muntz, R., & Potkonjak, M.(2001). Smart kindergarten: Sensor-based wireless networks for smart developmental problem-solving environments. http://web.cs.ucla.edu/~miodrag/papers/Meguerdichian_MOBICOM_01b.pdf.

Stacey, S.(2009). *Emergent curriculum in early childhood settings from theory to practice.* St. Paul: Redleaf Press.

Stephenson, S. D.(1992). The role of instructor in computer-based training, *Performance & Instruction 31*(7), 23–26.

Tolhurst, D.(1995). Hypertext, hypermedia, multimedia defined. *Educational Teachnology, 35*(2), 21–26. ERIC Number: EJ 499824.

Torrance, E. P.(1965). Scientific views of creativity and factors affecting its growth. *Creativity and Learning, 94*(3), 663–681.

Torrance, E. P.(1972). Predictive validity of the Torrance Tests of Creative Thinking. *Journal of Creative Behavior, 6.* 236–252.

Torrance, E. P.(1974a). *The Torrance Tests of Creative Thinking: Norms-technical manual.* Princeton, NJ: Personal Press.

Torrance, E. P.(1974b). *Torrance Tests of Creative Thinking: Verbal test booklet A.* Scholastic Testing Service, Inc.

Torrance, E. P.(1974c). *Torrance Tests of Creative Thinking: Verbal test booklet B.* Scholastic Testing Service, Inc.

Torrance, E. P.(1988). The nature of creativity as manifest on its testing. In R. J. Sternberg(ed.), Creativity, current psychological perspectives. Cambridge: Cambridge University Press.

Unwin, D.(1968). Applying educational technology. *Educational Technology, 8*(1), 12–13.

Wagner, B. S.(1985). Assessing symbolic maturity through pretend play. In J. L. Frost & S. Sunderlin(Eds.), *When children play.* Wheaton, MD: Association for Childhood Education International, 313–318.

Weaver, W.(1964). Recent contributions to the mathematical theory of communication. In Claude E. Shanno and Warren Weaver(10th Ed.), *The mathematical theory of communication*(pp.1–28). Urbana, IL: The University of Illinois Press.

Welliver, P. W.(Ed.)(2001). *A code of professional ethics: A guide to professional conduct in the field of educational communications and technology.* Bloomington, IN: Association for Educational Communications and Technology.

Whipple, N. R.(1987). *Collaborative learning: Recognizing it when we see it.* Bulletin of the American Association for Higner Education, 40(2), 3–7.

Williams, L. R., & Fromberg, D. P.(1992). *Encyclopedia of early childhood education.* New York: Garland Publishing, Inc.

Williams, L. R.(1992). Technology and educative materials. In L. R. Williams & D. P. Fromberg(Eds.), *Encyclopedia of early childhood education*(pp.369–379). New York: Garland Publishing, Inc.

사진 및 미발행 자료

덕성여대 부속유치원(서울)
동은유치원(서울)
반포하나푸르니 어린이집(서울)
예그린유치원(수원)
운현유치원(서울)
파랑세유치원(일산)
한림성심대학교 부속 한림유치원(서울)

INDEX
찾아보기

저자 소개

이영자 | 이화여자대학교 사범대학교 교육학과(유아교육 전공)
미국 인디애나대학교 대학원 교수공학과(M.S., Ed. S.)
미국 보스턴대학교 대학원 유아교육과(교육학박사)
한국교육개발원 연구원, 덕성여자대학교 유아교육학과 교수
덕성여자대학교 유아교육과 명예교수

〈저서〉 유아교육 프로그램(공저), 유아사회교육(공저), 유아교수 · 학습 방법(공저),
영유아교육 교수매체(공저), 상호작용 이론에 기초한 유아교육과정(공저),
영유아언어교육 이론과 실제(공저), 영유아 프로그램 개발과 평가(공저),
유아교육기관 운영관리(공저) 등

박미라 | 덕성여자대학교 유아교육학과 학사
덕성여자대학교 대학원 유아교육학과(교육학석사, 교육학박사)
덕성여자대학교 부속유치원 교사, 덕성여자대학교 유아교육연구소 연구원
파랑새유치원(일산) 원장, 덕성여자대학교 유아교육과 강사

〈저서〉 삼성어린이집프로그램: 3세(공저), 유치원 교육활동 지도자료집(공저),
영유아교육 교수매체(공저), 영유아 프로그램 개발과 평가(공저),
영유아언어교육(공저), 누리과정내실화를 위한 유아 미술프로그램(공저) 등

최경애 | 덕성여자대학교 유아교육학과 학사
덕성여자대학교 대학원 유아교육학과(교육학석사, 교육학박사)
덕성여자대학교 부속유치원 교사
덕성여자대학교 사회과학연구소 전임강사, 동은유치원 원장
한림성심대학교 부속 한림유치원장, 한림성심대학교 겸임교수

〈저서〉 영유아교육 교수매체(공저), 놀이와 아동발달(공역), 보육실습(공저),
유아 다문화교육(공저), 유치원 및 어린이집 운영관리(공저),
영유아교육과정(공저), 영유아 프로그램 개발과 평가(공저) 등

유아를 위한 교육방법 및 교육공학

2019년 1월 28일 초판 인쇄 | 2019년 1월 31일 초판 발행

지은이 이영자·박미라·최경애 | **펴낸이** 류원식 | **펴낸곳** **교문사**

편집부장 모은영 | **책임진행** 이정화 | **본문디자인** 신나리 | **표지디자인** 황순하 | **본문편집** 벽호미디어
제작 김선형 | **홍보** 이솔아 | **영업** 이진석·정용섭·진경민 | **출력** 현대미디어 | **인쇄** 동화인쇄 | **제본** 한진제본

주소 (10881)경기도 파주시 문발로 116 | **선화** 031-955-6111 | **팩스** 031-955-0955
홈페이지 www.gyomoon.com | **E-mail** genie@gyomoon.com
등록 1960. 10. 28. 제406-2006-000035호
ISBN 978-89-363-1806-2(93370) | **값** 21,200원

* 저자와의 협의하에 인지를 생략합니다.
* 잘못된 책은 바꿔 드립니다.